브랜드의 탄생

브랜드의 탄생

권 민

서문

결혼 배우자에 대해 고민하는 사람들에게 이렇게 말하곤 한다. "배우자를 선택할 때는 그 사람이 자녀의 엄마나 아빠로서 어떤 역할을 할지를 깊이 생각해야 합니다." 결혼을 앞둔 커플에게는 "결혼식 자체보다 중요한 건 그 이후의 결혼 생활입니다. 서로의 파트너십을 진지하게 고려해야 해요."라고 조언한다. 비록 많은 이들이 이 말에 고개를 끄덕이며 공감하지만, 시간이 지나면 종종 잊어버리곤 한다.

창업을 고민하는 사람들에게는 "단순한 창업이 아닌, 브랜드 창업을 목표로 해야 합니다. 결국 남는 것은 브랜드입니다."라고 강조한다. 이미 창업한 이들에게는 이렇게 경고했다. "경영 과정에서 최소 열 번의 위기를 겪게 될 겁니다. 미리 준비하고 배우지 않으면 그 위기를 견뎌내기 어렵습니다." 이들도 고개를 끄덕이며 관련 책을 추천해 달라고 요청하지만, 나중에 확인해 보면 책을 구입하지 않았거나 읽지 않은 경우가 많다.

이 책을 집필한 이유는 바로 이런 맥락에서 시작되었다. 단순히 브랜드를 런칭하는 것이 아니라, 지속 가능한 브랜드 경영을 돕고 런칭과 동시에 마주할 도전과 위기에 효과적으로 대비할 수 있도록 안내하기 위해서다. 이 책의 독자는 아마도 이미 브랜드 교육에 참여했거나 관련 리서치를 해 본 사람일 것이다. 혹은 브랜드를 배우고자 하지만 어디서부터 시작할지 막막한 초보자이거나, 한 번의 실패를 겪고 재도전을 꿈꾸는 사람일지도 모른다.

그렇다면 브랜드를 처음 배우는 사람은 무엇을 어떻게, 어디서부터 시작해야 할까? 브랜드 런칭에서 실패를 경험한 사람은 어떤 방식으로 재도전할 수 있을까? 이 책은 바로 이러한 질문들에서 출발했다. 내가 제시하는 방법이 모든 사람에게 정답이 될 수는 없겠지만, 이 책이 그들이 길을 찾는 데 조금이나마 도움이 되기를 바란다.

첫째 아이를 키울 때, 아이가 열이 나면 나는 불안과 두려움에 사로잡혀 응급실로 달려가곤 했다. 의사는 내 초조한 얼굴을 보며 "열은 아이가 외부 환경에 적응하면서 면역력을 키우는 자연스러운 과정입니다"라고 설명했지만, 당시의 나는 그 말을 이해할 여유가 없었다. 체온이 40도까지 치솟는 상황에서 두려움만이 나를 지배했다. 그러나 둘째 아이를 키우면서는 상황이 달라졌다. 이번에도 아이가 열이 났지만, 첫째를 키우며 얻은 경험 덕분에 당황하지 않고 침착하게 대처할 수 있었다.

브랜드 경영도 이와 비슷하다. 첫 시도에서는 필연적으로 실수와 시행착오가 발생하지만, 그 과정에서 얻은 경험이 이후의 도전에 큰 자산이 된다. 그러나 브랜드 런칭과 경영은 자녀 양육과는 달리 연습할 기회가 주어지지 않는다. 브랜드를 한 번 런칭하면, 그 순간부터 실시간으로 결정과 실행을 해야 한다. 통계에 따르면, 런칭한 100개의 브랜드 중 3년 이상 유지되는 브랜드는 5개도 채 되지 않는다. 그런데도 왜 많은 사람들은 사전 훈련과 시뮬레이션 없이 브랜드 런칭에 뛰어드는 걸까?

스포츠 선수, 연주자, 배우 등 모든 전문가가 꾸준히 훈련을 반복하는 것과 달리, 브랜드 창업자들은 왜 준비에 소홀할까? 그들에게 물어보면 대부분 "잘될 것 같았다"라고 답한다. 그러나 실패한 후에는 "이럴 줄 알았어"라는 변명을 늘어놓는다. 이는 처음부터 성공적인 런칭이 아닌 실패를 기획한 것과 다름없다.

이 책은 두 번의 기회가 없는 브랜드 런칭을 위한 사전 훈련을 제공하는 워크북(Workbook)이다. 내가 운영해 온 브랜드 컨설팅과 전문 잡지를 통해 수많은 브랜드와의 만남과 인터뷰를 통해 얻은 경험은 첫째 아이를 키운 경험이 둘째 아이를 키울 때 큰 도움이 되듯, 여러 브랜드가 겪는 공통된 패턴과 과정을 이해하는 중요한 자산이 되었다.

브랜드 런칭 컨설팅에서는 주로 해당 브랜드가 직면할 잠재적 어려움과 위기, 그리고 인력 이탈 문제까지도 미리 예측해 조언한다. 최종 보고서에는 브랜드가 언제쯤 리뉴얼을 준비해야 하는지도 포함되지만, 현실에서는 이러한 조언이 충분히 반영되지 않는 경우가 많다. 이런 이유로 이 책은 브랜드가 런칭 과정에서 실패하게 되는 주요 원인에 집중하여 작성되었다.

실패 사례를 더 많이 담지 못한 아쉬움도 있다. 성공의 이유는 비교적 명확하게 설명할 수 있지만, 각기 다른 해석과 변수들이 있어 예측이 어렵다. 반면 실패의 원인은 훨씬 복잡하며, 다양한 사례와 변수들이 얽혀 있어 분석이 쉽지 않다. 특히, 브랜드 실패의 약 90%는 경영자의 실수에서 비롯된다.

이와 같은 사례는 워크숍에서 비공식적으로 더 깊이 다룰 예정이며, 추가 내용과 다양한 사례는 더유니타스(www.theunitas.net)에서 제공했다. 이 책은 단순한 이론서가 아니라, 실제적으로 도움이 되는 코칭 중심의 워크북이다. 독자가 단순히 정보를 습득하는 데 그치지 않고, 자신이 알고 있는 지식을 어떻게 활용할 수 있는지 깨닫도록 하는 것이 목적이다.

책의 구성은 독특하다. 각 장이 시작되기 전에 제공되는 프리뷰(Preview)와 사전 질문은 해당 장의 핵심을 간단히 소개하며, 독자가 자신의 생각을 미리 정리해 보는 기회를 제공한다. 이는 정답을 맞추기 위한 것이 아니라, 독자가 자신의 지식과 책에서 제시하는 내용 사이의 차이를 발견하도록 돕기 위한 것이다. 이렇게 구성된 워크북은 독자가 책을 읽는 동안 적극적으로 참여하도록 유도하며, 책의 내용을 자신의 실제 상황에 적용할 수 있도록 돕는 역할을 한다.

각 장의 마지막에는 전체 내용을 요약한 리뷰(Review)와, 개인 또는 팀 단위로 진행할 수 있는 워크숍 질문들이 포함된다. 이 워크숍은 단순한 학습이 아니라, 브랜드 런칭 기획서 작성 시 활용될 중요한 자료를 마련하는 핵심 활동 중 하나다.

이 책의 목표는 단순한 정보 전달이 아니다. 독자가 이미 알고 있거나 막연하게 생각했던 부분들을 체계적으로 정리하고, 더 깊이 이해하도록 돕는 것이다. 그래서 이 책은 단순한 읽기용 서적이 아니라, 워크북(Workbook)이다.

혼자 읽는 것도 가능하지만, 브랜드 런칭 과정에서는 여러 사람이 함께 읽고 배운 내용을 공유하는 것이 중요하다. 브랜드는 개인의 지식만으로는 성장할 수 없다. 이 책이 독자의 브랜드 여정에 실질적인 길잡이가 되길 바란다.

이 책은 중장년 목적 연합을 지향하는 유니타스 라이프(www.unitaslife.net)의 Social Heritage Brand 구축을 위해 기획되었다. 이 책 안에는 300개가 넘는 질문이 있다. 이 질문은 독자가 만들 브랜드의 차별화를 뾰족하게 만들어 줄 칼과 같다.

질문의 대답을 모으면 브랜드 전략서를 만들 수 있다. 만약 질문의 대답을 못 한다면 그것은 언젠가 브랜드의 약점이 될 수 있다.

마지막으로, 이 책의 기획과 디자인을 담당해 준 안은주 대표에게 감사를 전한다. 안은주 대표님은 2000년부터 ㈜모라비안바젤 컨설팅의 디자인 파트와 유니타스브랜드의 창간과 기획을 함께해 온 브랜드 파트너다. 안 대표의 협력과 도움 없이는 이 책이 완성되지 못했을 것이다.

권 민

차 례

서문 4

1 브랜드란 무엇인가?

프리뷰 & 사전 질문
사람같은 브랜드   19
브랜드 산욕열(産褥熱, puerperal fever)   27
브랜드의 정의   34
브랜드 경험   40
나의 브랜드 정의   47
브랜드는 명사가 아니라 동사다   52
진짜 브랜드, 유니타스 브랜드   60
리뷰 & 워크숍

2 브랜드 관리와 브랜드 경영

프리뷰 & 사전 질문
브랜드 인문학   78
브랜드 부모학교   81
브랜드 관리와 브랜드 경영   85
브랜드 경영을 위한 브랜드 교육   96
리뷰 & 워크숍

3 브랜드와 연애

프리뷰 & 사전 질문
사랑의 기술, 브랜드의 기술 ... 113
브랜드 연애 ... 120
Brand의 B자 배우기 ... 124
브랜드를 경험으로 배우는 방법 ... 127
리뷰 & 워크숍

4 브랜드와 결혼

프리뷰 & 사전 질문
브랜드와 한 몸이 되다 ... 141
브랜드 서약서 ... 147
Remember The Man, Remember The Brand ... 152
브랜드 청혼 ... 159
브랜드와 하나가 되다. ... 164
리뷰 & 워크숍

5 브랜드 임신과 출산

프리뷰 & 사전 질문
브랜드 임신 ... 184
원시 브랜드 ... 186
컨셉(Concept)과 임신(Conceive) ... 190
컨셉(MATRIX), 자궁 ... 192
컨셉. 압축된 논리 ... 199
가장 오염된 단어, Concept ... 200
컨셉의 결정체, 브랜드 이름 ... 205

나쁜 이름은 있다.	207
브랜드 네이밍은 브랜드 DNA	212
디자인 경영과 브랜드 경영	214
리뷰 & 워크숍	

6 브랜드 출산과 영아기

프리뷰 & 사전 질문	
브랜드의 골든타임	230
Critical 11	234
런칭의 위기	237
언어와 비언어	242
시장조사, 브랜딩의 시작과 완성	244
시장조사라는 커뮤니케이션	248
시장조사는 영점 조정	253
무엇을 볼 것인가? 어떻게 볼 것인가?	257
공감적 이해(Empathic Understanding)	260
시장조사력과 브랜드 경영	267
리뷰 & 워크숍	

7 브랜드 아동기

프리뷰 & 사전 질문	
걷기전에 뛰는 아이들	286
브랜드 소통과 관계	289
브랜드 경영자는 소통 책임자, 커뮤니케이터이다.	294
헛 울음, 가짜 울음, 징징거림	299
ON-Branding과 O.N. Branding	304
리뷰 & 워크숍	

8 브랜드 사춘기

프리뷰 & 사전 질문
사춘기 브랜드   318
브랜드 위기   321
사춘기 브랜드 경영   324
지속가능경영을 위한 Leadership
영속가능경영을 위한 BrandShip   329
지극히 참을 수 없는 리더들   333
BrandShip과 the Brand Ship의 항해술   338
리더가 없는 리더십, 브랜드십   341
리뷰 & 워크숍

9 브랜드 성년기

프리뷰 & 사전 질문
성년이 된 브랜드   365
문제는 타이밍이야, 바보야.   368
누가 고양이 목에 방울을 달 것인가?   378
브랜드 에너지   382
리뉴얼 에너지   387
리뷰 & 워크숍

10 창업이 아니라 브랜드 창업

프리뷰 & 사전 질문
브랜드의 시작 점   411
브랜드 탄생을 위한 비전   414
첫 끗발이 개 끗발이다   419

창업의 재정의	424
창업의 기원	428
영혼이 있는 브랜드	433
창업은 큰 꿈으로 작게 시작하자	438
지속경영을 위한 제1호 매장	443
영점 조정	446
리뷰 & 워크숍	

에필로그	458

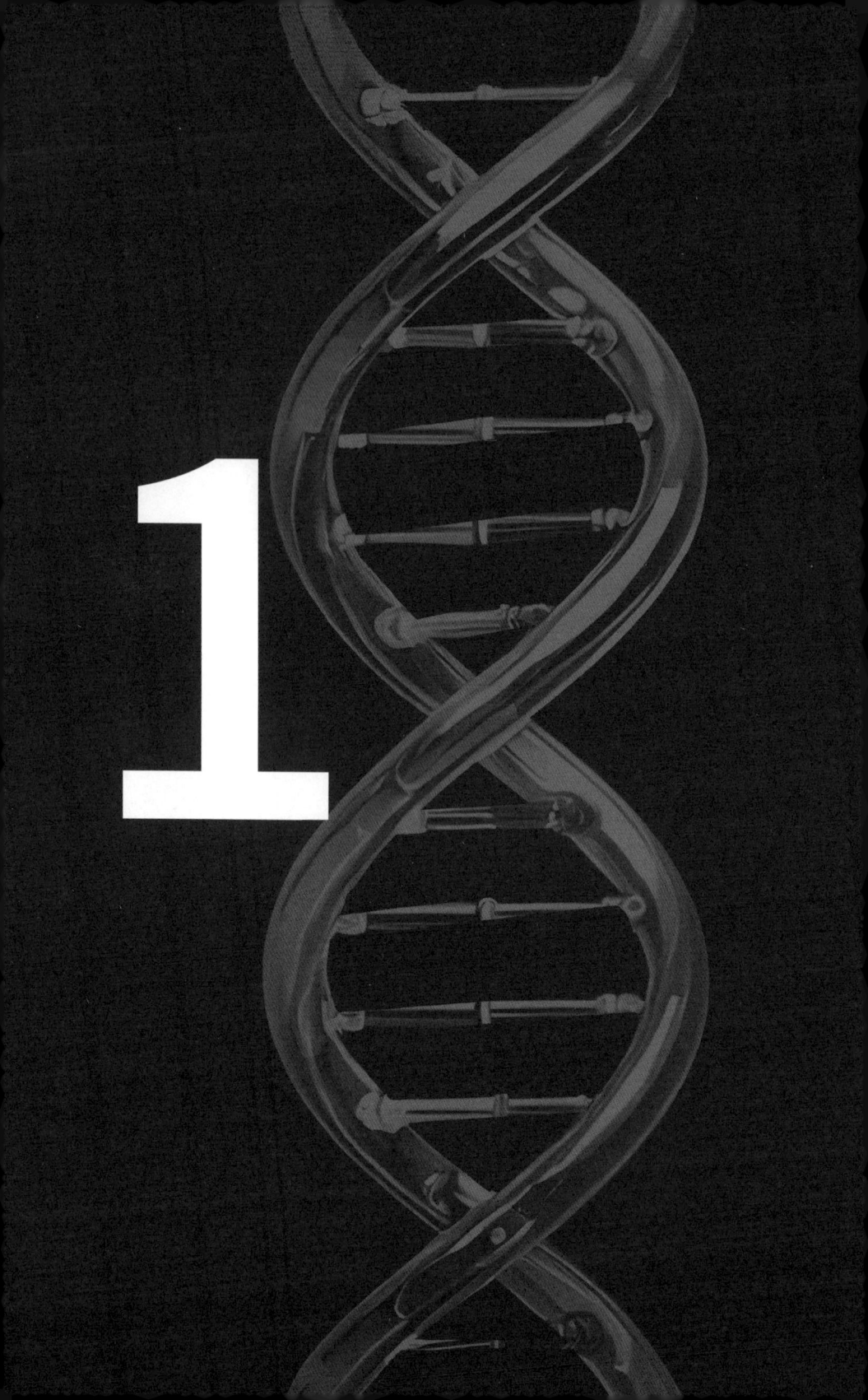

브랜드란 무엇인가?

"눈에 보이는 현실은 우리가
그것을 바라보는 창을 통해 결정된다."
아인슈타인

Preview

 사람은 각자의 믿음에 따라 세상을 해석하듯, 브랜드에 대해서도 각기 다른 시각을 가질 수 있다. 믿음은 관념, 신념, 편견과 선입견, 그리고 종교적인 맥락에서는 신앙으로 표현된다. 브랜드를 대할 때도 마찬가지로, 사람들은 브랜드를 자신의 경험과 믿음의 렌즈를 통해 바라본다.

 어떤 이는 브랜드를 단순히 인지도와 충성도가 높은 상표로 정의하며, 또 다른 이는 브랜드를 사람과 유사한 성격과 정체성을 지닌 존재로 여긴다. 이러한 다양한 관점은 브랜드를 바라보는 창을 형성하며, 이를 통해 브랜드의 본질과 가치를 발견하거나 놓칠 수 있다.

 이 책의 목표는 단순히 브랜드 지식을 전달하는 데 있지 않다. 독자가 자신의 브랜드에 대한 생각과 관점을 탐구하고 본문과의 대화를 통해 스스로 성찰할 수 있도록 돕는 것이다. 열린 마음으로 다양한 관점을 받아들일 때, 비로소 브랜드의 본질과 가치가 드러난다.

 책을 읽기 전, 스스로에게 다음과 같은 질문을 던져보자. 정답을 찾는 것이 아니라, 자신의 관점을 명확히 하는 것이 중요하다. 또한, 본문을 읽으며 처음 가졌던 답변이 어떻게 변화하는지 확인해 보는 것도 흥미로운 경험이 될 것이다.

Pre-reading Questions
사전 질문

1. 나는 브랜드를 어떻게 정의하고 있을까?
브랜드를 상표로 생각하고 있는가, 아니면 정체성이나 경험으로 보고 있는가?

2. 브랜드라고 부를 수 있는 기준은 무엇일까?
단순히 로고나 상징이 있으면 브랜드인가? 아니면 고객과의 관계가 필수적인가?

3. 진정한 브랜드란 무엇일까?
브랜드가 단순한 상품을 넘어설 때 어떤 의미로 쓰이게 되는지 생각해 보자.

4. 브랜드는 명사일까, 동사일까?
브랜드가 고정된 것이 아니라 끊임없이 변화하는 활동일 가능성에 대해 생각해 보자.

5. 브랜드 경험이 중요한 이유는 무엇일까?
기억에 남는 브랜드 경험이 무엇인지 떠올려보고, 그 경험이 왜 특별했는지 살펴보자.

6. 브랜드가 실패하는 이유는 무엇일까?
대기업조차 브랜드에 실패하는 이유는 무엇일까? 실제 경험이나 사례를 떠올려보자.

사람같은 브랜드

"브랜드란 무엇인가?"

아들이 다니는 중학교에서 일일 교사로 초청받았다. 주제는 '브랜드란 무엇인가?'였다. 지금까지 들어본 강의 주제 중에서도 특히 흥미로웠다. '삶이란 무엇인가?', '경영이란 무엇인가?', '죽음이란 무엇인가?'와 같은 본질적인 질문들은 그 분야의 최고 권위자만이 다룰 수 있는 주제로 여겨진다. 그런데 내가 과연 '브랜드란 무엇인가?'라는 주제로 중학생들에게 강의할 자격이 있을까? 솔직히 말해, 이 주제는 내가 전문가로 평가되어 받은 것이 아니라, 학생들에게 브랜드를 소개하기 위해 선정된 제목에 불과했다.

유니타스브랜드의 편집장으로 일하면서 나는 900여 명의 브랜드 전문가들을 만나 그들에게 브랜드에 관해 묻거나 때로는 질문을 받았다. 놀라운 점은 브랜드를 잘 아는 사람과 모르는 사람 모두 나에게 던진 첫 질문이 항상 같았다는 것이다.

"브랜드가 무엇인가요?"

사람들이 이 질문을 던지는 이유는 각기 다르다. 어떤 이는 자신의 지식을 과시하고 싶어 하고, 또 어떤 이는 자신이 알고 있는 정의를 확인받고자 한다. 브랜드에 대해 새로운 시각을 찾고 싶어 하거나 개념을 명확히 정립하지 못해 혼란을 겪는 이들도 있다. 혹은 내 의견이 자기 생각과 맞는지 점검하기 위해 묻기도 하고, 브랜드에 대해 아무것도 모르는 사람들은 단순히 호기심에서 질문을 던지기도 한다.

그렇다면 중학생들은 왜 브랜드에 대해 궁금해할까? 그들이 알고 싶은 것은 브랜드가 어떻게 만들어지는 과정일까? 이 흥미로운 주제에 마음이 끌린 나는 메일에 적혀 있던 교사의 전화번호로 바로 전화를 걸었다.

교사는 그 이유를 설명했다. 놀랍게도, 중학교 1학년 무렵부터 아이들은 어른들이 사용하는 브랜드에 애착을 가지기 시작한다고 한다. '애착'이라는 표현은 교사가 직접 사용한 단어였다. 일부 2학년 학생들은 브랜드 제품을 갖고 싶어 돈을 훔치거나 친구의 돈을 빼앗는 일까지 벌인다고 했다. 심지어 20만 원짜리 볼펜을 사용하거나 부모에게 선물 받은 50만 원짜리 만년필을 가지고 다니는 학생도 있다고 했다.

이런 상황에서 교실에서는 브랜드 도난 사건이 발생하고, 학생들 사이에 빈부 격차로 인한 위화감이 조성되는 문제가 생긴다고 교사는 우려를 표했다. 교사는 나에게 브랜드 잡지 편집장으로서 '좋은 브랜드와 나쁜 브랜드' 그리고 '명품 브랜드'가 아이들의 정신 건강에 미치는 부정적 영향을 설명해 달라고 요청했다. 더불어, 학부모들에게 어린 학생들이 브랜드에 일찍 노출될 때 발생할 수 있는 소비 중독의 위험을 경고하고, 자녀에게 고가의 브랜드 제품을 사는 것을 자제할 필요가 있다고 강조해 달라고 덧붙였다.

결국, '브랜드란 무엇인가?'라는 강의 주제에는 이미 학교 측의 기대가 담겨 있었다. 통화 도중, 교사는 주제를 '브랜드란 무엇인가?'에서 '좋은 브랜드와 나쁜 브랜드' 및 '브랜드 중독의 피해 사례'로 바꾸자고 제안했다. 나는 이 요청을 정중히 거절했다.

내가 이 요청을 거절한 이유는 브랜드 관련 종사자로서 부정적 이야기를 피하고 싶어서가 아니었다. 오히려 그 반대였다. 사람들이 좋은 브랜드라고 여기는 브랜드에도 나쁜 면이 있을 수 있고, 나쁜 브랜드라고 여겨지는 브랜드에도 긍정적인 측면이 존재할 수 있기 때문이다. 좋은 브랜드와 나쁜 브랜드를 단순히 흑백논리로 구분하는 것은 어렵고, 이분법적인 사고로는 브랜드를 온전히 이해할 수 없다고 생각했다.

"그런데 선생님, 좋은 브랜드란 무엇일까요?"
"싸고 품질이 좋은 브랜드가 아닐까요?"

교사는 자신이 자주 구매하는 중저가 패션 브랜드를 예로 들며, 질문을 겸한 답을 내놓았다. 하지만 싸고 품질이 좋은 브랜드가 항상 좋은 브랜드일까? 값싼 의류를 판매하는 브랜드는 합리적인 소비라는 '새로운 가치'를 제공한다. 그러나 그 이면에는 환경 파괴가 숨겨져 있다. 예를 들어, 면화 재배에 사용되는 농약만 해도 전 세계 농약 소비량의 20%에 달한다. 이렇게 생산된 의류는 대량 생산과 저가 판매로 이어지지만, 그 과정에서 막대한 소비와 폐기를 유발한다. 생산된 의류의 약 70%가 결국 판매되지 못한 채 버려지며, 저렴하게 만들기 위해 택한 대량 생산은 사용되지 못한 옷들이 결국 쓰레기로 전락하게 만든다.

반면, 흔히 '나쁜 브랜드'로 여겨지는 명품 브랜드는 쉽게 버려지지 않는 제품을 만든다. 명품 브랜드는 저가 브랜드에 비해 환경에 미치는 해악이 적을 수 있지만, 인간의 욕망과 허영심을 자극해 사치와 허세를 부추기기도 한다. 결국, 이러한 명품 브랜드 또한 또 다른 형태의 '쓰레기'를 만들어낸다.

그렇다면 비싼 커피를 판매하는 브랜드는 나쁜 브랜드일까? 커피를 단순한 음료로 넘어서 그 본질을 생각해 보자. 커피는 0칼로리 음료다. 만약 커피 대신 칼로리가 있는 곡물을 재배해 기아 문제를 해결하는 데 사용한다면 어떤 결과가 나올까? 무엇이든 저렴하게 판매하려면 농약, 방부제, 화학 첨가물의 사용이 불가피하다. 결국, 저가 브랜드가 제공하는 것은 단기적인 가격

혜택일 뿐이며, 장기적으로는 비싼 의료비를 초래할 수도 있다.
내 설명을 들은 교사는 약간 당황한 기색을 보였다. 처음에 기대했던 방향과는 다르다는 것을 눈치챈 듯했다. 그러더니 조심스레 말했다.

"그럼 '브랜드란 무엇인가?'로 강의하는 것이 좋겠죠?"

그렇게 우리는 다시 원점으로 돌아와, '브랜드란 무엇인가?'라는 질문을 마주하게 되었다.
'인간이란 무엇인가?'라는 질문에 대한 답이 사람마다 다르듯, '브랜드란 무엇인가?'라는 질문에도 다양한 답이 존재한다. 종교인, 진화생물학자, 정치인, 경제인, 생물학자, 유전공학자 등 각 분야의 사람들은 저마다의 시각으로 인간을 해석한다. 브랜드는 질문을 던지는 사람에 따라 다양한 해석이 가능하다. 소비자, 생산자, 브랜드 담당자, 혹은 브랜드에 무관심한 사람들까지 각기 다른 관점에서 접근한다.
그러나 '브랜드란 무엇인가?'라는 질문에 대한 답을 찾는 것보다 더 근본적인 질문이 있다. 왜 사람들은 브랜드를 만들까? 우리는 왜 브랜드에 집착할까? 이 질문들이야말로 본질을 꿰뚫는 질문이며, 더 명확한 답에 이를 수 있다.

"사과는 떨어지는데, 왜 달은 떨어지지 않을까?"

이 위대한 질문을 통해 뉴턴은 중력의 법칙을 발견했다. 사과와 달 사이의 연관성을 찾기 전까지는 아무도 그 관계를 알지 못했다. 브랜드에 대해서도 이와 유사한 질문을 던질 수 있다.

-브랜드에 관한 책은 많지만, 왜 제대로 된 브랜드를 만들지 못할까?
-나이키의 성공 노하우는 널리 알려졌는데, 왜 나이키보다 강력한 브랜드는 탄생하지 않을까?
-자본과 인력이 충분한 대기업도 왜 성공적인 브랜드를 만들지 못할까?
-대부분의 유명 브랜드는 작은 골목 가게에서 시작되었는데, 왜 우리나라 골목 가게에서는 브랜드가 잘 나오지 않을까?
-마케팅 책에서 다룬 브랜드 성공 사례들은 왜 10년 안에 사라질까?
-브랜드에 대한 지식은 넘쳐나는데, 왜 정작 제대로 된 브랜드를 만들지 못할까?
-브랜드를 공부하지 않은 사람도 어떻게 글로벌 브랜드를 만들 수 있을까?

다시 질문해 보자.
-브랜드란 무엇인가? 왜 이렇게 만들기 어려울까? 돈으로 해결할 수 없는 이유는 무엇일까?
-브랜드란 무엇인가? 전문가들이 잘 만들어도 왜 실패할까?
-브랜드란 무엇인가? 왜 브랜드 지식을 배우는 것이 어렵게 느껴질까?
-브랜드란 무엇인가? 머리로는 이해할 수 있을 것 같은데, 왜 말로 설명하기는 어려울까?
-브랜드란 무엇인가? 브랜드를 만들고 싶은데, 어디서부터 시작해야 할까?

브랜드의 진실을 알게 되면 자연스럽게 이런 질문들이 떠오른다. 나이키, 애플, 티파니, 페라리의 창업자들은 브랜드를 전문적으로 학습한 적이 없다. 우리가 알고 있는 많은 선도적인 브랜드 창업자들 역시 공식적인 브랜드 교육을 받은 적이 없다. 참고로, 브랜드 관련 서적이 본격적으로 출판되기 시작한 시기는 1990년대 이후다.

　자본과 인력이 풍부한 대기업조차 성공적인 브랜드를 만드는 데 어려움을 겪는다. 심지어 브랜드 강사나 전문가들도 자신이 집필한 책이나 강연 자료만으로는 성공적인 브랜드를 만들기 쉽지 않다. 이는 브랜드가 단순한 레시피로 만들어질 수 없는 특성 때문이다. 각기 다른 브랜드 서적들이 정의하는 브랜드의 개념이 제각각이기 때문에, '브랜드란 무엇인가?'라는 질문에 명확한 답을 찾기란 더욱 어려워진다.

　브랜드를 진정으로 이해하기 위해서는, 왜 5억 원짜리 부가티를 타는 사람이 5만 원짜리 컨버스 신발을 신는지 그 이유를 파악해야 한다. 구글에 'Converse Wedding'을 검색해 보면 신랑과 신부가 컨버스 신발을 신고 찍은 결혼식 사진들을 쉽게 찾을 수 있다. 이런 현상은 왜 일어나는 걸까? 왜 사람들은 결혼식이라는 중요한 순간에 컨버스를 선택할까? 이는 컨버스가 단순한 신발이 아니라 '상징'이 되었기 때문이다.

　그렇다면, 어떻게 상품이 상징으로 변할 수 있을까? 브랜드는 단순한 상표가 아니라 상징일까? 하지만 모든 상표가 상징으로 변하는 것은 아니다.

　결국 이러한 질문들은 '브랜드란 무엇인가?'라는 근본적인 문제로 이어진다. 브랜드의 본질을 이해해야 비로소 브랜드를 창조할 수 있다. 단순히 특허청에 상표를 등록한다고 해서 브랜드가 탄생하는 것은 아니다.

　드디어 나는 일일 교사로서 강의하게 되었다. 중학교 1학년부터 3학년까지 많은 학생이 신청했고, 교사와 학부모들도 뒷자리에 앉아 있었다. 나는 칠판에 이렇게 적었다.

　"브랜드는 무엇일까?"

　학생들은 잠시 침묵했다. 결국 나는 앞줄부터 한 명씩 질문을 던졌다.

　"상표요."

"비싼 상표."

"마크."

"사람들이 좋아하는 상표."

"라벨."

"연예인들이 좋아하는 로고."

"외국 상표…"

학생들의 대답은 조금씩 달랐지만, 비슷한 의미를 담고 있었다. 나는 학생들이 말한 단어들을 칠판에 적고, 마지막으로 내 생각을 덧붙였다.

'사람'

그리고 나는 이렇게 말했다. "브랜드는 사람과 같습니다."

학생들은 어리둥절한 표정을 지었고, 학부모들은 고개를 갸우뚱했다. 참관하던 교사는 조용히 수첩을 펼쳤다. 정말 브랜드가 사람과 같을까?

나는 브랜드를 단순한 상표가 아니라 사람처럼 생각한다. 이 생각은 개인 신념이 아니라 빅데이터에 근거한 결론이다. 만약 이 말이 믿기지 않는다면, 인공지능에 이렇게 질문해 보자.

[사람과 브랜드가 비슷한 이유 다섯 가지를 알려줘.]

아마 다음과 같은 대답을 보여 줄 것이다.

사람과 브랜드가 유사한 이유를 다음과 같다.

정체성: 사람처럼 브랜드도 고유의 정체성을 가진다. 사람이 성격, 가치관, 경험을 통해 자신을 정의하듯, 브랜드도 고유의 가치, 철학, 비전을 통해 정체성을 형성한다.

관계: 사람은 타인과 관계를 맺고 신뢰를 쌓는다. 브랜드 역시 고객과의 관계에서 신뢰를 형성하며, 감정적 연결을 통해 충성도를 이끌어낸다.

성장과 변화: 사람은 시간에 따라 성장하고 변화한다. 브랜드도 시장 변화와 소비자의 요구에 맞춰 끊임없이 발전하고 적응한다.

감정과 이야기: 사람은 감정과 이야기를 통해 소통한다. 브랜드도 스토리텔링을 통해 소비자와 감정적 연결을 형성한다.

평판: 사람은 행동과 말에 따라 평판을 얻게 된다. 브랜드도 제품과 서비스의 질에 따라 소비자에게 평판이 형성되며, 이는 성공의 중요한 요소다.

브랜드가 사람이라는 뜻은 아니다. 다만, 유사성이 있다는 것이다. 유사성의 관점에서 보면, 인간과 침팬지의 DNA는 98~99%가 일치한다. 그렇다고 해서 침팬지가 사람이 되는 것은 아니다. 마찬가지로, 브랜드도 사람과 유사하지만, 브랜드가 사람이 될 수는 없다. 브랜드가 사람과 유사한 이유는 DNA가 아니라 사람이 브랜드를 만들었기 때문이다.

애플은 단순히 제품을 판매하는 회사가 아니다. 애플은 사용자와의 깊은 관계를 통해 충성도를 형성하며, 지속적인 혁신으로 성장을 이끈다. 좋아하는 브랜드의 홈페이지를 방문해 보면, 제품 설명보다는 브랜드의 정체성, 관계, 감정에 대한 이야기가 강조된다는 것을 쉽게 확인할 수 있다.

이 책은 '브랜드는 사람과 유사하다'는 전제를 바탕으로, 브랜드를 어떻게 런칭하고 관리해야 하는지를 다룬다. 이 전제에 동의하지 않는다면, 이 책을 이해하거나 공감하기 어려울 수 있으며, 브랜드 워크숍 교육도 효과적으로 수강하기 힘들 것이다. 이는 브랜드 지식이 복잡해서가 아니라, 그 개념을 받아들이는 것이 쉽지 않기 때문이다.

나는 그다음 해에 중학교에서 일일 교사로 다시 초청받지 못했다. 보통 이런 수업은 강의 설문 결과를 바탕으로 재초청 여부가 결정되지만, 이번에는 그러지 않았던 것을 보니 수업 내용이 주최 측의 기대와 맞지 않았거나, 학생들과 학부모에게 불편함을 주었을지도 모른다.

그럼에도 나는 여전히 브랜드가 단순한 상표가 아닌 사람에 가깝다고 믿는다. 이 책에서는 브랜드를 런칭하고 관리하는 과정에서 사람을 키우는 마음과 관점, 그리고 지식이 왜 중요한지를 설명한다.

브랜드 산욕열(産褥熱, puerperal fever)

믿기 어렵겠지만, 약 180년 전 유럽의 19세기 병원은 '죽음의 집'이라 불렸다. 당시 병원에서 치료를 받다 사망하는 비율이 집에서보다 서너 배나 높았다. 병원의 환경도 지금과는 크게 달랐다. 환자들이 토한 것과 오염된 의료용품이 그대로 병실에 남아 있었고, 세균이 병을 옮긴다는 지식조차 없었다. 헝가리 출신의 의사 이그나스 제멜바이스(Ignaz Semmelweis, 1818~1865)는 이 시기에 흥미로운 현상을 발견했다. 그가 근무하던 병원의 분만 병동은 남자 의대생들이 산모를 돌보는 구역과 산파들이 돌보는 구역으로 나뉘어 있었다. 1847년 기준, 의대생 병동의 산모 사망률은 1,000명당 98.4명이었던 반면, 산파 병동에서는 1,000명당 36.2명에 그쳤다. 이후 밝혀진 바에 따르면, 산모들의 주요 사망 원인은 산욕열, 즉 패혈증(sepsis)이었다. 패혈증은 분만 중 생긴 상처를 통해 세균이 감염되면서 발생하며, 호흡기나 소화기관 등을 통해 침입한 병원체가 혈액 내에서 번식하는 질병이다.

어느 날, 제멜바이스의 동료 의사가 해부 수업 도중 손을 다쳤고, 결국 감염으로 사망했다. 이 사건을 계기로 제멜바이스는 산욕열로 사망한 산모들과 동료 의사의 죽음 사이의 공통점을 발견했다. 그는 의대생들이 해부한 사체의 입자가 분만실로 옮겨졌을 가능성을 의심했다. 당시 의대생들은 시체

해부 후 손을 씻지 않은 채 피와 살점이 묻은 손으로 산모들을 돌보았기 때문이다.

제멜바이스는 의대생들에게 출산을 돕기 전 염소 처리된 석회 용액으로 손을 씻도록 지시했다. 그 결과, 1848년 의대생 병동의 산모 사망률은 1,000명당 98.4명에서 12.7명으로 급감했다. 그러나 그의 동료 의사들은 이 사실을 받아들이지 않았다. 만약 제멜바이스의 주장이 옳다면, 산모들의 죽음에 책임이 있는 사람은 다름 아닌 손을 씻지 않은 의사들 자신이었기 때문이다.

제멜바이스의 주장은 결국 받아들여지지 않았다. 그는 고향으로 돌아갔고, 큰 스트레스를 견디지 못해 정신적 충격에 시달렸다. 동료 의사들의 권유로 비엔나의 정신병원에 입원했으나, 도망을 시도하다 경비원에게 구타를 당했다. 이때 생긴 손의 상처가 감염되었고, 그는 결국 패혈증으로 생을 마감했다.

패혈증을 일으키는 원인균에는 연쇄상구균, 포도상구균, 대장균, 폐렴균, 녹농균, 진균 등 다양한 종류가 있다. 감염은 신체 어느 부위에서든 시작될 수 있으며, 여성 생식기 감염, 폐렴, 신우신염, 뇌막염, 봉와직염, 감염성 심내막염, 복막염, 욕창, 담낭염, 담도염 등이 주요 원인으로 꼽힌다.

브랜드 이야기를 하던 중 갑자기 의료사고 이야기를 꺼내는 것이 당황스러울 수 있다. 그러나 손을 씻지 않은 의사들로 인해 수많은 산모가 죽었다는 사실이 더 충격적이지 않은가? 브랜드를 런칭했다가 실패한 경험이 있는 사람이라면, 때로는 브랜드 실패의 원인이 생각보다 단순한 문제였음을 깨달았을 것이다.

브랜드 실패의 원인에는 다양한 답이 있을 수 있다. 그러나 이 장에서는 가장 중요한 이유를 설명하기 위해 '산욕열'이라는 비유를 사용했다. '브랜드 산욕열'이란, 브랜드가 런칭되거나 성장하는 과정에서 내부적인 요인으로 인해 실패하는 상황을 의미한다.

  나는 2000년부터 지금까지 50여 개의 브랜드 컨설팅을 진행하며 직접 브랜드 런칭에 참여했다. 때로는 산파처럼 브랜드의 출발을 도왔고, 때로는 의사처럼 브랜드를 "수술"하는 리뉴얼 프로젝트를 맡기도 했다. 마케팅 성공 법칙에 관한 책들을 탐독하며 그 공식을 그대로 적용해 보았으나, 성공과 실패는 항상 예상대로 찾아오지 않았다. 흥미로운 점은 모두가 성공할 것이라 확신했던 브랜드가 실패하기도 하고, 성공 가능성이 낮아 보였던 브랜드가 예상 밖의 성장을 이루는 경우도 있었다. 특히, 런칭이 순조로웠던 브랜드도 대부분 1~3년 내에 사라지는 일이 흔했다.

  참고로, 경기 상황에 따라 다르지만 우리나라 창업 통계에 따르면 창업 후 3년 내에 사라지는 기업의 비율은 평균 93%에 이른다. 어떻게 하면 브랜드의 성공 확률을 높일 수 있을까? 분명 성공할 것 같았던 브랜드가 실패하고, 실패할 것 같았던 브랜드가 성공하는 역설적인 상황은 내게 더 깊은 고민을 던졌다. 단순히 내가 진행했던 컨설팅 사례들만으로는 성공의 패턴을 충분히 이해하기 어려웠다.

  그래서 2007년, 나는 [유니타스브랜드] 잡지를 창간해 제멜바이스처럼 브랜드가 3년 내에 사라지는 이유를 연구하고 취재하기 시작했다. 1만 2천 페이지에 달하는 브랜드 콘텐츠를 제작하고, 수백 개의 브랜드 사례를 분석하며 성공 법칙이라 부를 만한 패턴들을 발견해 나갔다.

  2014년, 그동안 쌓아온 브랜드 법칙을 전수하기 위해 '브랜드 골목대학'을 설립했다. 골목 가게 주인들에게 5개월간 심화 교육을 제공했으며, 이를 통해 새로운 창업을 시작한 사람도 있었고, 기존 브랜드에 변화를 꾀한 사장도 있었다. 물론 일부는 사업을 이어갔지만, 대부분은 실패했다. 이 경험을 통해 깨달은 것은, 브랜드의 생존율을 높이려면 창업 전에 충분한 지식과 준비가 필수라는 점이다.

대기업부터 개인 기업까지 컨설팅하고 취재하면서, 나는 브랜드 런칭과 경영 실패의 이유가 산모가 출산 중 보이지 않는 세균에 감염되어 사망하는 패혈증과 비슷하다고 느꼈다. 누군가는 이 비유가 억지스럽다고 생각할 수 있겠지만, 브랜드를 하나의 생명체로 바라보는 나로서는 이 표현이 가장 적합하다고 믿는다. 이제 그 이유를 설명하고자 한다.

브랜드 실패를 일으키는 보이지 않는 '세균(細菌/ 가늘 세, 버섯 균)'은 매우 다양하다. 마케팅 관점에만 의존해 브랜드를 바라보는 것, 대기업의 경험을 그대로 창업에 적용하는 것, 철학 없이 벤치마킹하는 것, 시장 조사를 생략한 런칭, 브랜드에 대한 정의와 관점이 일치하지 않는 것, 그리고 개인의 경험에만 기대어 브랜드를 이해하는 것 등이 그 예다. 이러한 요소들은 모두 의사결정권자나 담당자의 경험과 취향에 따라 결정되는, 보이지 않는 세균과 같은 위험 요소들이다.

결국, 브랜드 패혈증을 일으키는 편견(偏見)과 선입견(先入見)은 마치 '편균(偏菌)'과 '선입균(先入菌)'과도 같다. 브랜드 런칭의 실패 원인은 종종 시장 경쟁과 같은 외부 요인보다 조직 내부에 스며드는 보이지 않는 문화적 요인과 가치관 차이에서 비롯된다. 조직 내 갈등, 의사결정의 어려움, 세대 간 문화 차이, 개인의 취향과 브랜드 방향의 충돌, 사고방식과 습관의 차이 등은 내부에서부터 부패를 일으켜 결국 패혈증과 유사한 결과를 초래할 수 있다.

특히 브랜드 산욕열을 일으키는 가장 치명적인 세균 중 하나는 '서로 다른 브랜드 정의'다. 애플이 생각하는 브랜드와 코카콜라가 정의하는 브랜드가 다르듯, 같은 '브랜드'라는 단어도 사람마다 그 의미를 다르게 해석한다. 처음에는 작은 차이처럼 보일 수 있지만, 런칭 시점에 이르면 그 차이가 완전히 다른 브랜드로 이어질 수 있다. 브랜드를 사람처럼 대하는 사람과 상표처럼 다루는 사람이 과연 같은 브랜드를 경영할 수 있을까? 이는 비약일 수 있지만, 마치 야구장에서 축구하는 것과 같다. 두 종목의 룰이 다른 만큼, 경기장 자체도 달라질 수밖에 없다.

이처럼 서로 다른 관점은 조직 내에서 '동음이의어' 현상을 일으켜 소통에 혼선을 초래한다. 예를 들어, '말(馬)'과 '말(言)'은 발음은 같지만, 전혀 다른 의미를 가진다. 우리는 문맥에 따라 이 차이를 이해하지만, '말을 가지고 놀고 있다'라는 표현은 해석이 모호할 수 있다. 대부분은 '말(言)'을 떠올리겠지만, 누군가는 말을 소유하거나 관리하는 상황을 연상할 수도 있다. 마찬가지로, '말을 먹다'라는 표현도 보통 말고기를 먹는 것으로 이해되지만, 상황에 따라 비유적으로 '말(言)'을 먹는 것으로 해석될 여지도 있다.

이처럼 동일한 단어를 각기 다르게 해석하는 것은 브랜드 커뮤니케이션에 큰 문제를 일으킨다. 특히 '브랜드'라는 단어가 '거시기'처럼 모호하게 사용될 때 문제가 더욱 심각해진다. '브랜드 전략', '브랜드 기획', '브랜드 커뮤니케이션', '브랜드 경험', '브랜드 혁신' 등 여러 맥락에서 사용되는 '브랜드'라는 용어는 의미가 쉽게 흐려질 수 있다. 예를 들어, '브랜드 전략'과 '브랜드 기획', '브랜드 혁신'의 차이를 물었을 때 정확히 답하는 경우는 드물다.

독자가 직접 이 개념들을 정의해 보고, 동료에게 설명을 요청해 피드백을 받아보면 개념 차이를 더욱 명확하게 느낄 수 있다. '브랜드'라는 단어를 정확한 의미보다는 '있어 보이게' 사용하기 시작하면 문제가 발생한다. 브랜드 런칭 과정에서 동일한 단어를 사용하면서도 서로 다른 개념으로 이해하게 되면, 소통의 오해가 발생하고 이를 조정하는 데 많은 시간이 낭비될 수 있다.

결국 브랜드는 위험에 처하게 된다. 브랜드란 무엇인가? 런칭이란 무엇인가? 창업이란 무엇인가? 전략이란 무엇인가? 브랜딩과 마케팅의 차이점은 무엇인가? 브랜드 전략과 기업 전략은 무엇이 다른가? 이러한 질문들을 스스로에게 던져보고, 함께 일하는 동료들의 답변도 들어보자.

서로 다른 생각을 틀렸다고 할 수는 없다. 사람마다 경험과 지식이 다르기 때문에 생각이 다를 수밖에 없다. 그러나 이런 상태로 브랜드를 런칭하면 위험해진다. 서로 다른 정의는 브랜드의 가치, 목적, 철학, 전략, 그리고 고객 정의에 차이를 만들어낸다. 이는 커뮤니케이션 문제로 이어지고, 오해와 비용을 발생시키며, 무엇보다 중요한 본질에 집중할 시간을 빼앗는다.

브랜드 실패가 단순히 브랜드 정의의 차이 때문에 발생할 수 있을까? 이렇게 반문할 수도 있다. 그러나 직접 확인해 보는 것이 가장 확실한 방법이다. 브랜드 구성원들과 '브랜드 전략이란 무엇인가?' 혹은 '브랜드 경험이란 무엇인가?'에 대해 이야기를 나눠 보자. 사전 검색 없이 각자 자기 생각을 말하게 한다면, 아마도 모두가 서로 다른 대답을 내놓을 가능성이 크다.

전쟁 중에 군인들이 각기 다른 용어를 사용한다면 제대로 전투를 치를 수 있을까? 공군, 육군, 해군이 전투에서 서로 다른 용어를 쓴다면 협동 작전이 가능할까? 마찬가지로, 브랜드에 대한 서로 다른 정의는 시간과 비용을 낭비하게 만들고, 브랜드가 성장할 중요한 기회를 놓치게 만든다.

특히 심각한 문제는 브랜드 리더, 즉 경영자나 창업자가 브랜드에 대한 명확한 정의나 지식을 갖추지 못할 때 발생한다. 이 지점이 바로 브랜드 패혈증의 근원이다. 리더가 자신의 취향이나 비전만으로 브랜드를 만들려고 하면, 그 브랜드는 실패할 가능성이 높아진다.

나 역시 이 문제를 다루며 리더십의 중요성을 강조하기 위해 『리더십 바이러스와 백신』이라는 책을 쓴 적이 있다. 브랜드 리더가 브랜드에 대해 잘못된 정보를 가지고 있다면, 그 브랜드의 런칭은 시작부터 실패의 위험을 안고 가는 것이나 다름없다.

브랜드는 생산자가 담아낸 의도가 소비자의 해석을 통해 공감으로 이어질 때 비로소 완성된다. 그렇다면 생산자가 생각하는 브랜드와 소비자가 받아들이는 브랜드가 다를 경우 어떤 일이 벌어질까? 명확한 정의가 없다면 내부 소통에 문제가 발생하고 혼란이 커지며, 이는 브랜드의 방향성을 잃게 만들어 결국 실패로 이어질 수 있다.

브랜드는 일방적으로 만들어지는 것이 아니다. 생산자와 소비자가 서로 의미를 공유하고 소통하는 과정에서 완성된다. 만약 생산자와 소비자가 동일한 이해를 바탕으로 브랜드를 형성하지 못한다면, 그 브랜드는 본래 의도와 다르게 소비자에게 인식될 수 있다. 이러한 불일치는 브랜드의 정체성을 잃게 만들고, 장기적으로 신뢰를 떨어뜨리며 시장에서 실패할 가능성을 높인다.

이제 "브랜드가 실패하는 이유는 무엇일까?"라는 질문에서 한 단계 더 나아가 "왜 브랜드 정의가 다를까?"라는 본질적인 질문을 던져 보자. 산욕열의 원인은 보이지 않는 세균, 바이러스, 진균과 같은 병원체. 이와 마찬가지로, 브랜드 산욕열의 원인은 제대로 정의되지 않은 브랜드, 주관적인 경험, 그리고 잘못된 지식에서 비롯된다.

잘못된 브랜드 정의와 상충하는 개념들은 마치 산욕열이 출산 후 산모를 위험에 빠뜨리는 것처럼, 브랜드가 탄생한 이후 기업을 위기로 몰아넣는다. 이 책에서 강조하고자 하는 핵심도 바로 이 지점이다. 명확하지 않은 브랜드 정의는 내부 혼란을 초래하며, 그로 인해 기업은 브랜드의 본질을 잃어버리게 된다. 방향성을 상실한 브랜드는 일관성을 유지하지 못하고 결국 시장에서 실패로 이어진다.

브랜드의 정의

'브랜드란 무엇인가?'라는 질문을 처음 받았던 것은 신입 광고 기획자 시절이었다. 선배는 내가 브랜드에 대해 얼마나 모르는지를 깨닫게 하려는 듯, 기선을 제압하듯 이 질문을 던졌다. 이는 마치 우리가 시간을 안다고 생각하지만, 막상 시간을 설명하려고 하면 막연함과 답답함을 느끼는 것과 같은 상황이었다.

누군가 스피드 퀴즈처럼 나에게 이런 질문을 던졌다면, 나는 아마 이렇게 대답했을 것이다.

"시간이 뭐지?"

"시간이요? 시간이죠!"

선배도 비슷하게 물었다.

"브랜드가 뭐지?"

"브랜드요? 브랜드죠!" 하마터면 이렇게 대답할 뻔했다.

잠시 고민 끝에 나는 "고급 상표입니다"라고 답했다. 학문적인 용어 대신 대중이 흔히 쓰는 단어를 택한 나 자신이 부끄러웠다. 광고 기획자로서 적절하지 못한 대답이었다는 생각에 얼굴이 화끈거렸다. 선배는 잠시 고개를 끄덕이더니, 내가 걸려들었다는 듯한 표정으로 왜 브랜드가 단순한 상표가 아닌지 설명하기 시작했다.

그때는 수치심 때문에 선배의 말이 귀에 잘 들어오지 않았다. 하지만 지금은 왜 브랜드가 상표와 다른지 명확히 이해하고 있다. 그래서 브랜드 전문가들이 말하는 '브랜드는 상표가 아니다'라는 정의들을 먼저 살펴보고자 한다. 여러 정의가 다르게 보일 수 있지만, 결국은 같은 방향을 가리킨다는 사실을 알게 될 것이다.

브랜드를 정확히 파악하는 일은 쉽지 않지만, 그 본질에 대한 감각은 얻을 수 있다. 그렇다고 해서 명쾌한 정의가 쉽게 나오는 것은 아니다. 내가 브랜드의 정의에 공감하면서도 완전히 동의하지 못하는 이유는 이후에 설명할 것이다.

브랜드 전문가들이 말하는 정의를 처음부터 완벽히 이해하려고 애쓸 필요는 없다. 자신이 좋아하는 브랜드 이름을 그 정의에 대입해 보는 것도 좋은 접근법이다.

먼저, 우리나라에서 『퍼플 카우』의 저자로 잘 알려진 세스 고딘(Seth Godin)은 브랜드를 이렇게 정의했다. "브랜드는 고객들이 여러 제품과 서비스 중 하나를 선택할 때 작용하는 기대, 기억, 스토리와 관계의 집합이다."

만약 브랜드를 단순히 '고급 상표'나 '멋지게 보이는 것'으로만 생각했다면, 이 정의는 처음부터 난해할 수 있다. 이 정의를 설명하려면 더 복잡해질 수 있으니, 자신이 좋아하는 브랜드 이름을 넣어서 읽어보면 더 이해가 쉬울 것이다. 이해하는 과정에서 답답함을 느끼는 것은 당연하다.

다음으로, 나이키의 'Just do it' 캠페인을 주도하고 스타벅스의 마케팅 부사장을 지낸 스콧 베드버리(Scott Bedbury)는 이렇게 말했다. "브랜드는 손에 쥐거나 크기를 가늠할 수 있는 물체가 아니다. 이런 특징은 상품에 해당한다. 브랜드는 수년간 마음속에 쌓인 살아 있는 개념이다. 논리적인 부분도 있지만, 때로는 비이성적인 부분도 있다. 가장 오래 지속되는 브랜드 이미지 중 일부는 완전히 감정적이다. 훌륭한 브랜드를 만들기 위해서는 몇 년, 혹은 몇 십 년이 걸릴 수도 있다."

이 정의도 쉽게 이해하기 어렵다. 나 역시 그랬다. 특히 '살아 있는 개념'이라는 표현이 낯설었다. 그러나 디즈니의 CEO였던 마이클 아이스너(Michael Eisner)는 그의 자서전에서 이렇게 말했다. "브랜드는 살아 있는 실체다. 수천 개의 작은 움직임이 모여 끊임없이 비옥해지거나 침식된다."

이처럼 브랜드는 단순한 개념이 아니라 지속적으로 변화하고 진화하는 실체다. 브랜드의 본질을 이해하는 과정은 시간이 걸리며, 감정과 논리, 비이성과 이성이 모두 얽혀 있다.

물론, 모든 브랜드가 살아 있는 개념이 되는 것은 아니다. 특정 브랜드가 그럴 수 있지만, 그것은 특정 사용자에 의해서만 가능하다. 예를 들어, 애플은 많은 사람들에게 컬트 브랜드로 여겨지지만, 어떤 사람에게는 그저 비싼 전자제품일 뿐이다.

이 이유에 대해 마티 뉴마이어(Marty Neumeier)는 『브랜드 갭(The Brand Gap)』에서 이렇게 말한다. "브랜드란 당신이 말하는 '그 무엇'이 아니고, 그들이 말하는 '그 무엇'이다." 여기서 '그들'은 소비자를 뜻한다. 이는 앞서 말한 생산자의 의도와 소비자가 부여하는 의미의 차이와 일치한다. 뉴마이어는 또 이렇게 덧붙였다. "브랜드는 현대 사회의 작은 신이다. 그 신은 각자의 방식으로 인간의 욕구, 활동, 분위기나 상황을 지배한다." 그의 주장대로라면, 뉴마이어는 브랜드를 일종의 신으로 보는 신성설을 제창한 최초의 사람일지도 모른다.

여기까지 읽었다면, 아마도 세스 고딘이 말한 브랜드 정의는 이미 머릿속에서 희미해졌을 것이다. 브랜드 정의는 생각보다 명확하지 않아 독자가 불편함이나 짜증을 느낄 수 있다. 하지만 아직 살펴봐야 할 더 많은 정의가 남아 있다.

번 H. 슈미트(Bernd H. Schmitt)는 자신의 저서 『체험 마케팅』에서 "브랜드란 사용자가 마음속에 가지고 있는 다른 기업, 상품, 서비스, 비즈니스 모델과 구별되는 독특한 그 무엇이다. 이는 기업의 이미지, 상품, 서비스, 비즈니스 모델 전체를 아우르는 문화를 의미한다."고 말했다. 여기서도 마티 뉴마이어처럼 브랜드를 '그 무엇'으로 표현하고 있다. 지금까지의 브랜드 정의는 명확한 개념보다는 주관적인 경험과 느낌에 가깝다.

매튜 힐리(Matthew Healey) 교수는 『무엇이 브랜딩인가(What is Branding)』에서 가장 간결한 정의를 제시했다. "브랜드는 생산자가 소비자의 마음속에 무형의 개념을 만들어내기 위해 만든 상징체계다."

지금까지 제시된 브랜드 정의 중에서 동의하거나 이해되는 부분이 있는가? 여전히 브랜드 정의가 어렵게 느껴진다면, 자신이 좋아하는 브랜드 이름을 넣어 다시 읽어보자. 만약 좋아하는 브랜드가 없다면, 사람들이 열광하는 브랜드를 상상해보는 것도 좋은 방법이다. 하지만 모든 정의가 철학적이고 형이상학적인 것만은 아니다.

사전에 정의된 브랜드는 명확하고 이해하기 쉽다. "브랜드란 어떤 상품을 다른 것과 구별하기 위해 사용하는 이름, 기호, 도안 등을 통칭하는 말이다." 만약 브랜드를 단순히 상표로만 생각한다면, 이 정도의 정의가 적당하다. 그러나 유명한 브랜드 이름을 대입해 보면, 이 정의가 어딘가 부족하게 느껴질 것이다.

이번에는 미국 마케팅 협회(American Marketing Association)의 정의를 살펴보자. "브랜드란 특정 기업의 제품이나 서비스를 식별하고, 경쟁 기업과 차별화하기 위해 사용하는 이름, 기호, 상징물, 디자인 또는 그들의 조합이다." 이 정의 역시 사전의 정의와 크게 다르지 않다.

상품을 단순히 소비재로 여기는 사람에게는 이러한 정의가 간결하고 설득력 있게 다가올 수 있다. 그러나 브랜드를 정체성의 표현으로 여기는 사람에게는 이러한 정의가 부족하다. 오히려 앞서 복잡하게 설명된 브랜드 정의들이 더 공감될 수 있다.

수천만 원짜리 에르메스 핸드백을 단순히 이름이나 상징물, 디자인으로만 설명할 수 있을까? 에르메스를 구매하는 이유가 단지 상품을 구별하기 위해서일까? 그렇지 않다. 사람들은 에르메스를 구매하면서 단순한 가방이 아닌, 자신을 남들에게 과시하고 자신의 가치를 드러내기 위해 산다. 수천만 원짜리 가방을 드러내지 않고 사는 사람은 없다.

명품 브랜드는 경쟁 제품과의 차별화를 넘어서, 자기 정체성을 표현하는 도구다. 사람들은 단순한 상품을 사는 것이 아니라, 자신의 아이덴티티를 구매하는 것이다. 서문에서 언급한 인공지능이 말한 사람과 브랜드의 공통점 중 하나가 바로 정체성이다. 브랜드가 정체성을 다루기 시작하면서, 그 개념은 단순한 구별 수단에서 복잡한 의미의 세계로 확장된다.

마지막으로, 빅데이터를 기반으로 하는 인공지능이 대답한 브랜드 정의도 살펴보자. 사전이나 미국 마케팅 협회의 정의와는 달리, 이 정의는 전문가들의 복잡한 견해를 대변하고 있다. 브랜드란 소비자와 생산자가 서로의 정체성을 통해 관계를 형성하는 복합적이고 동적인 상호작용의 과정이다.

이 정의는 브랜드를 단순한 상표나 기호가 아닌, 정체성과 관계의 관점에서 이해한다. 브랜드는 단지 상품을 구별하기 위한 것이 아니라, 소비자와 생산자 간의 의미 있는 소통과 정체성의 표현을 통해 완성된다. 이는 브랜드가 단순한 물건이 아닌, 사회적, 문화적 상징으로 기능하는 이유를 잘 보여준다.

브랜드에 관한 인공 지능 답변

브랜드는 소비자의 마음 속에 있는 회사, 제품 또는 서비스에 대한 정체성, 평판, 인식을 포괄하는 다면적인 개념입니다. 브랜드를 정의하는 주요 요소는 다음과 같습니다.

아이덴티티, 평판, 인식, 약속, 가치 및 개성, 소비자 경험과 감정적 연결입니다. 이런 통합은 공유된 가치, 기억에 남는 경험 또는 소비자의 요구와 욕구를 충족하는 브랜드의 능력을 기반으로 할 수 있습니다. 본질적으로 브랜드는 단순한 로고나 이름이 아닙니다. 이는 회사, 제품 또는 서비스가 소비자에 의해 인식되고 경험되는 방식을 형성하는 모든 요소의 집합적인 영향입니다.

브랜드는 단순히 로고나 제품을 넘어, 기업이 전달하려는 가치와 고객이 느끼는 경험 전체를 아우르는 개념입니다. 즉, 브랜드는 생산자가 의도한 메시지와 소비자가 그로부터 얻는 인식 사이에서 형성되는 종합적인 이미지와 정체성입니다. 따라서, 브랜드란 기업이 소비자에게 전달하는 가치와 경험의 총체이며, 이는 기업의 정체성과 고객의 인식이 결합되어 형성된다고 할 수 있습니다.

(인공지능 답변을 편집자 정리)

독자도 인공지능을 통해 직접 검색해보면, 앞서 제시된 정의들과 유사한 답변을 쉽게 찾을 수 있다. 흥미로운 점은 인공지능이 "브랜드는 로고나 이름이 아니다"라고 정의한다는 사실이다. 물론 이는 인공지능이 스스로 판단한 것이 아니라, 방대한 데이터를 바탕으로 도출한 결과일 뿐이다.

그렇다면 왜 브랜드는 사람마다 다르게 정의될까? 혹은 왜 명확한 정의를 내리기 어려울까? 그 이유는 단순하다. 바로 '브랜드 경험' 때문이다. 누군가는 삼성 갤럭시를 통해 브랜드를 경험하고, 또 다른 사람은 애플 아이폰을 통해 경험한다. 두 제품 모두 스마트폰이지만, 제공하는 경험은 단순한 기능의 차원이 아니라 브랜드 경험에 의해 완전히 달라진다.

직접 그 제품을 사용하는 사람에게 물어보면 쉽게 알 수 있다. 아이폰 사용자에게 갤럭시에 대한 생각을 적어보라. 반대로, 갤럭시 사용자에게 아이폰에 대한 생각을 물어보라. 그리고 두 스마트폰이 왜 다른지, 그 차이점을 글로 정리해보라. 이렇게 정리한 내용을 직접 읽고 다른 사람과 공유해 보면, 자신이 경험한 브랜드의 본질을 더 명확히 이해하게 된다. 이 독특한 느낌이 바로 브랜드 경험이다.

브랜드 경험

종교 간증과 같은 개인 경험은 때로는 선입견과 편견을 형성하기도 한다. 의사들이 무지한 경험에 의존해 수많은 산모가 산욕열로 목숨을 잃었고, 그 결과 아이들은 고아가 되었다. 브랜드 산욕열의 원인 또한 개인이 확고하게 믿고 있는 브랜드 경험, 즉 선입견과 편견에서 비롯된다. 브랜드가 명확하게 정의되지 못하는 이유도 바로 이러한 브랜드 경험의 차이에서 비롯된다. 이제 브랜드 경험이 어떻게 브랜드 실패를 초래하는지 살펴보자.

'사과란 무엇인가?' 사과는 장미과, 장미목, 사과나무속, 사과나무로 분류된다. 그렇다면 사과의 맛을 어떻게 정의할 수 있을까? 사과 하나를 다섯 조각으로 나누어 다섯 명에게 그 맛을 설명해 보라고 하면, 각기 다른 대답이 나온다. 똑같은 사과라도 맛에 대한 경험은 다를 수밖에 없다. 우리가 사과가 모두 같은 맛이라고 생각하는 것은 착각에 불과하다. 사과가 맛있다고 말할 수는 있지만, 그 맛을 명확히 정의할 수는 없다. 이처럼, 같은 브랜드를 좋아하는 사람들조차 각자의 방식으로 브랜드를 정의한다.

어떤 사람에게 애플은 단순히 비싼 전자제품일 뿐이지만, 다른 사람에게는 그 이상의 의미를 지닌다. 애플뿐만 아니라 모든 브랜드는 사람마다 경험이 다르다. 이번에는 더 추상적인 개념을 정의해 보자.

'결혼이란 무엇인가?' 사전에서는 '남녀가 정식으로 부부 관계를 맺음'이라고 정의한다. 그러나 마음속에서 느끼는 결혼과 비교해 보면, 이 정의는 매우 부족하게 느껴진다. 그렇다면 '결혼 생활이란 무엇인가?' 이 질문에 대한 답은 미혼자와 기혼자뿐만 아니라, 결혼한 사람들끼리도 모두 다를 수 있다. 결혼 생활의 경험은 지옥과 천국을 오가는 만큼 다양하기 때문이다.

브랜드를 명확하게 정의할 수 없는 이유는 사람마다 경험이 다르기 때문이다. 특히 브랜드와의 관계에서 일반 소비자와 충성 고객(마니아)이 내리는 브랜드 정의는 극단적으로 다를 수 있다. 지금까지 언급된 브랜드 전문가들의 정의가 제각각인 이유도 저마다의 브랜드 경험이 다르기 때문이다. 코카콜라, BMW, 맥도날드, 애플을 모두 '브랜드'라 부르지만, 이들의 상품과 경험은 각각 다르다. 이러한 모든 것을 '브랜드'라는 단어로 단순히 몇 줄 안에 정의하는 것은 불가능하다.

앞서 이야기한 것처럼, 신랑과 신부가 결혼식에서 5만 원짜리 컨버스 신발을 신는 이유는 단순한 편안함 때문만이 아니다. '컨버스'라는 단어에는 영적인 교제라는 의미가 담겨 있다. 변하지 않는 사랑을 상징하는 티파니처럼, 컨버스는 영적인 친밀감을 상징하며 결혼의 상징으로 자리 잡았다. 이는 마치 수능 시험을 앞둔 학생에게 '시험에 붙으라'는 의미로 찹쌀떡과 엿을 선물하는 것과 같다. 결혼식에서 컨버스를 신는 것은 신랑과 신부가 함께 걸으며 영적인 교제를 나누라는 의미를 담고 있다.

우리나라에서도 비슷한 현상이 있다. 매년 11월 11일, 사람들은 빼빼로라는 기다란 초콜릿 과자를 주고받는다. 이 과자의 연간 매출은 2천억 원을 넘으며, 그중 약 40%가 11월 한 달 동안 발생한다. 그런데 어떻게 11월 11일과 초콜릿 과자, 그리고 사랑이나 친밀한 감정이 연결된 걸까? 일본의 사탕 회사가 발렌타인 데이를 만들어낸 것처럼, 빼빼로 판촉 캠페인은 우리나라에서 하나의 민족적 절기처럼 자리 잡았다.

이 현상에 대한 해석은 여러 가지가 있을 수 있지만, 중요한 것은 브랜드가 특별한 이유 없이도 경험을 창출할 수 있다는 사실이다. 11월 11일이 되면 빼빼로는 단순한 과자가 아니라 감사와 좋은 관계의 '상징'으로 변한다. 상품이 관계의 상징으로 자리 잡는 순간, 그 상품은 단순한 제품을 넘어서는 '비제품'이 된다. 이렇게 브랜드가 비제품으로 변하면, 500원짜리 물조차 수억 원에 팔릴 수 있다. 이때 브랜드는 마치 성배와 같은 존재로 초월하게 된다.

우리나라의 대표적인 생수 브랜드로는 아리수, 제주 삼다수, 아이시스, 백산수가 있다. 이들 모두 비슷한 가격대에 속하며, 갈증을 해소하고 위생적으로 안전한 물을 제공하는 역할을 한다. 이러한 생수 브랜드들은 기본적인 생리적 욕구를 충족시키지만, 자아실현의 욕구까지 만족시키는 요소는 없다. 그러나 필리코(Fillico) 750mL는 한 병에 25만 원에 팔리고, 이탈리아 광천수로 만든 엑소시아 골드(Exousia Gold)는 무려 275만 원에 판매된다. 누군가는 이 비싼 물을 선택하는데, 이는 단순히 건강 때문이 아니다. 이 물들에는 특별한 성분이 들어 있지 않다.

그렇다면 왜 사람들은 이런 물을 마실까? 그들은 단순히 생리적 갈증을 해결하기 위해서가 아니다. 평범한 물과 다를 바 없는 이 물들이 브랜드라는 의미를 부여받으면, 생리적 욕구를 넘어 자아실현의 욕구까지 충족시켜 준다.

사람들이 자신이 원하는 것을 경험하기 위해 브랜드를 구매하는 욕구는 10단계로 나눌 수 있다.

1단계 : 있어야 한다 (생존을 위한 물건들이다)
2단계 : 있으면 좋다
3단계 : 타인과 같은 것을 가지고 싶다
4단계 : 타인보다 좋은 것을 가지고 싶다

5단계 : 타인과 다른 것을 가지고 싶다

6단계 : 자신이 좋아하는 것을 가지고 싶다

7단계 : 자신만의 물건을 원한다

8단계 : 자신을 표현할 수 있는 것을 원한다

9단계 : 남들이 가질 수 없는 것을 가지고 싶다

10단계 : 돈으로 가질 수 없는 것을 가지고 싶다

생수 브랜드가 주는 경험을 10단계로 다시 살펴보자. 물은 기본적으로 생존을 위한 필수 자원이며, 이는 1단계에 해당하는 필수품이다. 그러나 물이 브랜드가 되는 순간, 형태는 변하지 않더라도 그 가치는 진화하며 1단계에서 10단계까지 확장된다.

세계에서 가장 비싼 생수로 알려진 아우룸 79 리미티드 에디션(Aurum 79 Limited Edition)을 예로 들어보자. '아우룸'은 라틴어로 '빛나는 새벽'을 의미하고, 79는 금의 원소 번호를 나타낸다. 이 생수는 독일 세인트 레온하르트의 광천수로 만들어졌으며 단 세 병만 제작되었다. 한 병의 가격은 90만 달러(약 10억 원)에 이르며, 식용 24K 금이 포함되어 있다. 그렇다면 이 물을 마시는 사람들은 단순히 비싼 물을 마시는 것일까, 아니면 돈으로 살 수 없는 무언가를 경험하는 것일까?

10억 원짜리 물을 마시는 이유가 단순히 갈증 해소 때문일 리는 없다. 물론, 아우룸 79의 가격은 마케팅 전략이나 홍보 캠페인의 일환일 수 있다. 하지만 이러한 생수의 존재는 브랜드의 정의와 스펙트럼을 확장시킨다.

우리 주변에서 쉽게 볼 수 있는 브랜드들도 이 10단계 스펙트럼에 따라 구분할 수 있다. 예를 들어, 할리데이비슨을 타지 않는 사람들에게 이 브랜드는 7~8단계쯤으로 여겨질 수 있다. 그러나 할리데이비슨 마니아들에게 이 브랜드는 1단계, 즉 생존을 위한 필수품과 같은 의미를 지닌다. 그들에게 할리는 단순한 오토바이가 아니라, 10단계에 이르는 욕구를 충족시켜 주는 경험이다.

자신이 좋아하는 브랜드가 1단계와 10단계를 동시에 충족시킨다면, 그 브랜드에 대한 정의와 경험은 자연스럽게 이해될 것이다. 그러나 극단적인 브랜드 경험 사례도 존재한다.

2011년, 중국 청년 샤오 왕은 자신의 신장을 팔아 2만 2,000위안(약 371만 원)을 손에 쥐었다. 그는 그 돈으로 아이폰 4S와 다른 물건들을 구입했다. 이 사건은 세간에 큰 충격을 주었지만, 과연 그는 애플 브랜드에 광적으로 집착했던 것일까? 아니면 이 사건은 욕구 3단계에서 8단계 사이의 욕망에서 비롯된 일시적인 실수였을까?

이 정도까지는 아니더라도, 많은 사람들은 자신이 원하는 브랜드를 소유하기 위해 종종 범죄나 실수를 저지른다. 그들에게 브랜드는 단순한 상품이 아니다. 브랜드는 자신의 가치를 증명하고, 인정받고자 하는 정체성이다. 결국 브랜드는 욕구와 욕망으로 만들어진다.

1954년, 알프레드 히치콕의 영화 이창(Rear Window)에서는 주인공이 가방 가게에서 종업원에게 '켈리백(Kelly Bag)'의 가격을 묻는 장면이 나온다. 종업원은 아무렇지 않게 "8,000달러입니다"라고 대답한다. 당시 8,000달러는 현재보다 훨씬 더 큰 가치를 지니던 금액이었다.

놀란 주인공이 "가방이 어떻게 8,000달러나 하죠?"라고 되묻자, 종업원은 이렇게 답한다.

"에르메스에서 취급하는 것은 '필요'가 아니라 '욕망'입니다."

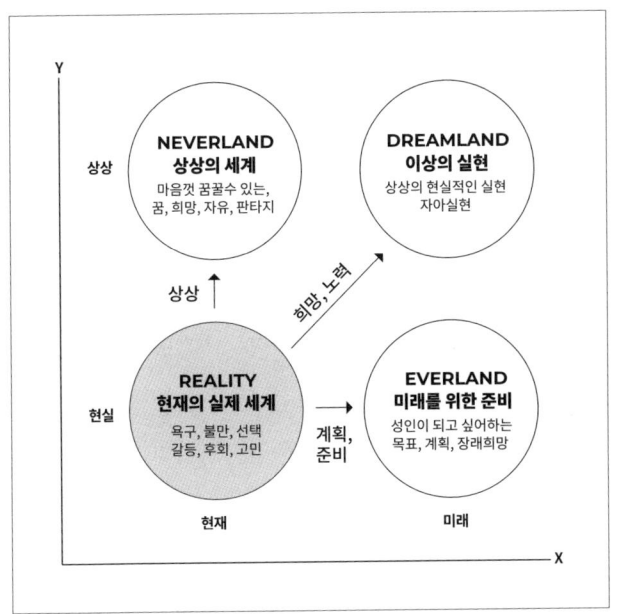

그림 1 4개의 욕망 시장

위의 그림 1은 브랜드를 통해 우리가 이동할 수 있는 다양한 차원의 영역을 보여준다. 우리는 현실 속에 살고 있지만, 할리데이비슨을 구매하는 순간 상상의 세계인 네버랜드(Neverland)로 즉시 들어갈 수 있다. 할리데이비슨을 타는 50~60대는 단순히 속도를 즐기기보다는, 젊음을 되찾고자 하는 욕망을 품고 있다. 그들은 오토바이를 통해 내면의 자유로움을 해소하고자 한다(물론 다른 이유도 있을 것이다).

일반적으로 돈을 벌면 가장 먼저 바꾸고 싶은 것 중 하나가 자동차다. 특히 페라리나 포르셰 같은 '꿈의 자동차'는 많은 사람에게 꿈을 이루는 순간 자신에게 주는 보상의 상징이 된다. 우리가 열광하는 대부분의 브랜드는 네버랜드나 드림랜드(Dreamland)와 같은 상징적 세계에 속한다.

45

그렇다면, 만약 젊음을 되찾기 위해 할리데이비슨과 페라리 중 하나를 선택해야 한다면, 어떤 브랜드를 고를까? 여기서 우리는 젊음에도 여러 차원과 차이가 있다는 사실을 발견하게 된다. 자유로운 젊음을 경험하게 하는 브랜드는 무엇일까? 열정적이고 도전적인 젊음을 상징하는 브랜드는 무엇일까? 브랜드는 사람마다 서로 다른 경험을 제공한다.

더 가치 있는 사람이 되고 싶다면, 어떤 브랜드가 자신과 가장 잘 어울릴까? 남들보다 우월해 보이기 위해서는 어떤 브랜드가 적합할까? 명석함과 세련됨을 드러내기 위해 필요한 브랜드는 무엇일까? 사람들이 원하는 것은 단순한 상품이 아니다. 그들이 찾는 것은 상징, 의미, 그리고 관계를 드러내는 브랜드다.

브랜드는 우리가 현실 세계에서 쉽게 갈 수 없는 세 가지 장소인 드림랜드, 네버랜드, 그리고 에버랜드로 이동시킨다. 이 과정에서 욕구의 10단계가 완성된다. 이 때문에 브랜드는 정의하거나 설명하기 어려운 개념이며, 단지 해석될 수 있을 뿐이다.

소비자가 브랜드를 구매하는 이유는 자신의 정체성을 경험하고 싶기 때문이다. 그러나 같은 브랜드라도 소비자마다 그 경험은 모두 다르다. 그렇다면 만약 브랜드 경영자가 자신의 경험만을 바탕으로 브랜드 의사결정을 내린다면 어떻게 될까? 개인적인 취향에 따라 브랜드의 방향을 결정한다면 그 브랜드는 어떻게 될까? 자신의 경험을 바탕으로 브랜드를 정의하고, 그 정의를 직원과 소비자에게 강요한다면 어떤 일이 일어날까?

이것이 바로 브랜드 패혈증의 시작, 즉 감염의 순간이다.

나의 브랜드 정의

나는 지금도 "브랜드란 무엇인가?"라는 질문을 자주 받는다. 이제는 이 질문에 대한 답을 미리 준비해두고 있다. 내 대답은 간단하다. "브랜드는 비제품이 제품을 초월할 때 만들어진다."

어떤 사람에게 할리데이비슨은 단순한 모터사이클이 아니다. 그들에게 할리는 도심 속에서 타는 말과 같으며, 이를 타면서 자유와 해방감을 느낀다. 여기서 모터사이클은 제품이지만, 말과 자유는 비제품이다.

비슷한 예로, 1억 원짜리 시계가 있다고 하자. 이 시계는 수심 600미터 방수 기능을 갖추고 있다. 그런데 이 시계를 차는 사람이 해저에서 시간을 확인하기 위해 시계를 찰까? 이런 고가의 브랜드는 단순한 시계를 넘어서, 가짜 모험심, 사치, 그리고 자부심이라는 비제품을 팔고 있다.

한 번은 "백화점 명품 매장 앞에 수십 명이 대기 중"이라는 기사를 본 적이 있다. 그들이 사려는 1,500만 원짜리 샤넬 백의 제품 설명서에는 양가죽과 금장 금속으로 만들어졌다고 적혀 있었다. 그러나 이 금장은 사실 도금이다. 이 수천만 원짜리 샤넬 백에는 내비게이션 기능, 건강 센서, 스마트폰 충전 기능 같은 것은 없다. 심지어 샤넬 홈페이지에서도 그 백의 상세한 기능보다는 이념, 관계, 가치, 영원함 같은 단어들로 설명된다.

그렇다면, 사람들은 무엇을 사는 것일까? 만약 그들이 1,500만 원짜리 샤넬 백을 들고 나가도 아무도 알아보지 못한다면, 과연 새벽부터 줄을 서서 그 백을 사려고 할까?

코코 샤넬은 "누군가로 대체할 수 없는 존재가 되려면 항상 달라야 한다"고 말했다. 그러나 이 말대로라면 사람들은 매년 같은 샤넬 백을 사지 말아야 할 것이다. 그럼에도 왜 사람들은 작년 모델과 큰 차이가 없는 샤넬 백을 사려고 할까? 이는 명품이 다른 사람과 자신을 구별해주는 사회적 상징이기 때문이다.

사람들이 원하는 것은 단순히 금장 양가죽 백이 아니라, 샤넬의 명성이라는 비제품이다. 그들은 샤넬의 아이덴티티를 자신의 아이덴티티로 삼아 타인과 구별되기를 원한다.

코코 샤넬은 명품에 대해 이렇게 말했다. "명품은 필수품이 끝나는 곳에서 시작하는 필수품이다." 여기서 첫 번째 필수품은 제품을 의미하고, 두 번째로 시작하는 필수품은 비제품을 뜻한다. 다시 말해, 샤넬 백은 필수품을 사치품으로, 사치품을 다시 필수품으로 만드는 상징적인 제품이다.

영국의 조각가 애니시 커푸어(Anish Kapoor) 또한 이와 비슷한 주장을 했다. 그는 "예술은 물성(物性)과 비물성의 관계 속에서 만들어진다"라고 말했다. 커푸어는 예로 흙덩어리로 항아리를 빚을 때 그 안에 빈 공간이 만들어진다고 설명했다. 손에 잡히는 물성(찰흙)으로 비물질적인 요소(빈 공간)를 창조한 것이다.

이와 같은 맥락에서, 제품을 비제품으로, 물성을 비물성으로 만드는 것이 진정한 브랜드의 공식이다. "브랜드는 상품에 의미를 부여하고, 가치를 창조하여 상징으로 만든다."

브랜드가 비제품을 창조하는 방법에는 세 가지가 있다. 처음 읽을 때는 이해하기 어려울 수 있지만, 자신이 좋아하는 브랜드나 익숙한 브랜드를 대입해보면 그 브랜드의 본질과 비본질을 더 잘 이해할 수 있을 것이다.

첫째, 브랜드는 낯선 것을 익숙하게, 익숙한 것을 낯설게 만든다. 브랜드는 혁신을 통해 새로운 개념을 대중에게 자연스럽게 받아들이게 하고, 동시에 익숙한 것에도 새로움을 불어넣는다.

둘째, 브랜드는 보이지 않는 것을 보이게 하고, 보이는 것을 보이지 않게 만든다. 브랜드는 우리가 눈치채지 못한 가치를 드러내면서, 때로는 눈에 보이는 것 이상의 의미를 숨겨놓는다.

셋째, 브랜드는 가질 수 없는 것을 갖게 하고, 가질 수 있는 것을 갖지 못하게 만든다. 브랜드는 희소성과 상징성을 통해 사람들이 원하지만 쉽게 가질 수 없는 것처럼 느끼게 만들고, 때로는 평범한 것도 특별한 가치를 부여해 손에 닿지 않는 것처럼 만든다.

스타벅스를 예로 들어보자. 1999년 7월 2일, 스타벅스가 우리나라에 첫 매장을 열었다. 그전까지는 주로 본차이나 같은 고급 찻잔에 커피를 마셨고, 서서 커피를 마시는 것은 드문 일이었다. 야외에서는 종이컵에 봉지커피를 타 마시는 정도가 전부였다. 커피를 주문하면 반드시 자리에 앉아 마시는 것이 일반적이었다. 그러나 스타벅스의 등장으로 이 모든 것이 바뀌었다. 스타벅스는 직장과 집이 아닌 제3의 공간을 제공하며, 도심 속 오아시스처럼 편안한 휴식을 제안했다.

소음에 민감한 나는 스타벅스 같은 오픈된 공간에서 오래 머무르기 어렵다. 하지만 스타벅스를 좋아하는 사람들은 이곳에서 공부하며, 집보다 더 편안하게 느낀다고 한다.

스타벅스가 런칭된 이후, 소득 수준에 맞지 않는 사치스러운 생활을 즐기는 사람을 비꼬는 '된장녀'라는 신조어가 생겨났다. 스타벅스는 종이컵으로 커피를 마시는 문화를 익숙하게 만들었고, 보이지 않던 제3의 장소를 눈에 보이도록 제시했으며, 도심 속에서 커피 한 잔을 통해 손에 닿지 않던 쉼을 제공했다.

브랜드가 만들어내는 비본질적 실체는 새롭고, 보이지 않으며, 가질 수 없는 것이다. 이를 다이아몬드 반지를 예로 들어보자. 다이아몬드 반지는 물리적으로 단단한 제품이지만, 결혼반지로 사용될 때 새롭고, 보이지 않으며, 가질 수 없는 사랑을 상징한다.

다이아몬드 광산과 가공을 지배하는 드비어스(De Beers)는 전 세계 다이아몬드 시장의 90%를 점유하고 있다. 1947년부터 시작된 "다이아몬드는 영원하다(A Diamond is Forever)" 캠페인은 다이아몬드를 영원한 사랑과 결혼의 상징으로 자리 잡게 만들었다. 이 캠페인 덕분에 티파니를 비롯한 많은 주얼리 브랜드가 결혼반지에 다이아몬드를 사용하기 시작했다. 하지만 아이러니하게도, 다이아몬드를 가장 많이 수입하는 미국은 세계에서 이혼율이 세 번째로 높은 나라다.

이처럼 브랜드는 단순한 제품을 초월해 비제품적 의미를 부여하고, 물성을 비물성으로 전환한다.

"그렇다면 이제 브랜드를 정의할 수 있을까?" 자신이 경험한 브랜드를 설명할 수는 있어도, 브랜드를 완벽히 정의하기는 어렵다. 나 역시 마찬가지다. "비제품이 제품을 초월할 때 브랜드가 된다"는 말도 결국 나만의 정의일 뿐이다.

애플의 브랜드 책임자와 코카콜라의 브랜드 책임자가 만난다면, 그들은 브랜드에 대해 어떤 공통된 이야기를 나눌 수 있을까? 코카콜라의 전략을 애플에, 애플의 전략을 코카콜라에 적용할 수 있을까? 두 브랜드는 전혀 다른 방식으로 운영되고 있다. 이처럼 브랜드는 단 하나의 정의로 일반화할 수 없다.

브랜드를 정의하기 어려운 이유 중 하나는 브랜드가 끊임없이 변화하기 때문이다. 브랜드는 단순한 상품에 의미를 부여하고, 그 의미를 소비자가 받아들이면 가치가 형성된다. 그렇게 형성된 가치가 여러 사람에게 인정받을 때, 브랜드는 상징이 된다.

다른 방식으로 표현하자면, 브랜드는 상품에서 아이덴티티로, 아이덴티티에서 사상으로 변환된다고 볼 수 있다. 이 개념은 나이키와 같은 브랜드에도 적용할 수 있지만, 환경 보호를 중점으로 삼는 파타고니아(Patagonia)를 예로 들어보자.

파타고니아의 홈페이지를 보면 상품 소개, 브랜드 철학, 캠페인이 어떻게 유기적으로 연결되는지 알 수 있다. 파타고니아는 단순히 상품을 판매하는 브랜드가 아니라, 환경 보호라는 아이덴티티를 지니고 있다. 이 과정에서 환경 보호라는 가치를 소비자에게 전달하고, 그 가치를 함께 공유하며 실천할 것을 촉구한다. 파타고니아의 정체성은 "지구를 살리자"라는 사상으로 확장되며, 고객들은 이 사상을 수용하고 동참하게 된다. 결국 파타고니아는 상품을 파는 것이 아니라, 사상과 가치를 전파하는 것이다.

"어떻게 이런 일이 가능할까?"

컬트 브랜드 연구가이자 『왜 그들은 할리와 애플에 열광하는가?』의 저자인 더글라스 애트킨(Douglas Atkin)은 "브랜드는 소비자를 '더욱 나답게' 만드는 코드를 가지고 있다"고 말했다. 이는 사용자가 자신의 아이덴티티를 브랜드를 통해 얻는다는 의미로 해석할 수 있다. 그렇다면 왜 이런 공식이 만들어지는 것일까? 인간은 브랜드를 어떻게 바라보고 소비하는 것일까?

『열광의 코드 7』의 저자 패트릭 한론(Patrick Hanlon)은 "브랜드는 소비자의 믿음으로 이루어진 구조물"이라고 설명한다. 이는 소비자가 브랜드를 보이지 않는 가치와 믿음으로 이해한다는 뜻이다.

미국 유타대학교 비즈니스 스쿨 교수이자 소비자 행동 연구가인 러셀 벨크(Russell Belk)는 자신의 연구에서 "소비자는 브랜드에 인간의 특성, 즉 성격을 부여한다. 브랜드의 상징을 통해 자아를 경험하며, 소유물을 자신의 일부로 간주한다"고 밝혔다.

하버드대학교 경영학과 교수인 수잔 포니어(Susan Fournier) 또한 "사람은 물리적인 대상을 의인화하여 관계를 형성하려는 경향이 있다"고 말한다.

『나는 왜 루이비통을 불태웠는가?』의 저자 닐 부어맨(Neil Boorman)은 브랜드에 중독되었다가 브랜드 없이 살아가는 경험을 통해 이렇게 말했다. "브랜드는 자아의 상징이다. 소유물은 내가 누구이며 무엇을 느끼고, 어떠한 모습이 되고 싶은지를 투영한다. 고객들은 자아에 대한 긍지를 확인하기 위해 브랜드와의 관계에 길들여지고 있다."

브랜드 연구자들은 여전히 5천 년 전, 소유물을 구별하기 위해 소 엉덩이에 불도장을 찍던 오래된 브랜드 개념을 버리라고 촉구한다. 상품을 구별하기 위한 상표는 정의할 수 있지만, 정체성을 나타내는 브랜드는 정의하기 어렵다. 브랜드는 단순한 상표가 아니라 상징이며, 이름이 아닌 이미지다. 브랜드는 우리의 정체성을 반영하고, 더 나아가 우리가 어떤 사람이 되고 싶은지를 보여준다. 이러한 이유로 브랜드를 명확히 정의하는 것이 어렵다.

브랜드는 명사가 아니라 동사다

브랜드를 정의하기 어려운 또 다른 이유는, 과거 명사였던 브랜드가 이제는 동사로 변했기 때문이다. 원래 브랜드는 소유자를 나타내는 상표였지만, 이제는 행동과 과정인 브랜딩으로 자리 잡았다. 예를 들어, "애플이 애플했다"라는 표현은 '혁신했다'는 의미로 이해된다. 이 경우 애플은 더 이상 단순한 명사가 아니라 동사로 받아들여진다. 그렇다면 "나이키가 나이키했다"는 말은 어떤 의미일까? 나이키를 좋아하는 사람이 "나이키했다"라고 말했을 때, 아디다스를 좋아하는 사람도 그 의미를 이해할 수 있을까? 만약 다른 방식으로 설명해도 모두가 그 뜻에 동의한다면, 나이키는 동사형 브랜드가 된 것이다.

마지막으로, "구글이 구글했다"라는 표현은 어떤 의미일까? 구체적으로 무엇을 했는지 몰라도 "구글이 구글이 되었다"라는 말에 공감할 수 있다면, 구글 역시 동사로서의 브랜드로 자리 잡은 것이다.

브랜드 전문가 장 노엘 캐퍼러 교수는 그의 저서 『뉴 패러다임 브랜드 매니지먼트』에서 이렇게 말한다.

"오늘날 많은 브랜드가 '우리가 존재하지 않는다면, 시장에서 무엇이 결여될까?'라는 질문에 얼마나 대답할 수 있을까? 기업의 궁극적 목표가 수익과 고용 창출이라면, 브랜드의 목적은 이와 다르다. 기업 전략은 '고객 만족도를 높인다'는 진부한 문구로 끝나는 경우가 많지만, 브랜드의 목적을 명확히 정의하는 것은 브랜드의 절대 필요성, 즉 존재 이유를 밝히는 일이다."

캐퍼러 교수의 주장을 바탕으로 상상해 보자. 애플 마니아에게 애플이라는 브랜드가 사라진다면 그의 인생에서 무엇이 사라지는 걸까? 만약 어느 날 파타고니아 브랜드가 갑자기 사라진다면, 파타고니아의 추종자들은 대체품으로 어떤 브랜드를 선택할까?

독자도 자신이 사랑하는 브랜드가 사라졌다고 가정해 보자. 그 브랜드가 사라진다면, 독자의 삶에서 무엇을 잃게 될까? 그리고 그 결핍을 무엇으로 대체할 수 있을까?

이러한 상상은 단순한 사고실험처럼 보일 수 있지만, 브랜드가 사람의 정체성과 일상에 얼마나 깊이 스며들었는지를 보여준다. 브랜드는 단지 상품이나 서비스의 이름이 아니라, 소비자의 경험과 가치, 그리고 삶의 일부를 형성하는 요소다. 애플을 사랑하는 이들에게 애플의 부재는 단순한 전자제품의 부재가 아니라, 그들이 경험해왔던 혁신과 자부심의 상실이다. 마찬가지로 파타고니아의 부재는 단순한 아웃도어 의류의 결핍을 의미하지 않는다. 그것은 환경 보호와 가치 소비를 실천해온 정체성의 일부를 잃는 것이다.

브랜드가 사라지면, 그 자리는 단순히 다른 제품으로 대체되지 않는다. 대체할 수 없는 것은 제품 자체가 아니라, 브랜드가 제공했던 경험과 상징, 그리고 관계다. 소비자는 특정 브랜드를 선택함으로써 자신의 정체성을 표현하고, 타인과 구별되며, 자신이 속한 집단과 연결된다.

따라서 브랜드가 사라지는 것은 단순한 물질적 결핍이 아니라, 개인의 정체성과 삶의 의미가 흔들리는 경험이다. 이는 브랜드가 단순한 상표 이상의 존재임을 보여주며, 소비자가 브랜드를 통해 경험하고자 했던 가치를 되짚어보게 한다.

한 휴대폰 제조사에서 강의를 마친 후, 이런 질문을 받았다.

"애플 아이폰과 우리 스마트폰이 경쟁하면, 누가 이길까요?"

이 질문의 의도는 단순한 호기심이 아니었다. 그들은 정말로 답을 원했던 걸까? 나는 이렇게 대답했다.

"세계에서 가장 많은 휴대폰을 팔고 싶은 회사와, 휴대폰으로 세상을 바꾸고 싶은 회사가 경쟁한다면 누가 이길까요? 그리고 소비자는 어떤 휴대폰을 응원할까요?"

기업의 목표가 단순한 매출이라면, 브랜드의 목적은 정체성, 상징, 그리고 경험이다. 노엘 캐퍼러 교수가 말한 것처럼, 브랜드의 목적은 그 브랜드가 왜 존재하는지를 정의하는 데 있다. 만약 당신의 지인 중 애플 마니아가 있다면 이렇게 물어보라.

"애플이 더 이상 아이폰을 만들지 않겠다고 한다면, 다음에는 어떤 휴대폰을 살 건가요?"

어떤 사람들은 바로 다른 스마트폰으로 바꾸겠다고 답할지도 모른다. 그러나 나의 경험에 따르면, 대부분은 한동안 답을 하지 못한다. 그들이 가장 자주 하는 대답은 이렇다.

"지금 가지고 있는 걸 망가질 때까지 쓰겠죠."

왜 이런 반응을 보이는 걸까? 애플 제품이 사라진다는 것은 단순히 하나의 도구가 사라지는 것이 아니다. 그것은 정체성과 감정을 투영하는 매개체를 잃는 것을 의미한다. 아이폰은 단순한 기계가 아니라, 사용자와의 관계 속에서 그들의 삶과 정체성의 일부가 된다.

브랜드가 충성도를 형성하는 이유는 제품의 기능적 만족을 넘어서기 때문이다. 파타고니아를 예로 들어보자. 그들의 고객은 단순히 옷을 구매하는 것이 아니라, 환경 보호에 동참한다는 상징적 경험을 한다. 파타고니아가 사라진다면, 고객은 단순한 의류의 상실이 아니라 신념의 부재를 경험하게 될 것이다.

브랜드가 사라질 때 사람들은 대체할 제품을 찾는 것보다 자신의 정체성과 경험의 공백을 어떻게 메울지 고민한다. 이런 이유로, 진정한 브랜드는 단순한 상품을 넘어서며, 사람들에게 의미 있는 정체성과 경험을 부여하는 존재로 자리 잡는다.

그래서 "애플이 더 이상 아이폰을 만들지 않는다면, 어떤 휴대폰을 쓸 건가요?"라는 질문은 단순한 소비 선택을 묻는 것이 아니다. 이는 그 사람이 무엇을 잃고, 무엇을 대체할 수 없는지에 대한 깊은 내면의 질문이다. 브랜드의 정체성이 고객의 정체성에 얼마나 깊이 자리 잡고 있는지를 보여주는 강력한 예시다.

이 질문에 대한 답을 찾기 위해, 영국 브랜드 악세서라이즈(Accessorize)의 브랜드 북을 살펴보겠다. 악세서라이즈는 명품 브랜드가 아니다. 5만 원짜리

가방부터 3천 원짜리 머리핀까지 판매하는 브랜드다. 그들의 브랜드 북에는 직원의 역할, 브랜드 정의, 그리고 브랜드 가치에 대한 설명이 담겨 있다. 그 브랜드 북을 한 번만 읽어도 브랜드 경험이 무엇인지 쉽게 이해할 수 있을 것이다. 그 내용을 자신이 좋아하는 브랜드에 대입해 읽어보면, 단순한 이해를 넘어서 공감하게 될 것이다.

브랜드란 무엇일까?

모든 사람들이 브랜드에 대해 이야기한다. 하루의 일상을 떠올려보면, 우리는 매 순간, 매일, 매주 수백 개의 브랜드를 선택하고 있다. 진정한 브랜드는 단순히 로고나 상품이 제공하는 기능을 넘어선다. 브랜드는 우리가 무언가를 선택하도록 돕고, 나아가 우리 자신을 표현할 수 있는 수단이 된다.

운전하는 자동차, 사용하는 샴푸, 쇼핑하는 매장 등 모든 선택은 우리가 어떤 사람인지를 보여주며, 무엇을 좋아하고 중요하게 여기는지를 이야기한다. 이처럼 브랜드는 복합적인 존재다. 물리적인 형태를 지니고 있지만, 그 안에는 구매자들의 감정과 정신이 담겨 있다.

사람들이 어떤 브랜드를 접할 때마다 긍정적인 기억과 인상을 갖게 되고, 그것이 점차 확고해진다면 이는 성공적인 브랜딩이라 할 수 있다. 우리는 브랜드를 깊이 이해함으로써 우리의 말과 행동, 그리고 판매 방식까지 모든 것이 브랜드에 반영될 수 있도록 해야 한다. 그렇다면, 진정한 브랜드란 무엇일까?

진정한 브랜드는 단순한 상표나 상품의 제공을 의미하지 않는다.

브랜드는 고객의 선택을 돕는 동시에, 고객이 자신을 표현하도록 돕는다. 우리가 운전하는 자동차, 사용하는 샴푸, 가는 매장은 모두 우리가 어떤 사람인지를 그려내고, 세상에 우리가 무엇을 좋아하며 중요하게 생각하는지를 보여준다.

브랜드는 복잡한 조합이다.
물질적인 형태를 지니고 있지만, 소비자의 마음과 삶의 중심에 자리 잡고 있다. 성공한 브랜드는 사람들에게 올바른 인상을 남기고, 매번 접할 때마다 긍정적인 효과를 불러일으킨다.
무엇보다도, 브랜드는 구별될 수 있어야 하며, 적절하고 일관성이 있어야 한다. 우리는 브랜드를 깊이 이해하고, 우리가 하는 모든 것, 말하는 모든 것, 판매하는 모든 것에 브랜드의 정체성이 반영되도록 해야 한다. 또한 무엇을 어디서, 어떻게 파는지까지 모든 과정이 브랜드를 나타낸다는 사실을 분명히 알아야 한다.

세상을 보는 특별한 시각을 가져야 한다.
브랜드는 세상에 대한 독특한 시각을 지닌다. 이는 단순한 의견이나 주장이 아니라, 소비자의 삶을 더 나은 방향으로 변화시킬 수 있다는 믿음에 근거한다. 어떤 브랜드는 혁신적인 방식으로 이를 실현하고, 또 어떤 브랜드는 단순히 소비자의 기분을 나아지게 하는 데 집중한다.

고객과 가치를 공유해야 한다.
브랜드는 자신만의 방향과 행동 원칙, 즉 '중심 철학'을 가져야 한다. 이는 브랜드 가치로 표현되며, 특별함과 독창성을 지녀야 한다. 이러한 고유한 가치는 소비자와의 공감대를 형성하고 브랜드의 정체성을 강화한다.

일관성이 있어야 한다.

브랜드는 매번 소비자와의 접점에서 일관된 인상을 남겨야 한다. 사람들이 기대하는 브랜드의 이미지와 경험이 항상 유지되어야 하며, 비일관성이나 연관성의 결여는 소비자에게 혼란을 주고 브랜드에 대한 신뢰를 약화시킨다.

구별되고 연관성이 있어야 한다.

브랜드는 경쟁자로부터 자신을 구별시키는 동시에, 소비자와의 관계를 형성해야 한다. 브랜드의 차별점과 사람들에게 어떤 의미를 주는지를 명확히 이해해야 소비자가 그 브랜드를 선택할 이유가 생긴다.

영향력이 있어야 한다.

진정한 브랜드는 단순히 시장에 머무르지 않고, 새로운 흐름을 이끌어간다. 현상 유지에 안주하지 않으며, 다른 브랜드를 모방하는 대신 소비자의 관심을 끌기 위해 시장의 변화를 주도한다. 영향력 있는 브랜드는 약간의 실수에도 소비자의 신뢰를 잃지 않는다. 그들은 브랜드의 진정성을 믿기 때문이다.

그리워할 만해야 한다.

진정한 브랜드는 독특하다. 만약 그 브랜드가 시장에서 사라진다면, 이를 대체할 다른 것이 없어 소비자에게 그리움으로 남는다. 이는 브랜드가 단순한 제품을 넘어, 소비자의 일상과 정체성에 깊이 자리 잡고 있음을 보여준다.

악세서라이즈(Accessorize)의 브랜드 북 발췌

마지막 문장은 "애플이 아이폰을 더 이상 만들지 않으면 어떻게 할 것인가?"라는 질문에 대한 명확한 대답이 된다. 애플 마니아가 다른 제품을 구매하지 않고 지금 사용하는 아이폰을 계속 쓰겠다고 말하는 이유는 그 대체품이 없기 때문이다.

브랜드 매뉴얼에서 특히 눈에 띄는 표현 중 하나는 "진짜(True) 브랜드"라는 말이다. 이 표현은 단순히 생산자가 주장하거나 사람들이 모호하게 정의하는 브랜드와 구별하기 위해 사용된 듯하다. 진짜 브랜드는 신뢰할 수 있는 사람처럼 느껴지며, 이는 우리가 존경하는 경영자나 리더의 모습과도 닮았다.

『디퍼런트』의 저자 문영미 교수는 진짜 브랜드의 기준으로 경쟁하지 않고 자신만의 길을 걷는 브랜드를 제시했다. 그녀는 브랜드의 가치와 목적을 충실히 따르며 시장에 존재하는 브랜드를 "아이디어 브랜드"라고 불렀다.

나 역시 진짜 브랜드에 대한 나만의 기준이 있다. 물론 이것은 나의 경험에서 나온 생각이다.

"진짜 브랜드는 좋은 생태계를 구축하는 좋은 브랜드다."

과연 이런 브랜드가 있을까? 사람과 자연 모두에게 이로운 브랜드. 부유한 어린이에게는 맛있고 건강한 초콜릿을 제공하고, 가난한 어린이에게는 삶의 기회를 주는 초콜릿 브랜드. 건강한 생수를 통해 갈증을 해소하게 하며, 그 수익을 암 환자를 위해 사용하는 브랜드. 고객과 생산자, 경험과 상품, 가치와 욕망을 통합하는 브랜드.

나는 이러한 브랜드를 유니타스브랜드라고 부른다. '연합'을 의미하는 고대 라틴어 "Unitas"에서 따온 이름이다. 유니타스브랜드는 생산자의 의도와 사용자의 의미가 일치하는 브랜드를 의미한다.

진짜 브랜드, 유니타스 브랜드

브랜드를 정의하기 가장 어려운 이유는 브랜드가 '관계'와 '공동체'를 창조하기 때문이다. 브랜드는 단순히 사용되거나 소비되는 것이 목적이지만, 사람들은 브랜드를 중심으로 커뮤니티를 형성한다. 대표적인 글로벌 브랜드 커뮤니티는 할리데이비슨이다. 그들은 이렇게 말한다.

"할리데이비슨을 구입한다는 것은 관계의 시작을 의미하며, 끝이 아니다."

우리가 좋아하는 대부분의 브랜드는 사용자들이 자발적으로 만든 커뮤니티를 가지고 있다. 『유니크 브랜딩』의 저자 스캇 데밍은 이를 다음과 같이 설명한다.

"장기적인 브랜드 충성도는 고객을 브랜드와 결혼시키는 것과도 같다. 장기적인 충성도를 만들어내기 위해 마케터는 고객이 결혼을 결심하기까지 필요한 정보와 브랜드의 물리적 특성, 스타일, 캐릭터 등 모든 요소를 제공해야 한다. 브랜딩은 결혼할 때와 같은 강한 소속감과 애착을 만들어내는 작업이다. 누군가와 결혼할 때, 우리는 그 사람과 평생 함께하고 싶어한다. 바로 이런 감정이 소비자가 당신의 브랜드를 향해 가져야 하는 감정이다."

브랜드에 대해 이런 감정을 느껴보지 못했다면 브랜드 커뮤니티를 이해하기 어려울 수 있다. 그러나 자신이 경험하지 않았더라도, 실제로 존재하는 현상이라는 점에서 '브랜드와 결혼하고 싶어하는 감정'이 있다는 사실을 인정하고 이해해 보자.

그렇다면 왜 사람들은 브랜드를 통해 관계를 추구하는 것일까? 인간은 신이나 사물과 교감하려는 본능을 가지고 있다. 포유류의 관점에서 보면, 지구상에서 가장 큰 공동체를 이룬 존재는 인간이다. 공동체를 이루려는 마음은 인간의 본능이며, 이 본능은 브랜드와의 관계에서도 작동한다.

패트릭 한론은 자신의 저서 『열광의 코드 7』에서 브랜드를 관계로 소유하려는 현상에 대해 이렇게 설명했다.

"'비슷한 특성을 가진 제품들 가운데 중요한 것과 그렇지 못한 것의 차이는 무엇인가'라는 질문은 결국 '믿음 체계가 존재하는 방식은 무엇인가'라는 질문과 같다. 사람들은 단순히 물질을 소비하는 것 이상의 의미를 찾는다. 현대 사회에서 소비란 해당 제품이 추구하는 가치에 동의하며, '소속되겠다'는 선언이다."

브랜드는 단순한 소비 만족감을 넘어 소속감이라는 새로운 비제품을 창조할 수 있다. 이에 따라 브랜드 창조자들은 브랜드의 확장성을 고려해야 한다. 이에 대해 『비즈니스 DNA의 발견, 4D 브랜딩』의 저자 토마스 가드는 이렇게 말했다.

"최근 브랜드 전문가들은 '브랜드란 개별적인 거래나 특정 개인의 범위를 넘어서서, 공급자와 구매자 간의 상호 승인된 관계를 만들어내는 것'으로 정의한다. 즉, 브랜드는 상품보다는 관계로서 명확하게 규정할 수 있다."

결국, 브랜드는 단순히 소비의 대상이 아니라 관계의 목적으로 재정의되어야 한다. 이 부분에 대해 대릴 트래비스는 『파워 브랜딩』에서 이렇게 보충한다.

"브랜드 구축의 세 가지 요소는 첫째도 고객이요, 둘째도 고객이요, 셋째도 고객이다. 브랜드 가치를 만드는 황금률은 금전출납기를 위해 무엇을 할 것인가를 고민하는 것이 아니라, 당신과 직원들이 고객들을 위해 무엇을 할 것인가를 고민하는 데서 시작해야 한다. 다시 말해, 고객과의 관계는 단순한 '거래'가 아닌 '관계'로 접근해야 한다."

그렇다면 왜 사용자들은 브랜드를 통해 이토록 관계성을 추구할까? 월리 올린스는 『브랜드 R, 세상에 파고든 유혹의 기술』에서 이렇게 설명한다.

"오늘날 브랜드는 관여이자 암시이다. 브랜드는 자신의 소속을 가시적으로 드러내는 수단이며, 세상에 내가 누구인지를 빠르고 확실히 알릴 수 있는 매체이다. 디젤, 아디다스, W호텔은 라이프스타일의 상징이다. 에르메스, 랄프로렌, 리츠칼튼 역시 라이프스타일의 일종이다. 고객들은 이런 브랜드들을 적절히 혼합해 자신만의 독특한 개성을 만족시키고 강조한다."

이 말은 브랜드 사용자가 자신의 실제 자아 이미지(actual self-image), 이상적 자아 이미지(ideal self-image), 또는 타인에게 보이고 싶은 사회적 자아 이미지(social self-image)에 맞는 브랜드를 선호한다는 점을 시사한다. 놀랍게도 이러한 브랜드의 특이 현상은 브랜드 관계자들만 발견한 것이 아니다.

토마스 홉스와 헤겔이 제시한 두 가지 중요한 문화인류학적 원칙을 살펴보자. 인간은 현재 자신의 사회적 위치와 상관없이 두 가지를 원한다고 한다. 하나는 특정 집단에서 '인정을 받는 것'(anerkennung)이고, 다른 하나는 '자기주장'(selbstbehauptung)'이다. 인정받는다는 것은 사회적인 요소이고, 자기주장은 자아와 관련된 요소다.

브랜드의 독특한 공동체 현상은 이 두 가지 문화인류학적 원칙을 상품으로 전환하고, 상징으로 승화시킨 결과다. 『디자인 경영』의 저자이자 디자인 경영의 대가인 브리짓 보르자 드 모 조타 교수는 "브랜드는 공동체다"라는 의미를 다음과 같이 설명한다.

"사람들이 다른 사람들과 연결되어 있듯이, 이와 같은 방식으로 브랜드와도 연결되어 있다. 사람들의 마음속에 있는 하나의 브랜드는 하나의 인격체와 같다. 사람들이 이름을 가지듯, 브랜드도 이름을 가진다. 사람들이 가족에 속해 있듯이, 브랜드 또한 그러하다. 사람들이 특정한 스타일과 이미지를 투영하듯, 브랜드도 마찬가지다. 사람들이 라이프사이클을 경험하듯이, 브랜드도 그러하다. 사람들은 태어나고, 브랜드는 창조된다."

Unitas   Brand
'Unity'　　　**'Identity'**
연합, 일체감　　정체성

'브랜드는 인격체, 즉 사람과 같다'라는 생각이 이 책을 쓴 주된 목적이다. 진짜 브랜드는 진짜 사람처럼 느껴지기 때문에, 단순히 상품의 관점에서 브랜드를 정의할 수 없다. 이런 생각은 경영에서 이단적인 발상이 아니다. 우리는 이미 법인이라는 개념을 통해 이를 받아들이고 있다.

법인의 사전 정의는 다음과 같다.

"법인(法人)이란 자연인이 달성하기 어려운 사업을 수행할 수 있도록, 사람의 결합이나 특정한 재산에 대해 자연인과 마찬가지로 법률관계의 주체로서 지위를 인정받은 것이다."

 법인은 사람처럼 법률적 권리와 의무를 질 수 있으며, 법인이 만들어낸 것이 바로 브랜드다. 이 연결이 다소 어색하게 느껴질 수 있지만, 많은 창업자는 자신의 기업과 브랜드를 자식처럼 여긴다. 그렇다고 해서 브랜드에 인격이 있다고 주장하려는 것은 아니다. 다만 브랜드에 대한 깊은 경험이 있는 사람만이 이러한 감정을 이해할 수 있다.

 지금까지 브랜드를 형이상학적으로 정의한 전문가들의 이야기도 "브랜드는 인격체"라는 관점에서 보면 더 쉽게 이해할 수 있다. 실제로 브랜드를 기획할 때, 기획자는 브랜드를 사람처럼 설계한다. 타겟 고객을 설정하고, 그들이 브랜드에서 느낄 개성과 매력을 사람의 특성처럼 디자인하는 것이다. 그렇기에 진짜 브랜드는 사람처럼 느껴진다.

 예를 들어, 나이키가 사람이라면 어떤 사람일까? 그는 어떤 향수를 사용할까? 어디에 살며, 어떤 운동에 관심이 있을까? 좋아하는 운동선수는 누구일까? 이 질문에 대한 대답은 사람마다 다를 수 있지만, 중요한 점은 누구나 대답할 수 있다는 사실이다.

 사람과 브랜드가 유사하다는 인공지능의 대답 중 눈에 띄는 구절을 가져왔다.

 "사람들이 자신의 가치와 신념으로 식별되는 것처럼 브랜드도 메시지, 행동, 기업의 사회적 책임 이니셔티브를 통해 특정 가치와 신념을 전달합니다. 또한, 사람과 브랜드 모두 시간이 지남에 따라 진화합니다. 개인은 성장하고, 학습하고, 새로운 상황에 적응해야 하며, 브랜드도 변화하는 시장 상황과 소비자 선호도에 맞춰 혁신하고 적응해야 합니다. 본질적으로 사람과 브랜드 간의 유사성은 다른 사람들의 마음 속에 뚜렷하고 긍정적이며 신뢰할 수 있는 정체성(차별화)을 만들고 유지하려는 필요성에서 비롯됩니다."

인공지능의 답변은 사람들이 만들어낸 빅데이터를 기반으로 도출된 결과일 뿐이다. 인공지능이 스스로 정체성을 가지거나 자기 기준에 따라 답을 내린 것은 아니다. 마찬가지로, 브랜드가 인간과 유사하게 보이는 것도 브랜드 자체가 정체성을 지니고 있기 때문이 아니다.

브랜드는 창조자의 성격이나 철학을 반영하기 때문에 인간과 유사해 보일 뿐이다. 조금 더 과감하게 표현하자면, 브랜드는 법인이 쓰고 있는 하나의 인간의 탈이라고 볼 수 있다. 즉, 브랜드는 인간처럼 말하는 인공지능과 비슷하게, 인간처럼 보이는 법인이다.

뛰어난 기술이 마치 마술처럼 보이듯, 탁월한 브랜드는 사람과 유사하게 느껴진다. 내가 언급한 유니타스브랜드 역시 사람의 인격과 통합된 브랜드를 의미한다. 인간은 누군가와 신뢰를 바탕으로 관계를 맺을 때 자신과 비슷한 사람에게 자연스럽게 끌린다. 그리고 상대방에게서 일관성을 느낄 때, 독특한 신뢰감과 안정감을 얻게 된다.

이와 같은 과정을 통해 브랜드와의 경험에서 기대치가 일관되게 충족되면 사람은 그 브랜드를 믿게 된다. 브랜드는 신뢰에서 시작되며, 그 신뢰는 소속감에서 비롯된다. 관계를 유지하는 여러 감정 중에서 가장 깊은 친밀감을 만들어내는 감정은 사랑이다. 결국 사람은 브랜드를 사랑하게 된다.

브랜드를 정의하기 어려운 이유는 브랜드라는 상표가 여러 층위를 가지고 있기 때문이다. 상표에서 브랜드로, 브랜드에서 진짜 브랜드로, 그리고 소비에서 소속감으로 이어지는 이 과정은 매우 복잡하고 다양하다. 따라서 이러한 브랜드를 단순히 경영 용어나 전문 용어로 정의하기는 사실상 불가능하다.

Review

브랜드란 무엇일까? 브랜드는 단순한 상표가 아니다. 상표가 브랜드의 일부일 수는 있지만, 브랜드는 그 이상의 의미를 담고 있다. 법적으로 보호받는 상표에서 출발하지만, 단순히 법적 자산으로 머물지 않는다. 기업이 파산해도 상표는 남지만, 브랜드의 본질은 그것을 초월한다.

예를 들어, 애플을 다른 이름으로 부른다면 무엇이 적합할까? 혁신? 차별화? 나이키 역시 혁신을 상징하지만, 그 방식은 애플과 다르다. 바로 이 차이를 설명하는 것이 브랜드다. 브랜드는 단순한 상표로 시작해 예상치 못한 범위로 확장되기 때문에 정의하기 어렵다. 브랜드를 정의하는 순간 그 의미는 고정되고 제한될 수밖에 없다.

브랜드는 소비자와의 관계 형성을 추구한다. 모든 브랜드가 관계를 지향하지는 않지만, 관계 중심의 브랜드는 대체로 시장을 주도한다. 관계가 형성된 브랜드는 소비자에게 단순한 제품 이상의 의미를 제공하며, 그 브랜드의 목적과 가치를 지지하게 만든다. 이 책은 브랜드를 인간의 관점에서 어떻게 창조하고 성장시킬지를 탐구하는 데 초점을 맞춘다.

진정한 브랜드는 단순한 상품이 아닌 상징이다. 반면, '브랜드 산욕열'은 피상적인 이해와 제한된 지식으로 브랜드를 운영하려는 위험한 무지를 의미한다. 예를 들어, 브랜드를 로고, 심볼, 네이밍 같은 요소로만 이해하고 그것이 브랜드의 전부라고 믿는 것이다. 이러한 피상적인 접근은 브랜드의 지속 가능성을 위협한다.

하지만 진정으로 브랜드를 이해하는 소비자들은 다르게 생각한다. 그들에게 브랜드는 단순한 상표가 아니라 관계다. 반대로 생산자가 브랜드를 단순히 상표처럼 취급하거나, 소비자가 브랜드를 단순한 상표로 인식한다면 그 브랜드는 지속

될 수 있을까?

　브랜드 런칭은 단순한 창업이 아니다. 그것은 브랜드를 정의하는 과정에서 시작된다. 그러나 이 정의 과정은 정답을 찾는 것이 아니라, 브랜드가 소비자에게 전달하는 가치를 명확히 하는 일이다. 여러 학자와 전문가들은 각기 다른 방식으로 브랜드를 정의해왔다. 하지만 중요한 것은 브랜드가 단순한 상표나 로고가 아니라는 인식을 바탕으로 시작해야 한다는 점이다. 그래야만 브랜드 산욕열에 빠지지 않고 지속 가능한 브랜드를 만들어갈 수 있다.

Workshop
브랜드 정의와 탐구

1. 자신이 생각하는 브랜드 성공 법칙 5가지 법칙

1) 자신이 생각하는 브랜드 성공 법칙 5가지를 작성해보자
2) 브랜드가 성공하기 위해 필요한 핵심 요소는 무엇인가? 각 법칙이 중요한 이유를 설명해 보자.
3) 성공한 브랜드 사례를 들어, 이 법칙들이 어떻게 적용되고 효과를 발휘했는지 논의해 보자.
4) 기업들이 이 법칙을 알면서도 적용하지 못하는 이유는 무엇인가?
   내부적인 요인인지, 외부적인 요인인지 분석해 보자.

2. 자신이 생각하는 브랜드 실패 법칙 5가지

1) 브랜드 실패 법칙 5가지를 작성해 보자.
2) 브랜드 실패에 가장 크게 작용하는 원인은 무엇인가?
3) 실패한 브랜드의 사례를 통해 이 법칙들이 어떻게 작용했는지 설명해 보자.
4) 기업들이 이러한 실패 법칙을 피하지 못하는 이유는 무엇일까요?
　　내부 갈등, 소통 문제, 혹은 외부 시장의 변화 때문인가?

---

3. 자신만의 브랜드 정의

1) 자신이 생각하는 브랜드 정의를 작성해 보자.
2) 이 정의를 실제 브랜드(예: 애플, 나이키, 갤럭시)에 어떻게 적용할 수 있을지 설명해 보자.
3) 동일한 제품군에서 성공한 브랜드와 실패한 브랜드를 비교해 보자.
　　두 브랜드가 각각 당신의 정의와 어떻게 맞아떨어지거나 어긋나는지 분석해 보자.

4. '브랜드가 사람과 유사하다'는 말에 대한 의견

1) '브랜드가 사람과 유사하다'는 말에 동의하는가? 이유는 무엇인가?
2) 만약 브랜드가 사람처럼 관리될 수 있다면, 어떤 전략이 필요한가?
3) 브랜드가 정체성을 가지고 성장한다면, 브랜드의 생애 주기를 어떻게 관리해야 하는가?
4) 일관성, 정체성, 관계 관리가 브랜드 성공에 어떤 영향을 미치는지 논의해 보자.

5. 브랜드와 고객의 관계 심화 탐구

1) 브랜드와 고객의 관계는 어떻게 형성되고 발전하는가?
2) 브랜드가 단순한 소비 대상에서 소속감과 신뢰를 주는 상징으로 변화하는 과정은 무엇인가?
3) 자신이 애착을 느끼는 브랜드와의 경험을 설명해보세요. 그 브랜드가 어떻게 소속감을 제공했나?
4) 브랜드가 사랑받기 위해 필요한 감정적 연결고리는 무엇인가요?
   만약 이 연결고리가 끊어진다면, 브랜드는 어떻게 대응해야 하는가?

6. 브랜드의 변화와 적응

1) 브랜드는 변화하는 시장과 트렌드에 어떻게 적응해야 하는가?
2) 시장의 흐름을 주도하는 브랜드와 그 뒤를 따르는 브랜드는 무엇이 다른가?
3) 브랜드가 성장하는 과정에서 가장 중요한 단계는 무엇인가?
4) 사람의 성장 주기와 마찬가지로, 브랜드도 성장과 적응의 과정을 겪는다.
　　이 과정에서 브랜드가 지속 가능성을 유지하기 위해 무엇이 필요한가?

---

7. 브랜드 커뮤니케이션과 소통 방식

1) 브랜드는 어떻게 자신을 커뮤니케이션해야 하나?
2) 고객에게 전달되는 메시지에서 일관성, 투명성, 진정성 중 어떤 요소가 가장 중요한가?
3) 브랜드가 커뮤니티와의 소통에서 가져야 할 목소리는 어떤 성격을 가져야 하나?
4) 브랜드가 위기 상황에서 소통할 때, 어떤 전략이 필요하나?
　　신뢰를 회복하기 위해 브랜드가 취해야 할 조치는 무엇인가?

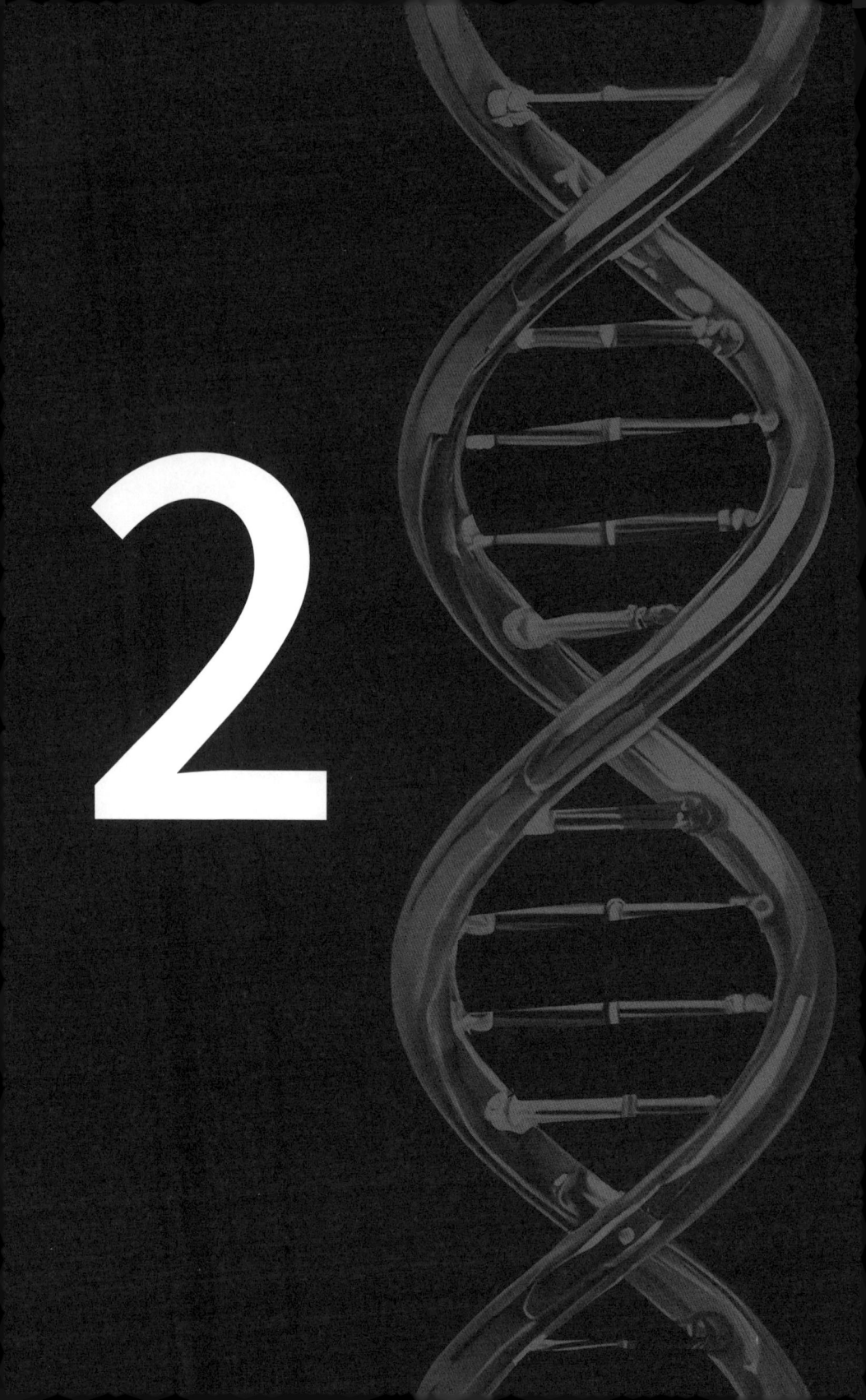

브랜드 관리와
브랜드 경영

"경영이 단순한 돈벌이나 기술적 활동에 국한되지 않으며, 인간의 삶을 개선하고 가치 있는 성과를 창출하는 예술적 활동이다. 경영은 자유 교양 과목이다."
피터 드러커(Peter Drucker)
The New Realities(1989)에서

Preview

　이번 장에서는 브랜드를 단순한 상표나 상품이 아닌, 사람처럼 이해하고 양육해야 한다는 철학적 관점을 제시한다. 브랜드는 창업자의 아이디어에서 시작되지만, 시간이 흐르면서 소비자와의 신뢰를 통해 진정한 브랜드로 자리 잡는다. 브랜드 경영자는 부모가 자식을 돌보듯, 브랜드를 세심하게 관리하며 물질적 성과보다 비물질적 가치와 철학을 중심으로 브랜드를 성장시켜야 한다.

　브랜드 관리와 브랜드 경영의 차이를 설명하며, 브랜드 경영은 단순히 매출 증가에 그치는 것이 아니라 브랜드의 고유한 철학과 가치를 어떻게 충실히 실현하느냐에 초점을 맞춰야 한다. 브랜드가 성공하려면 창업자의 리더십뿐만 아니라, 직원들의 참여와 협력이 필수적이다. 직원들이 브랜드를 사람처럼 존중하고, 브랜드의 철학과 가치를 공감하며 실천할 때 브랜드는 비로소 완성된다. 또한 브랜드는 고객과의 상호작용 속에서 더욱 성장한다. 고객들이 브랜드의 가치를 받아들이고, 브랜드와의 관계를 쌓아갈 때 브랜드는 사람처럼 살아 움직이는 존재가 된다. 이 과정에서 직원들은 고객과의 소통을 통해 브랜드 철학을 전달하고, 고객들은 이를 경험하며 브랜드와 정서적 유대감을 형성한다.

　결국, 브랜드의 성공은 창업자의 비전과 리더십뿐만 아니라, 직원과 고객 모두가 브랜드의 가치를 공유하고 실현하는 데 달려 있다. 브랜드는 사람처럼 성장하며, 이를 위해서는 모두가 브랜드의 일원이 되어야 한다.

Pre-reading Questions
사전 질문

1. 브랜드와 상표는 어떻게 다를까?

1) 독자가 좋아하는 브랜드 중 상표 이상의 의미를 가진 브랜드는 무엇인가?
2) 그 브랜드가 단순한 상표를 넘어선 순간은 언제인가?

2. 브랜드는 사람처럼 성장할 수 있을까?

1) 브랜드가 사람처럼 성장한다는 것은 무슨 의미일까?
2) 브랜드의 성장 과정에서 경영자의 역할은 무엇일까?
3) 어떤 브랜드가 성장하면서 변모했다고 생각하나요? 그 과정에서 경영자는 어떤 역할을 했을까?

3. 브랜드 관리와 브랜드 경영은 어떻게 다를까?

1) 브랜드 관리와 브랜드 경영은 어떤 차이를 가지며, 그 차이가 브랜드 성공에 어떤 영향을 미칠까?
2) 브랜드 관리와 브랜드 경영이 뚜렷하게 구분되는 기업 사례를 찾아보자.
   그 차이점이 브랜드 성과에 어떤 영향을 미쳤나?

4. 브랜드는 언제부터 브랜드로 인정받을 수 있을까?

1) 상표로 시작한 브랜드가 진정한 브랜드로 성장하는 순간은 언제일까? 어떤 과정이 필요할까?
2) 독자가 생각하는 브랜드의 진정한 시작은 언제인가? 특정 브랜드를 예로 들어 설명해보자.

5. 소비자와의 신뢰는 브랜드 성공에 얼마나 중요한가?

1) 브랜드가 소비자와 신뢰를 형성하는 과정은 어떻게 이루어지며, 그 신뢰가 브랜드의 장기적인 성공에 어떤 영향을 미칠까?
2) 브랜드가 신뢰를 잃은 후 다시 회복한 사례를 찾아보세요. 그 과정에서 브랜드가 어떤 소통 전략을 사용했는가?

브랜드 인문학

"당신은 누구인가?"라는 질문에 답하는 일은 쉽지 않다. 이는 '브랜드란 무엇인가?'라는 질문처럼 혼란스럽고 복잡하다. 그렇다면 이렇게 질문해보자. "가장 당신다울 때는 언제인가?" 이 질문을 브랜드에 연결해보자. "애플이 가장 애플다울 때는 언제인가?" "나이키가 가장 나이키다울 때는 언제인가?" 이 질문에 대한 대답은 각자가 애플과 나이키에 대해 어떤 생각을 가지고 있느냐에 따라 달라질 수 있다. 사람마다 '자기다움'의 기준이 다르듯, '브랜드다움'도 각자의 경험에 따라 다르게 정의된다.

브랜드의 본질을 이해하기 위해 다른 방식으로 질문해볼 수도 있다. "사람은 언제부터 사람일까?" "태아는 사람일까?" 이 질문에 대해 우리 사회는 여전히 합의하지 못했다. 한때 우리나라에서는 산모가 진통을 겪는 순간부터 태아를 사람으로 간주하는 '진통설'을 기준으로 삼았던 적도 있다. 2020년에는 임신 14주까지 낙태를 합법화하는 법안이 발표되었지만, 이 문제는 여전히 종교계와 법률계에서 논의 중이다. 사람의 시작을 정의하는 것이 어려운 것처럼, 브랜드의 시작을 정의하는 것도 매우 복잡한 문제다.

사람의 발달 단계는 태아기, 영아기, 아동기, 청소년기, 청년기, 중년기, 노년기로 나눌 수 있다. 각 단계는 고유한 특성과 문제를 지니며, 이 문제들은 이후의 삶에 큰 영향을 미친다. 브랜드의 성장 과정도 이와 유사하다. 브랜드는 창업자의 아이디어로 시작해 상표 등록, 제품 출시, 그리고 소비자와의 관계 형성이라는 단계를 거친다. 이 과정에서 브랜드는 끊임없이 변화하고 성장하며, 각 단계에서 중요한 과제를 해결해야 비로소 진정한 브랜드로 자리 잡을 수 있다.

하지만 여기서 또 하나의 질문이 떠오른다. "그렇다면 브랜드는 언제부터 브랜드일까?" 사람은 사람답게 행동해야 비로소 사람으로 여겨지듯, 브랜드도 어느 순간부터 브랜드로서의 역할을 충실히 해야 '진정한 브랜드'로 인정받는다. 브랜드의 시작은 창업자의 머릿속 아이디어일까? 상표 등록을 한 순간일까? 아니면 소비자가 그 브랜드를 인식하고 사랑하기 시작한 순간일까? 이 질문은 성인과 어른의 차이를 떠올리게 한다.

노인은 나이로 정의되지만, 어른은 나이 외에도 여러 요소에 의해 정의된다. 어른스러운 아이가 있는가 하면, 아이 같은 노인도 있다. 성인과 노인이 법적·생물학적 기준에 따른다면, 어른은 더 철학적이고 이상적인 개념이다.

우리는 때때로 이기심을 버리고 이타적으로 행동하는 아이를 보고 "어른스럽다"고 말한다. 실제로 어른답게 행동하는 성인은 많지 않기 때문에, '어른'이라는 단어는 존경과 감탄을 담아 사용된다. 인간과 사람이 생물학적 본질에 해당한다면, 어른은 철학적이고 비물질적인 존재로, 나이를 초월한 '사람다움'의 경지를 의미한다.

이 어른의 개념은 상표와 브랜드의 구분과 닮아 있다. 상표에서 브랜드로의 변화는 마치 성인이 어른이 되는 과정과 같다. 브랜드는 단순히 제품을 구별하는 상표에 머무는 것이 아니라, 비물질적 가치를 본질적으로 초월할 때 진정한 브랜드로 완성된다. 역사, 문학, 철학 등 인문학적 요소들이 브랜드를 창조하고 발전시키는 데 중요한 역할을 하는 것도 이 때문이다.

성인은 나이로 구분할 수 있지만, 어른은 철학적이고 비물질적인 개념으로 정의된다. 마찬가지로, 상표는 법적·기술적 개념이지만, 그것이 비물질적 가치를 넘어설 때 비로소 진정한 브랜드로 자리 잡는다. 예를 들어, 김치, 태권도, 뉴욕 스타일 같은 개념들은 상표로 등록되지 않았음에도 불구하고 그 자체로 브랜드로 인식된다. 상표는 브랜드의 필수 요소일 수 있지만, 모든 상표가 브랜드가 되는 것은 아니다.

나는 브랜드를 사람처럼 생각한다. 사람은 수정체에서 시작해 세포들이 끊임없이 협력하며 성장하고 하나의 생명체를 이루듯, 브랜드도 창업자의 아이디어에서 출발해 수많은 사람들의 노력과 창의성이 모여 형성되고 성장한다.

때로는 브랜드가 사람보다 더 사람다운 모습을 보이기도 한다. 브랜드를 '양육한다'는 것은 그 브랜드를 사람처럼 대하고, 성장 과정을 세심하게 관리하며 비물질적 가치를 극대화하는 것을 의미한다. 브랜드는 상표에서 시작되지만, 비물질적 가치를 얻을 때 비로소 진정한 브랜드로 성장할 수 있다. 이는 성인이 어른으로 거듭나는 과정과도 닮아 있다.

나는 브랜드를 통해 사람을 탐구하며, 브랜드 인문학을 통해 인간의 본질을 이해하고자 한다. 브랜드는 단순한 상표나 상품이 아닌 인격을 지닌 존재로 보아야 한다. 그래서 나는 브랜드를 사람처럼 이해하고 양육해야 한다고 믿으며, 이것이 바로 브랜드 인문학의 핵심이다.

브랜드 인문학은 브랜드를 단순한 소비 대상이 아니라 사람과 같은 존재로 보고 연구하는 학문이다. 우리가 일상에서 접하는 옷, 음식, 기술 등 모든 것은 하나의 브랜드이며, 이 브랜드들이 우리의 삶을 구성한다. 브랜드는 단순히 소비의 대상이 아니라, 우리가 이해하고 돌봐야 할 또 하나의 '사람'인 셈이다.

그렇다면 애플이 가장 '애플다울' 때는 언제일까? 애플 마니아들이 말하는 '애플다움'이란 무엇일까? 사용자는 제품을 통해 자신의 정체성, 가치, 철학을 드러낼 때 그 브랜드가 비로소 '브랜드답다'고 느낀다. 이처럼 브랜드를 정의하기란 어렵지만, 그 모호함 속에서도 상표가 브랜드로 인식되는 과정에는 충분한 이유가 있다.

브랜드 부모학교

가끔 뉴스에서 호랑이가 마치 큰 고양이처럼 사람과 친밀하게 지내는 모습을 볼 수 있다. 하지만 호랑이를 반려동물처럼 기르기 위해서는 고양이를 다루듯 힘으로 제압할 수 없다. 인간이 호랑이와 서열을 정리하는 것은 애초에 불가능하다. 대신 아기를 돌보듯 조심스럽게 다루고, 함께 놀며 먹이를 주며 서서히 신뢰를 쌓아가는 과정이 필요하다. 이 과정을 통해 호랑이는 인간을 더 이상 먹잇감이 아닌 신뢰할 존재로 받아들이게 된다.

브랜드 경영도 이와 유사하다. 경영자가 브랜드를 단순한 자산이 아닌 사람처럼 대할 때, 직원들 또한 자연스럽게 그 철학에 동참하게 된다. 이러한 과정 속에서 브랜드는 인격체처럼 성장하며, 고객은 브랜드의 변화와 성장을 직관적으로 느끼게 된다.

진정한 브랜드는 소비자와 신뢰를 기반으로 한 관계를 형성한다. 이 관계는 브랜드가 창출하는 가장 강력한 비제품적 가치다. 일부 기업들은 이를 지속 가능한 경영의 핵심으로 삼아 다양한 프로젝트를 추진한다. 그러나 인위적인 노력은 소비자들에게 쉽게 간파되며, 단순한 브랜드 쇼로 끝나는 경우가 많다.

브랜드가 진정으로 성장하기 위해서는 단순한 전략만으로는 충분하지 않다. 모든 직원이 브랜드를 사람처럼 대할 때 비로소 브랜드가 진정한 존재로 거듭날 수 있다. 따라서 브랜드는 단순히 공장에서 제품에 상표를 붙이는 작업으로 완성되지 않는다. 오히려 사람을 양육하듯 정성을 들여 기르고 돌보는 마음이 필요하다.

유니타스브랜드 편집장으로 일하던 시절, 나는 여러 브랜드 창업자들과 인터뷰를 진행했다. 인터뷰를 마칠 때면 항상 같은 질문을 던지곤 했다.

"브랜드가 정말 자식처럼 느껴지시나요?"

이 질문은 단순한 브랜드 관리자보다 직접 브랜드를 창조한 창업자에게 던졌을 때 가장 흥미로운 답변을 얻을 수 있었다. 놀랍게도 대부분의 창업자들은 "네, 자식 같죠."라고 답했다. 몇몇 창업자들은 "애인 같다"거나 "부부 같다"고 표현하기도 했다. 단 한 명만이 "부모님 같다"고 말한 적이 있다.

왜 창업자들이 이런 대답을 할까? 이는 브랜드를 창조하고 성장시키는 과정에서 깊은 관계가 형성되었기 때문이다. 그렇다고 해서 브랜드를 사람처럼 대하고 관리하는 것이 경영의 본질은 아니다. 이는 단지 경영의 한 방법일 뿐이다.

"브랜드가 단순한 상표가 아닌 사람과 같다면, 어떻게 성장시킬 수 있을까?" 이 질문을 더 구체적으로 바꿔보자.

"좋은 부모가 되기 위해 무엇을 배워야 할까?"

5살 자녀에게는 친밀감 형성이 중요하고, 사춘기 청소년에게는 인내와 소통이 필수적이다. 그렇다면 40대 자녀에게 "차 조심해라"라고 말하는 노부모는 무엇을 배워야 할까? 부모학교에서는 진정한 부모가 되기 위해 필요한 인격, 품성, 소통 능력, 그리고 의무와 책임에 대해 가르친다.

나도 부모가 되기 전에는 내가 부모로서 무엇이 부족한지 알지 못했다. 그러나 부모가 되고 나서야 비로소 진정한 부모가 되기 위해 배워야 할 것들이 보이기 시작했다. 특히, '진짜 아빠란 어떤 사람일까?'라는 질문에 대해 스스로 더 깊이 이해하고 싶었다.

잘 알려진 늑대 소년 이야기를 떠올려보자. 늑대들은 그 아이를 해치지 않았고, 아이는 늑대 무리 안에서 늑대처럼 자라났다. 구조된 후에도 오랫동안 늑대의 습성을 유지했으며, 인간의 언어를 이해하고 사용하는 능력도 제한적이었다. 인간은 출생부터 7세까지 언어 습득의 결정적 시기를 거치는데, 이 시기를 놓치면 인간답게 사는 것이 매우 어려워진다.

브랜드도 이와 마찬가지다. 언제부터 브랜드 언어를 사용하는지가 브랜드의 성장에 중요한 영향을 미친다. 상표는 단순히 이름에 머물 수 있지만, 브랜드로 성장하기 위해서는 단계별로 성장해야 한다. 브랜드는 태생이 좋다고 저절로 되는 것이 아니다.

대기업이 막대한 자금을 투입한다고 해서 브랜드가 보장되지 않는 이유도 여기에 있다. 높은 인지도로 시작한 브랜드가 결국 상표에 머무는 경우를 떠올려보자. 이들의 공통점은 브랜드 언어를 제대로 익히지 못한 데 있다.

브랜드도 초기에는 생존을 위해 세심한 관리가 필요하다. 시간이 지나면 단순한 생존을 넘어 성장의 단계로 나아가야 하지만, 많은 브랜드 관련 서적은 이러한 성장 과정을 체계적으로 다루지 않는다.

마치 부모학교에서 아이를 성인으로 성장시키고 독립시키는 방법을 가르치듯, 브랜드도 단계별로 관리되어야 한다. 부모학교의 마지막 수업은 부모가 어떻게 죽음을 준비하고, 그 과정을 자녀에게 어떻게 보여줄지에 초점을 맞춘다. 부모가 죽음을 준비하는 모습을 보며 자녀들은 삶의 본질을 깨닫게 된다.

만약 브랜드 부모학교가 있다면, 이곳에서는 브랜드를 창조하고 성장시키는 방법을 체계적으로 가르칠 것이다. 마지막 수업에서는 리더십을 넘어 브랜드의 원칙과 가치를 영속적으로 유지하는 방법에 집중해야 한다. 브랜드 창업자의 한계가 곧 브랜드의 한계가 되지 않도록 하는 것이 중요하다.

처음 부모가 되어보니 부모의 역할이 얼마나 어려운지 비로소 알게 되었다. 그 과정을 통해 부모님을 조금 더 이해하게 되었다. 첫째 아이를 키우며 겪은 어려움 때문에 둘째는 더 쉽게 키울 수 있을 거라 생각했지만, 아이마다 성향이 달라 두 아이 모두 각기 다른 어려움을 주었다. 딸과 아들을 키우는 방식이 다르다는 것도 그때서야 깨달았다.

만약 자녀 양육에 관한 시뮬레이션이 있었다면, 나는 자녀들을 더 잘 키울 수 있었을까? 부모의 관점에서 본다면, 브랜드 창업은 결코 쉬운 일이 아니다. 모든 것이 처음이기 때문에 시행착오는 피할 수 없다. 작은 문제가 치명적인 위기로 이어지는 경우도 허다하다. 특히 브랜드에 대한 지식이 부족한 창업자에게 가장 큰 문제는 브랜드를 어떻게 성장시켜야 할지 모른 채 시작한다는 점이다. 수천만 원에서 수억 원이 투입되는 브랜드 런칭 프로젝트를 진행하면서도 사업 계획은 철저히 마련되어 있지만, 브랜드 성장 계획이 없는 경우가 많다. 많은 창업자들은 사업의 성공이 곧 브랜드의 성공으로 이어질 것이라고 착각하곤 한다.

이런 착각을 하는 창업자들에게 나는 늘 같은 질문을 던진다.

"왜 모든 것을 갖춘 대기업들도 브랜드 성공을 이루지 못할까?"

"왜 브랜드 전문 서적을 쓴 사람들은 정작 자신만의 브랜드를 런칭하지 않을까?"

이 질문에 답하기란 결코 쉽지 않다. 나 역시 이 질문에 대한 내 대답이 개인적인 편견과 선입견의 영향을 받을 수 있음을 인정한다. 그러나 이 사실을 외면하고 넘어간다면, 자신의 브랜드가 도태될 위험에 처하게 된다. 그렇다고 이 질문을 회피할 수는 없다. 이 글을 통해 그 이유를 함께 탐구해 보자.

대학교에 진학하기 위해 얼마나 많은 시간을 들여 공부하는가? 축구 선수가 되기 위해 얼마나 오랜 시간 훈련을 반복하는가? 그런데 놀랍게도 우리나라에서 창업을 준비하는 사람들의 학습 기간은 대부분 1년이 채 되지 않는다. 주변을 둘러보면 브랜드를 깊이 있게 학습한 창업자를 찾기가 어렵다. 책 몇 권 읽고 세미나에 잠깐 참석한 정도로는 브랜드의 장기 성장 전략을 제대로 이해하는 이는 거의 없다.

이들이 학습하지 않는 이유는 단순히 브랜드를 쉽게 생각해서가 아니다. 문제는 그들이 브랜드를 어떻게 창조하고 성장시켜야 하는지를 모른다는 데 있다. 하지만 브랜드 학습은 부모 역할을 배우는 것과 달리, 워크숍과 시뮬레이션을 통해 충분히 연습할 수 있다. 이런 훈련 과정을 통해 지식과 경험을 쌓고 실전 감각을 익혀 나가는 것도 가능하다.

브랜드를 성공적으로 키우기 위해서는 단순히 창업을 위한 자본이나 아이디어만으로는 부족하다. 체계적인 학습과 훈련을 통해 브랜드의 본질을 이해하고, 그에 따라 성장 전략을 수립해야 한다. 브랜드의 성공은 운이 아니라 철저한 준비와 노력이 만들어 내는 결과다.

브랜드 관리와 브랜드 경영

사람이 태아 시기부터 노년기까지 각 단계마다 습득해야 할 지식이 있는 것처럼, 브랜드도 성장의 각 단계에서 필요한 지식과 전략이 다르다. 단순한 아이디어로 시작한 브랜드가 인지도를 쌓고, 고객과의 신뢰를 기반으로 충성도를 형성하는 과정은 인간의 발달과 비슷하게 단계별 성장이 필요하다.

브랜드 전문 서적들은 성공적인 브랜드 사례를 주로 분석하지만, 이것을 그대로 적용하기란 쉽지 않다. 브랜드의 성장은 고정된 공식이 아닌 환경과 조건에 따라 변화하는 유동적인 과정이기 때문이다. 업계 동향, 고객의 니즈, 경쟁 환경 등 다양한 변수가 브랜드 전략의 일관성을 유지하기 어렵게 만든다. 이는 미지수 X가 포함된 방정식과 같다. 정해진 해답은 없으며, 지속적인 조정과 적응이 필수적이다.

사람이 성장하면서 연애, 결혼, 임신, 청년기 등 각 시기에 따라 역할과 관계가 달라지듯, 브랜드도 성장 과정에서 여러 단계를 거친다. 초기에는 단순한 상표로 시작하지만, 시간이 흐르며 인지도와 신뢰를 쌓아가면서 진정한 브랜드로 자리 잡는다. 여기서 중요한 요소는 타이밍이다. 사람이 7세 이전에 언어를 배우지 못하면 이후 완벽하게 구사하기 어려워지듯, 브랜드도 성장 과정에서 적절한 시기에 필요한 결정을 내리지 못하면 도태될 위험이 크다.

"당신은 누구인가? 브랜드 경영자는 누구인가? 당신은 어떤 브랜드 경영자인가?"라는 질문은 단순히 매출을 관리하는 것을 넘어 브랜드를 정체성 있는 존재로 이해하고 경영할 준비가 되었는지를 묻는다. 이는 매출 관리에만 집착하는 것이 아니라, 브랜드가 지향하는 가치와 철학을 실현하는 데 목적을 둬야 한다는 뜻이다.

가끔 해외 뉴스에서 집에서 키우던 호랑이가 갑자기 주인을 공격하는 사건이 보도된다. 왜 호랑이가 주인을 공격했는지는 명확하지 않다. 그러나 이 사건은 관계 형성이 잘못되었을 때 발생하는 위험을 시사한다. 이와 유사하게, 브랜드와의 관계가 적절하게 형성되지 않으면 경영자나 기업에 치명적인 타격을 입힐 수 있다.

"매출이 인격이다"라는 말처럼, 매출의 증감이 브랜드의 운명을 좌우하기도 한다. 매출이 떨어지기 시작하면 경영자는 브랜드 관리가 아니라 마케팅에 더욱 집중하게 된다. 그러나 이때의 접근이 잘못될 때, 상황은 오히려 더 악화할 수 있다. 매출 목표에만 매달리는 순간, 브랜드의 본래 정체성과 가치가 흐려지고, 결국 브랜드가 잃어버린 정체성을 되찾기 어려워진다.

브랜드 경영은 단순한 판매 이상의 것이다. 브랜드의 성공은 매출에만 의존하는 것이 아니라, 그 브랜드가 세상에서 실현하고자 하는 철학과 가치를 얼마나 충실히 유지할 수 있느냐에 달려 있다.

 브랜드 경영자가 직면하는 또 다른 질문은 "브랜드를 관리할 것인가, 아니면 브랜드로 경영할 것인가?"이다. 언뜻 비슷해 보이지만, 이 두 접근법은 근본적으로 다르다.

 브랜드 관리가 매출과 마케팅, 상표 유지와 같은 단기 성과에 집중한다면, 브랜드 경영은 브랜드의 철학과 가치를 중심으로 기업의 모든 활동을 조율하며 장기적인 성장을 도모한다. 브랜드 경영에서는 매출이 목적이 아니라 결과다. 소비자가 기대하는 것 이상의 가치를 제공하는 브랜드가 될 때, 매출은 자연스럽게 따라온다.

 브랜드 경영은 단순한 관리가 아니라 기업 문화와 정체성으로 내재화되어야 한다. 매출과 브랜드 구축을 나란히 두는 것이 아니라, 브랜드 구축을 통해 매출이 자연스럽게 이어지도록 해야 한다.

 결국 브랜드 경영의 핵심은 매출과 관리의 틀을 넘어, 브랜드가 가진 고유의 철학과 가치를 모든 경영 활동의 중심에 두는 것이다. 이는 고객과의 신뢰를 바탕으로 브랜드를 키우는 장기적인 과정이며, 한 번의 성공적인 런칭으로 끝나지 않는다.

 앞으로 다룰 내용에서는 브랜드 관리에서 브랜드 경영으로의 전환이 어떻게 이루어져야 하는지를 심층적으로 탐구할 것이다. 관리와 경영을 구분하는 것은 단순한 기술이 아니라, 브랜드가 진정한 브랜드로 성장하기 위해 반드시 거쳐야 할 중요한 선택이다.

 매출을 높이기 위해 브랜드 경영자는 다양한 방안을 모색한다. 브랜드 라인을 확장하거나, 브랜드 정체성과 어울리지 않는 상품을 출시하며, 스타 마케팅에 의존하기도 한다. 그러나 매출만을 목표로 설정하는 순간, 브랜드는 본래의 목적과 가치를 상실하기 쉽다. 매출이 지속적으로 하락하면, 기업들은 흔히 할인 행사나 저가 상품 판매로 대응하지만, 이러한 전략은 브랜드의 장기적 가치에 악영향을 미칠 수 있다. 그 결과, 브랜드는 슈퍼마켓 진열대의 평범한 상표로 전락하게 되며, 이는 기업의 지속 가능성을 저해하는 중요한 요인이 된다.

브랜드를 관리할 것인가, 아니면 경영할 것인가? 이 두 가지 접근 방식은 겉보기에는 유사해 보이지만, 그 본질은 완전히 다르다. 이 장에서는 두 방식의 차이를 탐구하며, 브랜드 경영의 중요성에 대해 깊이 있게 다룰 것이다.

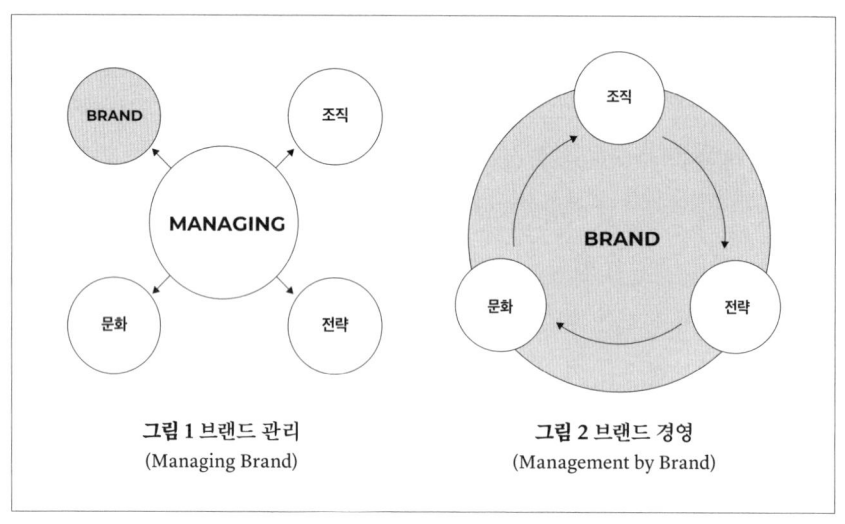

그림 1 브랜드 관리 (Managing Brand) 그림 2 브랜드 경영 (Management by Brand)

그림 1과 2는 브랜드 산욕열이라는 비유를 통해, 브랜드 관리와 브랜드 경영의 차이를 보여준다. (비약이지만 머릿속에 각인하기 위해서 이렇게 설명했다)

그림 1 손을 씻지 않은 의대생이 브랜드를 출산하는 장면은, 브랜드를 단순한 도구로 여기는 경영 방식을 상징한다.

그림 2 손을 씻은 산파가 브랜드를 출산하는 장면은, 브랜드가 기업의 문화

와 경영의 목적이 되어야 함을 의미한다.

브랜드 운영 경험이 있는 사람이라면 이 비유의 의미를 쉽게 이해할 수 있을 것이다. 그림 1은 브랜드를 단순히 도구나 수단으로 바라보는 관점을 담고 있고, 그림 2는 브랜드가 기업의 핵심 가치로 자리 잡아야 함을 보여준다. 이는 단순한 관리와 진정한 경영 사이의 본질적인 차이를 명확히 드러낸다.

브랜드 관리 모델은 주로 상표와 마케팅 중심으로 운영되며, 대행사에 의존해 매뉴얼을 관리하는 방식이다. 이 경우, 브랜드 팀 외의 직원들이 브랜드에 접근할 기회가 제한되기 쉽다. 때로는 경영자의 친인척이 브랜드 팀을 운영하거나, 계열사의 라이선스 비용을 얻기 위한 수단으로 브랜드가 활용되기도 한다. 결과적으로 브랜드는 기업의 단순한 도구로 전락할 위험에 처한다.

반면, 브랜드 경영은 브랜드를 기업 운영의 중심에 두는 방식이다. 단순한 관리에서 벗어나 브랜드의 가치와 철학이 기업의 모든 활동에 녹아들게 된다. 브랜드 목표에 따라 인재를 채용하고 조직을 조정하며, 모든 직원이 브랜드에 대해 자유롭게 논의하고 참여할 수 있는 문화를 조성하는 것이 특징이다. 이 접근은 강력한 리더십보다는 브랜드 원칙에 따라 모든 직원이 브랜드의 리더가 되는 것을 지향한다.

브랜드 경영에서는 매출이 목표가 아니라 결과다. 진정한 목표는 소비자가 기대하는 것을 넘어서는 가치를 제공하는 것이다. 브랜드 경영으로의 전환은 단순한 운영 방식의 변화가 아니라, 기업의 문화와 가치관을 재정립하는 과정이다.

브랜드가 기업 문화로 내재화될 때, 직원들은 자발적으로 참여하고 소비자는 브랜드와 신뢰를 쌓게 된다. 이는 브랜드가 단순한 상표를 넘어, 살아 있는 존재로 인식되는 순간을 의미한다.

정리해보자. 브랜드 관리(Managing Brand) 모델은 브랜드를 여러 경영 요소 중 하나로 보고 관리하는 방식으로, 우리나라 기업에서 흔히 볼 수 있는 전형적인 접근법이다. 주로 상표 관리와 마케팅 차원에서 이루어지며, 대행사의 매뉴얼에 의존하거나 전략기획실에서 브랜드를 관리하는 형태를 띤다. 경우에 따라 브랜드가 계열사 라이선스 비용 확보 수단이 되거나 경영자의 친인척이 운영을 맡기도 한다. 이러한 방식에서는 브랜드 팀 외의 직원들이 브랜드에 관여할 기회가 제한적이기 때문에, 브랜드가 단순한 도구나 수단으로 전락할 위험이 크다.

반면, 브랜드 경영(Management by Brand)은 브랜드를 기업 운영의 중심에 두고, 브랜드의 가치와 철학이 경영 활동 전반에 스며들도록 한다. 이 접근법에서는 모든 직원이 브랜드의 목표와 가치를 공유하고, 자유롭게 의견을 제시하며, 조직 운영과 의사결정 과정에 참여할 수 있는 문화를 지향한다. 브랜드 경영의 핵심은 강력한 리더십보다는 브랜드 원칙에 따라 모든 직원이 브랜드의 리더가 되는 것이다.

브랜드 경영의 핵심에 대해 장 노엘 캐퍼러(Jean-Noel Kapferer) 교수는 다음과 같이 말한다.

"샤넬의 직원들은 스스로가 이미 '샤넬'이다. 샤넬에는 명시된 브랜드 플랫폼이 없다. 모든 의사결정은 5~6명이 함께 한다. 그들은 '샤넬이라면 어떻게 할 것인가'를 알고 있다. 이것이 암묵적 지식(implicit knowledge)이다. 이 지식은 종이에 적을 수 있는 것이 아니다. 럭셔리 브랜드 경영은 많은 논의에 기반하며, 끊임없이 '이것이 충분히 샤넬다운가'를 스스로에게 묻는다. 마치 모차르트가 to-do 리스트 없이도 무엇을 해야 하는지 알았던 것처럼, 샤넬 직원들도 자연스럽게 행동으로 옮긴다."

'샤넬다움'은 샤넬의 정체성을 의미하며, 이는 브랜드 경영에서 핵심적인 요소로 작용한다. 브랜드 경영이란 모든 의사결정을 브랜드의 정체성에 기반하여 내리는 것을 뜻한다. 그렇다면, 당신의 브랜드 의사결정 기준은 무엇인가? 매출 목표인가, 아니면 브랜드다움인가?

브랜드 경영에서는 매출이 목적이 아닌 결과로 간주된다. 진정한 목적은 소비자가 기대하는 것을 넘어서는 특별한 브랜드 경험을 창출하는 것이다. 기업은 때로는 브랜드 관리 중심에서 브랜드 경영으로 전환하기도 하고, 반대로 브랜드 경영에서 출발한 기업이 성장하면서 관리 중심으로 돌아가기도 한다. 이 책은 이러한 브랜드 경영의 본질과 중요성에 초점을 맞춘다.

오늘날 소비자들은 기업의 제품이 브랜드의 철학과 가치를 반영하기를 기대한다. 만약 기업이 이러한 철학에 어긋나는 행동을 한다면, 소비자들은 불매 운동이나 강한 반발로 대응할 수 있다. 아무리 제품이 뛰어나더라도, 경영자의 부적절한 행동이나 정치적 편향이 브랜드를 시장에서 퇴출시킬 위험을 초래할 수 있다. 심지어 단 한 건의 부정적인 후기나 댓글만으로도 브랜드가 큰 타격을 받을 수 있다. 예를 들어, 한 브랜드는 제품 광고 대신 기후변화를 주제로 "지구 보호를 위해 당분간 제품 구매를 멈춰달라"는 메시지를 내걸었는데, 이례적으로 매출이 증가했다. 이는 소비자들이 단순히 제품을 구매하는 것 이상의 가치를 지지하고 있음을 보여준다. 따라서 브랜드 경영에서 고객은 단순한 소비자가 아니라, 브랜드를 브랜드답게 만드는 핵심적인 브랜딩 요소로 자리 잡는다.

브랜드 업계는 초기에는 브랜드 관리와 브랜드 경영을 명확히 구분하지 않았다. 브랜드 경영이라는 개념이 자리 잡기 시작한 것은 1990년대에 이르러서다. 그 이전에는 브랜드가 단순히 상품을 식별하고 차별화하는 도구로 여겨졌으며, 이를 1단계 시장인 "만들어서 팔기(Make and Sell)" 시대라고 부른다.

이 시기에는 일본과 독일의 제품, 대기업의 상품, 그리고 백화점에 납품되는 브랜드들이 형성되었다. 당시에는 수요가 공급을 초과했기 때문에 "만들면 팔리는" 구조가 일반적이었다. 이는 브랜드 관리의 시대였으며, 우리나라에서는 1980년대가 해당된다.

2단계 시장은 "감지하고 대응하기(Sense and Respond)"의 시대로, 기업들이 경쟁 속에서 고객 만족의 중요성을 깨닫고 초경쟁 시장에 진입한 시기이다. 이때부터 브랜드는 단순한 차별화를 넘어 더 복잡한 역할을 맡게 된다. 고객 만족을 넘어 고객 감동을 목표로 하며, "상상하고 놀라게 하라(Imagine and Surprise)"는 3단계 시장이 열렸다. 동시에, "의미와 가치(Meaning and Value)"의 4단계 시장이 등장해 브랜드는 단순한 기능을 넘어 오리지널리티, 원형적 이미지, 역사성, 스토리 등 다양한 가치를 인정받기 시작했다.

오늘날 시장에서는 이 네 가지 시장이 동시에 공존한다. 이들은 순차적으로 진화한 것이 아니라 서로 얽혀 있으며, 하나의 브랜드 안에서도 여러 패턴이 나타난다. 이는 다양한 성향의 고객들을 대상으로 한 다각적인 접근을 필요로 한다. 예를 들어, 애플의 신제품 광고는 같은 제품을 전문가에게는 기술적 우수성으로, 애플 마니아에게는 브랜드의 의미와 가치를, 입문자에게는 효율성과 필요성으로 설명한다. 이러한 접근 방식이 브랜드 정의를 더욱 복잡하게 만든다.

브랜드 경영의 출발점은 "모든 상표가 브랜드는 아니며, 모든 브랜드가 진정한 브랜드는 아니다"라는 인식에서 시작된다. 이는 브랜드 확장과 비제품(Non-product) 요소의 중요성이 부각되면서 형성된 개념이다.

브랜드 경영은 브랜드가 진정한 브랜드로 자리 잡는 과정을 브랜딩 지식을 바탕으로 운영하는 방식을 뜻한다. '브랜딩'이라는 용어는 2005년부터 경영 용어로 자리 잡기 시작했으며, 그 이전의 마케팅 또는 브랜드 관련 서적에서는 거의 찾아볼 수 없다. 마케팅과 브랜딩은 본질적으로 다르다. 마케팅은 매출을 목표로 브랜드의 생존에 집중하는 반면, 브랜딩은 고객 가치를 최우선으로 하여 브랜드의 존재를 강화하는 방식이다. 쉽게 말해, 브랜딩은 자기다움을 바탕으로 경쟁 브랜드와의 차별화를 추구하는 것이다.

브랜드 관리에서는 브랜딩이 주로 마케팅 차별화 전략의 일부로 사용되며, 이는 '자기다움으로 남과 다름을 추구하는 것'으로 요약할 수 있다. 이때 차별화의 기준은 경쟁사와의 비교에 놓인다. 반면, 브랜드 경영은 상표가 진정한 브랜드로 성장하는 전 과정을 포괄한다. 예를 들어, 애플의 브랜딩은 '애플다움'을 유지하며 소비자의 기대를 초과하는 것을 목표로 한다. 마찬가지로, 나이키의 브랜딩은 나이키의 목적과 가치를 실현하며 브랜드를 지속적으로 발전시키는 과정이다.

브랜드 경영에서는 기업의 모든 행위와 의사결정이 브랜드 구축을 중심으로 이루어져야 하며, 브랜드는 단순히 공장에서 만들어지는 것이 아니라 사용자의 경험과 인식에 의해 형성된다는 사실을 인식해야 한다. 진정한 브랜드는 단순한 상표를 넘어서는 존재이며, 이를 실현하기 위해서는 경영자 혼자만의 노력으로는 부족하다.

대다수의 브랜드 창업자는 이러한 모든 것을 미리 알고 시작하지 않는다. 많은 경우, 브랜드를 구축하는 과정에서 비로소 브랜딩의 중요성을 깨닫고, 브랜드 경영의 필요성은 위기 상황에서 절실히 느끼게 된다. 심지어 대기업의 브랜드 관계자들조차 브랜드 경영의 개념을 이론적으로는 이해하고 있지만, 실제로 실천하는 경우는 드물다.

브랜드 경영자의 지식이 브랜드 성장의 한계가 되어서는 안 된다. 그러나 이는 모든 의사결정에 경영자가 직접 관여해야 한다는 의미가 아니다. 성인이 출생부터 죽음까지의 여정을 이해하듯, 브랜드 경영자도 브랜드의 탄생부터 종말까지의 전 과정을 파악하고 적절한 결정을 내려야 한다. 이 책의 핵심은 바로 이 점에 있다.

부모가 되는 것은 누구나 할 수 있지만, 좋은 부모가 되기 위해서는 꾸준한 학습과 훈련이 필요하다. 브랜드 경영도 이와 같다. 사장이 되는 것은 비교적 쉬운 일일지 모르지만, 브랜드를 성공적으로 이끌기 위해서는 지속적인 학습과 경험이 필수적이다. 마치 자녀를 양육하며 부모로 성장하듯, 브랜드 경영자도 브랜드를 키우며 진정한 경영자로 거듭난다.

그렇다면, 브랜드 경영이란 무엇일까? 브랜드 경영은 브랜드 관리와 명확히 구분되어야 한다. 브랜드의 시작은 단순한 상표나 제품 생산에서 출발하지 않는다. 그것은 경영자의 철학과 목적, 그리고 기업이 지향하는 가치에서 비롯된다. 브랜드 경영자는 단순한 제품 생산을 넘어, 비제품적 요소를 통해 브랜드 가치를 창출하고 유지해야 한다. 또한, 브랜드의 탄생부터 쇠퇴까지 전 과정을 이해하고, 이를 통해 필요한 지식과 경험을 쌓아야 한다. 이 철학은 기업의 모든 직원들과 공유되어야 하며, 모두가 함께 브랜드를 발전시켜 나가는 과정에 참여해야 한다.

1960년, 테드 레빗(Ted Levitt)은 최초로 '마케팅 근시안(Marketing Myopia)'이라는 개념을 제시하며, 기업들이 제품 개발에만 집중하는 태도를 경계했다. 그는 철도업을 예로 들며, 철도 경영자들이 운송업 전체가 아닌 철도업 자체에만 몰두한 결과, 고객의 요구를 놓치고 경쟁에서 밀렸다고 지적했다. 결국, 다른 운송업체들이 고객을 빼앗아갔고 철도업은 비즈니스 성장을 이루지 못했다.

레빗의 마케팅 근시안 개념은 1960년대에 제시되었지만, 오늘날의 디지털 시장에서도 여전히 유효하다. 많은 기업이 여전히 제품 중심의 접근 방식을 고수하며, 이로 인해 시장에서 혼란을 겪는 경우가 많다. 이러한 문제를 해결하려면, 스타벅스가 "우리는 커피 비즈니스가 아니라 피플 비즈니스다"라고 선언한 것처럼, 브랜드에 대한 새로운 관점을 채택해야 한다.

마케팅에서 근시안이 문제라면, 브랜드에서는 난시가 문제다. 난시는 빛이 망막에 정확하게 도달하지 못하는 시력 문제를 의미하는데, 브랜드 난시도 이와 비슷하다. 브랜드가 가격과 가치를 명확하게 평가하지 못하거나 일관성 없는 운영을 지속할 때, 브랜드는 점차 무너질 위험에 처하게 된다.

한 브랜드 대행사의 기획자는 클라이언트가 매출 성과에만 집착하고, 정작 브랜드 구축에는 무관심하다고 불평했다. 그러나 아이러니하게도 그 기획자 역시 매출을 올리기 위해 일회성 '조미료성' 아이디어를 제안하는 모순을 보였다. 클라이언트는 매출 성과와 브랜딩의 지속성을 동시에 기대하며, 이 두 가지를 조화롭게 유지하기를 원한다.

피터 드러커는 "마케팅이란 결국 브랜드를 구축하는 것"이라고 말했다. 그의 말처럼 매출은 브랜드가 잘 구축된 결과로서 나타나야 하며, 그 자체가 목표가 될 수 없다. 브랜드의 가격 또한 단순한 이윤 창출 수단이 아닌, 브랜드의 가치를 지탱하는 중요한 요소로 작용해야 한다.

브랜드 난시에 빠지지 않으려면, 매출과 브랜드 구축을 나란히 두는 대신, 브랜드 구축을 통해 매출이 자연스럽게 이어지도록 해야 한다. 이는 브랜드 경영의 핵심이며, 단기 성과에 집착하지 않고 장기적인 성장과 신뢰를 도모하는 접근법이다.

Interview

브랜드 경영을 위한 브랜드 교육

The interview with 댄 J. 샌더스(Dan J. Sanders)
유니타스 브랜드 볼륨 14 / 인터뷰 발췌

미국 유나이티드 슈퍼마켓의 CEO. 유나이티드 슈퍼마켓에 합류하기 전 AdPlex, AdContent 등의 광고 프로덕션을 설립하기도 했다. 유나이티드 슈퍼마켓의 CMO였다가 2004년 CEO가 되었으며 저서로 『섬기는 기업문화가 경쟁력이 다Built to Serve』 『Equipped to Lead』등이 있다.

우리는 기업의 조직원들이 브랜드 관점을 갖는 BrandView 교육과 자신의 브랜드가 어떤 브랜드인지 알고 자기다움을 지키며 성장해 가도록 교육하는 BrandNess 교육이 브랜드 교육을 구성한다고 본다. 물론 브랜드 교육의 최종 목표는 강력한 브랜드 구축이라할 수 있다. 이에 대한 당신의 생각은 어떤가?

Dan J. Sanders 우선 밝혀 둘 것은, 나는 기업이 처음부터 직원들에게 어떻게 자신의 브랜드를 지켜낼지를 묻는 것은 잘못이라고 생각한다. 그 대신 나는 오히려 먼저 기업이 직원들에게 다른 사람과의 '관계'를 어떻게 보호할 것인지 묻기를 독려한다. 내 생각에 관계는 사람의 마음에 가까이 다가가는 일임과 동시에 브랜딩의 영혼(soul of branding)이다. 브랜딩이란 그런 것이다. 최고의 브랜드들은 알다시피 모두 소비자와의 관계 를 '즐기고' 있다. 인간으로서 우리는 모두 타인과 관계를 맺는 것이 어떤 의미인지 본능적으로 알고 있다. 최고의 브랜드와 조직은 이런 사람을 닮아있다.

당신이 저서에서 '사람 중심의 조직 문화'를 강조하는 것도 그 때문인가?
Dan J. Sanders 그렇다. 문화라는 것은 인간의 근본에서부터 자연스럽게 배양된 것들이 표출된 것이라고 본다. 성공적인 조직들은 대부분 자기 사명을 인간적 본질essense에서부터 새롭게 정의한 사람들로 인해 만들어 졌다. 나는 인간을 믿고, 인간이 다른 사람들을 돕길 원하는, 그리고 관계 맺기 원하는 '선한 본성'을 가졌다는 것을 믿는다. 어떻게 생각하면 '일'이라는 것은 사람들의 삶을 변화시키는 것이다. 브랜드가 한 차원 높은 목적을 가지고 직원들과 타인을 도울 수있는 것들에 가치를 두면 모든 비즈니스에서 큰 변화를일으킬수 있다. 나는 이것이 산업군을 초월하여 모든 곳에서 인간의 삶을 풍성하게 하고, 조직 문화를 건강하게 하는 요소라고 생각한다.

조직 문화나 기업자체의 목적도 모두 사람과 관계를 맺으며 사람들을 위하는데 있기 때문에 더 높은 차원의 목적을 가져야 한다는 말인가?
Dan J. Sanders 안타깝게도 요즘 대부분의 기업들은 무언가를 팔기 위해 만들어졌지 사람을 위해, 혹은 타인을 위해 만들어진 것 같지는 않다. 요즘 기업은 너무 많은 숫자로 이루어져 있다. 이러한 '수치적 성과'에 대한 강요 때문에 기업의 리더들은 너무 많은 시간을 숫자로 이루어진 스프레드시트를 검토하는 데 쏟고 있고, 정말 중요한 '사람'들을 돌아보는데는 충분한 시간을 투자하지 못하고 있다. 실상 조직의 진정 한 생명선lifeblood은 사람임에도 불구하고 말이다. 기업은 자본과 이윤 이상의 것이어야 한다. 그러려면 반드시 사람을 우선 순위에 두어야 한다. 수치적 성공은 리더와 조직원이 그들의 중심을 자본과 이윤에서 이런 사람 중심의 문화로 옮겼을 때 최상의 것이 된다.

기업이 '숫자' 이상의 목적과 비전을 가져야 한다는 것은 유니타스브랜드의 관점과도 일치한다. 하지만 많은 기업들이 그렇게 하지 못하는 것도 사실이다.

Dan J. Sanders 나도 그 부분은 안타깝다. 많은 기업이 아직도 산업혁명 때부터 퇴적되어 그 시대에 남겨진 사람처럼 손익계산서만 바라보고 있다. 예를 들어 리더가 하루 종일 표준회계절차를 사용하여 비용을 고민하는 동안 그의 컴퓨터 역시 그에 따른 기업자산만 계산하는 것이다. 이러한 시스템은 '새로운 시대'의 '새로운 비즈니스'를 반영하기 위해서 변화해야만 하는 일종의 망가진 시스템이다.

'새로운 시대'의 '새로운 비즈니스'는 무엇인가?

Dan J. Sanders 새로운 비즈니스에서 리더는 사람들을 믿고 섬기는 문화를 심는 '투사(warrior)'가 될 필요가 있다. 나는 기업이 수치와 이윤 위주의 사고에서 사람을 최우선으로 두는 사고로 전환하면, 곧 새로운 시대에 지속되어야할 깊은 가치와 채움을 찾게 될 것이라고 확신한다. 어떤 이는 과거부터 오랜 시간 세계적으로 많은 기업들이 성공한 경험이 있는 숫자 위주의 낡은 사고가 틀렸을 리 없다고 주장하기도 할 것이다. 그러나 나는 이 사고가 틀림없이 잘못되었다고 생각한다.

나는 우리가 과거로부터 배운 잘못된 벤치마킹을 수정해야 할 필요가 있다고 생각한다. 우리는 과거의 성공과 실패를 측정하기보다, 앞으로 가질 수 있는 미래의 잠재력을 측정 해야 한다고 생각한다. 그것이 훨씬 더 의미있는 노력이고 확실한 지향점이다.

전반적인 사고의 전환을 위해서는 기업과 이를 위해 일하는 구성원 모두 같은 가치와 비전을 공유하는것이 중요할 것 같다.

<small>Dan J. Sanders</small> 물론이다. 특히 기업의 비전을 공유하는 것은 최우선시해 야 되는 것이다. 왜냐하면 비전이 어떤 특정한 맥락(context)을 전달하기 때문이다. 기업은 직원들에게 그들의 장기적 목표를 이해하도록 설명해야 하고, 그렇게 해야만 기업 내부의 아주 작은 의사결정에서 조차 비전의 맥락에 맞는 선택으로 변화를 만들어 낼 수 있다. 어떤 조직이 장기적인 성공을 원한다면 조직 구성원의 단기적인 목표와 조직의 장기적인 목표가 조화를 이루는 과정을 거쳐야만 한다. 그리고 두가지의 조화는 모든 구성원의 비전에 대한 이해 없이는 불가능하다. 비전이 공유되면 이들은 더이상 매분기 실적만 기대하며 소모적으로 일하는 것이 아니라 장기적인 목표를 극대화 하기 위해 일하게 될 것이다. 조직이 이런사고를 품으면 수치적인 성공은 자연히 따라온다.

당신은 유나이티드 슈퍼마켓의 CEO기도 하다. 실제 직원들에게 사람이 중요하다는 사실을 어떻게 인식시키나?

<small>Dan J. Sanders</small> 예를 들어 나는 베이커리에서 일하는 우리 직원들에게 그 들이 지금 그저 판매를 위한 케이크를 데커레이션하고 있는 것이 아니라, 당신 가족의 생일을 축하하는것이라고 말한다. 꽃을 판매하는 직원에게도 마찬가지다. 당신의 아이들에게 해 주는 것처럼 준비하라고 말하는 것이다. 처음에도 말했지만, 우리는 모두 이런 관계가 어떤 것을 필요로 하는지 본능적으로 알고 있다. 이런 맥락을 모든 직원들에게 전달하면, 직원들은 나이와 상관없이 이것을 위해 무엇이 필요한지 알게 된다. 그리고 그에 맞게 준비한다.

유나이티드 슈퍼마켓이나 메리어트 인터내셔널 등 글로벌 브랜드 사례를

찾아보더라도 조직원들이 뚜렷한 가치와 비전을 고수하기 위해서는 리더의 역할이 무엇보다 중요한 것 같다.

Dan J. Sanders 그렇다. 사람들은 뚜렷한 원칙을 가진(principle-centered) 리더가 이끄는 조직에서 일하고 싶어한다. 따라서 과거보다 나은 조직문화를 갖기 위해 가장 먼저 해야할 일은 어떤 일을 하든지 직원들이 의사결정을 할때 가이드를 줄 수 있도록 리더가 조직원과 공유할 중요한 '가치'를 정의하는 것이다. 이 과정에서는 물론 우리가 흔히 '공유'라고 말하는것 처럼, 기업의 모든 직급 직원들과 대화해야 한다. 한번 중요 한 가치들이 명확하게 규정되어 공유되고 나면 리더들의 행동은 그 가치들을 반영하는 롤모델이 되어야 한다. 이것 은 모든 리더의 행동이 과거와는 달리 '변화'를 보여 줘야 함 을의미한다.

리더가 롤모델이 되더라도 변화가 생기기까지 조직 내부의 갈등은 피할 수 없는 부분일 것이다. 이런 문제는 어떻게 조율하나?

Dan J. Sanders 사실 조직이 변화하는 과정에서 갈등이 일어나는 것은 당연하다. 그러나 갈등은 어떤 면에서 기업이 정체되어 있지 않고 건강하다는 것을 방증하는 것이기도 하다. 물론 이 과정에서 어떤 조직원은 머무는 것을 선택하고, 어떤 조직원은 조직을 떠날지도 모른다. 그러나 이런 변화는 긍정적일 뿐만 아니라 꼭 필요한 것이기도 하다. 꽤 자주 '가면 현상' 이 있는 사람들(imposter, 겉으로는 가치가 중요하다는 사실을 이야기하면서도 한편으로는 비밀스럽게 그 가치를 손상시키는 사람들)이 성공적인 변화를 지연시킨다. 따라서 장기적인 성공을 위해 대화로 새로운 경영의 고삐를 조이는 것은 꼭 필요한 일이다.

마지막으로 당신이 말한 브랜딩의 영혼, 즉 '사람'과 '관계'를 중요하게 여기고 조직과 브랜드를 이끌어 가고자 하는 리더에게 하고 싶은 조언이 있다면

말해달라.

^{Dan J. Sanders} 조직의 변화를 이끌기 위해서는 많은 어려움이 따를 것이다. 언제건 브랜드가 가고자 하는 방향이나 조직의 욕망은 특히 '주주'의 것과 다를 수 있고, 따라서 수없는 마찰을 경험한다. 예를 들어 투자자들에게 브랜드를 구축하기 위해 장기적인 액션이 필요하다는 것을 설득하기란 매우 어려울 것이다. 특히 투자자들의 투자 지평(time horizon)이 겨우 한 분기 정도에 그친다고 한다면 더욱 그럴 것이다. 그러므로 CEO는 매우 설득력 있는 스토리텔러가 되어야만 한다. 과거와 현재, 그리고 미래의 투자자들에게 브랜드의 열정과 긍정성을 불어 넣을 수 있는 사람말이다. 그러나 많은 리더들이 이것에 실패한다. 왜냐하면 주주들의 이해를 만족시키는 경영이 소비자를 만족시키는 경영을 하는 것보다 쉽기 때문이다. 그러나 브랜드를 위해서는 장기적인 기업의 생존 가능성을 기준으로 두고, 단기적인 주주들의 만족감을 위해 의사 결정을 하지 말 것을 당부할 뿐이다.

Review

　상표와 브랜드의 차이는 단순히 법적·기술적 측면에 그치지 않는다. 브랜드가 진정한 가치를 지니기 위해서는 단순한 상품을 넘어, 비물질적 가치와 정체성을 형성하며 소비자와 신뢰를 쌓아가는 과정이 필수적이다. 이 과정에서 브랜드는 상표 이상의 의미를 지니게 되며, 소비자들에게 사랑받는 존재로 성숙해간다.

　브랜드 인문학은 브랜드를 사람처럼 이해하고 양육해야 한다는 관점에 기반한다. 이는 브랜드의 시작과 성장 과정을 인간의 발달 단계로 해석하며, 브랜드가 어떻게 가치와 정체성을 구축하고 진화하는지를 탐구한다. 브랜드 인문학적 접근은 브랜드가 사람처럼 성장하고 변화하는 과정을 심층적으로 이해하도록 돕는다.

　성공적인 브랜드 경영은 매출 목표에만 집중하는 것이 아니라, 브랜드의 정체성과 가치를 경영의 중심에 두는 것에서 출발한다. 브랜드 경영자는 브랜드의 철학과 목적을 이해하고, 이를 바탕으로 모든 의사결정을 내릴 수 있어야 한다. 또한, 모든 직원이 브랜드를 사람처럼 대하며 브랜드의 가치를 체화할 때 비로소 브랜드는 진정한 브랜드로 자리 잡을 수 있다.

Workshop
브랜드 경영의 이해

1. 브랜드의 인격화 및 성장 스토리 작성
브랜드를 사람처럼 이해하고, 브랜드가 어떻게 성장하고 변화하는지 스토리텔링 방식으로 분석
활동 내용
1) 자신의 브랜드 혹은 좋아하는 브랜드를 사람으로 인격화하기.
2) 그 브랜드가 어떤 성격과 가치관을 가지고 있는지 서술하고, 브랜드의 성장 스토리를 작성하기.
3) 브랜드가 처음 시작할 때 겪은 어려움과 성취, 성장의 중요한 계기를 정리하기.
   예시 질문: 브랜드가 사람이라면 어떤 성격을 가지고 있는가? 이 브랜드는 어떤 과정을 통해 소비자와 신뢰를 쌓아가는가?

2. 브랜드 경영과 브랜드 관리의 차이점 분석

브랜드 경영과 브랜드 관리의 개념을 비교하고, 브랜드 경영이 왜 중요한지 탐구

활동 내용

1) 브랜드 경영과 브랜드 관리의 차이를 분석하고, 각각의 장단점을 정리하기.
2) 브랜드 경영이 기업 성공에 어떤 영향을 미치는지 사례를 들어 설명해 보자.
3) 팀을 나누어 한쪽은 브랜드 경영, 다른 쪽은 브랜드 관리를 선택한 기업의 사례를 분석하고, 그 차이를 발표해 보자.

   예시 질문: 브랜드 경영은 단순한 매출 증대와 어떤 차이를 가지며, 더 나은 성과를 이루는 데 왜 중요한가?

3. 브랜드와 고객 간의 관계 구축 전략

브랜드가 고객과 어떻게 관계를 맺고, 신뢰를 쌓아가는지 탐구

활동 내용

1) 자신이 좋아하는 브랜드와의 관계를 생각해 보고, 그 브랜드가 소비자와 어떻게 신뢰를 쌓았는지 정리하기.
2) 브랜드가 단순한 상표를 넘어 소비자와 어떻게 깊은 소통을 이루었는지 사례를 통해 분석하기.
3) 브랜드가 소비자에게 더 큰 신뢰를 주기 위해 할 수 있는 새로운 전략을 제안해 보자.

   예시 질문: 브랜드가 소비자와 신뢰를 쌓기 위해 가장 중요한 것은 무엇이라고 생각하는가? 어떤 전략이 고객의 충성도를 높일 수 있는가?

4. 브랜드의 철학과 가치 재정립

브랜드의 철학과 가치를 명확히 정의하고, 그 가치를 실제로 경영에 반영하는 방법 모색

활동 내용

1) 자신이 운영하거나 관심 있는 브랜드의 철학과 가치를 명확하게 정의하기.
2) 그 브랜드가 실제로 그 가치를 얼마나 실현하고 있는지 평가하기.
3) 브랜드의 철학이 고객과의 관계에서 어떻게 드러나는지 구체적인 예를 들어 설명해 보자

예시 질문: 브랜드의 철학이 소비자에게 어떻게 전달되며, 그 가치는 무엇인가요? 브랜드의 철학이 일관성 있게 유지되기 위해 필요한 요소는 무엇인가?

5. 브랜드 생애주기 관리 전략

브랜드의 생애 주기를 관리하는 방법을 학습하고, 성공적인 브랜드 생애 주기 전략 수립

활동 내용

1) 브랜드의 생애주기를 인간의 성장과 비교하며, 각각의 단계에서 중요한 요소를 정리하기.
2) 브랜드가 성장하면서 직면할 수 있는 문제점과 그 해결책을 탐구해 보자.
3) 브랜드가 성숙하고 사회적 책임을 갖는 시점에서, 어떻게 소비자와 관계를 더욱 심화할 수 있을지 논의하기.

예시 질문: 브랜드가 성장하는 과정에서 가장 중요한 단계는 무엇인가? 브랜드가 지속 가능성을 유지하기 위해 필요한 전략은 무엇인가?

6. 브랜드의 비제품적 가치 창출

브랜드가 단순한 제품이 아닌, 비물질적 가치를 어떻게 창출하는지 탐구

활동 내용
1) 브랜드가 제품 이상의 가치를 어떻게 전달하고 있는지 분석하기.
2) 브랜드가 제품 외에 고객에게 제공하는 경험과 정서적 가치는 무엇인지 설명하고, 그 가치를 극대화할 수 있는 방법을 제시해 보자.
3) 브랜드의 비물질적 가치가 소비자에게 어떤 영향을 미치고, 그로 인해 어떻게 브랜드 충성도를 높일 수 있을지 논의해 보자.

   예시 질문: 브랜드가 제공하는 비물질적 가치는 무엇인가요? 이 가치를 어떻게 극대화할 수 있는가?

7. 브랜드 위기 대응 전략

브랜드가 위기에 직면했을 때 적절한 대응 방안을 모색하고, 신뢰 회복 전략을 수립

활동 내용
1) 브랜드가 위기에 직면했을 때 어떤 대응이 필요할지 사례를 분석하기.
2) 위기 상황에서 브랜드가 신뢰를 회복하는 데 필요한 소통 전략을 제시하기.
3) 팀을 나누어 한쪽은 위기 시 실패 사례, 다른 쪽은 성공적 대응 사례를 분석하고 토론해 보자.

   예시 질문: 브랜드가 위기에서 신뢰를 회복하기 위해 어떤 전략이 필요한가? 브랜드가 위기를 기회로 전환하기 위해 어떻게 해야 하나?

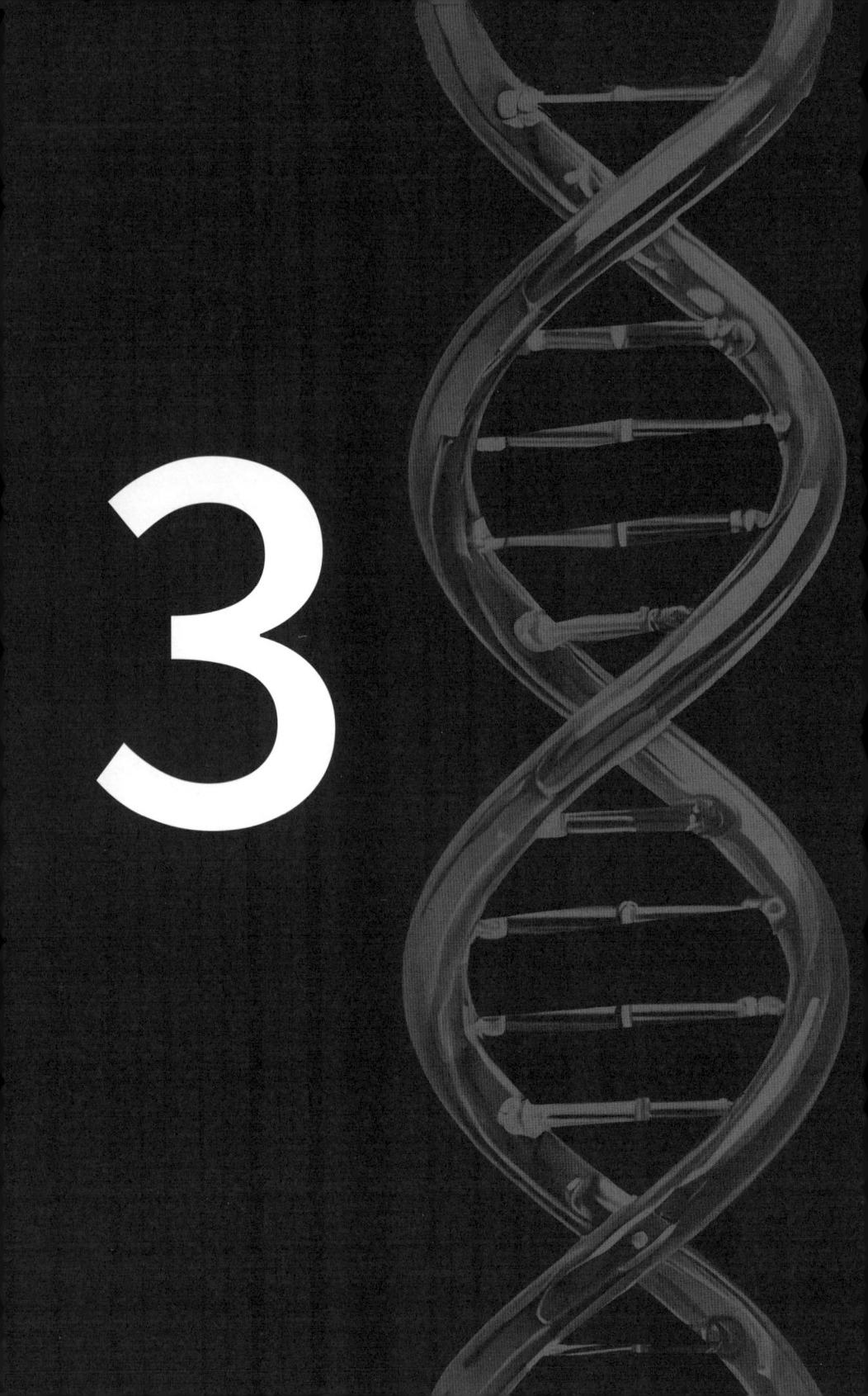

브랜드와 연애

"창조적이 되는 유일한 방법은
자신을 사랑하는 것이다."
에릭 프롬(Erich Fromm)

Preview

　브랜드 경영은 연애와 닮아 있다. 사랑이 단순한 감정이 아니라, 관계를 형성하고 유지하는 기술인 것처럼 브랜드도 고객과의 관계 속에서 성장하고 발전한다. 에릭 프롬이 『사랑의 기술』에서 말했듯, 진정한 사랑은 노력과 성찰을 통해 성숙한 인격에서 비롯되며, 이는 브랜드 경영에도 동일하게 적용된다. 브랜드는 단순히 상표를 넘어 고객의 애정과 신뢰를 바탕으로 진정한 가치를 획득한다.

　브랜드와 고객 간의 관계를 구축하기 위해서는 깊은 이해와 지속적인 학습이 필요하다. 단순한 소비로는 브랜드가 완성되지 않는다. 고객의 욕구와 가치를 파악하고, 적극적으로 소통하며 상호작용해야 비로소 브랜드가 진정한 의미를 갖게 된다. 이 과정에서 경영자는 자신의 역할과 브랜드의 본질, 그리고 고객의 기대를 끊임없이 성찰하며 성장해야 한다.

　마치 연애가 서로에 대한 이해와 경험을 통해 성숙해지듯, 브랜드도 고객과의 상호작용을 통해 발전한다. 고객의 피드백과 반응을 통해 얻은 통찰이 브랜드를 성장시키는 중요한 자원이 된다. 이러한 관계의 깊이를 통해 브랜드는 단순한 상품이 아닌, 고객과의 정서적 유대와 가치를 중심으로 지속적으로 발전하는 살아 있는 존재로 자리 잡는다.

Pre-reading Questions
사전 질문

1. 나는 왜 이 브랜드를 창조해야 하는가?

2. 고객이 나의 브랜드를 선택해야 할 이유는 무엇인가?

3. 브랜드와 고객의 관계는 어떻게 형성되나?

4. 브랜드가 고객과 감정적 유대 관계를 맺기 위해 필요한 요소는 무엇일까?

5. 브랜드를 인격체처럼 다루는 것이 왜 중요할까?

6. 이 브랜드를 통해 나는 어떤 장기적인 목표를 실현하고 싶은가?

7. 경쟁자와 무엇이 다른가? 내 브랜드의 차별성은 무엇인가?

8. 브랜드가 상표를 넘어 철학을 가질 때, 그 철학은 고객에게 어떻게 전달될까?

9. 고객의 신뢰를 쌓기 위해 브랜드가 해야 할 일은 무엇인가?

10. 브랜드를 성공적으로 경영하기 위해 필요한 핵심 기술과 지식은 무엇인가?

사랑의 기술, 브랜드의 기술

 사랑에도 기술이 필요할까? 에릭 프롬은 『사랑의 기술』 서문에서 책 제목만 보고 호기심을 느낀 독자들에게 경고한다.

 "사랑의 기술에 대한 편리한 지침을 기대한다면 이 책은 실망스러울 것이다. 사랑은 누구나 쉽게 빠질 수 있는 감정이 아니라 성숙한 노력과 자기 성장의 결과다. 이 책은 독자들에게 자신의 성격과 인격을 발전시키며 생산적인 방향으로 나아가지 않는다면, 아무리 사랑하려 해도 실패할 수밖에 없음을 말해준다. 더불어 이웃을 사랑하지 못하거나 겸손, 용기, 신념, 훈련이 없다면 개인적인 사랑도 결코 성공할 수 없다는 사실을 일깨운다."

 에릭 프롬이 말한 사랑에 대한 정의는 브랜드 경영에도 그대로 적용된다. 사랑이 단순한 감정이 아니라 관계를 형성하고 유지하는 기술이라면, 브랜드 역시 고객과의 관계를 통해 진정한 가치를 획득한다. 브랜드는 단순히 상표를 등록한다고 완성되는 것이 아니다. 고객의 애정과 피드백을 바탕으로 성장하는, 일종의 '비제품'인 것이다.

 이웃을 사랑하지 못하는 사람이 진정한 관계를 맺기 어려운 것처럼, 고객과의 관계를 깊이 이해하지 못하는 브랜드도 성공을 거두기 어렵다. 결국, 브랜드의 기술은 단순히 고객에게 사랑받는 데서 그치지 않고, 고객을 진정으로 사랑하는 방법을 배우는 데 있다. 브랜드의 힘은 단순한 소비 대상에 머무르지 않고, 지속적인 상호작용을 통해 점점 더 강화된다. 브랜드의 진정한 가치는 이러한 고객과의 관계에서 비롯되며, 바로 그 관계가 브랜드를 완성시킨다.

 에릭 프롬은 『사랑의 기술』 서문에서 독일의 연금술사 파라켈수스(1493-1541)의 글을 인용했다.

"아무것도 모르는 자는 아무것도 사랑하지 못한다.
아무 일도 할 수 없는 자는 아무것도 이해하지 못한다.
아무것도 이해하지 못하는 자는 무가치하다.
그러나 이해하는 자는 또한 사랑하고, 주목하며, 파악한다.
어떤 사물에 대한 지식이 깊어질수록 사랑도 더 위대해진다.
모든 열매가 동시에 익는다고 믿는 자는 포도에 대해 아무것도 모른다."

이 통찰을 브랜드 경영에 적용해보자. "브랜드를 모르는 자는 고객을 사랑할 수 없다." 그리고 "브랜드에 대한 깊은 이해가 많을수록 브랜드는 더 위대해진다." 이 말은 브랜드와 고객 간의 관계를 깊이 이해할 때 더욱 의미가 분명해진다. 브랜드에 대한 깊이 있는 이해가 있을 때, 고객의 필요와 욕구를 명확히 파악할 수 있으며, 이러한 통찰을 바탕으로 브랜드는 성장하고 진화한다.

브랜드는 상표 등록만으로 완성되지 않는다. 만약 브랜드가 상표를 등록하는 순간 완성된다고 믿는다면 이는 브랜드의 본질을 놓친 것이다. 브랜드는 고객과의 지속적인 상호작용을 통해 그 가치를 강화하며 발전한다. 사람들은 자신이 보고 싶고 믿고 싶은 대로 해석하듯, 브랜드의 가치 역시 사용자의 경험과 이해에 따라 달라진다. 브랜드의 더 큰 의미와 가치를 온전히 이해할 때, 그 잠재력은 비로소 발현된다.

에릭 프롬의 말처럼, 깊은 이해가 없이는 진정한 사랑이 불가능하다. 이 원칙은 브랜드에도 동일하게 적용된다. 브랜드를 제대로 이해하지 못하면 고객은 그저 소비자에 머무르게 된다. 고객과의 관계에서 비롯되는 깊이 있는 이해와 신뢰가 없다면, 진정한 브랜드를 구축하기 어렵다. 브랜드의 힘은 단순한 소비를 넘어서는 관계에서 나온다. 그리고 이 관계가 브랜드를 진정한 브랜드로 완성한다.

에릭 프롬은 『사랑의 기술』에서 왜 사랑을 배워야 하는지에 대해 다음과 같이 설명한다.

"사랑은 기술일까? 그렇다면 사랑에는 지식과 노력이 필요하다. 혹은 사랑이 우연히 찾아오는, 행운이 있으면 누구나 경험할 수 있는 즐거운 감정일까? 이 책은 '사랑은 기술이다'라는 전제를 바탕으로 한다. 하지만 대부분의 현대인들은 사랑을 단순한 감정으로 여긴다. 그렇다고 해서 그들이 사랑을 중요하지 않게 여기는 것은 아니다. 현대인들은 사랑을 갈망하며 수많은 영화와 노래를 통해 사랑의 행복과 고통을 경험한다. 그러나 사랑을 배워야 한다고 생각하는 사람은 거의 없다."

사랑이 기술일까, 아니면 통제할 수 없는 감정일까? 한때 나 역시 사랑을 운명처럼 다가오는 감정이라고 여겼다. 그러나 자녀를 키우면서 사랑이 단순한 감정이 아니라 마음을 단련하고 기술을 익히는 훈련이라는 것을 깨달았다. 사랑은 책임과 태도의 영역일 뿐만 아니라 지적인 의사결정의 결과이기도 하다. 자녀를 키워본 경험이 있는 사람이라면 이 말에 쉽게 공감할 수 있을 것이다.

마찬가지로 우리는 브랜드를 소비하면서도 브랜드를 깊이 이해하려고 노력하지 않는다. 단순히 좋아하는 브랜드를 구매하고 소비하는 데 만족하며, 왜 그 브랜드를 선택했는지 혹은 그 브랜드가 어떤 과정을 거쳐 형성되었는지에 대해 깊이 고민하지 않는다. 상표가 브랜드로 발전하는 과정을 탐구하기보다, 우리는 검색 결과와 댓글, 블로그 후기, 셀럽들의 추천에 의존해 단편적으로 브랜드를 접할 뿐이다.

브랜드 소비는 감정의 영역이지만, 브랜드 창조는 기술의 영역이다. 브랜드를 성공적으로 창조하기 위해서는 지식과 학습이 필수적이다. 그러나 많은 브랜드 종사자들은 브랜드 창조를 단순히 한 번의 '대박 사건'으로 간주하며, 그 과정에 필요한 노력과 학습을 간과하기도 한다.

사랑이 기술인 것처럼, 브랜드 창조에도 기술이 필요하다. 우선 자신이 브랜드 창조에 필요한 기술을 갖추고 있는지 점검해보자. 이 장에 제시된 프리뷰 질문에 대해 A4 용지에 간단히 답을 적어보는 것으로 시작해보라. 만약 이 작업이 부담스럽다면, 브랜드 경영에 대한 지식을 체계적으로 정리해보는 것도 좋다. 머릿속으로 알고 있다고 생각해도 글로 써보면 부족한 부분이 드러나기 마련이다. 그러나 당황할 필요는 없다. 광고계의 거장 데이비드 오길비는 이렇게 말했다.

"바보도 거래는 할 수 있다. 하지만 브랜드를 만드는 일은 재능, 신뢰, 그리고 인내 없이는 불가능하다."

연애에서 목적에 따라 필요한 기술이 다르듯, 브랜드 경영도 그 목적에 따라 다른 기술이 요구된다. 결혼이 목적이라면 함께 살아가는 기술이 필요하고, 단순한 즐거움이 목적이라면 관계를 유지하는 기교가 중요하다. 결혼 상대와 친구의 관계가 전혀 다른 것처럼, 브랜드의 역할과 경영 방식도 그 목적에 따라 달라진다.

서문에서 썼던 것처럼, 나는 결혼 배우자 문제로 상담을 요청한 사람들에게 이렇게 말한다.

"배우자를 선택할 때는 단순히 너를 사랑하는 애인일 뿐만 아니라, 너의 자녀에게 아빠이자 엄마가 될 사람을 선택해야 한다. 애인으로는 몇 년을 함께할 수 있지만, 자녀의 부모로는 평생을 함께해야 하니까."

브랜드 선택 역시 이와 크게 다르지 않다. 브랜드 경영 방식을 어떻게 설정하느냐에 따라 고객과 조직, 경영자, 그리고 기업의 전체적인 브랜드 모습이 완전히 달라진다. 브랜드는 단순히 매출을 올리기 위한 도구가 아니라, 기업의 아이덴티티를 반영하는 장기적인 관계의 산물이다.

'인지도가 높은 상표로 매출을 올리는 브랜드를 만들 것인가? 아니면 지속 가능성을 목표로 단순한 상표를 넘어선 진정한 브랜드를 구축할 것인가?' 이 결정에 따라 경영자가 습득해야 할 지식, 만나야 할 사람, 그리고 실행할 마케팅과 디자인 전략도 달라진다. 만약 브랜드를 단순한 상품이 아닌 아이덴티티와 커뮤니티로 확장된 개념으로 본다면, 이에 맞는 브랜드 지식이 필수적이다.

브랜드는 경영자의 의사 결정의 총합이다. 경영자가 가진 지식과 통찰에 따라 브랜드는 성장하고 변화한다. 이 사실은 여러 번 강조해왔으며, 앞으로도 반복할 것이다. 하지만 현장에서 지속적으로 브랜드 지식을 학습하는 경영자를 찾는 일은 여전히 쉽지 않다. 그렇다면 브랜드 창조에 대한 학습은 언제부터 시작해야 할까?

대부분의 사람은 시장조사를 통해 아이템과 고객을 결정한 후에야 브랜드를 런칭하며 배우기 시작한다. 이러한 방식이 전통적인 '브랜드 관리' 접근법이다. 그러나 '브랜드 경영'을 실천하기 위해서는, 브랜드에 대한 지식을 미리 학습한 후 시장조사와 아이템 및 고객 결정을 진행해야 한다. 전통적인 브랜드 관리가 경쟁과 비교 우위를 중심으로 한다면, 브랜드 경영은 정체성과 가치를 창출하는 데 초점을 맞춘다.

따라서 "언제 브랜드를 준비해야 하는가?"보다는 "어떤 브랜드를 런칭할 것인가?"를 먼저 고민해야 한다. 어떤 방식을 선택하든 브랜드에 대한 지식은 사업 초기부터 준비되어야 한다. 이를 통해 무엇을 어떻게 준비할지 명확히 할 수 있다.

브랜드를 런칭하기 전에 필요한 기술과 지식을 반드시 익혀야 한다. 하지만 현실에서는 책 한 권이나 블로그, 동영상 몇 개로 공부를 '대충' 때우는 경우가 흔하다. 우리나라에서 창업 준비 기간은 업계에 따라 다르지만, 대부분 1년을 넘지 않는다. 물론 창업 준비 기간은 팀 구성과 기업 설립 등을 포함할 수도 있지만, 내가 말하는 창업 준비는 혼자 브랜드를 구상하는 시간을 의미한다. 이는 결혼을 준비하는 과정과도 닮아 있다.

브랜드 학습의 첫 단계는 스스로 브랜드를 탐구하는 것으로, 나는 이를 '브랜드와의 연애'라고 부른다. 그렇다면 브랜드와의 연애 기간은 얼마나 걸려야 할까? 이는 사람마다 다르다. 어떤 사람은 10년을 연애하고도 결혼에 이르지 못하지만, 어떤 사람은 만난 지 한 달 만에 결혼하기도 한다. 그러나 빠르게 결혼했다고 해서 모두가 행복한 것은 아니듯, 브랜드 창조에서도 속도는 중요한 것이 아니다. 중요한 것은 얼마나 깊이 있고 진정성 있게 브랜드를 이해하고, 이를 바탕으로 성장시키는가에 달려 있다.

사랑의 기술을 책으로 배웠다고 해서 사랑을 잘하게 되는 것은 아니다. 마찬가지로, 브랜드 관련 서적을 열 권 읽는다고 해서 브랜드 창조의 기술을 완벽하게 익힐 수 있는 것도 아니다. 브랜드에 대해 100시간 넘게 학습했다고 해서 브랜드 전문가가 되는 것도 아니다. 에릭 프롬이 강조했듯이, 진정한 사랑은 경험과 이해를 통해 완성된다. 마찬가지로, 브랜드 기획자, 창업가, 경영자도 브랜드를 경험하고 깊이 이해하는 과정을 거쳐야 한다. 나는 이러한 과정을 '휴먼브랜드'라 부르며, 4장 '브랜드와 결혼'에서 더욱 자세히 다룰 것이다.

에릭 프롬은 사랑의 기술에서 이렇게 말했다.

"진정한 사랑이란 두 사람이 자기 존재의 중심에서 스스로를 경험하며 상대와 관계를 맺을 때 가능하다."

에릭 프롬은 사랑을 끊임없는 도전이자 함께 성장하고 발전하는 과정으로 정의했다. 브랜드 기획자와 경영자도 이와 다르지 않다. 브랜드를 통해 고객을 사랑하고, 직원들과 협력하며, 스스로를 사랑하는 경영자가 될 때 비로소 진정한 브랜드 경영자가 된다. 브랜드는 고객과 자신을 사랑하는 목적이자, 동시에 그 방법이다.

처음부터 자신이 훌륭한 부모가 될 수 있다고 확신하는 사람은 거의 없다. 부모가 되기 전에는 어떤 부모가 될지 알 수 없으며, 대부분은 본능에 따라 자녀를 키운다. 영아기나 유아기에는 헌신적인 부모라 느낄 수 있지만, 진정한 부모로서의 한계를 깨닫는 순간은 자녀가 사춘기에 접어들면서 찾아온다. 이 시기에는 단순히 돌보는 역할을 넘어, 진정한 부모로서의 책임이 요구된다.

부모가 자녀를 키우며 성숙해지듯, 브랜드 경영자도 브랜드를 통해 성장한다. 경영자는 수많은 의사 결정을 하며 시행착오를 겪고, 그 과정을 통해 브랜드에 대해 배우고 자신도 경영자로서 발전하게 된다.

"나는 좋은 브랜드 경영자가 될 자격이 있는가?"

이 질문은 브랜드를 런칭한 후에 던지기엔 이미 늦다. 이 질문은 브랜드를 준비하는 기간, 즉 '브랜드 연애' 기간에 스스로에게 던져야 한다. 이 과정에서 자신의 부족함을 발견하고, 이를 보완하기 위해 끊임없이 자신에게 질문해야 한다.

"나는 좋은 부모가 될 자격이 있는가?"

아이가 태어난 후에야 비로소 부모가 스스로를 의심하기 시작한다면, 이미 늦었다. 부모가 된 이상 이제는 좋은 부모가 되기 위해 끊임없이 노력하고 훈련해야 한다.

좋은 부모가 되는 것은 지식이나 경험, 학위, 나이와 같은 외적 조건으로 결정되지 않는다. 마찬가지로, 진정한 브랜드 경영자도 단순히 경력이나 학위로 만들어지지 않는다. 여러 경영자들과 대화를 나누며 깨달은 점은 좋은 부모가 되는 조건이 사람마다 다르다는 것이다. 나 역시 자녀를 키우며 부모로서의 역할을 더 깊이 이해하게 되었고, 그 과정에서 스스로 성장했다.

'좋은 부모'란 무엇일까? 내 생각에 좋은 부모는 배우는 부모다. 그리고 좋은 브랜드 경영자도 마찬가지다. 끊임없이 배우려는 마음을 가진 경영자가 바로 좋은 브랜드 경영자다. 브랜드 경영은 완성된 능력에서 시작되지 않는다. 그것은 경영자가 브랜드와 함께 성장하며 경험을 쌓아가는 과정에서 자연스럽게 만들어진다.

결국 브랜드 경영은 하나의 여정이며, 배우는 자세가 그 출발점이다. 경영자가 자신의 한계를 인식하고 발전하려는 노력을 멈추지 않을 때, 브랜드도 비로소 진정한 가치를 얻고 성장할 수 있다. 브랜드는 경영자와 함께 성장하는 살아 있는 존재이기 때문이다.

브랜드 연애

에릭 프롬은 진정한 사랑을 위해 무엇보다도 자기 이해와 성찰이 필수적이라고 강조했다. 사랑의 대상이 누구인가보다 중요한 것은, 내가 그 사람을 진정으로 사랑할 수 있는 사람인지를 아는 것이다. 결혼을 앞둔 후배들이 조언을 구할 때마다 나는 항상 에릭 프롬의 사랑의 기술을 읽어보라고 권하며, '100개의 결혼 질문'을 제안한다.

이 질문 리스트는 결혼을 준비하는 예비 부부가 꼭 나눠야 할 중요한 대화 주제들로 구성되어 있다. 이미 결혼한 부부들에게 "결혼 전에 꼭 물어봤어야 했던 질문"을 조사해 정리한 이 리스트에는 평소에는 꺼내기 어려운 주제들도 포함된다. 예를 들면 다음과 같다.

- 결혼 후 통장 관리는 누가 할 것인가?
- 가족 중에 암 환자나 유전병이 있는가?
- 상대방이 모르는 나의 습관은 무엇인가?
- 화가 나면 어떻게 행동하는가?
- 이혼에 대해 어떻게 생각하는가?
- 이혼이 불가피한 이유는 무엇인가?

이 질문들의 단점은, 대화를 나누다가 관계가 틀어져 헤어질 가능성도 있다는 점이다. 그러나 만약 이런 질문들로 인해 관계가 끝난다면, 그 관계는 애초에 결혼에 적합하지 않았을 가능성도 크다.

에릭 프롬은 사랑을 단순한 감정이 아니라 성숙한 인격이 실천하는 행위라고 설명했다. 부부로 함께 살아가며 그 말의 깊이를 점차 깨닫게 된다. 나는 남편이나 아내로서 충분히 성숙한 사람일까? 사실, 성숙한 상태에서 결혼하는 사람은 드물다. 오히려 성숙하지 않기 때문에 서로를 보완하고 협력하며 함께 성장하는 것이 결혼의 본질일지도 모른다.

중요한 것은 자신의 미성숙함을 인정하는 것이다. 진정한 사랑은 바로 그 지점에서 시작된다. '100개의 결혼 질문'은 사랑과 결혼이 어떻게 다른지를 분명히 인식하게 만들어 준다. 사랑이란 감정의 문제를 넘어 책임과 성장의 과정이며, 결혼은 그 과정을 함께 해나가는 여정이다.

그렇다면 결혼할 정도로 깊이 사랑한다는 것은 무엇을 의미할까? 예전 결혼 서약서에는 "검은 머리가 파뿌리가 될 때까지" 혹은 "죽음이 우리를 갈라놓을 때까지"라는 문구가 포함되어 있었다. 이는 결혼이 단순한 감정을 넘어 깊은 헌신과 책임을 전제로 한다는 의미다. 그렇다면 브랜드를 사랑한다는 것은 어떻게 정의할 수 있을까?

브랜드 교육 시간에도 유사한 접근을 시도한다. 창업자들에게 "브랜드를 런칭해야 할 이유 100가지"와 "고객이 당신의 브랜드를 선택해야 할 이유 100가지"를 작성하게 한다. 이 작업의 목표는 단순히 100개의 이유를 채우는 것이 아니다. 중요한 것은 창업자가 자신이 브랜드를 얼마나 깊이 이해하고 사랑하는지를 스스로 깨닫는 것이다. 이는 마치 물리적인 제품을 만들기 전에 글로 시제품을 설계하는 과정과 같다. 만약 글로 브랜드를 구체화하지 못한다면, 실제로 제품을 제작하는 것도 쉽지 않다.

브랜드를 런칭하기 전에, 이러한 과정을 통해 자신의 생각과 감정을 점검해야 한다. 다음과 같은 질문들이 이 과정에서 중요하다.

- 브랜드가 고객에게 새로운 가치를 창출할 수 있을까?
- 나는 브랜드 창조 과정에서 마주할 어려움과 실패를 감당할 준비가 되어 있을까?
- 브랜드는 나에게 어떤 의미인가?
- 왜 나는 이 브랜드를 창조해야 하는가?

이 질문들은 브랜드의 비즈니스 모델을 구축하는 기초가 된다.

예를 들어, 패션 업계에서는 각 브랜드가 서로 다른 목표를 추구한다. A 브랜드는 시장 1위 달성을 목표로 삼는다. 반면, B 브랜드는 단순한 성공을 넘어서 독창적인 가치를 창출하며 'Only 1'의 자리를 지향한다. C 브랜드는 시장에서의 지위보다 지구 온난화나 쓰레기 문제와 같은 환경적 목표에 집중한다. 마지막으로 D 브랜드는 환경적 이슈나 시장 점유율에 신경 쓰지 않고, 저렴하면서도 품질 좋은 제품을 제공하는 데 주력한다.

이와 같이 브랜드마다 각기 다른 목표와 철학을 가지고 있으며, 이 과정에서 자신이 지향하는 브랜드의 본질을 명확히 이해하는 것이 중요하다. 고객의 신뢰를 얻는 브랜드가 되려면 단순한 매출 목표를 넘어 창업자의 가치관과 비전이 브랜드에 녹아 있어야 한다.

독자라면 이 네 개의 브랜드 중 어디에 입사하고 싶은가? 고객으로서 어떤 브랜드의 제품을 구매하고 싶은가? 경쟁자라면, 가장 까다로운 경쟁 상대로 느껴질 브랜드는 무엇일까? 같은 업계에 속해 있더라도 각 브랜드의 창조 방식과 축적된 브랜드 지식은 서로 다르며, 경쟁 우위, 차별화, 고객 가치, 스토리와 같은 용어를 사용하더라도 브랜드마다 그 의미와 해석은 각기 다르게 적용된다.

자신이 가진 기존의 지식만으로 브랜드를 이해하려고 하는 것은 실패를 예고하는 것과 같다. 이 실수를 피하기 위해서는 최소한 "내가 브랜드를 런칭해야 하는 이유 100가지"를 작성해보는 과정이 필요하다. 이 작업의 목적은 단순히 100개를 채우는 것이 아니다. 작성한 내용을 최소한 10명과 공유하고 그들의 피드백을 받는 것이 핵심이다.

누군가가 100개의 항목을 읽고 "이 브랜드는 Z 브랜드와 비슷한데?"라고 한다면, 이는 차별화가 부족하다는 신호일 수 있다. 반면 "이런 브랜드가 있다면 정말 좋겠다" 혹은 "나도 이런 브랜드를 기다려왔어"라는 반응이 나온다면, 그 브랜드는 독창성을 확보했다고 볼 수 있다.

이제 글로 구상한 브랜드를 실현하기 위해 필요한 지식과 경험이 무엇인지

고민해보자. 진정한 브랜드 학습은 바로 이 지점에서 시작된다. 브랜드 학습은 단순히 아이디어를 구상하는 데서 그치지 않고, 구체적인 실행 가능성과 차별화된 가치를 발견하는 과정이다.

Brand의 B자 배우기

많은 브랜드 입문자들은 명확하게 정의되지 않은 개념을 배우기 위해 먼저 책을 찾는다. 그러나 대학의 브랜드 관련 강의나 강좌는 실전 경험 없이 이론에만 치우치는 경우가 많다. 세미나나 강연에서도 성공 사례를 소개하는 데 그치는 경우가 흔하다. 이는 자극적이고 흥미로운 마술쇼를 보는 것과 비슷해 보일 수 있지만, 구체적인 실행 방법을 제시하지 못해 학습자들은 "브랜드를 어디서부터, 어떻게 배워야 할까?"라는 고민에 빠지게 된다.

책 읽기는 브랜드 학습의 기본이지만, 모든 책이 유익한 것은 아니다. 일부 책은 지식을 판매하기 위해 쓰였으며, 실제 브랜드를 창조하고 운영하는 데 필요한 정보는 부족하다. 다양한 관점에서 여러 권의 책을 읽는 것이 필수적이다. 한두 권의 책만으로 브랜드를 완벽하게 이해하려는 시도는 오히려 편향된 사고를 초래할 수 있다. 이는 브랜드 학습을 저해하는 '브랜드 패혈증'과 같은 부작용을 일으킬 수 있다.

브랜드 서적은 크게 두 가지로 나눌 수 있다. 하나는 라이선스와 프랜차이즈 중심의 접근 방식이고, 다른 하나는 브랜드의 아이덴티티와 고객과의 관계를 중시하는 접근 방식이다. 두 접근법은 비슷한 용어를 사용하지만, 목표와 방향이 크게 다르다. 이 차이를 이해하기 위해서는 저자가 다루는 브랜드 사례와 그 배경을 꼼꼼히 분석해야 한다. 브랜드 관련 저자들은 교수, 광고 기획자, 마케팅 전문가 등 각기 다른 경험을 가진 이들로, 그들이 사용하는 용어와 해석도 제각각이다. 따라서 독자는 다양한 서적을 읽으며 저자의 관점과 경험을 비교하고 비판적으로 바라볼 필요가 있다.

브랜드 학습에서 중요한 점은 지식의 유동성을 이해하는 것이다. 과거 노키아의 성공 사례를 통해 애플의 현재 전략을 그대로 이해하고 적용할 수 없다. 시장 환경은 끊임없이 변화하며, 이에 따라 브랜드 전략도 유연하게 진화해야 한다. 이는 브랜드 지식이 수학처럼 단순히 축적되는 것이 아니라, 변화에 따라 재해석되고 발전해야 한다는 의미다. 단순히 성공 사례에만 의존하는 학습으로는 변화하는 시장에서 성공적인 브랜드를 구축하기 어렵다.

마케팅 관점에서 쓰인 브랜드 서적은 브랜드의 일부만을 조명하기 때문에, 다양한 분야의 관점이 필요하다. 마케팅 외에도 디자인, 경영, 조직 관리 등 여러 분야의 서적을 함께 탐독하며 시야를 넓히는 것이 중요하다. 이를 통해 브랜드를 단편적으로 이해하는 것이 아니라, 보다 넓고 깊게 조망할 수 있다.

브랜드 학습 과정에서 접하는 다양한 용어들도 도전 과제가 될 수 있다. 예를 들어, 브랜드 에쿼티, 브랜드 관리 프로세스, 아키텍처, 기능적 편익과 정서적 편익과 같은 개념들은 단순한 상품 설명을 넘어 브랜드와 소비자 간의 관계 및 감정적 연결을 설명하는 데 사용된다. 소비자가 특정 브랜드를 통해 자신의 자아를 표현할 수 있다면, 그 브랜드는 '자아 표현적 편익'을 제공한다고 할 수 있다. 그러나 이러한 용어를 단순히 이해하는 것만으로는 부족하다. 진정한 의미를 파악하기 위해서는 이론적 개념과 실제 브랜드 운영 간의 연결이 필요하다.

브랜드를 효과적으로 학습하기 위해서는 다양한 브랜드 사례를 비교·분석하며 탐구하는 것이 필수적이다. 그러나 책에만 지나치게 의존하는 것은 편견을 강화할 위험이 있다. 특정 성공 사례를 모든 브랜드에 동일하게 적용하려는 시도는 실패로 이어질 가능성이 높다. 브랜드 학습은 이론과 실무 경험이 균형을 이루어야 한다. 브랜드 경영자는 끊임없이 새로운 지식을 습득하고 이를 실무에 적용해 개선해 나가야 비로소 학습이 완성된다.

브랜드의 본질은 단순히 지식을 습득하는 데 그치지 않고, 경험과 실행을 통해 살아 숨 쉬는 존재로 만들어져야 한다. 우리가 선호하는 브랜드가 진정한 브랜드인지, 단순한 모방 브랜드인지 구분하는 것은 중요하다. 외관상 멋있어 보일지라도, 내적으로 가치가 없는 브랜드들도 많다. 이는 겉은 꿀벌과 비슷하지만, 피를 빨아먹는 '왕꽃등에'와 같은 현상과 닮았다. 진짜 브랜드를 식별하고 선택하는 것은 브랜드 학습의 첫걸음이며, 잘못된 모델을 따르는 것은 치명적인 결과를 초래할 수 있다.

브랜드 학습의 가장 좋은 방법의 하나는 직접 경험해보는 것이다. 자신이 좋아하는 브랜드나 시장의 선도 브랜드를 구매해 사용해 보며 그 가치를 체험하는 것이 핵심이다. 직접 구매가 어렵다면 매장에서 제품을 체험하거나 주변 사람들의 경험을 들어보는 것도 좋은 대안이 될 수 있다. 다양한 브랜드를 경험하며 그들의 강점과 약점을 파악하는 과정이 바로 학습의 본질이다.

브랜드를 배우는 것은 브랜드를 좋아하는 것과 다르다. 마치 사랑의 감정과 사랑의 기술이 다르듯, 브랜드에 대한 선호와 브랜드 학습은 구별되어야 한다. 특정 브랜드에 대한 지나친 애착은 오히려 시야를 좁히고 편향된 시각을 형성할 수 있다. 브랜드 학습자는 마니아가 아니라, 객관적인 분석 능력을 갖춘 전문가로 성장해야 한다.

소비자는 무의식적으로 물건을 구매하지만, 브랜드를 창조하고 경영하는 과정은 훨씬 복잡하다. 이는 우리가 일상에서 모국어를 자연스럽게 사용하는 것과 유사하지만, 언어를 제대로 이해하려면 문법과 규칙을 학습해야 하는 것과 같다. 마찬가지로, 브랜드를 깊이 이해하고 경영하기 위해서는 체계적인 학습과 경험이 필수적이다.

  브랜드 지식이 늘어날수록 복잡성도 자연스럽게 증가한다. 마치 국어 문법을 처음 배울 때 자음동화와 같은 규칙에 놀라는 것처럼, 브랜드 학습을 시작하면 수많은 개념과 용어가 당황스럽게 느껴질 수 있다. 그러나 이러한 복잡성을 이해하고 이를 실무에 적용할 수 있는 능력이야말로 성공적인 브랜드 경영의 핵심이다. 브랜드는 단순한 상품의 집합체가 아니라, 소비자와의 관계와 경험을 통해 진정한 가치를 창출하는 존재다.

  브랜드 학습의 궁극적인 목표는 지식을 실천으로 옮기는 데 있다. 단순히 책상 위의 이론에 그치지 않고, 현장에서 직접 경험하며 배우는 과정이 필수적이다. 브랜드 지식은 고정된 것이 아니라, 변화하는 시장 환경에 맞춰 끊임없이 확장되고 재해석되어야 한다. 끊임없는 학습과 경험을 통해 브랜드를 이해하고 경영할 수 있는 능력을 키워야만 진정한 브랜드 경영자로 성장할 수 있다.

  결국, 브랜드 경영은 기술보다는 예술에 가깝다. 지식과 경험이 조화를 이루고, 이를 바탕으로 소비자와 감정적으로 소통할 수 있을 때 브랜드는 비로소 완성된다. 이는 브랜드가 단순한 상품을 넘어, 감정과 철학을 담은 살아 있는 존재로 거듭나는 순간이다.

브랜드를 경험으로 배우는 방법

  브랜드 학습은 단순히 이론을 익히는 것으로 끝나지 않는다. 실질적인 경험과 실천이 반드시 병행되어야 한다. 마치 수영을 배우려면 물속에 들어가 물을 마셔가며 익혀야 하는 것처럼, 브랜드도 현장에서 직접 부딪히며 배워야 진정한 이해가 가능하다. 지상에서 팔 동작만 연습한다고 수영을 잘할 수 없는 것처럼, 책만 읽는 것으로는 브랜드를 제대로 체득할 수 없다.

첫 번째로 추천하는 학습 방법은 '브랜드 론칭 시뮬레이션'이다. 책에서 배운 이론을 바탕으로 가상의 브랜드를 설계하고 실행해보는 것이다. 상상한 브랜드의 설계도를 그리고, 브랜드 이름을 짓고, 가능하다면 간단한 웹사이트까지 만들어보자. 제품 제작이 어렵다면 유사한 제품을 구매해 분석하면서 브랜딩 요소를 탐구해보는 것도 유익하다. 이런 과정을 통해 책에서 배운 개념들이 실제 상황에서 어떻게 작동하는지를 구체적으로 이해할 수 있다. 참고로, 이 책도 브랜드 시뮬레이션 워크숍 교재로 활용할 수 있다.

두 번째 방법은 전문가와의 인터뷰다. 단순히 책에 의존하지 말고, 해당 분야에서 활동 중인 전문가들을 만나 조언을 구하는 것이 필수적이다. 예를 들어, 스타벅스 같은 브랜드를 만들고 싶다면 혼자 고민하지 말고 카페 창업자나 관련 전문가를 만나 그들의 경험을 들어보자. 실무자와의 대화는 구체적이고 현실적인 통찰을 제공하며, 책에서는 얻기 어려운 실질적인 지식을 습득하는 데 큰 도움이 된다.

다음과 같은 질문들을 최소한 10명의 경영자에게 던져보는 것을 추천한다.

- 스타벅스 같은 브랜드를 만들기 위해 꼭 필요한 지식과 경험은 무엇인가?
- 브랜드 경영자가 되기 위해 반드시 해야 할 일과 하지 말아야 할 일은 무엇인가?
- 추천할 만한 브랜드 관련 서적은 무엇인가?

이러한 실천적 학습은 브랜드를 단순한 개념이 아닌, 현실 속에서 살아 있는 존재로 이해하는 데 필수적인 과정이다.

이 두 가지 방법을 병행하는 것은 브랜드 학습에 필수적이다. 브랜드에 처음 입문했다면 론칭 시뮬레이션을 통해 기본 개념을 익히는 것이 좋은 출발점이 된다. 반면, 이미 경험이 있거나 팀이 구성된 상태라면 전문가와의 인터뷰를 통해 실질적인 조언을 얻는 것이 효과적일 수 있다. 엘빈 토플러의 말처럼, "현명한 사람과의 한 번의 대화가 10년의 공부보다 낫다"는 말이 실감나는 순간이 될 것이다.

실제 현장에서 활동하는 사람들과의 인터뷰는 서적에서 얻기 힘든 경험과 통찰을 제공한다. 브랜드 학습의 핵심은 단순한 이론 습득이 아닌, 현장에서 얻은 경험을 바탕으로 지식을 현실에 적용하는 능력을 키우는 데 있다. 경험이 쌓일수록 브랜드에 대한 이해가 깊어지며, 복잡한 개념들도 자연스럽게 습득된다.

브랜드를 배우는 과정은 시행착오와 실천을 통해 체득된다. 수영을 배우며 물에 적응하는 시간이 필요하듯, 브랜드 학습도 다양한 실패와 시도 속에서 발전한다. 이론과 실무가 조화를 이루어야만 진정한 브랜드 경영자로 성장할 수 있다.

세 번째 단계는 그동안 쌓아온 자료와 경험을 체계적으로 정리하는 과정이다. 단순히 사업 보고서를 작성하는 것만으로는 부족하다. 스타벅스와 같은 성공적인 브랜드를 만들기 위해서는 디자인 경영, 커뮤니케이션, 고객 응대, 상품 지식, 상권 분석, 스토리텔링 등 다양한 분야의 지식을 쌓아야 한다.

이 과정에서 자신만의 '브랜드 기보'를 만들어야 한다. 바둑의 기보가 승리의 수순을 기록한 도면이듯, 브랜드 경영에서도 전략 기획서와 매뉴얼, 노하우를 기록해 지식으로 축적하는 것이 중요하다. 프로 바둑 기사들이 매일 기보를 연구하며 승리 패턴을 익히는 것처럼, 브랜드 경영자도 다양한 사례와 경험을 분석하며 자신만의 지식 체계를 구축해야 한다. 이를 통해 브랜드 경영자는 지속적으로 성장하며 변화하는 시장 환경에 대응할 수 있는 능력을 키울 수 있다.

브랜드 학습은 단순히 용어를 외우는 것을 넘어, 이를 실전에 적용하고 운영할 수 있는 깊이 있는 이해를 요구한다. 경영자의 지적 의사 결정은 상표와 브랜드를 가르는 핵심 기준이 된다.

바다거북의 부화 온도가 성별을 결정하듯, 경영자의 관점도 브랜드의 운명을 좌우한다. 경영자가 상표적 관점에 머무르면 그것은 단순한 상표에 불과하다. 그러나 브랜드적 관점을 취할 때, 비로소 진정한 브랜드가 만들어진다. 브랜드는 경영자가 쌓아온 지식과 경험의 깊이에 따라 성장하며, 브랜드의 성패도 이로써 결정된다.

브랜드 경영은 단순히 매출을 올리는 수단을 넘어선다. 이는 경영자의 지식과 통찰이 응축된 결정체다. 브랜드를 완벽하게 이해하고 경영하는 것은 단순한 학습으로 이뤄지지 않는다. 이는 끊임없는 경험과 실천을 통해 완성되는 긴 여정이다. 경영자는 변화하는 시장 환경 속에서 끊임없이 배우고 성장해야 하며, 이러한 과정에서 브랜드의 정체성과 가치를 구현해야 한다.

Review

    브랜드는 단순한 상표 등록으로 완성되지 않는다. 고객과의 관계 속에서 성장하며 진정한 가치를 만들어낸다. 이는 연애처럼 경영자가 고객과의 감정적 유대와 신뢰를 형성하고 이를 유지하는 기술을 익히는 과정에서 완성된다. 브랜드 경영은 고객의 욕구를 반영하는 것을 넘어서, 고객이 브랜드에 느끼는 감정적 반응을 지속적으로 관리하며 발전시켜야 한다. 에릭 프롬의 사랑의 기술에서 사랑이 단순한 감정이 아닌 노력과 성찰이 필요한 기술이라고 말한 것처럼, 브랜드 경영도 마찬가지다. 제품 판매를 넘어 고객과의 관계를 전략적으로 관리하는 기술이 필요하며, 경영자는 끊임없는 성찰과 학습을 통해 브랜드와 자신을 성장시켜야 한다. 브랜드 학습은 이론에 머물러서는 안 된다. 수영을 배우기 위해 물속에서 직접 연습해야 하듯, 브랜드 학습도 현장에서 경험하며 익혀야 한다. 브랜드 론칭 시뮬레이션을 통해 가상의 브랜드를 설계하고 운영해보는 것은 좋은 시작이 된다. 이 과정을 통해 책에서 배운 개념들이 실제로 어떻게 작동하는지 체감할 수 있다.

    경험이 쌓일수록 브랜드에 대한 이해도 깊어지며, 복잡한 개념도 자연스럽게 익힌다. 이론뿐만 아니라 실무자와의 인터뷰를 통해 현실적인 조언을 듣는 것도 중요하다. 이는 책으로 얻기 힘든 통찰을 제공해주며, 성공적인 브랜드 경영에 필요한 인사이트를 준다. 마지막으로, 브랜드 경영자는 브랜드 기보를 작성해야 한다. 바둑의 기보처럼 브랜드 운영 과정에서의 중요한 경험과 전략을 기록하는 것이다. 이는 의사 결정의 근거가 될 뿐만 아니라, 장기적인 브랜드 성공을 위한 전략을 수립하는 기초가 된다.

Workshop 1
브랜드 진단과 자기 성찰

1. 브랜드 연애 기간 설정하기
자신의 브랜드와의 관계를 평가해 보자. 마치 연애를 시작할 때처럼, 브랜드와 교감하고 있는 시간을 확인하고 기록해 보자.
- **질문** "브랜드를 사랑하는 사람처럼 대하고 있는가?"
- **실습** 자신의 브랜드와 고객 간의 관계가 어떻게 형성되고 있는지 진단표를 작성하자. 고객이 브랜드와의 관계에서 느끼는 감정을 적어보고, 그 감정을 더 깊게 만들 방법을 제안해 보자.

2. 브랜드 창조를 위한 100가지 질문
브랜드를 만들기 전, 다음 질문들을 통해 브랜드에 대한 깊은 성찰을 해보자.
"내가 이 브랜드를 창조하려는 이유는 무엇인가?"
"고객이 이 브랜드를 사랑하게 할 요소는 무엇인가?"
- **실습** 100가지 질문을 적고, 팀원이나 지인들과 공유한 뒤, 피드백을 받아 차별화된 브랜드 아이디어를 보완하자.

3. 브랜드와 고객의 감정적 유대 강화 실습
브랜드가 고객과 감정적으로 더 강하게 연결될 수 있는 방법을 구상하자.
- **질문** "브랜드와 고객 간의 신뢰를 쌓기 위한 중요한 감정적 요소는 무엇인가?"
- **실습** 브랜드의 사용자 경험(UX)에서 감정적 연결을 강화할 수 있는 방법을 3가지 제안하고, 구체적인 사례를 기반으로 고객의 반응을 예측해 보자.

Workshop 2
브랜드 철학과 비전 정립

1. 브랜드 철학 수립과 평가
- **질문** "우리 브랜드는 고객에게 어떤 철학과 가치를 전달하고 있나?"
- **실습** 브랜드 철학을 구체적으로 정의하고, 이를 일관되게 전달하는 전략을 수립하자. 브랜드 메시지와 철학이 고객 일상에 어떤 영향을 미치는지, 고객의 삶에 변화를 주는 방법을 논의해 보자.

2. 브랜드 철학과 고객 감정 연결 맵핑
- **질문** "브랜드가 고객에게 감정적으로 어떻게 다가가고 있는가?"
- **실습** 고객과의 접점(터치포인트)을 시각적으로 표현하는 관계 맵을 만들어보자. 각 접점에서 고객이 느끼는 감정의 흐름을 분석하고, 이를 강화하기 위한 액션 플랜을 수립하자.

3. 브랜드의 감정적 변화 시뮬레이션
- **질문** "고객이 브랜드를 경험하는 과정에서 겪는 감정의 변화를 어떻게 관리할 수 있는가?"
- **실습** 고객이 브랜드와 처음 만났을 때, 중간에 느끼는 신뢰, 그리고 지속적인 관계에서 느끼는 감정적 변화를 시뮬레이션해 보자. 이를 통해 브랜드의 감정적 여정 맵을 완성하기.

Workshop 3
브랜드 기술 습득 및 실행 계획

1. 브랜드 기술 습득 체크리스트 작성
- **질문** "브랜드 경영에 필요한 기술과 지식은 무엇인가?"
- **실습** 브랜드 경영자가 되기 위해 필요한 핵심 기술들을 나열하고, 각 기술을 학습하기 위한 구체적인 계획을 세워보자. 예를 들어, 고객 관리, 디자인 경영, 브랜드 스토리텔링 등 주요 기술을 습득하기 위한 체크리스트를 작성하고, 실행 일정을 설정해 보자.

2. 브랜드 기술 연마 프로젝트
- **질문** "브랜드의 성장과 변화에 맞춰 기술적 성장을 어떻게 이어갈 수 있는가?"
- **실습** 실제로 브랜드 기술을 연마할 수 있는 프로젝트를 기획하고, 6개월 동안 해당 기술을 실행하며 그 결과를 피드백하는 과정을 계획해 보자. 실습 후 자신의 성장을 기록하고 평가하기.

3. 브랜드 미래 예측 및 전략 수립
- **질문** "브랜드가 5년 후, 10년 후에 어떻게 발전할지 예측할 수 있는가?"
- **실습** 브랜드가 앞으로 어떤 방향으로 나아갈지 예측하고, 해당 미래에 맞는 전략을 수립하자. 변화하는 시장과 트렌드에 맞추어 브랜드를 리뉴얼하거나, 확장할 수 있는 구체적인 플랜을 설계해 보자.

Workshop 4
고객 관계와 성장 전략

1. 브랜드와 고객 관계 평가
- **질문** "고객의 신뢰를 얻기 위해 브랜드가 어떤 역할을 해야 하는가?"
- **실습** 현재의 브랜드와 고객 간 신뢰 관계를 평가하고, 신뢰를 쌓기 위한 세부적인 전략을 3가지 제시해 보자. 고객의 신뢰가 브랜드 성장에 어떻게 기여하는지 기록하고, 이를 지속적으로 강화할 방법을 논의하자.

2. 브랜드 고객 피드백 수집 및 분석
- **질문** "고객 피드백을 활용해 브랜드를 성장시킬 수 있는 방법은 무엇인가?"
- **실습** 고객 피드백을 수집하기 위한 구체적인 설문지를 작성하고, 이를 통해 브랜드의 강점과 약점을 분석하기. 피드백을 반영해 브랜드 개선 전략을 도출하고 실행 계획을 세워보자.

3. 브랜드 스토리텔링 및 고객 참여 전략
- **질문** "브랜드 스토리를 고객에게 효과적으로 전달하는 방법은 무엇인가?"
- **실습** 브랜드 스토리텔링을 통해 고객 참여를 유도할 수 있는 전략을 개발하자. 구체적인 스토리라인과 메시지를 작성한 후, 이를 마케팅 캠페인으로 발전시키는 계획을 세우자.

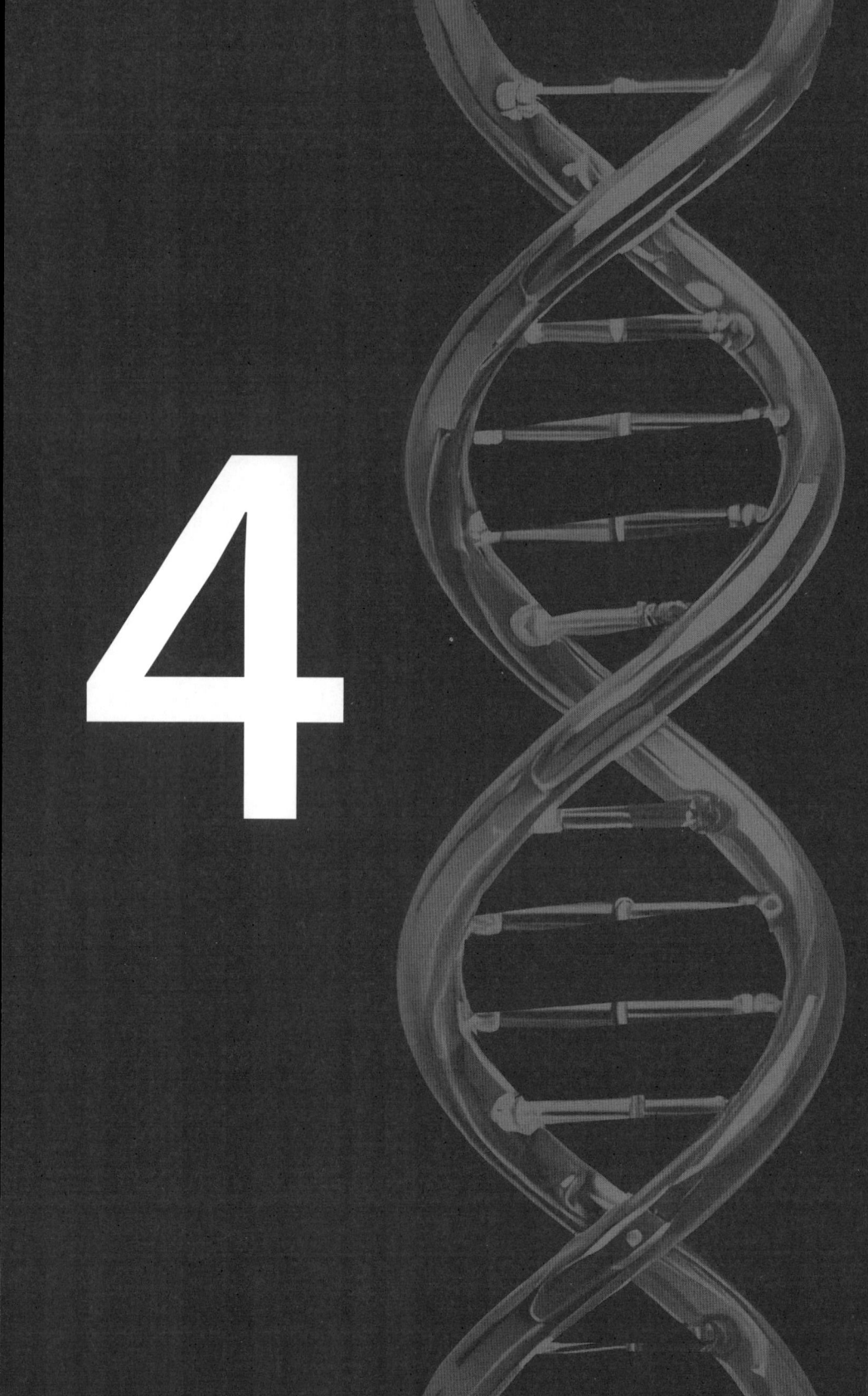

브랜드와 결혼

"결혼과 사업에서 모두 중요한 것은 파트너 선택이다."
에릭 프롬(Erich Fromm)

Preview

이번 장에서는 '브랜드와의 결혼'이라는 개념을 다룬다. 단순히 브랜드를 런칭하는 것을 넘어, 경영자와 브랜드가 하나가 되는 과정을 조명한다. 브랜드는 단순한 상표나 로고가 아니라, 경영자의 가치관과 일관된 의사결정의 총합이다. 경영자는 자신의 삶을 브랜드와 일치시키는 '휴먼 브랜드'로 살아가야 한다.

혼인 서약서를 비유로 들어, 브랜드 경영이 단순한 계획이 아니라 실천과 헌신의 과정임을 이야기할 것이다. 경영자는 브랜드의 핵심 가치와 원칙(Do's & Don'ts)을 명확히 정리하고, 모든 의사결정을 이 원칙에 따라 실행해야 한다.

이 장에서는 브랜드 경영에서 마주하게 되는 현실적인 고민들을 탐구한다. 예를 들어, 직원들도 경영자처럼 브랜드와 하나가 되어야 할까? 브랜드를 혼자 만드는 것이 나을까, 아니면 함께해야 할까? 개인적 이익과 브랜드의 이익이 충돌할 때 어떻게 선택해야 할까?

브랜드와의 결혼은 돌발 상황에서도 흔들리지 않고 브랜드의 가치를 지켜내는 능력을 요구한다. 경영자는 브랜드 관점에서 어려운 결정을 내릴 준비가 되어 있어야 하며, 이를 통해 고객과 직원의 신뢰를 쌓아간다. 브랜드의 목적(Purpose), 가치(Value), 비전(Vision)은 조직 전체가 공유하고 실천할 때 진정한 힘을 발휘하며, 브랜드 경영은 궁극적으로 조직 전체가 함께 만들어가는 여정이다.

Pre-reading Questions
사전 질문

1. 브랜드와 결혼은 무엇을 의미하며, 경영과 어떤 본질적 차이가 있을까?

2. 기업 경영과 브랜드 경영의 실질적 차이는 무엇이며, 브랜드와 결혼하는 방식은 구체적으로 어떤 의미를 가질까?

3. 경영자가 브랜드의 모든 지식을 알아야 하는 이유는 무엇이며, 외주 업체와 협업할 때의 성공 요인은 무엇인가?

4. 브랜드 서약서는 무엇이며, 브랜드 경영에서 어떻게 실질적인 가이드 역할을 할 수 있을까?

5. 브랜드와 고객 간의 신뢰는 어떤 과정을 통해 형성되며, 경영자는 이를 위해 어떤 구체적 노력을 기울여야 할까?

6. 경영자가 자신의 가치와 브랜드의 가치가 충돌할 때, 어떻게 결정해야 하며, 어떤 선택이 장기적으로 최선일까?

7. 경영자와 브랜드가 하나가 된다는 것은 무엇을 의미하며, 이런 결합이 경영 성과에 어떤 영향을 미칠까?

브랜드와 한 몸이 되다

요즘 결혼식에서는 신랑과 신부가 하객들 앞에서 혼인 서약서를 낭독하는 모습을 쉽게 볼 수 있다. 그러나 아무리 멋진 서약서를 수백 명의 가족과 친지, 친구들 앞에서 읽어도, 그것만으로 법적 부부가 되는 것은 아니다. 법적으로 부부로 인정받기 위해서는 반드시 혼인 신고서를 정부에 제출해야 한다.

혼인 신고 없이 평생 함께 사는 관계는 '사실혼'으로 불리지만, 이는 법적 효력이 없는 단순한 동거에 지나지 않는다. 진정한 부부로 인정받기 위해서는 결혼식장에서의 서약보다 관공서에 혼인 신고서를 제출하는 과정이 필수적이다. 대부분 결혼식 후에 혼인 신고가 이루어지지만, 법적으로 부부로 인정되는 순간은 혼인 신고가 완료되는 바로 그때다.

혼인 신고 제도는 19세기부터 세계 각국에서 도입되어 정착되었다. 그 이전에는 결혼식에서 하객들 앞에서 부부로 인정받는 것이 더 중요했다. 당시에는 법적 효력을 가진 혼인 신고서보다 결혼식장에서의 서약이 더 큰 의미를 지녔다.

이와 마찬가지로, 이혼 역시 법적 효력을 가지기 위해서는 이혼 신고서를 제출해야 한다. 통계에 따르면, 이혼의 49%는 성격 차이에서 비롯되고, 나머지 51%는 다양한 이유가 복합적으로 작용한다. 그러나 혼인 서약서를 지키지 않았다는 이유로 이혼에 이르는 경우는 없다.

그렇다면 우리는 왜 여전히 결혼식에서 혼인 서약서를 낭독할까? 단순히 결혼식을 더 화려하게 만들기 위한 장식적인 요소일까, 아니면 형식적인 절차에 불과한 것일까? 내 주변에서는 혼인 서약을 진지하게 지키려 하거나, 그 서약을 지키지 못해 괴로워하는 사람을 거의 보지 못했다. 그렇다면 이러한 현실은 자연스러운 것일까, 아니면 어딘가 잘못된 것일까?

브랜드와의 결혼도 부부의 결혼과 유사하다. 단순히 회사를 설립하거나 특허청에 상표를 등록하는 것만으로는 브랜드와 진정한 결합이 이루어지지 않는다. 상표 등록은 브랜드의 '혼인 신고'에 불과하다. 진정한 브랜드와 결혼은 단순한 절차가 아닌, 혼인 서약처럼 브랜드의 목적과 가치를 명확히 정립하는 것으로 시작된다. 브랜드와 함께 이루어야 할 일과 피해야 할 일을 명시한 '브랜드 서약식'은, 마치 브랜드의 Do's & Don'ts 리스트 작성과 같다.

브랜드 경영자는 이 서약을 단순히 작성하거나 낭독하는 데 그치지 않고 실천해야 한다. 서약은 계획이나 구호가 아니라, 실제 행동으로 이행되는 약속이다. 브랜드와 진정으로 하나가 되기 위해서는, 브랜드의 핵심 가치가 경영자의 모든 결정과 행동에 반영되어야 한다. 마치 결혼 서약을 지키며 진정한 결혼 생활을 이어가는 부부처럼, 브랜드 경영자가 브랜드 서약을 실천할 때 브랜드와의 결합이 완성된다.

이러한 브랜드와의 결혼은 단순한 상표 등록을 넘어선다. 브랜드가 경영자의 삶과 일관되게 이어져 '휴먼 브랜드'로 발전할 때, 그 결합은 진정한 의미를 갖는다.

3장에서 논의한 브랜드 학습이 끝나면 자연스럽게 Do's & Don'ts 리스트를 작성하게 된다(반드시 작성해야 한다). 그러나 이 리스트는 단순히 작성하거나 읽는 데 그쳐서는 안 된다. 브랜드와 하나가 되기 위해서는, 리스트에 담긴 원칙을 일상에서 실천하는 것이 핵심이다. 브랜드와의 결혼이란 그 가치와 원칙을 생활 속에서 구현하는 것이며, 이를 우리는 '휴먼 브랜드'라고 부른다.

내가 경험한 브랜드와의 결혼, 즉 '휴먼 브랜드'의 시작은 2006년이었다. 2007년에 유니타스브랜드 잡지를 런칭하기 전, 나는 내가 구상한 브랜드를 직접 체험해 보고 싶었다. 이전까지는 모라비안바젤이라는 B2B 비즈니스 컨설팅을 운영했지만, B2C 비즈니스에 도전하는 것은 창립 후 6년 만에 처음이었다.

당시 내가 구상한 매체 브랜드는 이름도, 편집 방향도 명확하지 않았다. 단지 '브랜드에 대한 전문 지식과 사례를 다루는 잡지, 즉 프로젝트 B를 만들고 싶다'는 막연한 아이디어만 있었다. 브랜드의 목적, 가치, 그리고 Do's & Don'ts 리스트와 같은 핵심 원칙들을 처음부터 완벽하게 정의할 수는 없었다. 내가 가장 먼저 해야 했던 일은 만들고자 하는 잡지의 기준을 정립하는 것이었다.

그 기준을 세우기 위해 나는 스스로에게 수많은 질문을 던져야 했다.

- '브랜드란 무엇인가?'
- '브랜드는 어떻게 만들어져야 하는가?'
- '나는 왜 이 잡지를 만들어야 하는가?'

이 질문들은 마치 결혼을 앞두고 던지는 고민들과도 비슷했다. '그녀는 나에게 어떤 존재인가?' '나는 그녀에게 어떤 사람이 되어야 하는가?' '우리는 어떻게 함께 살아가야 하는가?' '왜 나는 그녀와 결혼하려 하는가?'와 같은 물음과 닮아 있었다.

처음 내가 이해한 브랜드의 개념은 지금과는 달랐다. 당시에는 브랜드를 단순히 마케팅, 디자인, 트렌드가 결합된 '무언가'로 여겼다. 하지만 시간이 지나면서 깨달았다. 진정한 브랜드란 단지 비즈니스 영역에 국한되지 않고, 더 나아가 자연 생태계에도 긍정적인 영향을 미치는 존재여야 한다는 것이다. 좋은 브랜드는 결국 좋은 생태계를 만들어야 한다는 것을 알게 되었다.

대량 생산과 소비, 그리고 파괴적인 경쟁이 계속된다면 결국 인간과 자연 모두가 파멸에 이를 것이라는 생각에 이르렀다. 이로 인해 '진정한 브랜드는 쓰레기를 만들지 않는다'는 신념을 가지게 되었고, 생태계를 조성하는 브랜드에 대한 정보를 수집하고 그 지식을 공유하기로 결심했다. 이러한 철학이 유니타스브랜드를 만들게 된 근본적인 이유였다.

그렇다면 이러한 잡지를 만들 발행인 겸 편집장은 어떤 사람이어야 할까? 그는 어떤 기준과 철학으로 살아야 할까? 잡지를 런칭하기 전, 나는 스스로가 만들고자 하는 잡지의 편집장이 되어 미리 그 삶을 살아보는 경험을 해보고 싶었다. 이 과정에서 정립한 것이 바로 '휴먼 브랜드' 개념이다.

나는 유니타스브랜드의 목적과 가치, 비전을 명확하게 세우기 위해 고심했다. 이 잡지의 창간 목적은 '좋은 브랜드는 좋은 생태계'라는 신념을 지식으로 정립하는 것이었다. 독자들은 이 잡지를 통해 좋은 브랜드를 만드는 방법을 배우고, 그들이 운영하는 브랜드가 생태계에 긍정적인 영향을 미칠 수 있도록 돕는 것이 목표였다.

브랜드와의 결혼은 단순한 경영을 넘어, 브랜드와 하나가 되어 그 가치와 원칙에 따라 살아가는 삶을 의미한다. 이는 경영자의 신념과 삶의 방식이 브랜드와 일치하는 상태를 만드는 과정이며, 브랜드처럼 생각하고 행동하며 일상을 디자인하는 것을 포함한다.

예를 들어, 프로젝트 B의 편집장은 하루를 어떻게 시작할까? 가장 인상 깊었던 책 10권은 무엇일까? 혼자 있을 때는 어떤 활동을 하고, 의사결정을 내릴 때 어떤 프로세스를 따를까? 이러한 질문들은 경영자가 자신만의 방식으로 브랜드와의 일치를 만들어가는 데 중요한 요소다. 또한, 잡지의 편집 방향을 어떻게 설정할지, 편집 방향과 맞지 않는 브랜드 경영자를 만났을 때 어떻게 대응할지도 고려해야 한다. 더불어 에디터들과의 회의는 어떤 방식으로 진행할지도 신중하게 고민해야 한다.

편집장이 선호하는 브랜드는 무엇일까? 그는 왜 그 브랜드를 좋아하는가?

취재하고 싶은 특집 주제가 있다면 무엇일까? 만약 특집 10개를 준비한다면, 각각의 제목은 어떤 것이 될까? 브랜드 전문가와의 인터뷰에서는 어떤 질문을 던질까? 인터뷰 대상자가 기대에 미치지 못할 경우 어떻게 대처해야 할까? 취재한 내용을 삭제할 것인가, 아니면 부분적으로 편집할 것인가? 에디터들과의 의견 충돌은 왜 발생할까? 잡지 제작 과정에서 편집장이 저지른 실수는 무엇이며, 결코 반복하지 않을 행동은 무엇인가? 그가 싫어하는 브랜드는 어떤 브랜드일까? 우리나라에서 출판된 브랜드 관련 서적을 얼마나 읽었을까?

나는 이러한 100개의 질문과 액션 리스트를 작성하고, 각 질문에 대한 답을 구체적으로 정리한 뒤 현실에서 이를 실천하는 데 집중했다. 예를 들어, "편집장은 우리나라의 브랜드 관련 책을 얼마나 읽었을까?"라는 질문에 대한 나의 이상적인 답변은 "모든 책을 읽었다"였다. 실제로 모든 책을 완벽히 정독한 것은 아니었지만, 대형 서점에서 판매되는 대부분의 서적을 훑어보고, 읽을 가치가 있는 책을 골라 읽었다. 이러한 독서는 단순히 지식을 쌓기 위한 것만이 아니라, 인터뷰할 적합한 인물을 찾기 위한 목적도 있었다.

브랜드와의 결혼을 스스로 인식하기 위해, 나는 브랜드의 심볼을 결혼반지처럼 제작해 손가락에 끼고 다녔다. 이 반지는 일상 속에서 늘 착용되었으며, 중요한 결정을 내릴 때마다 왼손에서 오른손으로 옮기며 그 결정을 결혼의 의미로 상기했다.

'[프로젝트 B]의 편집장이라면 어떻게 했을까?'라는 질문은 나의 삶과 모든 결정 과정에서 핵심 기준이 되었다. 이 질문을 바탕으로 모든 행동이 브랜드와 일관된 방향으로 이어지도록 노력했으며, 결국 프로젝트 B의 편집 방향을 확립할 수 있었다. 이 편집 방향의 핵심은 "시장에는 현상이 있지만, 이를 뒷받침할 이론이 없다"는 관점에서 출발하는 것이었다.

프로젝트 B의 특집 주제는 다음과 같이 구성되었다. 브랜드 뱀파이어, 고등 브랜드, RAW, 브랜드십, 브랜드 인문학, 인문학적 브랜드, 브랜드 서신, 브랜드와 부랜드. 이 주제들은 단순한 브랜드 분석을 넘어, 브랜드와 시장 현상을 심층적으로 탐구하는 시도를 반영했다.

잡지의 형식도 다양한 변화를 시도했다. 만화책, 소설책, 서신서, 요약집, 매뉴얼북 등 다채로운 형태로 발행되었으며, 단순한 전문 잡지라기보다는 다양한 형태의 단행본에 가까운 콘텐츠로 구성되었다. '좋은 브랜드는 좋은 생태계'라는 메시지를 담기 위해, 프로젝트 B의 44권은 각각 독창적이고 차별화된 형식으로 제작되었다.

편집장으로서의 활동을 통해 나는 자연스럽게 Do's & Don'ts 리스트를 정립하게 되었다. 이 리스트는 편집, 인터뷰, 의사결정 과정에서 일관된 기준과 원칙을 제공하며, 브랜드 경영과 편집의 핵심 지침이 되었다.

내가 세운 Do's & Don'ts는 다음과 같다.
- 인터뷰 대상자가 '브랜드란 무엇인가'에 대해 자신만의 답을 제시하지 못할 경우, 취재를 진행하지 않는다.
- 고객이 그 브랜드를 선택하는 이유에 대해 명확한 답을 제시하지 못하면 인터뷰를 진행하지 않는다.
- 사전 질문지를 반드시 제공받은 후 인터뷰에 임한다.
- 광고와 맞바꾼 기사를 작성하지 않는다.
- 이론이 없어도 시장에서 나타나는 현상을 취재한다.
- 최소 2년간 다룰 특집 주제를 미리 정해둔다.

이 Do's & Don'ts는 단순한 원칙을 넘어, 프로젝트 B의 브랜드 경영과 편집 과정에서 실질적인 지침 역할을 했다. 이를 통해 나는 브랜드 경영의 기준을 확립하고, 잡지의 정체성을 명확히 유지할 수 있었다.

브랜드 서약서

아래 글은 프로젝트 B의 창간호에 실렸던 서문 초고로, 이는 유니타스브랜드가 아닌 프로젝트 B 편집장 시절 작성한 서문이다. 이 글은 혼인 서약서처럼 브랜드의 서약서로 작성된 것으로, 브랜드와 경영자가 함께 지켜야 할 원칙과 헌신을 담고 있다.

브랜드 서약서

과거 한 식당에서 음식을 먹고 나서 주방장에게 요리법을 물었지만, 그는 단호하게 거절했다. 나는 좌절감을 달래기 위해 인터넷을 통해 원자탄 제조법조차 찾아볼 수 있는 세상에서 그 비밀 레시피를 발견했다. 시장에서 가장 좋은 재료들을 사 와 부엌에 늘어놓는 순간은, 마치 최신 디지털 장비를 방 한가득 늘어놓은 것 같은 느낌이었다. 복잡한 사용 설명서를 해석하며 소프트웨어를 설치할 때의 막막함과 두려움이 나를 엄습했다. 배는 고팠고 기대는 컸지만, 과연 그 맛을 재현할 수 있을까 하는 불안이 마음속에 자리 잡았다.

첫 요리는 보통 레시피를 그대로 따랐을 때 싱겁게 나오거나, 배고픔에 양념을 더하다 보니 짜게 되기 마련이다. 레시피대로 했는데도 싱거워지는 이유는 경험 부족 때문이며, 반대로 맛이 부족할까 봐 양념을 과하게 넣으면 오히려 짜게 된다.

유니타스브랜드를 창간하는 마음도 이와 비슷한 감정이었다. 마케팅, 트렌드, 디자인, 브랜드를 결합해 다양한 산업군의 브랜드를 분석하고 성공 전략과 캠페인 사례를 더하면 마케터들이 열광할 만한 최고의 콘텐츠가 나올까?라는 기대 속에서 시작했다. 하지만 우리나라에 브랜딩 잡지가 없는 이유는 정말로 필요하지 않아서일까? 아니면 이 잡지가 소수 전문가들만을 위한 것이 될까? 그리고 그런 전문가들조차 이 잡지를 과연 읽을까?

이러한 의구심 속에서 나는 '또 하나의 잡지'로 끝날까 봐 두려웠다. 수많은 반찬들 사이에 또 하나의 반찬에 불과하지 않을까 하는 걱정이 나를 괴롭혔다. 그러나 뜻밖에도 창간 준비호가 2호까지 이어졌고, 결국 이를 바탕으로 창간호를 완성할 수 있었다.

인터넷 커뮤니티 회원들의 반응, 현장 브랜드 담당자들의 피드백, 창업을 꿈꾸는 사람들과 경영에 관심이 많은 학생들의 비판적 의견을 통해 우리는 이 잡지가 단순한 출판물이 아닌 더 큰 의미를 지닌 플랫폼이라는 사실을 깨달았다.

처음 제작한 창간 준비호는 강렬한 디자인과 색감으로 나의 개인적 취향이 크게 반영되었다. 창간호에서는 더 많은 사람들의 의견을 반영해, 브랜딩 분야 종사자들이 부담 없이 접할 수 있는 내용을 담으려 했다. 하지만 너무 많은 의견을 반영하면 잡지 고유의 개성이 사라질까 하는 걱정도 들었다.

첫 경험은 언제나 특별하다. 첫 직장, 첫사랑, 첫아기처럼, 인생의 첫 시작은 신성한 감정을 불러일으킨다. 『유니타스브랜드』를 창간하면서 나는 우리나라의 브랜드를 세계적인 수준으로 성장시키겠다는 사명감을 품었다.

물론 좋은 의도만으로 모든 일이 성공하는 것은 아니다. 그러나 동기는 재능을 넘어서는 결과를 만들어낼 수 있다는 믿음으로 이 일을 시작했다. 일부 사람들은 단순한 전문 잡지를 만든다고 생각할 수도 있었다. 그러나 나는 브랜드를 꿈꾸는 이들에게 지식과 정보를 제공해 위대한 브랜드를 만드는 일이 매우 가치 있다고 확신했다. 상품이 '가치'로 변화될 때 비로소 '명품'이 된다. 우리의 목표는 '명품 잡지'를 만드는 것이 아니라, '명품을 만드는 잡지'가 되는 것이다.

'죽순 장조림'을 만들듯, 유니타스브랜드를 만들다

브랜딩 작업은 죽순 장조림을 요리하는 과정과도 같다. 모든 재료를 냄비에 한꺼번에 넣고 무작정 끓이는 것은 가장 어리석은 방법이다. 그 결과물이 어떻게 될까? 유니타스브랜드도 처음에는 그렇게 될 수 있었다. 하지만 맛있는 요리를 위해서는 각 재료를 적절한 순서로 넣고, 물의 양도 조절해야 한다. 소금과 설탕 같은 극단적인 재료도 잘 활용하면 훌륭한 맛을 낼 수 있다.

최상의 음식을 위해 중요한 것은 최상의 재료다. 유니타스브랜드도 좋은 저자, 훌륭한 주제, 양질의 정보를 담아내고자 했다. 처음에는 모든 양념(정보와 지식)을 다 넣을 수도 있겠지만, 그 과정에 대해 독자들의 양해를 구한다. 솔직히 어떤 결과물이 나올지 나도 확신할 수 없다. 그러나 분명한 것은, 독자들의 피드백이 이 잡지의 '맛'을 결정할 것이라는 점이다. 앞으로 1년에서 15년 동안 축적된 지식과 경험을 통해 우리는 독창적이고 원조의 맛을 만들어낼 계획이다.

브랜딩 작업은 트렌드, 디자인, 마케팅을 통해 구축되는 복잡한 과정이다. 수많은 실패와 가끔 찾아오는 성공을 통해 이루어진다. 오늘날 대부분의 성공 사례는 스타벅스에 집중되지만, 성공한 브랜드와 기업들 중

5~10년을 버티는 경우는 드물다. 코카콜라조차 이제는 거의 언급되지 않는다. 브랜드들이 사라지는 속도가 빨라지면서, 지속 가능한 브랜딩 전략을 논하는 것이 더욱 어려워지고 있다. 이 때문에 브랜딩 잡지는 점점 더 드문 존재가 되었다.

유니타스브랜드(Unitas Brand)는 'United'의 옛말에서 유래한 이름으로, 브랜드에 관한 모든 것을 다루는 잡지로서 우리나라 브랜드들의 충실한 헬퍼가 될 것을 다짐한다.

유니타스브랜드가 어떤 브랜드인지 확인하는 방법은 매우 간단하다. 편집장의 글(브랜드 서약서)이나 지금까지 발행된 유니타스브랜드 중 하나를 읽어보면, 이 브랜드가 서약서에 담긴 원칙을 충실히 실천하고 있는지, 아니면 단순한 선언으로 끝났는지 쉽게 알 수 있다.

결혼식에서 낭독한 혼인 서약서를 지키지 않았다고 이혼에 이르는 경우는 거의 없다. 그러나 브랜드 경영자가 브랜드 서약을 지키지 않아 직원들이 회사를 떠나는 일은 자주 발생한다. 브랜드 서약은 브랜드 경영의 시작점이자 핵심이며, 이후 설명될 '브랜드십'의 본질이기도 하다.

브랜드 창업 교육에서는 '브랜드 서약' 프로그램이 진행된다. 이 프로그램에서는 "나는 왜 브랜드를 런칭하는가?" 또는 "내가 만들고자 하는 브랜드는 어떤 브랜드인가?"와 같은 질문에 답하며, A4 용지 2장 분량의 글을 작성하도록 한다. 글자 크기 11포인트, 줄 간격 1.4의 형식으로 작성된 이 서약서는 단순한 계획이 아니라, 자신의 신념과 의지를 담은 약속이어야 한다.

이 프로그램의 독특한 점은, 작성한 서약서를 군 입대를 앞둔 대학생 같은 사람에게 읽어주도록 한다는 것이다(물론 대상은 예시일 뿐이다). 여기서 중요한 것은 상대방의 반응을 통해 브랜드와 경영자가 진정으로 맞물리는지 검증하는 것이다. 참가자들은 다음과 같은 반응을 이상적으로 기대한다.

"군대 제대하고 같이 일하면 안 될까요?"
"복학해야지?"
"학교보다 여기서 더 많은 걸 배울 것 같아. 그리고 형이랑 너무 잘 맞는 것 같아."

이러한 반응은 브랜드와 경영자가 진정으로 어우러졌다는 의미이며, 마치 결혼식의 하객들이 부부의 결합을 증언하는 것과 같은 역할을 한다.
나는 글로 감동을 주지 못하는 브랜드는 제품으로도 감동을 줄 수 없다고 생각한다. 이 생각은 실제 경험에서 비롯된 깨달음이다. 그러나 현실에서는 수강생들이 작성한 서약에 대해 지인들이 보이는 반응이 대부분 이렇게 끝난다.

"형! 화이팅! 응원할게. 멋져!"

이 반응은 그저 열심히 하라는 응원일 뿐, 그 이상의 의미도, 그 이하의 의미도 없다.
진정한 브랜드 서약은 단순한 응원을 넘어서는 반응을 이끌어내야 한다. 서약은 경영자와 브랜드의 결합이 단순한 비전이 아니라 구체적인 실행 계획으로 연결될 때 비로소 의미를 갖는다. 서약은 말뿐이 아니라 행동으로 증명되는 약속이다. 이 약속을 지킬 때, 브랜드는 고객과 직원의 신뢰를 쌓고, 경영자는 브랜드와 하나가 되는 경험을 할 수 있다.
브랜드와의 서약이란 단순한 계획서나 선언문이 아니다. 이 서약은 경영자의 의지와 브랜드의 방향이 하나로 맞아떨어질 때 비로소 진정한 가치를 발휘한다.

Remember The Man, Remember The Brand

브랜드에 대한 체계적인 지식이 1990년대부터 본격적으로 확립되었다는 사실을 알게 되면, 자연스럽게 이런 의문이 떠오른다. 스티브 잡스는 브랜드 교육 없이 어떻게 애플을 세계적인 브랜드로 성장시킬 수 있었을까? 나이키의 공동 창업자인 빌 바우어만은 어떤 과정을 통해 나이키를 탄생시켰을까? 그리고 수많은 명품 브랜드 창업자들은 어떤 방식으로 자신들만의 독창적인 브랜드를 구축했을까?

이 질문에 답하기 위해서는 브랜드의 본질을 다시금 떠올릴 필요가 있다. 브랜드는 단순한 상표나 이미지를 넘어선 '의사결정의 총합'이다. 단 한 번의 결정으로 완성되는 것이 아니라, 오랜 시간 동안 이어진 수많은 의사결정의 결과물이다. 이는 브랜드의 성공이 단순한 운이나 직관의 산물이 아니라, 지속적인 선택과 조율의 연속임을 의미한다.

오늘날 우리가 배우는 브랜드 지식은 정보나 개념의 집합에 그치지 않는다. 그것은 성공적인 브랜드 경영을 위해 축적된 다양한 의사결정들을 압축한 형태의 준거 지식이다. 브랜드 학습의 핵심은 단순히 용어와 개념을 암기하는 것이 아니라, 경영자가 매 순간 올바른 선택을 내릴 수 있는 방향성을 마련하는 데 있다. 이와 같은 지식은 나침반처럼, 변화하는 시장 환경 속에서도 경영자가 흔들리지 않도록 돕는다.

이후 더 깊이 논의하겠지만, 브랜드를 단순히 운영하는 것과 진정한 브랜드로 성장하는 것은 분명히 다르다. 진정한 브랜드가 되기 위해서는 단순한 관리의 영역을 넘어, 창업자나 경영자가 자신의 삶을 브랜드에 투영하는 '휴먼 브랜드'의 경험이 필수적이다.

스티브 잡스나 빌 바우어만 같은 창업자들이 별다른 브랜드 교육 없이도 성공할 수 있었던 이유는 그들이 브랜드를 단순히 관리하지 않고, 자신이 브랜드 그 자체임을 인식하며 살아왔기 때문이다. 이들은 자신의 철학과 가치관을 브랜드에 담아내며, 모든 의사결정의 순간에 스스로가 브랜드임을 자각하고 행동했다. 이러한 태도는 단순히 브랜드를 운영하는 것을 넘어, 브랜드를 경영자 자신의 삶과 일체화하는 진정한 결합으로 이어졌다.

브랜드를 경영한다는 것은 단순한 전략의 실행이 아니다. 그것은 경영자의 신념과 철학이 브랜드로 구현되는 과정이며, 궁극적으로 경영자 자신이 브랜드와 하나가 되는 경험이다.

나이키는 나이키 DNA를 글자로 Nike's Mission Statement에 11항목 있다.

1. It is our nature to innovate. Nike is a company.

Nike는 지속적으로 제품, 프로세스 및 아이디어를 혁신하고 개선하기 위해 노력한다.

2. Nike is a company.

회사는 팀워크와 공동의 노력을 우선시하며, 개인보다 집단의 중요성을 강조한다.

3. Nike is a brand.

브랜드는 나이키 아이덴티티의 중심이며, 브랜드의 강점과 무결성을 유지하는 것이 중요하다

4. Simplify and go.

Nike는 단순성과 효율성을 중시하며 빠른 조치와 의사 결정을 장려한다.

5. The consumer decides.

소비자의 요구와 선호도는 Nike의 전략과 결정의 최전선에 있다.

6. Be a sponge.

Nike는 직원들이 주변 환경과 경험으로부터 호기심을 갖고 끊임없이 배울 수 있도록 장려한다.

7. Evolve immediately.

회사는 시장과 환경 변화에 빠르게 적응할 수 있다고 믿는다.

8. Do the right thing.

윤리적 행동과 성실성은 Nike의 모든 행동과 결정을 이끄는 데 매우 중요하다

9. Master the fundamentals.

기본의 숙달은 성공과 혁신의 필수 요소이다.

10. We are on the offense—always.

Nike는 비즈니스에 대한 공격적이고 적극적인 접근 방식을 유지하며 항상 발전하고 선두를 추구한다

11. Remember the man

그 사람을 기억하라.

[the late Bill Bowerman, Nike co-founder].

11번 원칙은 Nike의 공동 창립자인 Bill Bowerman과 회사 내 그의 영향력 및 유산에 경의를 표하는 것이다.

  11번 항목은 처음부터 존재했던 것이 아니다. 나이키의 초기 디자이너였던 마크 파커(Mark Parker)가 2006년 대표이사로 취임한 후 새롭게 신설한 원칙이

다. 그 원칙은 바로 "그 사람을 기억하라"이다. 여기서 '그 사람'은 나이키의 창업자인 빌 바우어만(Bill Bowerman)을 의미한다. 마크 파커는 세계 매출 1위의 나이키가 진정한 나이키가 되기 위해, 1999년에 사망한 빌 바우어만의 경영 철학을 반드시 기억해야 한다고 선포했다.

나이키의 직원들은 그 사람을 언제 기억할까? 무엇을 할 때 기억할까? 어떤 결정을 할 때 기억할까? 바로 '그 사람'이 다른 브랜드에 없었기 때문에 지금의 나이키가 있는 것이다.

진정한 브랜드가 된다는 것은 직원들이 "이럴 때 창업자는 어떻게 했을까?"를 떠올리며 의사결정을 하는 것이다. 이것이야말로 브랜드 경영의 본질이다.

Remember The Man은 나이키의 11번째 원칙인 "그 사람을 기억하라"의 의미를 담고 있다. 이 문구는 세 가지 중요한 의미를 지닌다.

1. 헌사: 이 말은 중요한 인물에게 경의를 표하는 의미로 쓰일 수 있다. 사람들은 특정 인물의 공헌, 업적, 혹은 영향력을 기억하고 존중해야 함을 암시한다. 예를 들어, "Remember The Man"은 역사적 인물, 지도자, 혹은 세상을 떠난 사랑하는 사람을 기리기 위해 사용될 수 있다.

2. 정체성과 유산: 이 문구는 특정 인물의 정체성과 그가 남긴 유산을 기억하는 것의 중요성을 강조한다. 사람들은 중요한 인물의 가치를 보존하고 기억해야 한다는 명령으로 해석될 수 있다.

3. 영감을 주는 메시지: 이는 사람들에게 영감을 주는 역할 모델의 원칙, 행동, 혹은 자질을 떠올리게 하며, 이를 기억하도록 촉구하는 메시지다. "Remember The Man"은 사람들이 그 인물의 기억과 유산을 존중하고, 그를 통해 영감을 얻으라는 의미를 담고 있다.

이제 이런 마음으로 다음 질문들에 답해보자.

- 직장 동료들이 나의 무엇을 기억하길 원하는가?
- 고객들이 나의 무엇을 기억하길 원하는가?
- 경쟁자들이 나의 무엇을 기억하길 원하는가?

막연하고 난해한 질문이지만, 이 질문의 답은 모든 브랜드의 목적, 가치, 비전과 깊이 맞닿아 있다. 당장 이 질문에 답하지 않더라도, 브랜드 경영자로서 퇴임할 때까지 계속 마음속에 품고 있어야 할 질문이다. 이제 이 질문을 스스로에게 던져보자.

"브랜드 경영자로서 나는 나를 어떻게 기억하고 있는가?"

나는 2007년부터 2016년까지 유니타스브랜드의 편집장이었던 나를 아직도 기억한다. 지금 이 글을 쓰는 마음도 여전히 유니타스브랜드 편집장의 마음이다. 나는 여전히 유니타스브랜드와 결혼 생활을 유지하고 있다. 유니타스브랜드는 단순히 매체 브랜드의 이름이 아니라, '좋은 브랜드는 좋은 생태계'라는 나의 신념을 담고 있다. 뿐만 아니라, 제품이 아닌 비제품을 창조하는 브랜드를 나는 유니타스브랜드라고 스스로 명명했다. (나만 이렇게 부를 뿐이다.)

사람들이 이 부분을 어떻게 기억할지는 신경 쓰지 않는다. 이 질문은 목적을 선명하게 하기 위한 일종의 조명탄 같은 질문이다. 진짜 중요한 질문은 '나는 나를 어떻게 기억하고 있는가?' 그리고 '나는 내가 믿는 브랜드를 어떻게 기억하고 있는가?'이다.

스티브 잡스는 직원들에게 Apple의 비즈니스 문화를 교육하고, 특히 회사가 성장함에 따라 Apple의 역사를 가르치기 위한 방법으로 2008년에 Apple University를 설립했다. 여기에서 가르치는 것은 일반 대학교에서 배우는 내용이 아니라, Apple이 내린 중요한 비즈니스 결정에 대한 사례 연구다. Apple University의 과정 중 4개가 모두 비공개로 진행된다.

"Communicating at Apple."
"Project Management."
"Vendor Management."
"What Makes Apple, Apple."

[애플을 애플답게 만드는 것]은 다른 기업들에서는 쉽게 찾아볼 수 없는 독창적인 과정이다. 이는 나이키의 11번째 원칙인 "Remember the Man"과 유사하게, 브랜드가 본질을 유지하며 성장하는 과정을 의미한다. 팀 쿡은 애플 워치를 발표하며, "스티브 잡스의 DNA가 여전히 애플에 존재한다"고 말했다. 또한 애플의 미래에 대한 질문에 대해 언제나 이렇게 답한다. "애플의 목표는 최대의 기업이 되는 것이 아니라, 최고의 제품과 서비스를 창출하는 것이다." 이는 스티브 잡스가 평생 고수해 온 철학과 동일하다.

휴먼 브랜드란 자신다움을 기반으로 '자기 자신이 곧 하나의 브랜드가 되는 상태'를 의미한다. 이는 단순히 명성을 쌓기 위한 퍼스널 브랜딩이나, 특정 역할을 연기하는 '부캐'와는 근본적으로 다르다. 옛 어른들이 말한 "사람은 죽어서 이름을 남기고, 호랑이는 가죽을 남긴다"는 격언처럼, 자신의 현재 이름이 시간이 지나도 영원히 기억되는 브랜드가 되는 것이다.

그렇다면, 브랜드라는 개념조차 없던 수십 년, 혹은 수백 년 전의 창업자들은 어떻게 자신만의 브랜드를 구축할 수 있었을까? 그 비결은 그들이 '자신이 곧 브랜드'였다는 점에 있다. 브랜드는 곧 신뢰 그 자체다. 이 신뢰는 평판, 명성, 충성도와 같은 다양한 표현으로 나타날 수 있지만, 결국 일상에서는 단순한 '믿음'으로 정의된다.

소비자가 나이키 제품을 구매하는 이유도 같은 맥락에서 이해할 수 있다. 단순한 기능적 이점뿐 아니라, 나이키가 제공하는 자아 표현적이고 정서적 가치가 진실될 것이라는 믿음이 그 배경에 있다. 우리가 대기업의 브랜드를 신뢰하는 이유도 같다. 그들이 소비자를 속이지 않을 것이라는 확신이 신뢰의 기반을 형성한다.

파타고니아 역시 이와 같은 신뢰의 사례다. 일반 아웃도어 의류보다 두 배가량 비싸지만, 사람들이 파타고니아를 선택하는 이유는 단순히 품질 때문만이 아니다. 소비자들은 파타고니아의 제품을 구매함으로써 지구 환경 보호에 동참하고자 하는 마음을 표현한다. 나 또한 그렇다. 이본 취나드가 경영하는 파타고니아에 대해 한 번도 의심한 적이 없으며, 아웃도어 제품을 구매할 때마다 망설임 없이 파타고니아를 선택한다.

이처럼 휴먼 브랜드는 신뢰의 축적이며, 단순히 기능적 이익을 넘어서 관계적 가치를 포함한다. 이런 신뢰가 고객과 브랜드 사이에 쌓일 때, 그제야 브랜드는 단순한 제품을 넘어 사회적 의미와 영감을 제공하는 존재가 된다.

물론 모두가 빌 바우어만, 스티브 잡스, 이본 취나드처럼 될 수는 없다. 하지만 브랜드 경영과 휴먼 브랜드의 중요성을 이해하는 건 필수다. 이를 잘 보여주는 사례가 영국 가디언의 기자가 더 바디샵(The Body Shop)의 창업자 아니타 로딕과 나눈 인터뷰다. 기자가 그녀에게 "어떻게 전문 지식 없이도 성공적인 브랜드를 만들 수 있었는가?"라고 묻자, 로딕은 이렇게 답했다.

"우리가 비즈니스를 하는 방식, 제품을 만드는 방식, 원료를 공급받는 방식, 그리고 우리가 소중히 여기는 가치가 우리를 그들과 다르게 만든다."

이처럼 브랜드다운 의사결정은 제품 출시 전에 이미 시작된다. 눈에 보이는 브랜드를 만들기 전에, 보이지 않는 '비제품 브랜드'를 구축하는 법을 배워야 한다. 브랜드의 핵심은 단순히 제품을 파는 게 아니라, 보이지 않는 가치와 철학이 기반이 되는 거다. 그러니까 브랜드 런칭은 목표가 아니라 일의 자연스러운 결과물이어야 한다.

하지만 브랜드가 시장에 나와 활동을 시작하면 누구도 예상하지 못한 돌발 상황에 부딪히게 된다. 이건 모든 기업이 피할 수 없는 과정이다. 특히 매출 압박이 심할 때, 경영자는 브랜드가 지향하는 원칙을 저버릴 유혹에 빠지기 쉽다. 이런 순간이야말로 브랜드의 진짜 시험대가 된다. 경영자가 자신의 원칙을 지키지 못하면, 조직원들은 창업자가 브랜드를 어떻게 생각하는지 본질을 깨닫게 된다. 이건 단순한 실수가 아니라 브랜드 신뢰에 심각한 손상을 줄 수 있는 문제다.

결국, 브랜드 경영은 의사결정의 연속이다. 단 한 번의 결정이 아니라, 매 순간 반복되는 선택과 판단 속에서 브랜드는 진화하거나 쇠퇴한다. 경영자의 선택은 조직원과 고객에게 브랜드의 진정성을 증명하는 중요한 지표가 된다.

브랜드 청혼

결혼의 절정이 결혼식이 아닌 청혼의 순간이라는 말에 고개를 끄덕이는 사람들이 있다. 나 역시 프로포즈를 했던 경험에서 이 말에 깊이 공감한다. 많은 사람들 앞에서 결혼식을 올리는 것보다, 단 한 사람에게 평생을 함께하자고 제안하는 순간의 떨림과 진정성은 훨씬 더 강렬했다. 'Propose'는 청원(請願)이라는 의미도 있지만, 본래는 '제안하다'라는 뜻을 담고 있다. 마찬가지로, 브랜드 프로포즈 역시 브랜드가 어떤 가치와 목적을 지니고 있으며, 누구와 함께 일하고 싶은지를 제안하고 요청하는 과정이다. 이 과정은 채용 공고를 작성하는 일과도 유사하다.

결혼을 준비할 때 사람들은 대부분 이상적인 배우자의 이미지를 그리며 결혼 상대를 상상한다. 하지만 예상치 못한 사람과 결혼하게 되거나, 처음엔 별다른 호감이 없던 사람과 점차 가까워지는 경우도 많다. 이런 경험은 브랜드를 준비하는 과정과 크게 다르지 않다. 브랜드 창업자도 처음에는 이상적인 브랜드의 모습을 그리지만, 실제 과정에서는 계획과는 다르게 흘러가기도 하고, 예상 밖의 인물들과 협업을 이루어내기도 한다.

따라서 런칭할 브랜드의 모습을 명확히 정의하기 위해 회사 소개와 채용 가이드를 작성하는 과정이 필요하다. 이 작업은 자신이 어떤 사람들과 일하고 싶은지, 어떤 가치를 공유하고 싶은지를 구체화하는 데 중요한 역할을 한다. 브랜드 창업 교육 프로그램에서는 이러한 작업을 훈련의 일부로 포함한다. 프로그램에서는 브랜드의 가치, 목적, 비전, 사명과 같은 철학적 요소들을 반영해 채용 공고를 작성하게 한다. 이는 단순히 취업 사이트에 올리는 공고와는 성격이 다르다.

브랜드의 목적과 가치를 공유할 사람을 찾기 위한 샘플1과 샘플2와 같은 채용 공고 작성은 결혼의 청혼만큼이나 어려운 일이다. 단순히 일자리를 제공하는 것이 아니라, 브랜드와 함께 성장할 동반자를 찾는 과정이기 때문이다. 진정으로 원하는 인재를 찾으려면, 브랜드가 어떤 목적을 추구하며 누구와 함께 그 여정을 걸어가고 싶은지를 명확히 제안할 수 있어야 한다.

샘플 1

[DOT 20초]매거진에서 세상의 모든 것을 20초로 압축하는 에디터를 모집합니다.

[DOT 20초]는 교육을 통한 배움, 나눔 그리고 섬김의 소셜러닝(Social learning)입니다.
[DOT 20초]는 앞으로 도래할 글로벌 지식 플랫폼이며 지식의 창출과 소비가 선순환되는 지식 생태계입니다.
[DOT 20초]은 15초 동영상 Q&A와 인터뷰로 구성된 소셜 러닝 미디어 입니다.
[DOT 20]앱을 깔고 20초 동영상을 보시면 20초안에 이해할 수 있습니다.
Connecting the dots. 20초 에디터의 편집 방향입니다.

스티브 잡스는 창의성을 얻기 위해서는 서로 다른 지식과 경험, 즉 점들을 연결해야 한다고 말했습니다. 그는 또한 현재와 미래를 직접 연결할 수는 없지만, 과거와 현재를 연결함으로써 미래를 예측할 수 있다고 했습니다. 20초 에디터가 하는 일은 바로 스티브 잡스가 말한 그 '점들(the dots)'을 만드는 것입니다.

20초 에디터는 마스터와 전문가들을 인터뷰하여 그들의 지식을 20초짜리 동영상이라는 점들로 만들어, 독자가 이를 연결해 창의성과 미래를 볼 수 있도록 돕습니다.

- 첫 인상이 결정되는 시간: 6초
- 마트 진열대에서 물건을 선택하는 시간: 3초
- 잡지에서 광고를 볼지 결정하는 시간: 0.25초
- 기업의 제품을 설명하는 데 필요한 시간: 20초

20초는 본질과 핵심을 전달하기에 충분한 시간이지만, 현상과 이론을 설명하기에는 부족할 수 있습니다. 그럼에도 20초는 단순한 짧은 동영상이 아니라, 압축된 논리입니다.

20초 에디터는 소설가보다는 시인에 가깝고, 만물 이론을 찾는 이론 물리학자와 비슷한 고민을 합니다. 만약 당신이 어떤 영화든 10개의 단어로 한 줄 평을 할 수 있다면, 댓글을 달아 최소 50개의 좋아요를 받을 수 있다면, 이름을 가지고 6초 안에 3행시를 지을 수 있다면, 그리고 어떤 동영상이든 8배속으로 빨리 감기해서 보는 사람이라면, 당신은 20초 에디터로서의 자질을 갖추고 있습니다.

4차 산업혁명 시대에 걸맞은 새로운 지식 패러다임을 선도하는 [DOT 20초]에서 꿈을 이루고 인생을 바꿀 최고의 지식을 연결하는 20초 지식 콘텐츠 에디터를 모집합니다.

모집 분야: 20초 지식 콘텐츠 에디터

20초 에디터는 업계 최고 전문가들과 인터뷰를 통해 그들의 인사이트와 핵심 지식을 20초 압축 동영상으로 만듭니다. 이 동영상은 비즈니스 현장에서 실행되었던 프로젝트와 이론 지식을 연결하여 패턴화하는 작업입니다. 사람들은 우리가 하는 이 일을 스티브 잡스가 제시한 Connecting the dots의 실현 방식이라고 말합니다.

따라서 이 일을 하기 위한 핵심 역량은
- 고도의 집중력
- 지구력
- 연결 능력입니다.

샘플2

세상을 바꾸려는 기업은 많습니다. 하지만 세상을 구하려는 기업은 많지 않습니다.

우리는 '자연으로 사람을 구하고(Save People), 사람으로 자연을 구하자(Save Nature)'는 목적을 가지고 설립된 기업입니다. 사람을 구하기 위해서는 자연이 필요하고, 자연을 구하기 위해서는 사람이 필요하다는 믿음을 가지고 있습니다. 우리는 '자연과 사람의 지속 가능한 삶'을 목표로 시작한 목적 공동체입니다.

우리의 목표는 그린 브랜드(Green Brand)가 되어, 사람과 자연이 공존하는 지속 가능한 생태계를 만드는 것입니다. 이를 위해 창조원은 조경건축, 기후 행동, 지속 가능한 주거 디자인, 지속 가능한 커뮤니티 계획과 디자인, 업무 창의성을 위한 환경 디자인, 기후 변화에 따른 라이프스타일 디자인, 친환경 인프라 조경, 그리고 건강과 자연의 유니버설 디자인을 기업 목표로 삼았습니다.

우리는 이러한 목적과 목표를 실현하기 위해 출발한 그린테크 스타트업입니다.

지금의 우리는 씨앗이지만, 숲을 꿈꾸며 심어진 지속 가능한 환경 기업입니다. 조경에서 시작했지만, 우리의 꿈은 그린 브랜드 생태계를 만드는 것입니다. 우리와 함께 숲이 되어주십시오.

이 내용은 여기서 끝나는 것이 아니다. 주변 사람들에게 보여주고 피드백을 받는 과정이 필수적이다. 이 과정에서 스스로에게도 던져야 할 질문들이 있다.

- 이 회사에는 어떤 사람들이 모일까?
- 이 기업이 추구하는 가치는 무엇일까?
- 이 기업에서 해야 할 일과 하지 말아야 할 일은 무엇일까?
- 이 회사의 목적은 무엇일까?
- 내가 이 회사에 취업하고 싶다면 그 이유는 무엇일까?
- 반대로, 이 회사에 취업하고 싶지 않은 이유는 무엇일까?

이러한 질문들은 내가 생각하는 것과 다른 사람들이 생각하는 것의 차이를 발견하게 해준다. 피드백을 통해 기업의 목적과 가치가 어떻게 전달되고 있는지, 그리고 그에 대한 반응이 어떤지를 확인할 수 있다. 이 과정을 통해 브랜드의 이미지와 가치를 더 명확하게 다듬고 구체적으로 정리할 수 있다.

브랜드와 하나가 되다.

브랜드를 연구하다 보면 자신이 구상하는 브랜드의 대략적인 이미지가 떠오르기 마련이다. 아직 "이거다!" 하고 확신할 수는 없어도, 현재 시장에 있는 브랜드들과의 공통점을 설명할 수 있다. 예를 들어, "가치는 애플과 유사하고, 디자인은 나이키와 비슷하며, 메시지는 토니스 초콜렛과 가깝다"와 같은 막연한 감각도 충분한 시작점이 될 수 있다. 구체적인 이미지가 아직 명확하지 않더라도, "이런 브랜드를 만들고 싶다"는 열망이 있다면 이미 중요한 첫걸음을 내디딘 것이다. 그리고 그 브랜드를 현실로 만들어가기 위해서는 경영자 자신이 그 브랜드의 가치와 철학을 몸소 살아내야 한다.

결혼이 단순히 결혼식이나 혼인 신고로 끝나지 않고 결혼 생활 자체가 시작인 것처럼, 브랜드도 런칭에서 끝나지 않는다. 브랜드와 하나가 된 휴먼 브랜드로 살아가면서 비로소 그 브랜드의 본질이 드러난다. 이 본질은 브랜드가 세상에 전달하려는 사명(Mission)으로 구체화된다.

브랜드의 사명은 목적(Purpose), 가치(Value), 비전(Vision)으로 구성되며, 이 세 가지 요소는 브랜드의 비제품(non-product)에 해당한다. 브랜드는 단순히 제품만으로 존재하지 않으며, 그 내재된 철학과 방향성이 브랜드의 정체성을 형성하는 데 중요한 역할을 한다. 이는 브랜드가 지속적으로 성장하고 발전할 수 있는 원동력이 된다.

브랜드를 성공적으로 경영하기 위해서는 이 사명과 비제품 요소들이 단순한 구호에 그치지 않고 실천으로 이어져야 한다. 브랜드 경영자는 매일의 의사결정 속에서 이 가치를 일관되게 반영하며, 소비자와의 신뢰를 쌓아가야 한다. 결국 브랜드 경영은 한 번의 런칭으로 끝나는 것이 아니라, 지속적인 성장과 발전을 통해 브랜드의 정체성을 확립하는 여정이다. 이러한 과정을 거쳐 브랜드는 시장에서 독자적인 위치를 확보하게 된다.

목적(Purpose)

브랜드의 목적은 브랜드가 존재하는 이유를 의미하며, 고객과 사회에 전달하고자 하는 핵심 메시지를 담고 있다. 홀푸드마켓(Whole Foods Market)의 창업자 존 맥케이(John Mackey)는 이를 잘 설명하며, "기업은 단순히 이윤을 추구하기보다 더 큰 목적을 위해 운영될 때 오히려 더 큰 성장과 이윤을 달성할 수 있다"고 강조했다. 그의 '깨어있는 자본주의(Conscious Capitalism)'는 직원, 고객, 지역 사회 모두를 고려하며 지속 가능한 경영을 지향한다. 홀푸드마켓은 단순한 식품 유통을 넘어 '신뢰할 수 있는 유기농 식품의 제공'이라는 목적을 통해 고객과 강한 연대감을 형성했다.

이 연대감은 1981년 텍사스 1호점이 홍수 피해를 입었을 때 더욱 명확히 드러났다. 매장이 침수되어 파산 위기에 놓였을 때, 평소 홀푸드마켓을 사랑하던 단골 고객, 투자자, 공급자, 채권자들이 복구 작업에 힘을 보탰다. 이처럼 브랜드의 목적은 단순한 선언에 그치지 않고, 위기 상황에서도 지속적인 신뢰와 관계를 유지하게 하는 강력한 동력이 된다.

브랜드의 목적은 단순히 이윤 창출을 넘어 고객과 사회에 어떤 가치와 변화를 제공할지를 명확히 정의해야 한다. 이 목적은 창업자가 자신의 신념과 비전을 바탕으로 발견되며, 다음과 같은 과정에서 구체화된다.

개인적 소명: 창업자의 열망과 사명감에서 비롯된 목적.

경쟁자의 한계와 차별화: 기존 브랜드의 문제를 해결하고, 독자적인 가치를 제시하려는 노력.

새로운 시장 가치 탐색: 시장 내 공백을 발견하고, 이를 채우는 과정에서 형성되는 목적.

고객의 목소리 경청: 고객의 필요와 요구를 주의 깊게 청취하는 것에서 얻는 통찰.

결국, 브랜드의 목적은 단순히 수익을 창출하는 것을 넘어 고객과 사회에 긍정적인 변화를 일으키는 목표를 설정할 때 진정한 의미를 갖는다. 브랜드가 이러한 가치를 중심으로 지속 가능한 목표를 추구할 때, 장기적인 성장과 발전을 이룰 수 있다.

가치(Value)

브랜드의 목적을 달성하기 위해서는 직원들이 공유하고 지켜야 할 가치가 필수적이다. 가치는 브랜드 경영의 기준이자 나침반으로서, 브랜드가 목적을 실현하는 과정에서 내부와 외부 고객에게 일관되게 전달된다. 다시 말해, 가치는 브랜드를 목적지로 인도하는 북극성과 같다.

브랜드 가치를 정립하기 위해서는 다음과 같은 질문을 스스로 던지고, 그에 대한 답을 도출하는 과정이 필요하다.

- 브랜드 경영자로서 목적 달성을 위해 중요한 가치와 신념은 무엇인가?
- 모든 구성원(내부 고객)이 반드시 가져야 할 가치는 무엇인가?
- 사용자(외부 고객)에게 제공하고자 하는 핵심 가치는 무엇인가?

이와 같은 핵심 키워드를 도출하고 정제하는 과정을 통해 자신만의 브랜드 가치를 수립할 수 있다. 중요한 것은 이 가치를 브랜드 목적과 자연스럽게 연결하여, 동료, 시장, 전략, 평가 등의 모든 측면에서 일관되게 실천하고 표현하는 것이다.

예를 들어, 이케아(IKEA)는 '많은 사람들을 위한 더 나은 일상의 삶(A better everyday life for the many)'이라는 브랜드 목적을 실현하기 위해 세 가지 핵심 가치를 수립했다.

- Well-Designed
- Functional

- Affordable

이를 위해 이케아는 1950년대 초 플랫 팩(Flat Pack) 조립식 솔루션을 도입해, 우수한 디자인과 실용성을 합리적인 가격에 제공했다. 이 세 가지 기본 가치는 점차 확장되어, 원가의식(Cost-consciousness), 대담한 차별화(Daring to be different), 지속적 혁신(Constant desire for renewal)으로 이어지며, 이케아가 세계적인 브랜드로 성장하는 기반이 되었다.

비전(Vision)

비전은 흔히 사명(Mission)과 혼동되기 쉽지만, 두 개념은 명확히 다르다. 비전은 브랜드가 5~10년 후에 이루고자 하는 미래의 모습을 구체적으로 그려낸 것이며, 정량적 목표와 정성적 목표를 모두 포함한다. 이는 브랜드가 생동감 있게 목표를 향해 전진하도록 이끄는 중요한 동력이다.

제임스 콜린스(James Collins)는 비전을 BHAG(Big, Hairy, Audacious Goal)로 정의했다. 이는 크고(Big), 스릴 넘치고(Hairy), 대담한(Audacious) 목표(Goal)를 의미한다. 강력한 비전을 수립하기 위해서는 자사 분석, 경쟁사 분석, 시장 환경 분석, 고객 분석을 통해 명확한 방향을 설정해야 한다.

다음과 같은 질문들이 비전을 구체화하는 데 도움을 준다.
- "브랜드가 5~10년 후 어떤 모습으로 성장해 있기를 바라는가?"
- "브랜드가 시장에서 5~10년 내 도달할 정량적 목표와 정성적 목표는 무엇인가?"

브랜드 서약은 목적(Purpose), 가치(Value), 비전(Vision)을 글로 정리하는 작업으로 시작된다. 그러나 이 서약을 처음부터 완벽하게 작성하기란 어렵다. 오히려 처음부터 완벽하다고 믿는 것 자체가 위험할 수 있다. 브랜드는 시장에 런칭되고 소비자와 경쟁사를 만나면서 서약이 수정될 가능성이 있으며, 때로는 폐기되거나 새롭게 작성될 수도 있다.

브랜드 서약을 실천하는 과정에서 중요한 것은 브랜드의 관점과 개인적 관점이 다를 수 있음을 이해하는 것이다. 브랜드가 옳고 그른 일을 구분하는 것은 어려운 일이 아니지만, 고객과 직원의 이해관계가 충돌하거나 기업의 이익과 고객의 이익이 상충할 때 경영자는 매우 어려운 선택을 해야 한다. 이러한 과정에서 경영자의 결정은 모든 이해관계자들이 지켜보는 가운데 이루어지며, 그 판단이 브랜드의 신뢰와 명성을 결정짓는다.

결과적으로 비전은 단순한 목표를 넘어 브랜드가 나아갈 방향을 제시하고, 예상치 못한 상황 속에서도 경영자에게 결정의 기준이 된다. 비전이 명확하게 설정되고 조직 내외부에 공유될 때, 브랜드는 내부와 외부의 기대를 일치시키며 일관된 방향으로 나아갈 수 있다.

휴먼브랜드

휴먼 브랜드가 된다는 것은 모든 선택을 브랜드의 관점에서 내리는 책임을 지는 것이다. 이는 경영자의 핵심 과제이며, 모든 의사결정을 브랜드의 가치와 원칙에 따라 수행하는 것이 필수적이다.

휴먼 브랜드는 언제 시작해야 하며, 직원들도 함께 참여해야 할까? 목적, 가치, 비전은 창업자와 직원이 함께 수립해야 할까, 아니면 창업자가 단독으로 결정하는 것이 나을까? 이러한 질문들은 브랜드 교육 시간에 자주 등장하는 고민들이다. 나 또한 이 두 가지 방식을 모두 경험해봤다. 어떤 프로젝트는 협업을 통해 더 나은 결과와 신속한 결정을 이끌어냈고, 어떤 경우에는 혼자 작업했을 때 더 나은 성과를 얻기도 했다. 결국, 이 질문에 대한 답은 상황과 사람에 따라 달라질 수밖에 없다.

브랜드에 대한 몰입과 직원의 역할을 이해하기 위해 다음과 같은 질문을 던져볼 필요가 있다.

- 직원에게 창업자만큼의 몰입과 헌신을 기대할 수 있을까?
- 직원이 브랜드의 목표와 비전을 창업자만큼 공감할 수 있을까?
- 직원이 개인적 이익보다 브랜드의 이익을 우선시할 수 있을까?

이러한 기대를 강요하는 것은 현실적이지 않다는 것이 나의 경험이다. 강요로는 브랜드와 진정한 관계를 형성할 수 없으며, 충분한 학습이 이루어지지 않은 직원에게 휴먼 브랜드가 되기를 요구하는 것은 정신적으로 큰 부담이 될 수 있다.

나는 브랜드의 목적, 가치, 비전을 혼자 깊이 고민한 후 이를 직원들과 공유하는 방식을 선호한다. 그러나 모든 결정을 혼자 내리지는 않는다. 세 가지 안을 준비한 후 직원들과 논의하며 두 가지 안을 함께 발전시키는 방식을 제안한다.

핵심적인 방향 설정은 창업자가 주도하는 것이 더 효율적일 수 있다. 그러나 이후에는 직원들과의 협업을 통해 구체적인 결정을 발전시키고, 공감대와 협력을 형성하는 과정이 중요하다. 브랜드는 혼자서도, 함께해서도 만들어질 수 있다. 중요한 것은 상황에 맞는 올바른 접근을 선택하고, 사람에 대한 신뢰를 바탕으로 균형을 찾는 것이다. 창업자와 직원이 함께 몰입하고 협력할 때, 브랜드는 더욱 단단하게 성장할 수 있다.

Review

'브랜드와 결혼'은 단순히 상표를 등록하거나 회사를 설립하는 것을 넘어선 깊은 헌신과 실천을 의미한다. 이는 브랜드 경영자가 자신의 신념과 가치를 브랜드에 녹여내며 살아가는 과정이다. 혼인 서약이 부부 관계의 시작점인 것처럼, 브랜드 서약 역시 경영자가 브랜드와의 관계에서 지켜야 할 원칙을 명확히 하는 핵심이다. 이 서약은 말뿐 아니라 행동으로 증명되며, 브랜드의 진정성과 신뢰를 구축하는 기반이 된다.

브랜드의 목적, 가치, 비전은 경영자가 혼자 또는 직원들과 협력해 수립할 수 있다. 이 과정은 창업자가 주도하되, 직원들의 의견을 수렴하며 발전시키는 것이 바람직하다. 경영자는 브랜드의 핵심 방향을 설정한 후 직원들과의 협업을 통해 세부적인 계획을 구체화한다. 이는 단순한 강요가 아닌 신뢰와 협력을 바탕으로 이루어지며, 브랜드와 조직 모두가 일관된 목표를 공유할 때 강력한 시너지를 발휘한다.

브랜드 경영 과정에서는 예상치 못한 위기나 유혹에 직면할 수 있다. 매출 압박 등 현실적인 도전 속에서 경영자는 브랜드가 추구하는 원칙을 지킬지, 이익을 위해 타협할지를 선택해야 한다. 이러한 순간은 브랜드의 진정성을 시험하는 중요한 시기이며, 경영자의 판단이 브랜드의 신뢰와 명성에 큰 영향을 미친다.

브랜드와의 결합은 직원들에게도 해당된다. 직원에게 창업자만큼의 몰입과 헌신을 기대하기 어렵지만, 브랜드의 비전과 가치를 이해하고 공감하도록 도와야 한다. 직원이 브랜드의 목표에 동참할 때 비로소 진정한 브랜드 경영이 가능해진다. 강요가 아닌 자발적인 참여가 중요하며, 학습과 경험을 통해 브랜드의 의미를 함께 쌓아가는 것이 핵심이다.

  브랜드 서약은 처음부터 완벽하게 작성될 필요는 없다. 시장에 런칭한 후 서약이 수정되거나 새롭게 작성될 수 있다. 중요한 것은 경영자가 브랜드와의 결합을 생활 속에서 실천하고, 매 순간의 의사결정을 브랜드의 가치와 원칙에 맞춰 내리는 것이다. 브랜드는 매번의 선택과 판단 속에서 진화하며, 이러한 과정이 경영자와 조직의 신뢰를 쌓아간다.

  결론적으로, 브랜드와 결혼한다는 것은 창업자와 직원 모두가 브랜드의 가치를 내면화하고 생활 속에서 실천하는 것을 의미한다. 경영자가 브랜드와 함께하며 자신이 곧 브랜드라는 인식을 가질 때, 브랜드는 더 깊고 진정성 있는 경영으로 성장할 수 있다.

Workshop 1
브랜드 서약서 작성

브랜드와의 결혼은 서약서를 통해 공식적으로 시작한다.
브랜드의 목적과 가치를 정리한 약속이자, 브랜드 경영의 지침서가 된다.

1. 브랜드의 목적과 가치를 명확히 정의하기
- **목적 (Purpose):** 이 브랜드는 왜 존재해야 할까? 고객과 사회에 어떤 영향을 미칠까?
  (예: "사람들의 더 나은 일상을 위해 지속 가능한 제품을 제공한다.")
- **가치 (Value):** 브랜드의 핵심 신념과 원칙은 무엇이며, 경영 과정에서 지켜야 할 가치는 무엇인가?
  (예: "정직, 투명성, 환경 친화적 경영.")

---

2. 브랜드 서약서 작성과 피드백
작성한 서약서를 동료나 파트너와 공유하고 피드백을 받는다.
- 서약서가 브랜드의 정체성을 잘 반영하고 있는가?
- 이 서약이 실현 가능한 목표로 구성되어 있는가?

Workshop 2
휴먼 브랜드 실천 리스트

브랜드 경영자는 브랜드와의 결혼을 통해 브랜드처럼 살아가는 경험을 해야 한다. 이를 위해 100개의 질문과 답변을 통해 브랜드 정체성을 구체화해본다.

1. 질문 작성 예시
- "내가 만든 브랜드는 일상에서 어떻게 표현되어야 할까?"
- "브랜드 가치를 유지하기 위해 어떤 결정을 내려야 할까?"
- "어려운 상황에서도 원칙을 지키려면 어떻게 해야 할까?"

2. 실천 계획 수립
- 브랜드 정체성을 유지하기 위한 일상 습관을 만들어보자.
  예) 매일 브랜드 철학과 일치하는 작은 행동 실천하기.
- 결정 원칙 정립: 중요한 경영 의사결정에 대한 기준을 설정한다.
  예) "환경과 사회에 미치는 영향을 최우선으로 고려한다."

Workshop 3
Remember The Brand 경영 원칙 수립

브랜드 경영자는 창업자의 철학을 바탕으로 지속 가능한 브랜드를 만들어야 한다. 나이키가 창업자의 철학을 반영한 것처럼, 각 브랜드도 명확한 경영 철학을 정의해야 한다.

1. 경영 원칙 수립
- 브랜드가 5년, 10년 후에도 성장하려면 어떤 원칙이 필요할까?
- 브랜드 성장과 나의 연결은 어떤 방식일까?
- 지속 가능한 성장을 위해 어떤 결정을 내려야 할까?

2. 브랜드 철학과 경영자의 역할
- 경영자가 철학을 실천할 구체적인 방법을 정리하고, 장기적 비전에 맞는 의사결정 사례를 기록한다.

Workshop 4
브랜드와 직원 간 몰입도 평가

브랜드 경영은 혼자만의 몫이 아니다. 직원들이 브랜드 목적과 가치를 이해하고, 함께 성장하도록 돕는 것이 중요하다.

1. 브랜드 몰입도 평가
- 직원들이 브랜드 철학과 목적을 얼마나 이해하고 있는가?
- 브랜드 목표 달성을 위해 직원들은 어떤 역할을 하고 있는가?

2. 몰입을 위한 조직 문화 구축
- 직원들의 몰입을 강화하기 위한 문화와 시스템을 설계한다.
  예) 정기적인 워크숍과 피드백 세션 진행.
- 직원들이 브랜드 이익을 우선시하게 하려면 어떻게 해야 할까?
- 조직 내 신뢰와 협력을 강화하기 위한 방법은 무엇일까?

Workshop 5
브랜드 프로포즈(청혼) 작성

채용 공고는 단순한 직무 설명이 아니라, 브랜드의 철학과 비전을 담은 청혼과 같다.

1. 채용 공고문 작성
- 브랜드의 목적과 가치를 반영한 공고문을 작성하고, 어떤 사람을 팀에 맞이하고 싶은지 구체적으로 표현한다.
  예) "우리와 함께 성장하며 브랜드 철학을 자신의 삶에 녹여낼 사람을 찾습니다."

2. 피드백을 통해 개선
- 작성한 공고문을 팀과 공유하고 피드백을 받는다.
- 이 공고문이 브랜드 철학과 일치하는가?
- 지원자가 공고문을 통해 브랜드 정체성을 이해할 수 있는가?

5

브랜드
임신과 출산

"임신은 기적이다.
특히 당신이 그것을 원했을 때는 더욱 그렇다."
엔다 월시(Enda Walsh)

Preview

　브랜드의 임신과 출산은 생명이 태어나는 과정과 많이 닮아 있다. 브랜드는 단순한 아이디어에서 시작되지만, 이 아이디어가 현실에서 성공적인 브랜드로 자리 잡기까지는 수많은 도전과 예측 불가능한 상황을 겪게 된다. 임신 초기의 태아처럼, 브랜드도 처음에는 모호한 컨셉에 불과하다. 하지만 시장조사와 전략 수립을 통해 점차 형태를 갖추어 가며 생명력을 얻는다. 이 과정에서 직관과 창의성은 필수적이며, 브랜드의 본질을 파악해가는 시간이기도 하다.

　브랜드 임신은 단순히 제품을 만드는 게 아니라, 경영자의 철학과 가치관을 반영한 비즈니스 DNA를 구축하는 일이다. 브랜드가 자라기 위해서는 내부 팀원과의 협업이 중요하고, 이때 구성원들이 브랜드에 몰입하며 하나의 방향성을 공유해야 한다. 마치 부모가 태교를 통해 아이를 맞이할 준비를 하듯, 경영자도 브랜드의 탄생을 준비하며 스스로를 성장시켜야 한다. 이 장에서는 브랜드가 어떻게 컨셉을 잡고 구체화하는지, 그리고 이름을 정해 하나의 실체로 만들어가는 과정을 다룬다. 결국 브랜드의 임신과 출산은 단순한 사업 아이템의 개발이 아니라, 경영자가 브랜드와 한 몸이 되는 여정이라고 할 수 있다.

Pre-reading Questions
사전 질문

1. 브랜드를 인간의 임신과 출산 과정에 비유한 이유는 무엇일까?
이 비유가 브랜드 형성과 성장에 어떤 의미를 부여하며, 경영자가 준비할 심리적, 전략적 측면은 무엇인가?

2. 브랜드 임신 기간 동안 경영자가 반드시 준비해야 할 핵심 요소는 무엇일까?
컨셉 확립, 팀 구성, 시장조사 등 초기 단계에서 무엇이 가장 중요할까?

3. 브랜드 탄생 후 첫 1년 동안 직면하게 되는 주요 위험 요소는 무엇인가?
시장의 반응, 경쟁사 대응, 내부 조직의 정착 등 초기 생존을 위협하는 요인에는 어떤 것들이 있을까?

4. 갓 태어난 브랜드를 보호하고 관리하기 위해 어떤 전략이 필요할까?
신생아처럼 유약한 브랜드를 어떻게 보호하고, 공격적인 시장 환경 속에서 살아남게 할 수 있을까?

5. 브랜드 출산 후 지속적인 '성장 관리'는 무엇으로 구성되며, 이 과정이 장기적 성공에 어떻게 기여할까?
성장 관리에서 경영자가 중점적으로 다루어야 할 주요 요소는 무엇인가?

6. 아이의 성장 과정에서 부모가 끊임없이 배우는 것처럼, 경영자가 브랜드 경영에서 지속적으로 배워야 할 것은 무엇일까?
경영자는 어떤 방식으로 학습하고, 그 학습을 경영에 적용할 수 있을까?

7. 브랜드 경영에서 직관과 창의성이 중요한 이유는 무엇일까?
변화하는 시장 상황에서 직관과 창의성을 어떻게 활용할 수 있으며, 이를 통해 브랜드의 본질을 유지할 방법은 무엇인가?

브랜드 임신

초음파 기술이 없던 시대에는 태아가 어떻게 자라나는지 정확히 알 수 없었다. 출산 예정일을 비롯해 태아의 발달 과정을 예측하는 일은 불가능했으며, 이는 산모들에게 큰 불안과 두려움을 안겨주었다. 당시에는 산모의 신체 변화, 특히 불러오는 배를 통해 출산 시기를 짐작할 수밖에 없었다. 그리고 진통은 언제나 예고 없이 찾아왔다. 하지만 아이를 낳는 순간이 끝이 아니다. 진정한 도전은 출산 후부터 시작된다.

유엔아동기금(UNICEF)의 보고에 따르면, 2022년 5세 미만 영유아 사망자는 약 490만 명으로 집계되었다. 이는 2000년과 비교해 51%, 1990년과 비교하면 62% 감소한 수치다. 특히 이번 통계는 사망자가 처음으로 500만 명 아래로 줄어든 해로 기록되었다. 하지만 지역 간 격차는 여전히 뚜렷하다. 전체 사망자의 80%가 사하라 이남 아프리카와 남아시아 지역에 집중되었으며, 사하라 이남 아프리카가 57%, 남아시아가 26%를 차지했다. 반면, 호주와 뉴질랜드는 0%, 유럽은 0.6%, 북아메리카는 0.5%의 비율로 비교적 낮은 수치를 보인다. 주요 사망 원인은 조산(18%), 폐렴과 같은 호흡기 질환(14%), 출산 중 질식(12%), 말라리아와 설사(각각 9%) 등으로 나타났다. 이러한 통계는 출산과 영유아 생존이 여전히 중요한 도전임을 시사한다.

우리나라에는 아기가 태어난 후 100일 동안 무사히 자란 것을 축하하는 '백일잔치'라는 전통이 있다. 이는 생후 초기 생존의 어려움을 상징적으로 나타내는 풍습이다. 임신과 출산 과정은 산모와 태아 모두에게 큰 위험을 안겨주며, 출산 중 산모와 아이가 동시에 위험에 처하는 상황도 적지 않다. 자연분만이 어려울 경우 유도분만이나 제왕절개를 시도하지만, 이 역시 양쪽 모두에게 큰 부담을 준다. 임신 과정 역시 쉽지 않다. 불임으로 인해 시험관

아기 시술을 받는 부부가 늘고 있으며, 조산된 태아는 인큐베이터에 의존해야 하는 경우가 많다. 반대로 태아가 지나치게 큰 경우, 산모의 생명까지 위협할 수 있다.

출산은 단순히 새로운 생명의 탄생을 넘어, 산모와 태아 모두에게 생존의 도전과 같다. 이 과정에서 겪는 어려움과 위험은 생명을 잉태하고 탄생시키는 일이 결코 쉽지 않음을 보여준다.

이러한 임신과 출산의 과정은 브랜드 탄생의 여정과 닮아 있다. 브랜드는 종종 예기치 않은 순간에 아이디어나 디자인 컨셉에서 출발한다. 회의를 마치고 집으로 가는 길에 브랜드 이름이 떠오르거나, 아직 시장조사가 완료되지 않은 상황에서 성공에 대한 확신이 들 때도 있다. 그러나 이러한 '계시'가 모든 창업자에게 주어지지는 않는다. 마치 태아가 자궁에서 사산되듯, 많은 브랜드가 시장에 나오기도 전에 사라진다. '브랜드 임신'이라는 비유가 다소 과장되어 보일 수 있지만, 실제로 브랜드를 런칭해 본 사람이라면 이 비유에 깊이 공감할 것이다.

임신이 수억 개의 정자 중 단 하나가 난자와 결합하는 순간에 시작되듯, 브랜드 임신도 수많은 아이디어와 컨셉 중 하나가 선택되는 순간부터 시작된다. 초기 태아가 단순한 올챙이 같은 모습에서 점차 인간의 형태를 갖춰 가듯, 브랜드 역시 처음에는 단순한 아이디어에 불과하지만 시간이 지남에 따라 구체적인 형태와 정체성을 갖춰 간다.

임신 중 태교가 태아를 위한 교육처럼 보이지만, 사실은 부모가 아이를 맞이할 준비를 하는 과정이듯, 브랜드 임신의 시기도 비슷한 역할을 한다. 이 시기는 브랜드 런칭을 위한 준비 단계로, 경영자와 창업 멤버들이 브랜드의 '부모'로 성장하기 위해 훈련하는 시간이다. 이 과정에서 그들은 브랜드의 핵심 가치와 비전, 전략을 정립하며, 런칭 후 겪게 될 다양한 도전에 대비하게 된다.

원시 브랜드

사람의 정자가 핵, 미토콘드리아, 꼬리로 구성되어 유전 정보를 전달하듯, 브랜드의 원형도 비즈니스 DNA를 품은 아이디어에서 시작된다. 초기 브랜드는 단순한 생각이나 직감, 감정과 같은 본능적인 요소에서 출발한다. 마치 정자와 난자가 결합해 생명체가 형성되는 순간처럼, 이러한 아이디어는 브랜드의 형성에 있어 중요한 첫걸음이 된다.

브랜드가 점차 구체적인 형태를 갖추기 위해서는 시장조사가 필수적이다. 시장 환경을 분석하고 미래 동향을 예측하며, 경쟁사와 고객의 니즈를 파악하는 과정이 필요하다. 이러한 조사와 분석은 초기의 직관적 발상을 구체적인 비즈니스 전략과 실천 계획으로 발전시키는 핵심 단계가 된다. 이 과정에서 아이디어는 명확한 구조와 방향성을 가지게 되며, 비로소 브랜드는 본격적으로 자라기 시작한다.

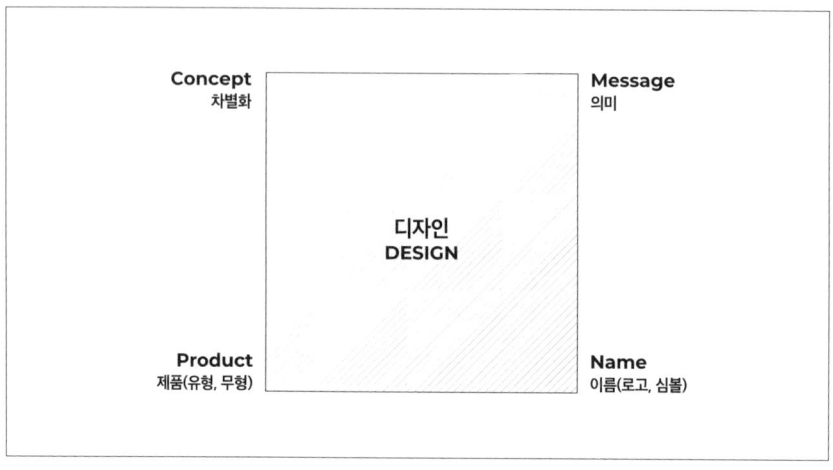

그림 1 브랜드 구조

그림 1은 브랜드 형성을 위한 기본 요소들을 시각적으로 보여준다. 하지만 이를 단순히 그림으로만 이해하기보다는, 상품을 통해 직접 경험해보는 것이 더 효과적이다. 예를 들어, 지금 신고 있는 나이키 신발을 떠올려보자. 이 신발 자체는 하나의 제품(product)이고, 여기에 '나이키'라는 브랜드 이름이 부여된다. 나이키의 메시지인 'Just do it'과 대표적인 컨셉인 '에어 조던(Air Jordan)'은 나이키 브랜드의 정체성을 형성하는 중요한 요소들이다. 이 모든 요소를 하나로 묶는 것이 바로 디자인(design)이다.

브랜드의 출발점은 크게 세 가지 방향으로 나눌 수 있다.
1. Item(아이템, 상품)에서 시작하는 브랜드
"이런 제품이 필요했는데, 이걸 한번 팔아볼까?"와 같이 기존에 없던 상품을 개발하여 새로운 시장에 진입하는 방식이다.
2. Idea(아이디어, 컨셉)에서 시작하는 브랜드
"기존 제품이 너무 많으니 더 심플한 버전을 만들어보면 어떨까?"처럼 기존 상품에 새로운 아이디어나 컨셉을 추가해 차별화된 브랜드를 만든다.
3. 아이템과 아이디어가 동시에 출발하는 브랜드
아이템과 아이디어가 동시에 창조되고 여기에 의미가 더해지며 브랜드 이름이 부여된다. 이 모든 과정이 완료된 후 디자인을 통해 브랜드가 통합된다.

단순한 아이디어만으로는 브랜드를 완성할 수 없다. 시장조사와 비즈니스 모델 구축은 브랜드 경영의 핵심적인 역할을 한다. 예를 들어, 파타고니아(Patagonia)의 비즈니스 모델은 그 자체가 브랜드 메시지가 된다. 이들은 시장조사를 통해 오가닉 재료 사용, 공정 무역, 환경 보호 기금 조성, 제품 재활용 등의 원칙을 비즈니스 모델에 포함시켰다. 이러한 요소들은 파타고니아의 철학과 일관된 메시지로 소비자에게 전달되며, 브랜드와 비즈니스가 일체화된다.

바디샵의 창업자, 아니타 로딕(Anita Roddick)은 "비즈니스를 결정하는 방식이 브랜드를 형성한다"는 말로, 경영 방식과 브랜드의 정체성이 밀접하게 연결되어 있음을 강조했다.

브랜드의 초기 단계, 즉 '원시 브랜드'를 잉태하기 위해서는 창의성이 필수적이다. 그렇다면 브랜드를 위한 창의성이란 무엇일까? 니체는 창의성을 "모두의 눈앞에 있지만, 아직 이름이 없는 것, 명명되지 않은 무언가를 보는 것"이라고 정의했다. 바로 그 '아직 이름이 없는 무언가'가 브랜드의 시작점이 된다. 이 시작점은 논리적으로 설명하기 어려운 영역에 속하지만, 직관적으로 감지할 수 있는 본능적 발현이다.

창의성은 브랜드가 자라나는 토양과 같다. 초기에는 불명확하고 추상적이지만, 시장조사와 전략을 통해 점차 구체적인 형태를 갖추며 발전한다. 이 과정에서 직관과 창의성은 단순한 영감에 그치지 않고, 브랜드의 정체성을 형성하고 방향을 제시하는 중요한 동력으로 작용한다.

게르트 기거렌처(Gerd Gigerenzer)는 『생각이 직관에 묻다』에서 직관을 "경험에서 비롯된, 의식 속에 갑작스레 나타나는 인식"으로 정의하며, 그 결론에 도달한 과정을 명확히 설명하기 어렵다고 지적한다. 이는 어림짐작의 골조와 같은 것으로, 불확실한 상황에서도 판단을 내리도록 돕는다.

또한, 영국 시인 로버트 그레이브스(Robert Graves)는 직관을 "논리적 사고 과정을 초월해 문제에서 해답으로 곧바로 나아가는 것"이라며, 직관의 초월성을 강조했다. 『생각의 탄생』의 저자 로버트 루트번스타인(Robert Root-Bernstein)은 "통찰은 갑작스러운 계시와 같으며, 창조적 사고를 이해하는 데 필수적인 능력"이라고 말한다.

이런 설명들은 독자들에게 혼란을 줄 수 있다. '이게 무슨 말이지? 도대체 브랜드를 어떻게 만들라는 거야?' 하지만 이것이 바로 핵심이다. 정자와 난자가 만나 생명이 형성되는 과정을 논리적으로 완벽히 설명할 수 없듯, 아이디어들이 결합되어 브랜드로 성장하는 과정도 논리적 틀로만 이해할 수 없다. 직관과 창의성은 브랜드 탄생의 불가결한 요소이며, 이 과정에서 경영자는 미지의 영역을 탐험하는 탐험가처럼 나아가야 한다.

브랜드가 진정한 브랜드로 자리 잡기 위해 가장 중요한 요소는 컨셉, 브랜드 이름, 그리고 디자인이다. 이 세 가지는 단순한 상징이 아닌, 브랜드의 정체성을 형성하는 핵심 축이다. 브랜드의 성공은 단순히 제품의 품질로만 결정되지 않는다. 품질은 기본 전제일 뿐이며, 시장조사와 비즈니스 모델 구축 과정에서 수치에 근거한 합리적 결정도 필수적이다. 그러나 실체 없는 메시지로는 소비자의 신뢰를 얻기 어렵고, 제품 없이 전달되는 메시지는 공허하게 느껴질 뿐이다. 판촉과 마케팅으로 메시지를 과장하면 브랜드의 본질을 훼손할 위험이 크다.

진정한 브랜드로 자리 잡기 위해서는 비제품(non-product) 요소가 필수적이다. 컨셉, 이름, 그리고 디자인으로 구성된 이 비제품 요소들은 창의성, 직관, 통찰력이 결합되어 형성된다. 이는 특정 재능을 가진 사람만이 브랜드를 만들 수 있다는 의미가 아니다. 오히려 이러한 개념들을 올바르게 이해하고 일관되게 적용할 때 브랜드는 성공적으로 구축될 수 있다.

이번 '브랜드 임신'에서는 브랜드의 원형, 즉 '컨셉'에 집중할 것이다. 또한, 보이지 않는 컨셉을 어떻게 브랜드 네이밍과 디자인이라는 구체적 형태로 구현할 수 있는지도 함께 탐구할 것이다. 이는 단순히 이름과 이미지를 만드는 것을 넘어서, 브랜드의 정체성을 시각적으로 완성하는 과정이다.

컨셉(Concept)과 임신(Conceive)

컨셉(Concept)이라는 단어의 어원은 라틴어 conceptus에서 유래하며, con(함께)과 cept (잡다, 취하다)가 결합된 형태다. 우리말로는 주로 '개념'으로 번역되지만, 사전적 정의인 '어떤 사물이나 현상에 대한 일반적인 지식'과 브랜드 영역에서 사용하는 의미는 다소 차이가 있다.

컨셉과 밀접하게 연관된 단어로는 conceive가 있다. 이 단어는 '마음에 품다' 또는 '임신하다'는 뜻을 지니며, 중세 영어 conceiven과 고대 프랑스어 conceveir에서 파생되었다. Conceveir는 '받아들이다, 붙잡다'는 의미의 라틴어 concipere에서 유래했으며, 여기서 com- (함께)과 capere (취하다)가 결합된 구조를 이룬다.

결과적으로, concept의 어원적 의미는 '무언가를 받아들이고 함께 붙잡는 것'을 뜻하며, 이는 아이디어나 계획, 개념 형성뿐만 아니라 생물학적인 임신의 의미까지도 내포하고 있다.

컨셉은 외래어로서 시대, 산업, 상황에 따라 그 의미가 변화한다. (이 부분은 다음 장에서 더 자세히 다루게 된다.) 이러한 특성 때문에 컨셉을 글로만 명확히 설명하는 것은 쉽지 않다. 그러나 어원에 충실한 해석과 함께 도식이나 그림과 같은 시각적 표현을 활용하면 이해를 돕는 데 큰 효과를 발휘할 수 있다.

그림 2는 '전체를 하나로 묶는 특별한 관점'을 의미하며, 이 개념이 바로 컨셉이다. 컨셉의 목표는 차별화된 스타일을 창출하는 것이며, 그 결과는 강력한 스타일을 구축하는 데 있다. 이 정의에 동의한다면 자연스럽게 "그렇다면 어떻게 이러한 컨셉을 만들 수 있을까?"라는 질문으로 이어지게 된다.

컨셉을 만드는 일이 어려운 이유는 시기, 상황, 조건, 이미지, 메시지에 따라 그 가치가 달라질 수 있기 때문이다. 어떤 컨셉은 특정 시점에서는 뛰어난 선

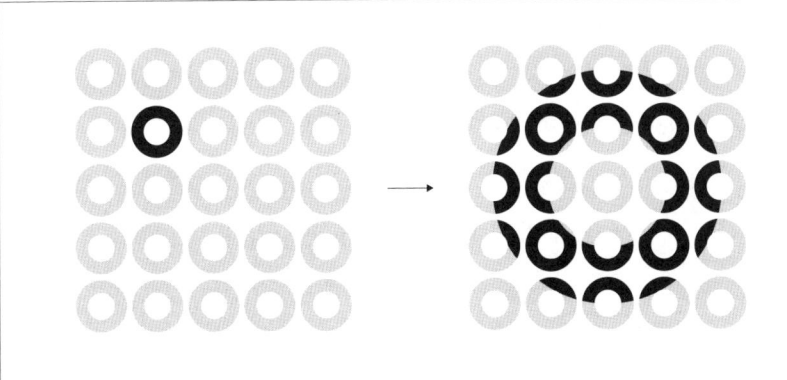

그림 2 컨셉 구축

택일 수 있지만, 다른 시점에서는 부적절하게 보일 수 있다. 또한, 처음 세운 컨셉이 시간이 흐르면서 변형되거나 완전히 바뀌는 경우도 흔하다.

  이러한 특성 때문에 완벽한 컨셉을 만들기 위해 지나치게 애쓰는 것보다, 다양한 컨셉을 세우고 이를 나만의 체크리스트로 점검하는 방식이 더 효과적이다. 다음은 내가 사용하는 컨셉 체크리스트다.

- 컨셉이 기존 인식(고정관념)을 바꾸는가?
- 새로운 관점에서 현실을 무시하고, 관점의 변화를 이끌어낼 수 있는가?
- 전체를 설명할 수 있는 새로운 시각을 제시하는가?
- 브랜드 경영에 필요한 시장에 대한 독창적 접근인가?
- 사고방식과 독창성, 새로운 관점에서 현실을 초월하는가?
- 소비자에게 구매의 새로운 기준을 제시하는가?
- 소비자의 잠재적 욕구를 통찰해 구체적인 형태로 표현하는가?
- 소비자의 인식을 전환시켜 지각 변화를 일으키는가?

이 체크리스트는 중복된 질문처럼 보일 수 있지만, 엉뚱한 생각이나 비현실적인 아이디어를 걸러내는 데 유용하다. 단순한 감각적 번뜩임에 그친 아이디어는 컨셉으로 구체화되어야 모두가 공감할 수 있는 형태가 된다. 만약 컨셉이 이 체크리스트를 통과하지 못한다면, 마치 손으로 물을 잡으려는 것처럼 시간이 지남에 따라 기억 속에서 흐릿하게 사라지고 말 것이다.

컨셉(MATRIX), 자궁

'컨셉을 창조하라'보다는 '컨셉을 잡자'는 표현이 더 자연스럽다. '잡다'라는 동작이 컨셉의 본질과 정확히 어떻게 맞물리는지 설명하기는 어렵지만, 이 표현은 직관적으로 컨셉의 핵심을 반영한다. 그림 2처럼, 컨셉은 전체를 하나로 묶는 하나의 관점이다. 이는 접착제처럼 다양한 요소를 결합하고, 브랜드의 디자인, 네이밍, 광고 커뮤니케이션 등과 조화를 이루며 사람에게 꼭 맞는 옷처럼 브랜드에 자연스럽게 스며든다.

컨셉을 잡는 방식은 사람, 업종, 상황에 따라 다를 수 있다. 같은 상황을 마주하더라도 디자이너와 마케터의 시각은 다를 수 있고, 경영자와 소비자의 관점도 엇갈리기 마련이다. 이러한 차이로 인해 다양한 관점을 모아 통합하는 과정이 필요하며, 개인의 취향과 브랜드의 방향이 혼재되지 않도록 주의해야 한다. 겉으로는 모두가 고객의 시각을 따르는 것처럼 보이지만, 각자의 경험과 취향이 자연스레 개입되기 쉽다. 종종 아이디어를 자식처럼 여기며 집착하는 것도 이와 같은 맥락에서 이해할 수 있다. 그래서 컨셉 회의에서는 감정이 개입되면서 분위기가 험악해지기도 한다.

이런 문제를 피하기 위해 나는 말로만 진행하는 회의 대신 매트릭스 박스를 사용한다. '매트릭스(matrix)'라는 단어는 라틴어로 '어머니(mater)'에서 파생되어, 나중에는 자궁을 의미하게 되었다. 수학자 실베스터가 1848년에 수학적 행렬을 설명할 때 이 단어를 사용한 것도 이런 의미를 내포한다. 매트릭스 박스는 자궁처럼 다양한 아이디어를 품고 성장시키는 역할을 한다.

매트릭스 박스를 활용하는 방법은 간단하다. 상자 하나를 돼지저금통처럼 사용하여 팀원들이 일정 기간 동안 컨셉과 관련된 아이디어를 자유롭게 넣는 것이다. 이때 메모뿐만 아니라, 향수병 같은 상징적인 물건이나 음악 파일도 포함할 수 있다. 매트릭스 박스가 가득 차면 추가 상자를 사용하거나, 매트릭스 룸과 같은 공간을 활용해 자료를 모을 수 있다. 이렇게 수집된 자료는 개인이나 팀이 함께 정리하며, 기록된 자료는 브랜드가 런칭된 후 초기 고객과의 소통에 유용하게 활용된다.

컨셉 작업은 퍼즐을 맞추는 것이 아니다. 퍼즐은 고정된 조각들이 하나로 완성되는 반면, 컨셉은 시계의 복잡한 톱니바퀴처럼 맞물려 작동하는 구조다. 우리가 눈으로 보는 디자인과 네이밍이 시계의 앞면이라면, 컨셉은 그 내부에서 보이지 않게 작동하는 톱니바퀴와 같다. 여러 개의 톱니가 정교하게 맞물려야 시계가 움직이듯, 브랜드도 다양한 컨셉들이 조화를 이뤄야 동력을 얻는다. 메인 컨셉, 제품 컨셉, 광고 컨셉 등 여러 컨셉이 유기적으로 협력해야 브랜드가 제대로 작동한다.

리처드 오글은 『스마트 월드』에서 강력한 컨셉을 창출하기 위해 직관이 필수적이라고 강조했다. 직관은 복잡한 것을 단순하게 정의하고, 숨겨진 패턴을 읽어내는 능력이다. 이는 단순히 나열된 정보를 넘어서, 다양한 요소를 압축해 독창적으로 표현하는 데서 나타난다. 매트릭스 박스는 이러한 직관적 통찰을 이끌어내는 강력한 도구다. 아이디어를 모으고 정리하는 과정에서 자연스럽게 일관된 패턴이 형성되기 때문이다. 이 모든 과정은 브랜드 임신의 일부라 할 수 있다.

컨셉 작업은 쉬운 일이 아니다. 시장의 변화에 따라 컨셉도 지속적으로 변해야 하며, 이론적 접근만으로는 한계에 부딪히기 쉽다. 컨셉은 언어를 말하며 익히듯, 현장에서 경험을 통해 체득해야 진정으로 이해할 수 있다.

컨셉은 지성과 감성이 결합된 압축된 논리다. 소비자들은 브랜드를 단순한 문장으로 기억하지 않는다. 그들은 브랜드를 전체적인 이미지와 경험으로 받아들인다. 이 때문에 컨셉을 명확한 문장으로 정의하기는 어렵다. 결국 컨셉은 일종의 '거시기'와 같아서, 직접 경험하고 체득해야만 온전히 이해할 수 있는 것이다.

컨셉츄얼라이제이션을 위한 매트릭스 프로세스

1단계: 사과 상자와 같은 용기를 돼지저금통이나 투표함처럼 준비한다.

2단계: 팀원(또는 개인)은 일주일에서 이주일 동안 컨셉과 관련된 아이디어를 매트릭스 박스에 넣는다. 컨셉을 표현할 수 있는 어떤 것이든 자유롭게 넣을 수 있으며, 매트릭스 박스가 가득 차면 추가 상자를 준비하거나 매트릭스 룸과 같은 공간을 마련해 활용할 수 있다.

3단계: 정해진 기간이 지나면 매트릭스 박스에 담긴 아이디어들을 구분한다. 구분 방법은 두 가지다. 첫째, 각자가 자신의 관점에 따라 아이디어를 구분하는 방법이다. 둘째, 팀원들이 함께 논의하며 구분하는 방식이다. 나는 이 두 가지 방법을 모두 활용한다. 구분한 결과는 사진으로 기록해 두고, 브랜드 런칭 후 최초 고객과의 소통에 활용하거나 컨셉을 검증하는 자료로 사용할 수 있다.

4단계: 마지막으로 컨셉츄얼라이제이션(Conceptualization) 단계로 들어간다. 이 단계에서는 이전 과정에서 구분한 자료를 토대로 컨셉을 명확히 정리하고 발전시킨다. 아래 그림에서는 1단계와 2단계가 구분 과정에 해당한다.

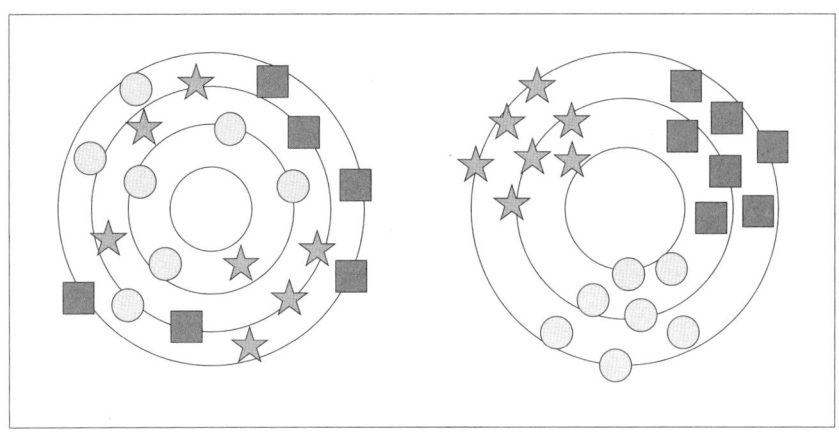

그림 3 컨셉츄얼라이제이션(Conceptualization)

이와 같은 매트릭스 박스를 활용한 접근은 단순한 분류 작업을 넘어, 직관적으로 다양한 아이디어를 통합하는 데 효과적이다. 이를 통해 컨셉이 브랜드의 방향성을 어떻게 구체화하는지 체계적으로 이해할 수 있다.

그림 3은 구분된 아이디어중에 대표 아이디어를 선택하는 경우, 구별한 아이디어를 통합하는 중간 컨셉을 만드는 경우다.

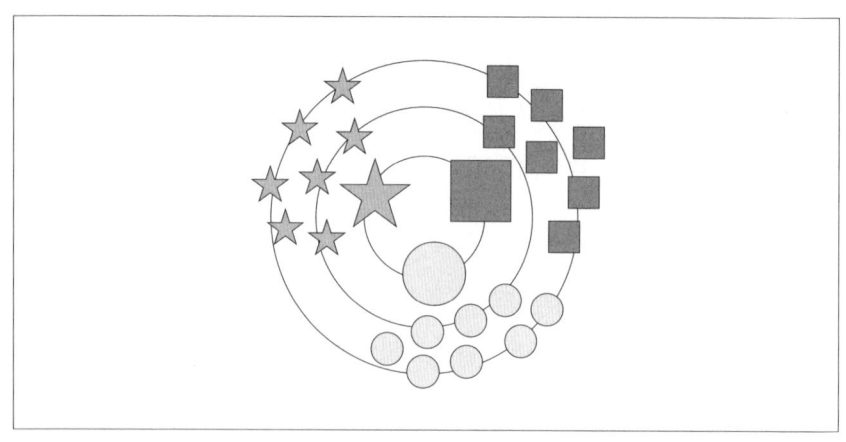

그림 4 컨셉 휠

큰 별, 원, 그리고 네모를 사용해 컨셉을 만든다고 하자. 지금까지 보여준 그림은 하나의 방법만 제시했을 뿐이다. 그러나 절대로 이러한 공식에 따라 컨셉이 만들어지는 것은 아니다. 오히려 작은 별 속에서 핵심 컨셉이 나올 수도 있으며, 전혀 예상하지 못했던 세모가 컨셉으로 채택될 수 있다. 매트릭스 박스의 목적은 과정 속에서 각자가 생각하는 다양한 컨셉에 대해 소통하는 것이다. 이 방법은 컨셉뿐만 아니라 디자인, 네이밍, 제품 구상 등 여러 요소에서 다양한 의견과 아이디어를 수집하는 데 유용한 방법으로 추천한다.

반면, 매트릭스 박스를 잘못 사용하는 예는 아래 그림 5 퍼즐 그림과 같은 경우다. 모든 사람의 생각을 통합해 큰 그림을 그리려는 것은 마치 정치권에서 선전용으로 활용하는 방식과 비슷하다. 여러 번 강조하지만, 개인 취향을 반영한 컨셉은 브랜드 방향에 치명적인 결함을 초래할 수 있다. 특히, 자신의 존재감을 과시하려는 의도로 컨셉 아이디어를 퍼즐의 중심에 놓는 경우, 이는 그림을 맞추는 것이 아니라 퍼즐을 맞추는 것에 불과하게 된다.

그림 5 퍼즐 그림

컨셉은 퍼즐을 맞추는 것이 아니다. 컨셉은 퍼즐보다 시계에 가깝다.

그림 6 시계 조립도와 컨셉 모형

그림 6은 태엽으로 작동하는 아날로그 시계의 설계도다.

시계가 여러 톱니바퀴와 나사로 구성되듯, 브랜드의 디자인과 네이밍은 시계의 앞면에 해당하는 시침과 분침 역할을 한다. 반면에, 컨셉은 보이지 않는 내부 톱니바퀴와 같다. 브랜드는 하나의 컨셉만으로 완성되지 않으며, 메인 컨셉을 중심으로 제품 컨셉, 네이밍 컨셉, 광고 문구 컨셉, 서브 컨셉, 그리고 런칭 이후의 컨셉까지 다양한 컨셉들이 서로 맞물려 작동한다. 메인 컨셉이 반드시 가장 중요한 역할을 하지 않아도 된다. 중요한 것은 여러 분야의 컨셉들이 조화를 이루며 브랜드를 움직이는 동력을 만들어 내는 것이다.

리처드 오글은 그의 저서 『스마트 월드』에서 강력한 컨셉을 구축하는 과정이 직관과 깊이 연관되어 있다고 말한다. 컨셉화 과정은 명확한 패턴이나 구조가 없는 상태에서 논리적이고 일관된 통일성을 만들어 내는 작업이다. 여기서 중요한 것이 바로 직관이다. 직관은 복잡한 것을 단순화하고, 표면 아래 숨겨진 패턴을 읽어내는 무의식적인 능력이다. 이는 단순한 요소 나열이 아니라, 다양한 요소들을 압축해 독창적으로 표현하는 패턴을 구축하는 과정이다.

매트릭스 박스를 컨셉 미팅에 활용하면, 오글이 말한 '논리적 통일성'을 체감할 수 있다. 여러 아이디어와 요소들이 조화롭게 결합해 하나의 브랜드로 발전하는 과정이 바로 브랜드 임신의 과정이라 할 수 있다.

지금까지 컨셉의 정의와 컨셉을 잡는 방법을 간략히 설명했다. 이제 왜 컨셉 작업이 어려운지에 대해 논의할 차례다. 컨셉이 어려운 이유는 그것이 고정되지 않고 끊임없이 변화하기 때문이다. 복잡하고 혼란스러운 컨셉의 본질을 이해해야만, 진정으로 올바른 컨셉을 잡아낼 수 있다.

컨셉, 압축된 논리

'거시기'라는 단어를 비유로 사용하는 것은 컨셉의 복잡성을 설명하는 데 적절하다. 직장 상사가 회의 시간에 매번 '거시기'라는 단어를 사용하는 상황을 떠올려보자. 이 단어는 명확한 의미가 없지만, 맥락에 따라 다양한 의미로 변주되며 자연스럽게 이해된다. 처음에는 혼란스럽더라도, 시간이 지나면 상황에 따라 어떤 의미로 쓰이는지를 감각적으로 익히게 된다. 이 과정은 컨셉의 본질과 유사하다.

컨셉은 단순한 이론이나 설명만으로는 온전히 이해하기 어렵다. 오히려 다양한 상황에서 직접 다루고 경험하며, 그 과정에서 변화하는 방식을 체득해야 의미를 파악할 수 있다. 이는 마치 모국어를 생활 속에서 자연스럽게 익히는 것과 같다. 문법책만으로 언어를 배우면 그 언어가 생명력을 잃듯, 컨셉도 현장에서의 경험을 통해서만 비로소 살아 있는 의미를 갖는다.

이러한 이유로 컨셉을 다룬 마케팅 서적이 지루하게 느껴질 수 있다. 단순한 이론 분석만으로는 컨셉의 본질을 전달하기 어렵기 때문이다. 컨셉은 제품, 광고, 네이밍 등 다양한 요소와 결합하면서 비로소 브랜드의 정체성을 형성한다. 사람들이 물건을 구매할 때 정서적, 기능적, 자아 표현적 이익을 명확히 구분하지 않듯, 브랜드 컨셉도 경험 속에서 자연스럽게 스며든다.

매트릭스 박스는 이런 실전 경험을 체계화하는 데 유용한 도구다. 다양한 아이디어가 모이고 정리되는 과정에서 일관된 패턴과 통찰이 도출된다. 리처드 오글은 그의 저서 『스마트 월드』에서 강력한 컨셉을 구축하는 데 직관이 필수적이라고 강조한다. 직관은 숨겨진 패턴을 읽어내고, 복잡한 것을 단순하게 정의하는 능력이다. 이는 단순히 요소를 나열하는 것이 아니라, 다양한 요소를 압축해 독창적으로 표현하는 과정이다.

컨셉을 처음 배우는 이들은 복잡한 이론에 주눅 들기 쉽다. 하지만 경험을 통해 컨셉을 자주 다뤄본 사람들은 컨셉이 직관과 감성에서 비롯된다는 사실을 깨닫게 된다. 이론서가 컨셉을 분해하고 조립하는 방법을 제시하더라도, 브랜드 컨셉은 단순히 기계적으로 조립할 수 있는 것이 아니다. 오히려 다양한 요소들이 유기적으로 조화를 이루며 발전하는 과정에 가깝다.

컨셉은 단순한 아이디어가 아니라 지성과 감성이 결합된 압축된 논리다. 소비자들은 컨셉을 단순히 한 줄의 문장으로 이해하지 않는다. 그들은 브랜드를 전체적인 경험 속에서 받아들인다. 이처럼 컨셉은 이론적 분석과 실전 경험이 조화를 이룰 때 비로소 온전히 파악할 수 있다.

가장 오염된 단어, Concept

'사랑'은 인간의 가치 중 가장 흔하게 오염된 단어 중 하나다. 신과 인간의 영적 관계, 부모와 자식 간의 유대, 부부의 관계 등 다양한 상황을 모두 사랑이라는 단어로 설명한다. 심지어 물건을 좋아하는 감정이나 매춘 행위마저도 사랑으로 은유된다. 이렇게 사랑은 관계의 깊이와 범위를 넘나들며, 때로는 단순한 '열정적 소비'의 개념으로도 사용된다.

경영 분야에서는 '전략'이 가장 많이 왜곡된 단어 중 하나다. 원래 전략은 군사 용어로, 적보다 유리한 위치를 점하는 것을 의미했다. 하지만 오늘날에는 단순한 아이디어, 판촉 방법, 차별화 전략까지 '전략'이라는 단어로 포괄적으로 사용되고 있다. 그러나 사랑과 전략보다 더 광범위하고 모호하게 사용되는 단어가 있다. 그것은 바로 '컨셉'이다.

컨셉은 문화, 경영, 환경, 교육, 마케팅, 디자인, 트렌드 등 다양한 영역에서 필수적인 단어로 사용되지만, 그만큼 남용되는 단어이기도 하다. 컨셉을 기획하고 판매하는 사람들에게 "컨셉이 무엇인가요?"라고 물어보면, 그들은 이미지, 느낌, 메시지, 아이디어, 직관, 차별화 등 여러 가지 답변을 내놓는다. 사전적으로 컨셉은 '개념, 관념, 생각, 테마' 등을 뜻하지만, 실제 사용에 있어서는 메시지와 상황에 따라 다양한 의미로 해석된다.

예를 들어, "이번 마케팅 전략의 컨셉은 무엇인가요?", "이 미술 작품의 컨셉은 무엇인가요?", "광고의 컨셉은 무엇이죠?", "이 도시의 컨셉은 무엇인가요?", "당신의 컨셉은 무엇입니까?"와 같은 질문들은 서로 다른 맥락을 지니고 있지만, 우리는 그 의미를 직관적으로 이해한다. 그러나 막상 그 의미를 명확히 설명하려고 하면 애매하게 느껴진다. 이는 외래어인 컨셉이 다양한 해석의 여지를 남기기 때문이다. 컨셉은 '사랑'처럼 감성적인 동시에 '전략'처럼 이성적인 특성을 가진 단어다.

마케팅, 트렌드, 디자인 등 다양한 분야에서 브랜드를 다루는 사람이라면 컨셉이라는 개념을 반드시 이해해야 한다. 그러나 컨셉은 보편적이면서도 동시에 특수한 단어로, 단순히 사전적 정의에 맞춰 사용할 수 없다. 이미 각 분야에서 고유하게 정착된 만큼 이를 하나의 통일된 정의로 규정하기는 어렵다. 산업군, 기업, 부서별로 자신들의 커뮤니케이션 언어에 맞게 정립하는 것이 필요하다.

모든 빛나는 것이 다이아몬드가 아니듯, 모든 것이 컨셉이라 불린다고 해서 진정한 컨셉이 되는 것은 아니다. 컨셉은 브랜드의 본질과 가치를 정의하는 핵심 개념이며, 설명할 수는 있지만 명확히 정의하기는 어렵다.

컨셉을 이해하는 과정은 DSLR 카메라의 사용 설명서를 학습하는 것과 비슷하다. 예를 들어, 421페이지에 달하는 설명서에 500가지 이상의 기능이 나열되어 있지만, 단순히 읽는 것만으로 카메라를 완벽하게 다루기는 어렵다. 설명서는 지식을 전달하기보다는 직접 사용해가며 익히도록 돕기 위한 도구다. 아이디어나 컨셉에 관한 책도 마찬가지다. 책을 읽고 난 뒤 오히려 더 혼란스럽거나 좌절감을 느끼는 경우가 많다. 아이디어에 대한 책을 읽고도 정작 아이디어가 떠오르지 않는 경험은 누구에게나 익숙한 아이러니다.

브랜드 업계에서 10년 이상 일한 사람들은 잘 안다. 컨셉을 이해하는 가장 효과적인 방법은 책이나 강의를 통해 배우는 것이 아니라, 직접 만들어 보고, 평가받으며 논의하는 과정을 통해 구체화하는 것이다. 브랜드 아이덴티티를 구축하고 컨셉을 도출해 시장에서 실현해봐야 비로소 컨셉이 어떻게 살아 움직이는지 체감할 수 있다. 그러나 한두 번의 브랜드 런칭 경험만으로는 컨셉의 깊이를 파악하기 어렵다. 최소 5개 이상의 브랜드를 런칭하고, 10년 이상의 경험을 통해 축적된 암묵지를 쌓아야 진정한 통찰로 컨셉을 이해할 수 있다. 그래서 경력 10년이 넘는 기획자들이 "컨셉이란 무엇인가?"라는 질문에 모호하게 답하는 것도 자연스러운 일이다.

컨셉은 필요와 요구에서 시작해 상상과 전략으로 발전하는 여정 속에서 지식, 경험, 통찰, 영감, 직관, 분석이 어우러진 일종의 연금술과 같다. 이를 도표와 절차로 완벽하게 기획하거나 설명서로 정리하는 것은 현실적으로 불가능하다. 물론 특정한 절차 안에서 컨셉을 도출할 수는 있지만, 이는 마치 연습하고 해석하며 번역하는 작업에 가깝다. 왜냐하면 컨셉은 이미지와 느낌이라는 직관과 감성의 영역에 속하기 때문이다.

컨셉을 언어로 설명하는 것은 시각장애인에게 피카소의 그림을 묘사하는 것과도 같다. 피카소의 그림이 여성을 그리고 있는 것은 분명하지만, 그 여자가 누구인지 설명하는 것은 쉽지 않다. 메시지가 명확하더라도 그 느낌을 온전히 전달하기는 어렵다. 마찬가지로, 아이디어, 디자인, 그리고 컨셉을 글과 도표로 설명하려는 시도 역시 비슷한 한계를 지닌다.

'무컨셉도 컨셉이다'라는 말은 모순처럼 들리지만, 그 안에는 충분한 의미가 있다. 이는 컨셉이 지닌 독특한 속성에서 비롯된다.

"이 프로젝트나 보고서, 혹은 시안의 컨셉이 도대체 뭐냐"는 질문에는 다양한 의도가 담길 수 있다. 이를 '거시기적'으로 해석하자면, 그 질문을 던진 사람의 의도를 파악하는 것이 중요하다. 이 질문 속에는 "왜 이렇게 복잡해?", "좀 쉽게 설명해 봐", "잘난 척하지 마", "이 보고서는 별로야", "내 생각을 들어봐", 혹은 "좋은 말할 때 다시 해"와 같은 의미가 숨어 있다.

이렇게 모호하게 질문하는 이유는 명확한 답을 내놓기 어려운 컨셉의 본질 때문이다. 예를 들어, "본질입니다"라고 답하면 "본질? 그게 소비자 이익을 말하는 건가?"라는 반문이 돌아올 수 있다. "차별화입니다"라고 해도 "차별화만 되면 충분한 컨셉인가? 남들이 따라 하면 어떻게 하지?"라는 의문이 이어질 수 있다.

"경쟁 우위입니다"라는 답에는 "소비자가 경쟁 우위가 있다고 해서 다 사는 건가? 바나나맛 우유에 무슨 경쟁 우위가 있지?"라는 질문이 따라올 수 있다. 비슷하게, "핵심 메시지입니다"라고 답해도 "슈퍼에서 물건을 고를 때 판매원이 핵심 메시지를 설명해 주던가?"라는 반응이 나올 수 있다.

이 장면은 마치 시사 만화 같은 모습이지만, 실제 현실에서 흔히 일어난다. 물론 이런 상황에서 벗어나는 방법이 없는 것은 아니다. 다만 그 과정에서 발생하는 결과에 대한 책임은 피할 수 없다.

'컨셉'이라는 개념적 용어는 어느 순간 '크리에이티브'를 대체하는 표현이 되었다. 전략을 부드럽게 풀어내고, 소비자의 욕구를 압축적으로 나타내는 정의로 자리 잡은 것이다. 산업과 직군에 따라 이 용어가 다양하게 해석되며, 상황에 맞게 사용되면서 점차 상징적인 단어로 굳어졌다. 특히 브랜드를 다루는 곳에서는 이 용어가 더 복잡하게 세분화된다. 마케팅 부서에서는 컨셉이 '존재의 의미'나 '포지셔닝'으로 쓰이기도 하고, 차별화, 가치, 경쟁 우위, 소비자 편익 등 다양한 의미로 확장되고 변형된다. 이렇게 같은 단어가 부서나 회사마다 다른 의미로 해석되며 사용되는 것이다.

컨셉의 광범위한 사용은 광고의 진화와 함께 더욱 두드러졌다. 매체가 폭발적으로 증가하고 시장이 소비자 중심으로 재편되면서, 초점은 '무엇을 말할까'에서 '어떻게 말할까'로 이동했다. BI(Brand Identity)나 광고 회사 같은 2차 컨셉 가공자들은 클라이언트의 가이드라인에 맞춰 컨셉을 전달용 개념으로 변환한다. 이 과정에서 컨셉은 상황에 따라 각기 다르게 해석되며 혼란을 초래하게 된다. 결국 우리는 여전히 명확한 정의 없이 '컨셉'이라는 외래어를 사용하고 있는 셈이다.

'브랜드'라고 해서 모두가 진정한 브랜드가 아니듯, '컨셉'도 모든 상황에서 통용될 수 없다. 예를 들어, 캐논과 니콘은 비교가 가능하지만, 로모와는 비교할 수 없다. 브랜드 기획자에게 중요한 것은 컨셉의 '존재 가치'지만, 광고나 CI 개발자에게는 '전달 가치'가 더 중요하다. 이처럼 기획자, 디자이너, 마케터, 브랜드 매니저, 경영자, 영업 책임자 등 각자의 역할에 따라 동일한 브랜드와 상품의 컨셉을 해석하는 방식도 달라질 수밖에 없다.

결국, 컨셉은 설명할 수 있지만 정의하기는 어려운 단어다. 만약 위대한 창조자들에게 컨셉을 정의해 달라고 한다면, 그들은 오히려 당황할지도 모른다. 이미 직관적으로 이해하고 있는 개념이지만, 그것을 언어로 풀어내는 일은 훨씬 더 복잡하고 어려운 일이기 때문이다.

컨셉의 결정체, 브랜드 이름

인간의 성별은 수정이 이루어진 후 24시간 이내에 결정된다. 정자의 염색체가 X인지 Y인지에 따라 성별이 정해지며, 한 번 정해진 성별은 바꿀 수 없다. 이처럼 결정된 순간의 선택은 이후에 되돌리기 어렵다. 마찬가지로, 컨셉이 정해지면 그에 맞는 브랜드 이름이 창조된다. 이름의 좋고 나쁨은 결국 해당 컨셉과 얼마나 잘 어울리는지에 달려 있다. 그렇다면, 브랜드 이름은 어떻게 창조되는 걸까?

스티브 잡스가 설립한 애플(Apple)은 과연 좋은 이름일까? 컴퓨터 회사와 '애플'이라는 이름은 어울리는 선택일까? 네이밍 작업을 의뢰받을 때, 클라이언트들은 종종 이렇게 말한다.

"애플처럼 직관적이고 쉬운 이름으로 만들어 주세요."

하지만 정말 '애플'이라는 이름이 직관적이고 쉬운 이름일까? 스티브 잡스는 자서전에서 회사 이름을 '애플'로 정한 이유를 명확히 밝혔다. 그것은 단순히 전화번호부에서 맨 앞에 나오는 이름이 되기 위해서였다. 이 이름은 뉴턴의 사과, 성경의 선악과, 혹은 앨런 튜링의 사과와 아무런 관련이 없다. 또한, '애플'의 로고에 그려진 한 입 베어 문 사과가 컴퓨터 용어인 '바이트(bite)'와 연관된다는 이야기도 있지만, 실제로는 체리처럼 보이지 않도록 한 입 베어 문 디자인을 선택한 것에 불과하다.

결국, 애플처럼 직관적이고 쉬운 이름이 되려면, 애플처럼 위대하고 강력한 브랜드가 되어야 한다.

네이밍 전문 서적에서는 브랜드 이름을 짓는 데 필요한 기준을 다음과 같이 명쾌하게 제시한다.

- 법적으로 보호받을 수 있어야 한다.
- 간결하고 독창적이어야 한다.
- 풍부한 연상 이미지를 제공할 수 있어야 한다.
- 쉬운 철자와 발음으로 구성되어야 한다.
- 경쾌하고 호감도가 높아야 한다.
- 외국에서도 사용에 문제가 없어야 한다.

이 기준에 따르면, 오늘날의 '애플'은 대부분의 조건을 충족하지 못했음에도 불구하고 성공을 거두었다. 그럼에도 애플을 따라하고 싶은 다른 기업이 자기 브랜드를 '포도'라고 부른다면 어떤 인상을 줄까? 실제로 애플을 벤치마크해 과일 이름을 사용하는 기업들이 있지만, 그들은 종종 애플을 장난스럽게 흉내 낸 것처럼 보이기도 한다.

그렇다면, 네이밍 작업은 책에 나오는 보편적인 기준만 따르면 좋은 이름이 나올까? 내가 처음 뉴욕에 갔을 때 '바나나 리퍼블릭(Banana Republic)'이라는 의류 브랜드를 보고, (왜 그런 생각을 했는지는 모르겠지만) 원숭이가 많은 나라에서 만든 브랜드라고 떠올렸다. '바디샵(Body Shop)'이라는 이름을 들었을 때도 혼란스러웠다. 직역하면 '몸 가게'인데, 나는 처음에 인공 팔이나 다리를 파는 의료기구 상점이라고 생각했다.

'몰스킨(Moleskine)'의 본래 의미는 프랑스어로 인조가죽, 영어로는 두더지 가죽이다. 이 이름이 노트 브랜드와 잘 어울릴까? 지금은 그 이름이 우리에게 각인된 이미지 덕분에 멋스러워 보이지만, 처음 들었을 때는 어땠을까? '몽블랑'이라는 이름도 마찬가지다. 만약 그 이름이 좋다면, '치악산 만년필'은 어떤가?

브랜드 공식을 다시 떠올려 보자. 상품에 의미를 부여하고, 사람들이 그 의미를 인정하면 가치가 생긴다. 그리고 그 가치를 일관성 있게 유지하면 상징이 된다. 브랜드 이름의 궁극적인 목표는 바로 '상징'이 되는 것이다. 마치 십자가가 기독교의 세계관을 상징하듯, 브랜드 이름도 그 브랜드의 세계관을 보여주는 하나의 상징이다.

'손흥민의 축구'는 어떤 축구일까? 봉준호 감독은 스스로 하나의 장르가 되었다는 평가를 받는다. 그 의미는 무엇일까? 에어비앤비는 자신들의 여행을 "Belong Anywhere"라 표현하며, '낯선 도시에서 우리 집을 만난다'는 콘셉트를 제시한다. 이는 현실에서 정말 가능할까?

좋은 이름이란 자신의 이름으로 질문을 던지고, 그 이름 자체로 답할 수 있는 이름이다. 명사가 아니라 동사처럼 쓰이는 이름이다. 손흥민이 '손흥민했다', 봉준호가 '봉준호했다', 애플이 '애플했다', 에어비앤비가 '에어비앤비했다'처럼 말이다. 이렇게 말했을 때, 타인이 그 의미를 이해하고 가치를 인정하며 받아들인다면 그때 비로소 좋은 브랜드 이름이 구축된 것이다.

처음부터 좋은 이름이란 없다. 다만, 좋은 브랜딩이 있을 뿐이다.

나쁜 이름은 있다.

처음부터 완벽한 이름은 없지만, 나쁜 이름은 분명히 존재한다. 충분한 논의 없이 대행사에 의뢰해 받아온 이름이거나, 소수의 의견이 과도하게 반영된 이름이 그렇다. 물론 대행사나 소수의 선택 자체가 나쁘다는 의미는 아니다. 문제는 이름을 결정하는 잘못된 과정에서 비롯된다는 데 있다.

대행사에 모든 걸 맡긴 뒤, 제안된 이름 중 세 가지를 놓고 거수로 결정한 브랜드 이름은 언제나 위태롭다. 사업이 잘되면 문제가 없지만, 사업이 어려워지면 이름에 대한 불만이 표출되기 시작한다. 자신의 전략이나 역량 부족을 돌아보기보다는, 탓할 대상을 찾기 마련이다. 그리고 그 대상은 가장 손쉬운 브랜드 이름이 된다. 다른 부서를 비난하지 않고, 모두의 실수를 덮을 수 있는 만만한 대상이기 때문이다.

아직 브랜딩이 되지 않은 이름은 갓 태어난 사슴새끼와 같다. 사자에게는 쉬운 먹잇감처럼, 취약하다. 결국 사람들은 이름이 문제라며 다른 이름으로 바꾸려 하고, 처음부터 다시 시작하는 길을 택하게 된다. 하지만 더욱 심각한 문제는 첫 네이밍 과정에서 내부 직원들 간에 생긴 충돌이다. 이로 인해 깊은 상처가 남고, 그 상처가 치유되지 않은 상태에서는 브랜드 경영에 다시 집중하기 어려워진다.

브랜드의 '임신 기간'에서 네이밍 작업은 단순히 이름을 정하는 것이 아니라, 브랜드 소속감을 구축하는 과정이다. 구성원이 이름 결정 과정에 참여하는 것은 브랜드와 하나가 되는 내재화의 여정이다. 하지만 갑작스럽게 결정된 이름이 발표되면 대부분의 직원은 낯설고 거부감을 느낄 수 있다. 그 이름이 기대 이상으로 뛰어났다면 상황이 달라질 수도 있겠지만, 내 경험상 처음부터 모든 직원을 만족시키는 이름은 거의 나오지 않는다. 마치 스티브 잡스가 회사를 처음 세우고 '애플'이라는 이름을 지었을 때의 직원들 표정처럼 말이다.

당시 비즈니스 세계를 주름잡던 IBM(International Business Machines) 같은 거대 기업에 가지 않고, '애플'이라는 이름을 단 회사에 합류한 직원들은 과연 어떤 기분이었을까?

브랜드 이름이 결정되지 않으면 경영에 치명적인 타격을 줄 수 있다. 심지어 브랜드 런칭이 실패로 돌아가는 경우도 있다. 법적 등록에 문제가 생긴 브랜드 이름 때문에 기업이 해체되는 사례도 존재한다. 브랜드 이름이 늦게 결정되면 전체 프로세스가 지연되거나 심각한 비용 손실로 이어질 수 있다. 그러나 초보 브랜드 경영자나 담당자들은 브랜드 이름이 경영에 얼마나 큰 영향을 미치는지 충분히 인식하지 못한다. 브랜드 이름은 단순한 명칭이 아니라, 브랜드의 본질이자 기업 설립의 목적을 상징한다. 따라서 브랜드 경영자는 단순히 이름을 짓는 기술을 배우는 것이 아니라, 이름을 통해 기업 전체가 브랜드로 성장하는 과정을 이해해야 한다.

브랜드의 '임신 기간' 동안 브랜드는 자궁 안에서 컨셉을 통해 수정되고, 이름을 통해 태아로 성장한다. 브랜드 이름은 곧 브랜드의 실체이며, 태아와 같다. 또한, 브랜드를 임신하는 일은 경영자 혼자만의 몫이 아니다. 모든 구성원이 함께 브랜드를 임신해야 하며, 이는 곧 네이밍 작업에도 구성원들이 적극적으로 참여해야 함을 의미한다. 하지만 반드시 내부에서 이름을 결정해야 한다는 뜻은 아니다.

현실적으로 브랜드 이름을 짓기 위해서는 전문지식과 시간이 필요하다. 제품 개발과 비즈니스 모델 수립에 집중하는 직원들이 모두 네이밍 작업에 직접 참여하기는 어렵다. 하지만 브랜드의 방향성과 컨셉에 대한 의견은 '브랜드 매트릭스 박스'를 통해 제시할 수 있다. 브랜드 네이밍 과정은 모든 구성원이 하나로 연합하는 공동체 경험이어야 한다. 왜냐하면 브랜드는 단순히 공장에서 생산되는 것이 아니라, 기업 내부의 구성원들이 함께 참여하는 과정을 통해 탄생하기 때문이다. 이것이 바로 브랜드 경영의 출발점이다.

나쁜 이름이란 구성원들이 사랑하지 않는 이름이다. 자신들의 것이라고 느끼지 않는 이름은 곧 나쁜 이름이 된다. 이를 피하기 위해 '브랜드 태명(胎名)'을 구성원들과 함께 만드는 것을 제안한다.

태명이란 엄마의 자궁 속 태아에게 임시로 붙이는 이름을 의미한다. 이와 같이 브랜드 태명도 구성원들이 함께 만들어야 한다. 정식 브랜드명에는 법률적·전략적 제약이 따르지만, 태명은 이러한 제한에서 자유롭다.

　예를 들어, 나는 '유니타스브랜드(Unitas Brand)'를 공식적으로 등록하기 전에 'Project B'라는 태명을 구성원들과 함께 지었다. 태명은 정식 브랜드명을 선택하기 위한 가이드 역할을 한다. 'Project B'라는 이름 아래 매트릭스 박스를 활용해, 구성원들이 상상하는 미래의 브랜드에 대해 자유롭게 소통할 수 있었다. 그 과정에서 구성원들이 선택한 단어가 바로 '연합(Unitas)'이었다. 우리는 처음에 '유니타스(Unitas)'라는 이름으로 등록하려 했으나, 이미 사용 중인 회사가 있어 불가능했다. 결국 7개월에 걸친 논의 끝에 'UNITAS BRAND'라는 이름을 확정했다.

　좋은 브랜드 이름에는 자가진단 항목이 있다.

- 브랜드 이름으로 브랜드 철학을 설명할 수 있는가?
- 브랜드 이름만으로도 제품의 주인을 알 수 있는가?
- 시간이 지날수록 이름이 더 새롭고 친숙하게 들리는가?

　막상 네이밍 작업을 하거나 여러 이름 중 하나를 선택할 때, 이런 기준들은 쉽게 잊히고 직관적으로 마음에 '쏙' 드는 이름을 고르는 경우가 많다. 그러나 브랜드 네이밍 작업은 단순히 이름을 짓는 일에 그치지 않는다.

　이름 짓기는 보이는 것(문자, 상품, 컬러 등)과 보이지 않는 것(의미, 가치, 느낌 등)을 결합하는 과정이다. 번뜩이는 아이디어로 이름을 만들었다면, 그것은 '보이지 않는 것을 보이게 만드는 일'이자 '소리를 창조하는 작업'이다. 네이밍이 결정된 후에는 다시 보이는 것을 보이지 않게 만드는 과정이 필요하다. 즉, 사람들이 브랜드 이름을 보는 순간 그 속에 담긴 아이디어, 컨셉, 전략, 철학을 자연스럽게 떠올릴 수 있어야 한다. 이런 과정을 통해 브랜드는 소비자의 인식 속에서 완성되며, 이것이 바로 브랜딩이다.

내 경험에 비추어 보았을 때, 아이디어에서 철학까지 구체화하는 과정에서 가장 숭고하고 경이로운 작업이 이름을 짓는 일이다. 만약 나에게 100시간이 주어진다면, 그중 절반인 50시간을 이름 짓는 데 할애할 것이다. '유니타스브랜드(Unitas Brand)'라는 이름을 결정하기까지 내가 고집한 단 하나의 조건이 있었다. 이 조건에 집착한 이유는 다름 아닌, 완벽을 추구하기 위해서였다.

예를 들어, 나이키(Nike)라는 이름은 승리의 여신을 의미한다. 스포츠 선수에게 승리란 숙명과 같으며, 그 숙명이 브랜드명으로 이어진다는 등식—바로 이 개념이 내가 추구한 조건이었다. 소명이 곧 브랜드명이 되는 것. 피터 드러커는 "훌륭한 비즈니스는 훌륭한 미션에서 출발한다"고 말했다. 미션과 소명이 브랜드 이름으로 녹아들 수 있다면, 그것만큼 이상적인 이름도 없을 것이다.

나는 브랜드 구축이 경영과 마케팅의 궁극적인 목적이라고 생각한다. 브랜드는 단순히 상품과 상표의 조합이 아니라, 보이는 것과 보이지 않는 모든 요소의 결합이다. 또한 기업의 모든 행위는 브랜드적 가치를 지녀야 한다고 믿는다. 그래서 드러커의 말을 마음 깊이 새기고 있다. 미션이 곧 브랜드 이름으로 표현될 때, 그 이름은 가장 이상적인 이름이 된다.

이런 관점에서 나는 브랜드가 '연합(United)'을 통해 완성된다고 믿는다. 브랜드는 생산자와 고객이 함께 만들어가는 것이기 때문이다. 그래서 나는 이 잡지의 이름을 '유니타스브랜드(Unitas Brand)', 즉 '연합되어 하나가 되는 브랜드'로 정했다. 이 이름은 우리의 소명과 관점을 하나로 압축한 표현이다. '유니타스브랜드'라는 이름 속에는 우리가 무엇을 하고, 무엇을 증명하고 싶은지가 분명히 담겨 있다.

브랜드 네이밍은 브랜드 DNA

인간의 약 666,000개 유전자 중 지적 알고리즘 정보를 담고 있는 Exon 유전자는 약 33,300개로 추정된다. 이 유전자들은 24개의 염색체에 나뉘어 저장되어 있으며, 염색체의 비밀이 완전히 풀린다면 무병장수와 '초인'의 가능성마저 열릴지도 모른다. 과학자들은 2001년 인간 게놈 지도를 완성했고, 현재도 각 염색체의 염기 서열을 해독하며 유전자 수와 변이로 인한 유전 질환까지 분석하고 있다. 눈에 보이지 않는 염색체 안에는 우리의 모든 정보, 그리고 성장과 진보의 방정식이 담겨 있다고 해도 과언이 아니다.

브랜드 네이밍도 인간의 염색체 구조와 비슷한 방식으로 작동한다. 네이밍에는 어감, 색상, 성격, 태생, 업종, 철학, 전략, 비전, 사명, 품질, 호감도, 충성도, 그리고 차별성 등 수십 가지 정보가 압축되어 있다. 이처럼 네이밍은 브랜드의 성장과 발전에 결정적인 영향을 미치며, 이름이 어떻게 형성되느냐에 따라 시간이 지남에 따라 브랜드의 운명도 달라진다.

예를 들어, 'SSG(에스에스지)'와 'SSG(쓱)'는 발음만으로도 미묘한 차이를 보인다. 이 차이를 명확하게 설명하기 어려울 때, 오히려 그 이름이 브랜딩에 성공한 사례라 할 수 있다. 비슷한 실험을 마케팅 구루 필립 코틀러(Philip Kotler)가 수행한 바 있다. 그는 두 명의 아름다운 여성 사진을 사용해 이름이 이미지에 미치는 영향을 분석했다.

첫 번째 실험에서 두 여성은 비슷한 수준의 호감을 얻었다. 그러나 두 번째 실험에서 사진 아래에 각각 다른 이름을 부여하자 결과는 크게 달라졌다. 한 여성에게는 '엘리자베스(Elizabeth)', 다른 여성에게는 '거트루드(Gertrude)'라는 이름을 붙이자, 80%의 참가자가 '엘리자베스'에게 더 높은 호감을 느꼈다.

이 실험은 브랜드 론칭에서 첫 번째 인상과 네이밍이 얼마나 중요한지를 보여준다. 성공적인 브랜드 론칭에는 명확한 포지셔닝 규칙이 필요하다. 새로운 브랜드를 선보일 때 획기적인 아이디어도 중요하지만, 기본적인 마케팅 프로세스(네이밍 개발)를 충실히 따르는 것만으로도 성공 확률을 90%까지 높일 수 있다.

필립 코틀러는 자신의 저서 『미래형 마케팅』에서 이 실험의 결과를 다음과 같이 해석한다.

"브랜드 이름은 가치 포지셔닝과 일치해야 한다."

200페이지에 달하는 브랜드 전략 보고서는 2시간 안에 임직원들의 호응을 이끌어낼 수 있다. 그러나 네이밍 작업은 전혀 다른 문제다. 건물 경비 아저씨부터 회장님까지 모두가 한마디씩 의견을 내기 때문에, 보통 3~6개월이 걸리기 마련이다. 때로는 다수결로 이름이 결정되거나, 경영자의 측근들이 "이게 좋은 것 같다"는 지지로 이름이 선택되기도 한다.

이처럼 취향과 전략 사이에 끼인 네이밍 작업은 브랜드 론칭에서 가장 까다로운 과정 중 하나다.

브랜드 네이밍이 복잡하고 감정적인 이유는 이름이 단순한 명칭이 아니라 브랜드의 본질과 철학을 담은 첫 번째 상징이기 때문이다. 브랜드의 임신 기간 동안 만들어지는 컨셉과 이름은 브랜드의 작은 시작점이면서도 가장 큰 가능성을 품고 있는 단계다. 이는 단순히 제품이나 서비스에 붙일 상표가 아니라, 경영자와 구성원이 함께 만드는 세계관의 첫 조각이다.

우주를 구성하는 극단적인 크기의 물질들처럼, 브랜드도 미세한 아이디어에서 거대한 구조로 발전한다. 원자핵과 전자 같은 미세 단위에서 시작해 태양 질량의 250배에 달하는 별 R136a1처럼 거대한 존재로 확장되듯, 브랜드도 작은 컨셉에서 시작해 기업, 조직, 유통망, 창고 같은 대규모 구조로 발전한다. 애플이나 나이키가 그 대표적인 예다. 이처럼 작은 시작점에서 방대한 규모로 발전하기 때문에 네이밍 작업은 브랜드의 미래를 결정짓는 중요한 과정이 된다.

10개월 후 아기가 태어나듯, 브랜드의 첫 번째 모습은 바로 그 이름이다. 산모가 출산 시 상상할 수 없는 고통을 겪듯이, 브랜드 이름을 결정하는 과정에서도 예상치 못한 의견 충돌이 빈번하게 발생한다. (내 경험상 대부분의 경우가 그랬다.) 때로는 네이밍 작업에 감정이 지나치게 몰입된다고 느껴질 수 있지만, 나는 이것을 브랜드 내재화 과정이라고 생각한다. 구성원들이 브랜드와 하나가 되는 소속감을 느끼기 때문이다.

따라서 브랜드 경영자는 네이밍 작업을 단순한 의사결정이 아니라, 모든 직원이 참여하는 역사적 협력의 과정으로 만들어야 한다. 브랜드 이름은 단순한 상표가 아니라, 보이지 않는 브랜드 세계를 구현하는 첫걸음이다. 브랜드는 경영자의 생각만큼 성장하며, 이름에 대한 인식이 브랜드의 크기와 영향력을 결정짓는다.

이런 맥락에서 브랜드 매트릭스 박스를 활용해 네이밍 과정을 체계화할 것을 제안한다. 매트릭스 박스는 구성원들이 브랜드의 미래를 상상하며 적극적으로 참여할 수 있는 공간이자 도구다. 이를 통해 경영자는 구성원들과 함께 보이는 브랜드와 보이지 않는 브랜드의 세계를 통합하며 성장시켜 나갈 수 있다.

디자인 경영과 브랜드 경영

상품(Commodity)은 의미와 가치를 부여받아 아이덴티티로 변모한다. 이때 비제품으로서의 아이덴티티는 점차 이데올로기로 발전하며, 나이키의 'Just do it'이나 애플의 'Think different'처럼 브랜드의 철학과 가치로 구체화된다. 컨셉은 아이덴티티를 전략으로 전환해 상품에 차별화를 부여하며, 브랜드의 경쟁력을 강화한다. 그렇다면 디자인은 이 과정에서 어떤 역할을 하는가?

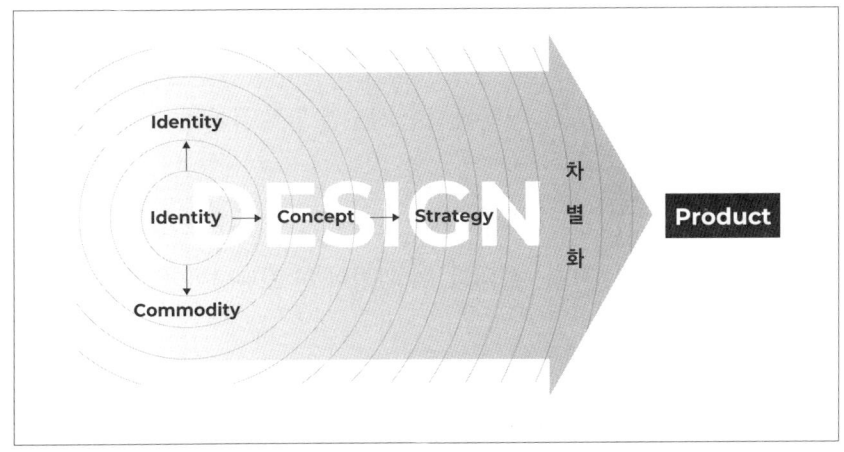

그림 7 디자인 경영

 디자인은 단순한 이미지 작업을 넘어, 보이는 제품과 보이지 않는 비제품 모두를 아우르는 작업이다. 디자인을 단순히 '예쁜 그림'으로 여기는 것은 브랜드를 경영이 아닌 관리의 차원에서 기능적으로만 바라보는 것이다. 디자인의 정의에 따라 비즈니스 구조가 달라진다. 결론적으로 브랜드 경영과 디자인 경영은 동전의 양면과 같다. 서로 다른 역할을 수행하지만, 그 본질은 동일하다.
 브랜드 아이덴티티와 직원의 아이덴티티를 동일한 개념으로 브랜딩하는 과정 자체가 브랜드 경영이다. 그러나 이는 브랜드 경영자가 디자이너의 업무를 대신해야 한다는 뜻은 아니다. 브랜드 경영자는 브랜드 창조와 운영을 디자인의 관점에서 이해하고 접근해야 한다.

"브랜드를 이해하려면 디자인을 느껴야 하고, 디자인을 느끼려면 브랜드를 이해해야 한다"는 말은 다소 현학적으로 들릴 수 있다. 그러나 이는 20세기 프랑스 건축가 르 코르뷔지에의 통찰이다. 그는 "디자인은 눈에 보이는 지성"이라 했으며, 디자이너 네빌 브로디는 "디자인에서 중요한 것은 이미지의 시각적 즐거움이 아니라, 그것이 전달하는 메시지"라고 설명했다. 또한, 폴 랜드는 "시각적 결과물의 이면에 담긴 사고를 글로 풀어내지 못하면 그것은 진정한 디자인이 아니다"라고 강조했다.

이들의 통찰을 종합해 보면, 디자인은 보이지 않는 것을 보이게 하고, 보이는 것을 보이지 않게 만드는 행위다. 이 과정이 곧 브랜딩이며, 브랜드 경영의 핵심이다.

디자인 경영은 단순한 경영 전략이 아니다. 그것은 브랜드를 체험하는 과정이다. 디자인을 통해 고객은 눈에 보이지 않는 브랜드의 가치와 경영자의 철학, 그리고 브랜드의 비전을 경험하게 된다. 따라서 디자인 경영과 브랜드 경영은 본질적으로 하나다. 동전의 양면처럼, 두 개념은 분리될 수 없는 관계다.

디자인 경영을 일시적인 트렌드로 여겨서는 안 된다. 디자인은 브랜드 아이덴티티를 표현하는 수단이며, 브랜드 아이덴티티를 실현하는 데 필수적인 요소다. 이 관계는 마치 닭과 달걀처럼 어느 것이 먼저인지 따질 수 없는 원래부터 하나의 개념이다. 디자인 경영은 필요와 변화를 관찰해 발견된 경영 방식이며, 동시에 브랜드 경영의 궁극적인 목표다. 마케팅도 이와 분리되지 않는다. 디자인이 곧 마케팅이고, 마케팅이 곧 디자인이다. 이 모든 것이 통합되어 하나의 브랜드를 이룬다.

하지만 지금까지 많은 경영자들은 디자인을 부서나 조직 차원에서 관리하고 통제하기 쉬운 도구로 여겨왔다. 이로 인해 디자인은 단순한 기능이나 수단으로 축소되었고, '디자인 경영'은 여전히 현재의 경영자들에게 낯선 개념으로 남아 있다. 이 개념이 완전히 받아들여지기까지는 시간이 필요할 것이다.

10년 전만 해도 기술의 평준화가 현실이 될 것이라고 상상하지 못했듯, 미래에는 스티브 잡스와 같은 경영자가 이끄는 디자인 중심의 브랜드가 표준이 되는 세상이 도래할 것이다. 그때가 되면 '디자인 경영'이라는 개념 자체가 사라질 것이다. 디자인이 더 이상 특별한 것이 아니라 경영의 기본이 될 것이기 때문이다.

디자인은 경영에 관한 총체적 지식과 태도를 담고 있다. 이는 보이는 것과 보이지 않는 것, 상품과 작품, 말할 수 있는 것과 말하지 못하는 것의 경계를 연결하는 작업이다. 때로는 상품이 작품이 되기도 하고, 작품이 상품으로 변하기도 한다.

고양이과 동물의 새끼들은 모두 비슷하게 보인다. 갓 태어난 고양이과 동물들은 '야옹'거리며 울고, 대부분의 브랜드도 작은 가게나 창고에서 그렇게 시작한다. 이케아, 애플, 스타벅스, 나이키 같은 거대 브랜드들조차 처음에는 단순한 상표로 출발했다. 그러나 시간이 지나면서 고양이와 호랑이의 차이가 분명해지듯, 브랜드도 그렇게 성장하며 본질이 드러난다.

브랜드는 처음부터 호랑이의 DNA를 지니고 태어나야 한다. 고양이가 호랑이가 될 수 없듯, 브랜드도 강력한 철학과 가치를 담은 이름으로 시작해야 한다. 국내의 한 패션 브랜드는 비영어권 시장에서는 성공했지만, 브랜드 이름이 영어권에서 선정적인 의미를 가져 미국 진출에 실패한 사례가 있다. 이처럼 잘못된 네이밍은 기업을 파산에 이르게 할 위험까지도 내포한다.

호랑이가 될 브랜드의 이름은 단순히 직관적이거나 간단한 것이 아니다. 그 이름에는 철학과 가치, 상징이 담긴 비제품적 요소가 포함되어야 한다. 경영자는 브랜드 이름을 제품 개발만큼 진지하게 접근하고 학습해야 한다. 그러나 많은 창업자와 경영자들은 이름을 쉽게 결정하며, 주변 사람들에게 부탁하거나 투표로 정하는 경우가 적지 않다. 이는 매우 위험한 방식이다.

브랜드 이름은 단순한 명칭이 아니라, 브랜드의 본질과 정체성을 담아내는 비제품적 정수다. 이 이름은 기업의 운명을 좌우할 수 있으며, 제품처럼 심혈을 기울여 결정해야 한다. 그러나 많은 경영자가 브랜드 이름을 고양이처럼 가볍게 다루는 이유는 네이밍에 대한 이해가 부족하기 때문이다.

디자인 경영과 브랜드 경영은 결코 분리될 수 없다. 디자인은 브랜드의 본질을 표현하는 수단이며, 브랜드 경영은 디자인을 통해 실현된다. 이 두 개념은 본래 하나의 동전처럼 불가분의 관계에 있다. 디자인, 마케팅, 네이밍 등 경영의 다양한 요소들은 결국 하나의 목표인 브랜드로 통합된다.

경영자는 브랜드 이름과 디자인을 단순한 선택이 아닌 전략적 과정으로 접근해야 한다. 브랜드의 본질이 이름에 담겨야 하며, 그 이름이 브랜드의 운명을 결정짓는다. 이는 단순히 호랑이와 고양이의 차이를 넘어, 브랜드의 철학과 정체성을 정의하는 핵심적인 과정이다.

Review

 브랜드의 탄생 과정은 임신과 출산에 비유될 수 있다. 브랜드는 종종 회의 중 떠오른 아이디어나 디자인 컨셉에서 시작되지만, 그 과정은 쉽지 않다. 많은 아이디어가 채 완성되지도 못한 채 사라지기도 한다. 브랜드가 임신되는 순간은 수많은 아이디어 중 하나가 선택되는 때이며, 이 아이디어는 초기에는 단순하고 추상적이지만 점차 명확한 형태를 갖추어 간다.
 브랜드 임신은 단순한 준비 과정이 아니라, 경영자와 창업 멤버들이 브랜드의 부모로 성장해가는 시간이다. 이 시기에는 브랜드의 목적, 가치, 비전을 확립하고, 이를 실현하기 위한 전략과 컨셉이 만들어진다. 마치 태교가 부모가 아이를 맞이할 준비를 하는 것과 같듯이, 이 과정은 경영자와 구성원들이 브랜드에 대한 소속감을 느끼고, 이를 내재화하는 시간이다.
 브랜드 네이밍 작업 역시 임신 과정의 중요한 부분이다. 브랜드 이름은 단순한 명칭이 아니라, 브랜드의 본질과 철학을 담아내는 비제품적 상징이다. 네이밍 작업은 경영자와 구성원들이 함께 참여해야 하는 공동체적 경험으로, 브랜드와 구성원 간의 소속감을 형성한다. 이름은 브랜드의 운명을 결정짓는 중요한 요소이기에 충분한 시간과 고민을 통해 결정되어야 한다.
 매트릭스 박스를 활용한 컨셉 작업은 브랜드 임신 기간 동안 유용한 도구로, 구성원들이 자유롭게 아이디어를 제시하고 공유할 수 있는 공간을 제공한다. 이 과정을 통해 브랜드는 점차 구체적인 형태로 발전하며, 구성원들은 브랜드와 하나가 되는 경험을 쌓는다. 브랜드 이름이 결정되면, 이는 브랜드의 첫 번째 상징으로 자리 잡아 경영의 기본이 된다.

브랜드는 단순한 상표가 아닌 철학과 가치를 담은 정체성이다. 이 정체성은 디자인과 마케팅, 경영 전략의 모든 요소에 녹아들어 브랜드의 성장을 이끈다. 브랜드가 처음부터 강력한 철학과 정체성을 지닐 때, 비로소 시장에서 살아남고 성장할 수 있는 기반을 마련하게 된다. 이처럼 브랜드의 임신과 출산 과정은 단순한 런칭을 넘어 경영자와 구성원 모두가 함께 만들어가는 여정이다.

Workshop
브랜드의 기원과 컨셉

1. 브랜드 아이디어는 어디서 오는가?
- 당신이 최근에 떠올린 브랜드 아이디어는 무엇인가?
  그것은 어떻게 떠올랐으며, 어떤 계기가 있었는가?
- 아이디어가 직관적으로 떠오를 때와 논리적인 과정을 통해 도출될 때의 차이를 비교해보라.

2. 원시 브랜드의 형태와 아이덴티티
- 브랜드 초기 단계의 아이디어는 올챙이처럼 아직 구체적인 형태가 없다고 했어. 당신이 구상한 브랜드는 어느 정도 구체화되어 있는가? 컨셉, 이름, 디자인 요소 중 어떤 것이 이미 존재하는가?
- 브랜드의 핵심 아이디어를 한 줄로 설명할 수 있는가? 아니면 아직 모호한 상태인가?

3. 컨셉을 붙잡고 다듬는 과정

- 글에서 소개된 '컨셉 체크리스트'를 기반으로, 당신의 브랜드 아이디어를 평가해보자.
  - 컨셉이 기존 고정관념을 바꾸는가?
  - 새로운 관점에서 현실을 초월하고 있는가?
  - 소비자에게 구매의 새로운 기준을 제시할 수 있는가?
- 이 체크리스트를 통해 발견된 강점과 약점은 무엇인가? 보완해야 할 부분은 어디에 있는가?

4. 브랜드 임신 기간의 태교

- 브랜드를 런칭하기 전, 창업 멤버가 준비해야 할 요소는 무엇인가?
  브랜드 탄생을 위해 어떤 교육, 경험이 필요하다고 생각하는가?
- 팀원들과의 소통 과정에서 개개인의 취향과 브랜드 방향성이 충돌할 수 있다면, 이를 어떻게 극복할 수 있을까?

5. 브랜드 네이밍과 출산

- 현재 구상 중인 브랜드에 어울리는 이름을 떠올려보자. 그 이름은 컨셉과 일관성이 있는가?
  또한 발음하기 쉽고 기억에 남을 만한가?
- 브랜드 이름을 정하는 과정에서 팀원들의 의견을 어떻게 수용할 것인가?
  매트릭스 박스를 사용해보면 어떤 효과가 있을까?

6. 브랜드 디자인과 경영

- 당신의 브랜드가 지금껏 구체화한 디자인은 무엇인가? 이 디자인은 소비자들에게 어떤 메시지를 전달하고 있는가?
- 디자인은 단순히 보이는 것만을 의미하는 게 아니라 브랜드의 철학과 메시지를 전달하는 중요한 수단이다. 지금까지의 디자인이 그 목적을 충분히 충족하고 있는지 스스로 점검해보자.

7. 브랜드의 컨셉 변화

- 브랜드의 컨셉은 시간이 지나면서 변화할 수 있다고 했어. 브랜드가 성장함에 따라 컨셉이 어떻게 변화할 수 있을지, 그 가능성을 미리 상상해보자.
- 시간이 지나면서도 변하지 않을 브랜드의 본질적인 요소는 무엇이라고 생각하는가?

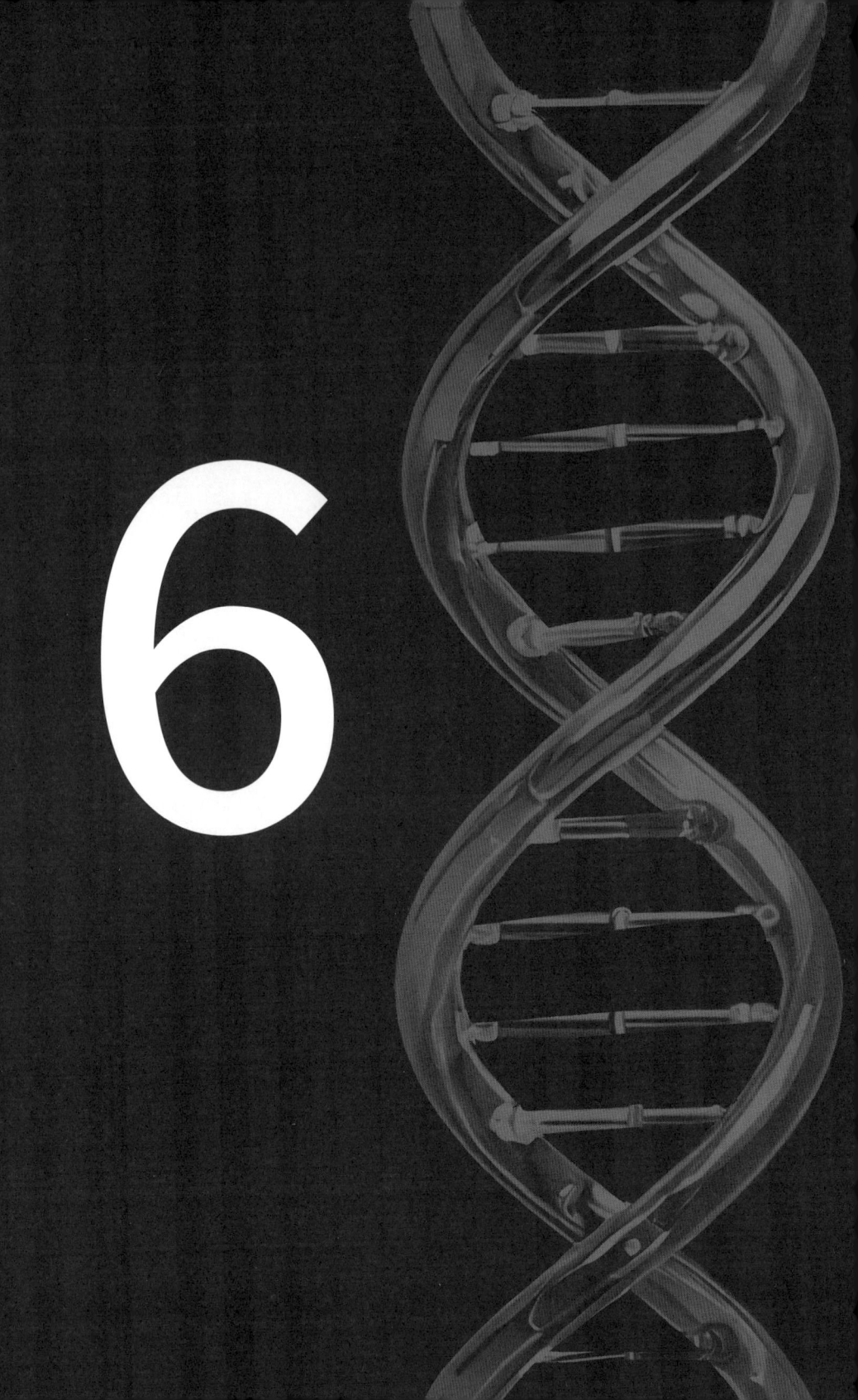

6

브랜드 출산과 영아기

"아이들은 우리가 말하는 대로가 아니라
우리가 사는 대로 배운다."
도로시 로 놀테(Dorothy Law Nolte)

Preview

브랜드 창업과 초기 운영은 마치 갓 태어난 아기를 돌보는 과정과도 같다. 이 시기에는 위험과 도전이 끊임없이 발생하며, 모든 결정이 브랜드의 생존과 성장을 좌우한다. 창업 직후의 브랜드는 마치 출생 직후의 아기처럼 연약하고 외부의 수많은 위험에 노출되어 있어 지속적인 관심과 보호가 필요하다. 초기에는 조직 내부의 혼란과 외부 시장의 불확실성이 동시에 발생하며, 자본과 시간의 압박 속에서 방향성을 잃기 쉽다. 무엇보다 창업자는 브랜드의 정체성을 확립하고, 초기 고객과의 접점을 만드는 것이 급선무다. 이 과정은 매출 부진, 팀원 간 갈등, 그리고 예기치 못한 문제들로 인해 예상보다 더 힘든 여정이 될 수 있다.

브랜드의 첫해는 상징적인 출산과 영아기의 시기다. 이때는 모든 것이 시험대에 오른다. 매출이 없거나 기대에 미치지 못할 때가 많으며, 초기에 설정한 전략이 무력해질 가능성도 크다. 또한 내부 팀원 간의 목표 불일치와 충돌이 발생할 수 있으며, 협력사나 유통망과의 관계에서도 어려움을 겪기 쉽다. 브랜드 창업자는 이러한 위기 속에서 초기 방향을 재정비하고, 유연한 태도로 문제를 해결해 나가야 한다. 이 시기를 지나며 브랜드는 본격적으로 시장에서의 자리를 찾고, 생명력을 가진 정체성으로 성장하기 시작한다.

브랜드의 영아기를 성공적으로 넘기려면 정교한 계획과 철저한 실행이 필수적이다. 창업자는 단순히 제품을 판매하는 데 그치지 않고, 브랜드가 전하는 메시지와 가치가 고객에게 전달되도록 해야 한다. 이 장에서는 첫 1년 동안 집중 관리가 왜 중요한지 구체적으로 살펴보고, 초기 단계에서 발생할 수 있는 다양한 문제와 그 해결 방안을 다룬다. 출산과 영아기 과정은 브랜드의 가장 중요한 변태의 시기로, 이 과정을 어떻게 이겨내느냐에 따라 브랜드의 미래가 결정된다.

Pre-reading Questions
사전 질문

1. 브랜드 창업의 초기 1년은 왜 가장 중요한 시기일까?
창업 후 1년 동안 발생할 수 있는 주요 위험 요소는 무엇이며, 이를 예방하거나 효과적으로 대처하기 위한 방법은 무엇인가?

2. 브랜드 런칭의 골든타임(Golden Time)이 있다면 언제를 말할까?
브랜드 런칭의 가장 위험한 시기는 언제이며, 이 시기의 리스크를 최소화하고 성공적으로 극복하기 위한 실질적인 전략은 무엇인가?

3. 왜 많은 창업자들이 초기에 팀 내 갈등을 겪게 될까?
창업 초기 팀원들 간의 의견 충돌과 역할 분담 문제를 어떻게 해결할 수 있으며, 지속 가능한 팀워크를 구축하기 위한 방법은 무엇인가?

4. 브랜드 런칭 후 매출이 부진한 이유는 무엇일까?
매출 부진의 주요 원인을 진단하고, 이를 해결하기 위해 어떤 마케팅 및 영업 전략이 필요할까?

5. 시장 조사는 브랜드 경영에 어떤 영향을 미칠까?
시장 조사 결과와 브랜드 전략이 불일치할 때, 경영자는 어떻게 이를 보완하고 조율할 수 있을까?

6. 성공적인 브랜드 소통이란 무엇일까?
소비자와의 커뮤니케이션을 효과적으로 구축하기 위해 필요한 핵심 요소와, 변화하는 미디어 환경에서 소통을 강화하는 전략은 무엇인가?

7. 왜 일부 성공한 브랜드들이 오히려 실패로 이어질 수 있을까?
초기 성공을 거둔 브랜드들이 실패를 겪는 주요 원인은 무엇이며, 이를 예방하고 장기적인 성장을 유지하기 위해 어떤 접근이 필요한가?

8. 어떻게 하면 브랜드 경영자가 더욱 효율적으로 소통할 수 있을까?
경영자가 팀원들과 고객 간의 소통을 원활하게 하기 위한 실질적인 방법은 무엇이며, 경영자가 소통 역량을 강화하기 위해 갖춰야 할 자질은 무엇인가?

9. 브랜드가 초기 위기를 극복하고 지속 가능한 성장을 이루기 위해 무엇이 필요할까?
초기의 불확실성과 위기 속에서도 브랜드가 안정적으로 성장하기 위해 필요한 경영자적 마인드와 구체적인 전략은 무엇인가?

브랜드의 골든타임

　브랜드 창업은 단순히 개업과 다르다. 창업의 모든 단계를 브랜드 구축이라는 관점에서 체계적으로 관리하는 과정이기 때문이다. 브랜드 라이프사이클 관점에서 창업 전부터 창업 후 1년까지의 시기는 '창업 집중 관리 기간'으로 볼 수 있다. 이 시기 동안 조직은 기업으로 성장하고, 창업가는 경영자로 변모하며, 단순한 상표 등록을 넘어 브랜드로 자리 잡는 중요한 과정을 거친다.

　이 시기는 마치 고치에서 날개를 만드는 나비 애벌레나 알에서 깨어나기 전의 독수리 새끼처럼 가장 연약하고 위험한 단계에 해당한다. 외부 공격에 취약한 이 시기에 창업 초기 조직은 매출도 충성 고객도 없으며, 내부 팀원들의 의견 충돌로 조직이 와해될 가능성도 크다. 심지어 경영자조차 자신의 브랜드가 올바른 방향으로 나아가고 있는지 확신하지 못할 때가 많다.

　사람의 생애에서도 유아기(0~1세)는 사망률이 가장 높은 시기다. 선천적 질환, 감염, 출생 합병증, 그리고 영양 부족이 주요 원인으로 작용한다. 유엔 산하 합동아동사망통계(UN IGME)에 따르면, 매년 약 190만 명의 아이가 생후 1년 이내에 사망하며, 약 29만 명의 태아가 임신 중에 목숨을 잃는다.

　우리나라의 영아 사망률은 현재 출생아 1,000명당 2.7명으로 OECD 평균(3.9명)보다 낮다. 그러나 1991년에는 1,000명당 31명에 달했던 우리나라의 영아 사망률이, 같은 시기 일본은 6명과 비교하면 차이가 컸다. 이처럼 의료 지식과 환경의 개선은 유아의 생명을 지키는 데 중요한 역할을 했다.

　창업 역시 마찬가지다. 중소벤처기업부의 자료에 따르면 창업 후 1년 차 생존율은 64.8%에 불과하며, 5년 차 폐업률은 66.2%에 이른다. 예술·스포츠·여가 서비스업의 폐업률은 77.7%, 숙박·음식점업은 77.2%, 사업지원 서비스업은 73.2%, 도·소매업은 70.3%에 달한다. 자본 투자가 큰 제조업도 예외는 아니다. 57.2%가 창업 후 5년 내에 폐업한다. 이러한 통계를 보면 창업의 여정이 결국 폐업을 향하는 것처럼 느껴질 수도 있다.

그러나 중요한 것은 이러한 위험을 인식하고 창업 초기의 집중 관리를 통해 지속 가능한 성장을 준비하는 것이다. 업종에 따라 매일 100여 가지의 의사결정을 내려야 하는 시기가 바로 브랜드 런칭 직후다. 이처럼 성공적인 브랜드로 성장하기 위해서는 초기 단계를 철저히 계획하고, 골든타임을 체계적으로 관리하는 것이 필수적이다. 그러나 현실에서는 대부분의 창업자와 초기 멤버들이 이러한 복잡한 문제들에 대해 충분한 시뮬레이션이나 연습 없이 런칭을 강행하는 경우가 많다.

이는 곧 예측하지 못한 변수와 예상 밖의 도전 과제에 직면하게 만들며, 혼란 속에서 빠른 의사결정을 요구한다. 따라서 사전 준비 없이도 문제를 해결할 수 있는 민첩성과 팀워크는 필수적이다. 연습 없는 실전과 같은 창업의 특성을 고려할 때, 실패를 두려워하기보다는 시행착오를 통해 배워가는 태도가 중요하다. 이러한 경험이 쌓일수록 브랜드는 점차 강해지며, 예기치 못한 상황에서도 흔들리지 않는 유연한 조직으로 성장할 수 있다.

하지만 결혼식보다 결혼 생활이 더 중요하다는 말을 수없이 들어도 신혼부부가 이를 쉽게 잊어버리듯, 많은 예비 창업자들도 창업이 곧 성공으로 이어질 것이라는 막연한 기대에 빠져 있다. 이들은 창업 후에 마주할 필연적인 어려움에 대해 충분히 준비하지 않거나 심각하게 고려하지 않는 경우가 많다.

브랜드 런칭과 동시에 빠르면 일주일, 혹은 한 달 이내에 직면하게 되는 문제들은 다음과 같다.

첫 번째 위기는 자금 부족이다. 예상치 못한 변수로 초기 자본이 계획보다 빠르게 소진되고, 기대에 못 미치는 수익으로 인해 재정적 압박이 가중된다.

두 번째는 시장 반응의 부진이다. 예상보다 저조한 고객의 관심은 경영진뿐만 아니라 조직 전체의 사기를 떨어뜨리고 침체된 분위기를 만든다.

세 번째는 경쟁 심화다. 예상치 못한 강력한 경쟁자의 등장으로 인해 모든 계획이 원점으로 돌아가며, 기존 업체들의 공격적인 대응은 시장 진입조차 어렵게 만든다.

네 번째로는 인재 확보와 유지의 어려움이다. 런칭 과정의 어려움 속에서 주요 직원들의 이탈이 잦아지고, 경영자의 멘탈은 한계에 다다른다.

다섯 번째 문제는 제품과 서비스 품질의 결함이다. 초기 제품의 문제나 서비스 오류가 발생하면 고객의 불만이 쏟아지고, 이로 인해 브랜드 이미지가 손상된다. 그 결과, 투자자와 직원들조차 경영진에 대해 회의적인 태도를 보인다.

이제부터는 혼란이 순서 없이 찾아오는 단계다. 타겟 고객층에 대한 잘못된 접근, 비효율적인 마케팅 지출로 인한 ROI(투자 대비 수익) 저하, 공급망 관리의 어려움, 생산 및 서비스 제공 과정의 비효율성, 예기치 못한 법적 분쟁, 새로운 규제로 인한 사업 모델의 위협, 시스템 장애나 보안 문제, 기술 변화에 빠르게 대응하지 못하는 문제 등. 문제는 여기서 끝나지 않는다. 조직 문화 형성의 실패로 내부 갈등이 시작된다면, 이는 이미 실패의 길로 접어든 것이다.

이 모든 과정에서 가장 부족한 것은 돈도 사람도 기회도 아닌 시간이다. 항상 시간이 부족하다. 그런데 문제는 진짜 시간이 부족한 것이 아니라, 시간을 예측하지 못한 데 있다. 시뮬레이션과 충분한 준비 없이 시작된 창업은 필연적으로 시간에 쫓기게 되며, 결국 시간 부족으로 인한 실패로 이어진다 해도 과언이 아니다. 성공적인 브랜드 런칭을 위해서는 단순히 자본이나 인재보다 시간을 계획하고 관리하는 능력이 무엇보다 중요하다.

대부분의 창업 관련 서적은 기업 창업을 마케팅 관점에서 성공 전략만 다룬다. 그러나 브랜드 경영의 관점에서 창업을 논하는 서적은 드물다. 그렇다면 창업 후 기업이 실패하지 않도록 하는 방법은 무엇일까? 나는 그 해답이 브랜드 탄생 지식에 있다고 믿는다. 이 지식은 단순히 마케팅으로 인지도를 높이고 충성도를 쌓는 전략이 아니다. '자칭 브랜드'가 '진짜 브랜드'로 성장하기 위한 그로잉업(Growing up) 지식이다.

갓 태어난 고양이와 호랑이 새끼가 모두 같은 울음소리로 '야옹'거리지만, 시간이 흐르면서 울음소리와 몸집이 달라지듯, 창업 초기의 상표와 브랜드도 처음에는 비슷해 보인다. 하지만 시간이 지나면 상표와 브랜드는 각기 다른 길을 걷기 시작한다. 결국, 어떻게 상표를 넘어 강력한 브랜드로 성장할 수 있을까? 이것이 이 책이 다루고자 하는 핵심 메시지다.

오늘날 많은 창업이 실패하는 이유는 대부분 창업(創業)의 '창創'(오른), 즉 시작에만 집중하기 때문이다. 기업을 유지하고 성장시키는 창업(創業)의 '업業'(경영)에 대한 준비와 관심은 부족한 경우가 많다. 이로 인해 '일단 시작해보자'는 무계획한 창업과 '묻지마 창업'이 확산되고 있다.

지속적이고 안정적인 기업 성장을 위해서는 창업(創業)의 '업(業)', 즉 브랜드 경영 지식이 필수적이다. 브랜드 경영은 단순히 초기 마케팅과 매출에만 의존하지 않고, 브랜드의 정체성과 가치를 바탕으로 지속 가능한 성장을 추구하는 접근법이다.

의료 지식과 환경 개선이 유아의 생존을 도운 것처럼, 브랜드 지식과 경영 역량이 창업의 생존과 성장을 보장한다. 중요한 것은 단순히 시작하는 것이 아니라, 어떻게 시작하고 어떻게 지속할 것인가에 있다.

갓 태어난 고양이와 호랑이의 울음소리가 같아 보여도 본질은 다르다. 창업 초기의 상표와 브랜드도 마찬가지다. 시간이 지나면서 두 길은 본질적으로 달라진다.

결국 중요한 질문은 이것이다. 어떻게 창업을 단순한 상표가 아닌 강력한 브랜드로 성장시킬 것인가? 이 책이 전달하고자 하는 핵심은 바로 여기에 있다.

Critical 11

결혼 전, 우리는 자녀 셋을 갖기로 계획하며 딸 둘과 아들 하나를 꿈꿨다. 첫째는 딸로 태어났지만, 둘째를 낳을지에 대해서는 많은 고민이 있었다. 첫 아이를 키우며 둘째까지 감당할 자신이 없었기 때문이다. 결국 아들을 낳아 두 아이의 부모가 되었지만, 셋째는 포기했다. 지금은 딸과 아들, 두 아이와 함께 일상을 살아가고 있다.

아이를 갖기 전, 딸과 하고 싶은 일, 아들과 나누고 싶은 순간들을 리스트로 작성했었다. 하지만 출산 후 현실의 무게 앞에서 그 계획들은 사라졌다. 몇 년이 지나 하나둘 시도해 보긴 했지만, 아이와 대화를 나누기 전까지는 그 계획조차 잊고 있었다.

아이의 탄생은 결혼식과 비슷하다. 탄생의 기쁨과 감격은 드라마 속 몇 초짜리 장면처럼 짧게 지나간다. 생명의 신비에 감동하며 아이를 품에 안지만, 산후조리원을 나서는 순간부터 본격적인 여정이 시작된다.

아이들은 자주 아프고, 열이 나면 나는 차를 몰고 119 앰뷸런스처럼 병원을 향했다. 2~3년 동안 수면 부족과 씨름하며 버텼다. 아이는 일어서다 넘어지고, 걷다 다쳐 얼굴에 상처를 내기도 했다. 그러더니 어느새 "싫어"라는 말을 입에 달고, 기분에 따라 제멋대로 행동했다.

첫째 딸을 어렵게 키워냈지만, 진짜 도전은 둘째 아들이었다. 그는 사람 아이라기보다 수컷 반달곰에 가까웠다. 먹고, 자고, 울고, 다치고, 도망치며 덤비는 일이 일상이었다. 이보다 더 많은 이야기가 있지만, 출산 장려를 위해 여기서 멈추겠다.

나는 아이가 초등학교에 입학하면 육아의 고난이 끝날 줄 알았다. 하지만 그 생각은 큰 착각이었다. 사춘기와 대학 입시의 문턱에 다다르자, 아이들은 자신이 태어난 것을 원망하기 시작했다. 육아는 거기서 또다시 새로운 도전으로 이어졌다.

함께하고 싶었던 리스트에는 큰딸과 이탈리안 요리를 만들기, 아들과 떠나는 배낭여행, 그리고 자녀들과의 캠핑이 있었다. 이런 것들을 아예 해보지 않은 것은 아니지만, 내가 상상했던 모습과는 아주 달랐다.

아내가 했던 말이 떠오른다.

"아이를 뱃속에 품고 있을 때가 가장 행복했어."

브랜드 런칭과 경영은 아이의 출생과 양육과 놀라울 정도로 닮았다. 런칭을 마치고 나서야 비로소 깨닫게 된다. 컨셉과 네이밍 회의가 가장 재미있고 의미 있는 순간이었다는 것을. 하지만 현실은 예상과 다르다. 첫날부터 매일같이 문제들이 터지기 시작한다. 가치와 비전을 세워 팬 같은 고객들로 둘러싸인 브랜드를 꿈꿨지만, 현실은 마치 먹자골목에 새로 생긴 가게처럼 아무도 관심을 주지 않거나, 실패한 런칭으로 혼란에 빠진 것 같은 기분이 들 때가 많다. 그러나 놀라거나 걱정할 필요는 없다. 이는 대부분의 브랜드가 겪는 흔한 과정이기 때문이다.

아이가 엄마 뱃속에서 세상으로 나올 때 수많은 바이러스에 노출되듯, 브랜드 역시 첫발을 내딛는 순간부터 다양한 위험과 마주한다. 아이가 자주 열이 나고 기침하며 바이러스와 싸우며 성장하듯, 브랜드도 시행착오 속에서 성장해 간다. 첫 아이 때는 열이 날 때마다 응급실로 달려갔지만, 둘째 때는 그만큼 두렵지 않았다. 대신 둘째는 고열 대신 뛰어다니다 이빨이 부러지거나 머리가 찢어져 병원을 더 자주 찾게 했다.

브랜드도 런칭 이후 다양한 '바이러스'에 노출된다. 매출 부진 같은 치명적인 문제부터 내부 갈등, 부서 간 충돌, 협력업체와의 마찰, 그리고 클라이언트나 매장주의 갑질까지 위기는 여러 형태로 닥친다. 이는 단순한 경영 문제가 아니라 인간관계와 소통의 문제로 이어져, 경영자에게 큰 충격을 안기기도 한다.

그렇다면 언제부터 이런 예기치 못한 문제들이 발생할까? 아이가 태어나기 직전 산모가 겪는 산통처럼, 브랜드 경영자도 런칭 직전부터 예상하지 못한 문제들에 직면한다. 심지어 많은 브랜드가 런칭도 하기 전에 실패로 끝나기도 한다.

항공업계에는 의료업계의 골든타임처럼 "크리티컬 11분(Critical 11)"이라는 말이 있다. 항공기가 이륙한 후 첫 3분과 착륙 직전 8분, 이 11분이 사고 위험이 가장 높은 시간대다. 브랜드 경영도 마찬가지다. 런칭 직전 몇 주와 런칭 후 몇 달이 가장 위험한 시기다. 이 시기 작은 문제 하나가 브랜드 전체를 무너뜨릴 수 있다. 계획했던 일이 틀어지거나 예상치 못한 사고가 발생하는 것도 흔한 일이다.

런칭 과정에서는 모든 구성원이 문제를 해결하려고 노력하며 서로를 배려한다. 무엇보다 중요한 것은 일정을 맞춰 런칭을 완료하는 일이다. 이 과정에서 생긴 문제들은 대개 묻어두고 넘어가지만, 런칭 후에는 누적된 갈등이 터지기 마련이다.

항공기가 착륙할 때 기상 악화, 새와의 충돌, 기체 결함 등으로 대형 사고가 발생할 수 있듯이, 브랜드 런칭에서도 가장 치명적인 위협은 기대에 미치지 못한 매출이다. 매출 부진은 조직 내부의 갈등을 증폭시키고, 구성원들은 문제의 원인을 찾기보다 서로를 탓하며 새로운 이유를 만들어낸다.

그렇다면 이러한 위기를 어떻게 극복할 수 있을까? 촘촘한 계획과 철저한 준비는 기본이다. 하지만 그 이상으로 중요한 것은 무엇일까?

브랜드 경영자는 이 과정에서 진정한 '배움'이 무엇인지 깨달아야 한다. 이는 단순한 말장난이 아니다. 배움의 본질을 이해하는 것이 중요하다. 마치 부모가 아이를 키우며 부모 되는 법을 배우듯, 브랜드를 통해 경영자로서의 역할과 책임을 배워가는 과정이다.

왜냐하면, 브랜드 경영에서의 배움은 책으로 습득할 수 있는 것이 아니기 때문이다. 경영자가 런칭과 운영을 통해 얻는 가장 중요한 배움은 바로 소통이다.

소통은 단순한 대화를 넘어 신뢰를 쌓고, 문제를 해결하며, 관계를 조율하는 능력이다. 런칭 과정에서 발생하는 위기를 극복하는 힘은 결국 구성원 간의 소통에서 나온다. 이는 브랜드를 성장시키고 지속 가능한 기업으로 만들어가는 핵심 역량이 된다.

런칭의 위기

"런칭에서 가장 중요한 것은 난관을 미리 예견하고 이를 피할 방안을 찾는 것이다. 승리는 준비된 자의 몫이며, 우리는 그것을 행운이라 부른다." 남극점을 최초로 정복한 아문센이 탐험에 성공한 후 한 기자회견에서 한 말이다. 원래는 이 명언에서 '런칭' 대신 '탐험'이라는 단어가 들어가야 정확하지만, 브랜드 런칭을 경험한 사람이라면 이 말에 깊이 공감하며 묘한 동질감을 느낄 것이다.

런칭 실패를 경험했던 이들은 그때의 상처와 아픔이 떠올라 가슴이 울렁거릴지도 모른다. 탐험과 런칭은 서로 다른 영역처럼 보이지만, 예측할 수 없는 위험과 맞서 싸워야 한다는 점에서 본질적으로 같다.

성공적인 런칭을 준비할 때 대부분의 브랜드 경영자들은 경쟁자와의 싸움을 예상한다. 그러나 준비를 진행하다 보면 경쟁자가 아니라 '운명'과 싸우고 있는 자신을 발견하게 된다. 내 경험에 비추어 보면, 처음부터 끝까지 기획서대로 완벽하게 진행된 런칭은 거의 없었다.

소비자 트렌드의 변화, 국제 유가 변동, 예상치 못한 신규 브랜드의 등장, 선두 브랜드의 저항, 신종 질병, 경제 위기, 상사의 성격 변화, 팀원들의 실행력 부족, 기존 조직과 신규 조직 간의 갈등, 경영자의 초심 변질 등 런칭 과정에서는 수많은 예상치 못한 변수와 위기가 끊임없이 발생한다. 이런 난관을 뚫고 나온 브랜드들은 결국 초기의 기획서와는 전혀 다른 모습으로 변모한다. 때로는 피할 수 없던 난관들로 인해 '기형적' 브랜드가 되기도 한다.

비범한 브랜드 경영자와 탁월한 경영자, 초보와 숙련된 경영자를 구분 짓는 핵심 차이는 바로 예측 능력이다. 전문가 수준의 경영자는 다양한 변수를 예측하고, 원래의 계획대로 런칭을 완료하거나 더 진화된 브랜드로 발전시켜 성공을 이끈다.

그렇다면 모든 위험 요소를 예측하는 것이 가능할까? 어느 정도는 가능하다. 예감과 예상, 추측과 상상력을 동원해 최악의 상황에 대비할 수 있고, 이를 바탕으로 위기 시나리오를 작성해 보이지 않는 미래의 위험에 대비할 수 있다. 그러나 현실에서는 런칭 자체가 너무 바빠 이러한 예측이 충분히 활용되지 않는 경우가 많다.

그렇다면 예측을 통해 위기 시나리오를 어떻게 작성해야 할까? 아리스토텔레스는 "시작은 전체의 절반이다"라고 했고, 한비자는 이를 받아 "시작을 보면 끝을 안다"라고 했다. 같은 맥락에서 T.S. 엘리엇은 "시작 속에 끝이 있다"라고 표현했다. 그렇다면 얼마나 많은 브랜드가 자신의 운명을 결정짓는 시나리오를 세우고 런칭할까?

대부분의 브랜드 경영자들은 현실에서 해피 엔딩을 기대하며 문제를 해결해 나간다. 아무리 어려운 상황이 닥치더라도, 오직 '성공'을 결론으로 삼고 대본을 상황에 맞게 수정하며 런칭을 밀어붙인다. 이 과정에서 브랜드의 주인공은 고객이 아닌 런칭 멤버가 되며, 순간적인 매출을 위해 '막장 드라마'를 연출하게 된다.

브랜드 런칭에서 성공은 목표가 아니라 결과로 여겨야 한다. 막장 브랜드가 되지 않으려면 '대박'을 노리기보다는 '완성'에 집중해야 한다. 많은 브랜드가 결혼식처럼 런칭 자체에 과도한 에너지를 쏟는 이유는 눈에 보이는 성과와 성공적인 무용담을 남기고 싶기 때문이다. 그렇다면, 만약 '완성'을 목표로 런칭을 준비한다면 무엇이 달라질까?

공부를 잘하는 학생들에게 비법을 물어보면 흔히 "예습과 복습을 잘하면 된다"는 답을 듣는다. 이 답변에 배신감이나 좌절을 느끼는 사람도 있지만, 예습과 복습을 철저히 실천한 사람이라면 더 큰 분노를 느낄지도 모른다. 그러나 이 방법이 효과적이라는 사실만큼은 부정할 수 없다. 예습에 시간을 들이고, 복습까지 철저히 한 이들이 결국 탁월한 성과를 내기 때문이다.

그렇다면 예습의 진정한 가치는 무엇일까? 예습을 한 학생에게 학교 수업은 곧 복습의 기회가 된다. 이와 마찬가지로, 브랜드 런칭 팀에게 예습은 예상되는 문제에 대해 사전에 원칙과 지침을 세우는 과정이다. 이렇게 준비하면 문제가 발생했을 때 감정적인 충돌이나 책임 전가 없이 계획대로 업무를 진행할 수 있다.

하지만 현실에서는 많은 기업이 최소한의 '예행 연습'이나 '런칭 훈련' 없이 경영자의 지시에 따라 즉흥적으로 팀을 꾸리곤 한다. 시장 조사와 경쟁 분석을 간신히 마친 시점에 이미 런칭에 할애된 시간의 70%가 흘러가 있는 경우도 흔하다.

기획서를 여러 번 검토하고 다양한 아이디어를 조정하다 보면, 결국 초 단위로 일해야 하는 상황에 직면하게 된다. 돈과 인력은 충분하지만, 가장 중요한 자원인 '시간'이 부족해진다. 결국 시간에 쫓기며 런칭을 진행하게 되고, 그 부족한 시간을 메우기 위해 더 많은 돈을 투입하게 된다. 그러나 시간 압박과 경쟁 속에서 진행된 런칭의 80%는 실패로 끝날 가능성이 높다.

시간이 부족하면 예상했던 난관마저 낙관적으로 해석하게 되고, 맹목적인 믿음으로 계획을 밀어붙이게 된다. 런칭 직전에 누군가 타당성에 의문을 제기하면, 그는 조직을 불안정하게 만드는 사람으로 취급된다. 이로 인해 팀원들은 앞으로 닥쳐올 위기에 무방비로 노출되고 만다.

해결되지 않은 난관과 돌발 변수가 쌓인 상황에서, 불완전한 런칭을 앞둔 사람들은 종종 하늘만 바라보거나 극단적으로 점집까지 찾아가는 행동을 하기도 한다. 우울해진 브랜드 경영자는 운명에 대해 묵상하기 시작하고, 일부 사악한 경영자는 희생양을 찾아 책임을 떠넘기려 한다.

비록 과학적으로 증명된 것은 아니지만, 런칭 직전에 나타나는 불길한 징조나 예기치 못한 어려움은 종종 현실로 드러나곤 한다. 그러나 현장에서 혹독한 경험을 쌓은 브랜드 경영자는 예기치 못한 상황에 맞닥뜨려도 당황하지 않는다. 그들은 차분하게 문제를 해결하며, 때로는 당초 계획과는 다른 방식으로 더 강력한 브랜드로 재탄생시키기도 한다.

처음에는 이런 경험이 그저 '행운'이라고 생각할 수 있다. 그러나 시간이 지나면서 그것이 '실력'이었음을 깨닫게 된다. 런칭 직전에 예견된 시장 악화,

급작스러운 트렌드 변화, 선도 브랜드의 견제, 동일한 시장에 진입한 유사 브랜드의 가격 할인 경쟁, 내부 조직의 갈등 등 다양한 위기 상황은 언제든지 터질 수 있는 시한폭탄과 같다.

따라서 런칭을 준비할 때는 '대박'을 꿈꾸기보다 반드시 찾아올 위기에 대비해야 한다. 브랜드가 위기를 견딜 수 있는 내성을 기르는 것이 무엇보다 중요하다.

브랜드 경영자는 미래의 모든 상황을 완벽하게 피하거나 방어하려 해서는 안 된다. 어려움은 반드시 찾아오기 마련이며, 중요한 것은 그 어려움에 어떻게 대응할지를 미리 준비하는 것이다. 진정한 브랜딩은 바로 이 대응 과정에서 시작된다.

그러나 가장 위험한 재앙은 런칭 직후 찾아오는 '성공'이다. 수많은 사례가 보여주듯, 기업이 실패하는 이유는 과거에 경험한 성공, 지식, 그리고 사람들 때문인 경우가 많다.

런칭 과정에서 문제가 발생하면 다양한 전략들이 제시된다. 전쟁 전략가 칼 폰 클라우제비츠는 "가장 위험한 전략은 변경되지 않는 전략이다"라고 말했다. 한 번 성공한 전략은 굳어져 이후 모든 상황에 동일하게 적용되기 쉽다. 이렇게 되면 새로운 전략이나 문제를 지적하는 의견, 그리고 현 전략이 브랜드 아이덴티티에 미칠 위험을 경고하는 목소리가 무시된다. 심지어 정당한 비판조차 맹목적인 시기로 여겨지는 경우도 많다.

특히, 성공한 아이디어가 경영자 본인의 것일 때 상황은 더욱 악화된다. 경영자가 자신의 성공 경험을 고집할수록 더 많은 희생을 초래할 가능성이 커진다. 초기에는 브랜드의 사명에 동기부여를 받았던 인재들이 하나둘 회사를 떠나게 되고, 그 자리는 급히 외부 인력으로 채워진다. 이 과정에서 조직의 모든 목표는 점차 '돈'으로 축소된다.

피터 드러커는 "목적을 달성했다는 것은 축하할 일이 아니라 새로운 사고의 출발점이다"라고 말했다. 브랜드 경영자는 성공에 도취된 마음을 잠시 진정시키고 이 교훈을 가슴에 새겨야 한다.

브랜드 경영자에게 런칭과 초기 운영에서 가장 중요한 역할은 소통이다. 그러나 자신의 생각을 명확히 전달하는 것만으로 소통이 이루어진다고 착각하기 쉽다. 직원들은 일방적인 지시를 오히려 불통으로 받아들인다.

문제는 공유되고, 의견은 자유롭게 나누어져야 한다. 부서 간 갈등을 해결하고, 초기 고객의 목소리에 귀 기울이며, 조직 전체가 유기적으로 소통하는 구조를 구축해야 한다. 그러나 많은 브랜드 경영자들은 런칭을 임무가 끝난 시점으로 간주하고 이후의 소통을 직원들에게 맡기려 한다.

더욱 놀라운 것은 경영자들 중 상당수가 소통에 대한 지식과 경험이 부족하다는 점이다. 일부 경영자들은 소통을 위임하거나 반대로 독점하기도 한다. 그러나 초기 브랜드 실패의 가장 큰 원인은 외부 요인보다 내부 소통의 부재에서 비롯된 경우가 훨씬 많다.

언어와 비언어

아이의 첫 언어는 울음이다. 태어나자마자 우는 것은 슬픔이 아니라 본능적인 소통 방식이다. 이후 2년 동안 아이는 배가 고프거나, 아프거나, 졸리거나, 기분이 좋지 않을 때마다 운다. 엄마는 아이가 왜 우는지 알아내기 위해 여러 방법을 시도하며, 아이를 달래고 필요한 것을 채워준다.

브랜드도 런칭 후 울음소리를 낸다. 대부분의 브랜드는 런칭과 동시에 성공하지 않는다. 초기에는 매출이 부진하거나, 제품 입고가 지연되고, 경쟁사와의 비교에서 밀리며, 광고 사고가 발생하는 등 다양한 문제가 터진다. 이때 경영자는 문제의 원인을 신속하게 파악하고 해결해야 한다. 마치 아이가 울 때 이유를 찾아내어 돌보듯, 브랜드의 문제도 인내와 관찰로 접근해야 한다.

모든 브랜드는 런칭 후 '운다'는 사실을 경영자는 미리 받아들여야 한다. 초기 런칭이 장미빛 미래로 가득할 것이라는 기대는 오해일 뿐이다. 아이의 울음이 성장에 필요한 소통 과정이듯, 브랜드의 문제도 성장의 일부다. 문제의 원인은 제품, 서비스, 직원, 경쟁 상황, 심지어 경영자의 의사결정에서 비롯될 수 있다. 중요한 것은 문제를 두려워하지 않고 해결해 나가며 다음 단계로 나아가는 것이다.

아이가 말을 배우더라도 소통이 곧바로 이루어지지 않듯, 브랜드와 고객 간의 소통도 시간이 걸린다. 간단한 문장을 구사하기까지 최소 2~3년이 걸리는 것처럼, 브랜드 역시 고객과 시장의 요구를 온전히 파악하기까지 시간이 필요하다. 예를 들어, 패션 브랜드는 4계절을 모두 경험하며 최소 2~3년이 지나야 비로소 고객의 니즈와 시장 흐름을 이해하게 된다. 매출 추이, 고객 분석, 경쟁 상황 등의 데이터를 통해 브랜드는 점차 자신만의 언어를 형성해 나간다.

브랜드의 성장 과정은 경영자의 의사결정에 달려 있다. 아이가 엄마의 언어와 행동을 통해 세상을 배우듯, 브랜드는 경영자의 결정이라는 '모유'로 성장한다. 경영자는 고객, 직원, 협력업체와 끊임없이 소통하며 브랜드의 '커뮤니케이션 문법'을 형성해 나간다.

경영자의 일관된 의사결정은 브랜드의 언어를 정의한다. 경영자가 브랜드의 가치와 목적을 명확하게 유지하면, 구성원들은 그 문법을 배우고 따르게 되며, 이는 곧 고객과의 소통으로 이어진다.

다른 예를 들어보자. 만약 엄마는 영어를, 아빠는 한국어를, 친구들은 프랑스어를 사용한다면 아이는 어떤 언어를 배우게 될까? 아이는 언어를 글자가 아닌 말과 행동으로 습득한다. 엄마가 하루 종일 영어로 대화해도 아빠가 집에 돌아와 한국어만 사용한다면, 아이는 두 언어 사이에서 혼란을 겪을 수 있다.

브랜드도 마찬가지다. 경영자가 브랜드의 목적과 가치를 이야기하는 동안 마케팅 팀장이 인지도에만 집중하고, 영업부서는 경쟁사와의 판촉에만 몰두한다면, 브랜드는 혼란에 빠질 수밖에 없다. 일관된 소통과 가치의 유지 없이는 브랜드가 제대로 성장할 수 없다.

브랜드 런칭과 초기 경영은 가장 위험한 시점이다. 경영자가 이 사실을 인정하고 준비하지 않는다면, 성공을 기대하는 것은 단순한 자기 최면에 불과하다. 중요한 것은 문제를 예측하고, 이를 해결할 수 있는 체계를 마련해 나가는 것이다.

시장조사, 브랜딩의 시작과 완성

마케팅의 구루로 불리는 필립 코틀러 교수는 "모든 비즈니스 전략은 마케팅에서 출발하고, 모든 마케팅은 시장조사에서 시작된다"고 말했다. 대부분 이 말에 동의할 것이다. 그러나 수많은 기업이 체계적이고 심층적인 시장조사를 바탕으로 브랜드를 만들어도 모든 브랜드가 성공하는 것은 아니다. 그 이유는 기업들이 시장조사를 단순한 '조사'로만 인식하기 때문이다.

시장조사의 진정한 목적은 '발견'과 '발명'에 있다. '발견'은 아직 세상에 널리 알려지지 않은 것을 찾아내는 것이고, '발명'은 기존에 없던 기술이나 아이디어를 새롭게 창출하는 것을 의미한다. 시장조사는 인간의 욕구와 욕망을 탐구하는 과정이며, 이 발견을 바탕으로 새로운 가치와 브랜드를 발명해야 한다. 따라서 시장조사는 브랜드의 시작이자 완성이라 할 수 있다.

하지만 시장조사는 브랜딩 과정에서 가장 까다롭고 노동집약적인 작업 중 하나다. 이 과정에서 전문성이 요구되기 때문에 많은 기업이 외부 기관에 시장조사를 의뢰한다. 이는 잘못된 선택은 아니지만, 문제는 조사 결과에 지나치게 의존할 때 발생한다. 외부 기관의 보고서에 의존하면 무난하고 평범한 결정에 머물기 쉽다. 예를 들어, 광고 채널을 온라인으로 확장하거나 슬로건을 단순히 변경하는 것, 또는 경쟁사의 강점을 그대로 벤치마킹하는 전략에 그칠 수 있다.

이러한 접근은 매년 똑같은 방식의 판촉과 마케팅을 반복하게 만든다. 왜 이런 일이 발생할까? 기획서와 질문지를 자세히 들여다보면, 그 안에 여러 부서의 숨겨진 의도가 담겨 있음을 알 수 있다. 소비자 조사라고 하지만, 자신들의 브랜드를 좋아하지 않는 사람에게는 아예 질문조차 하지 않는 경우도 많다. 또 일부 질문은 특정 부서의 책임 회피를 목적으로 하거나, 조사 담당자의 자기 과시에 불과한 항목일 때도 있다.

『컬처 코드』의 저자 클로테르 라파이유 교수는 이렇게 말한다.

"아직도 전통적인 소비자 조사 결과를 믿는가? 소비자들조차 자신도 모르게 거짓말을 하고 있다는 사실을 알아야 한다."

어떤 시장조사 보고서는 그 자체가 거짓된 정보일 수 있다. 조사 방법과 해석 과정은 매우 복잡하며, 이는 90년대 TV와 신문을 통한 소비자 조사와는 비교할 수 없을 정도로 변화했다. 오늘날 수많은 브랜드가 시장에 등장하고, 글로벌 시장 환경과 소비자 욕구의 세분화로 인해 과거와는 전혀 다른 양상으로 진화하고 있다. 이러한 상황에서 단일한 시장조사 결과만으로 의사결정을 내리는 것은 매우 위험하다.

조사 전문기관의 화려한 보고서를 절대적인 정답으로 신뢰해서는 안 되며, 숫자로 측정할 수 없는 요소들을 간과하는 것도 경계해야 한다. 그러나 아이러니하게도, 많은 기업이 이러한 '해선 안 될 실수'를 저지르게 되는 함정에 빠진다.

특히 신규 브랜드 런칭 시에는 정성조사와 정량조사를 병행하는 경우가 많다. 정성조사는 소수의 목표 고객을 심층적으로 조사하는 방식이고, 정량조사는 무작위 표본을 통해 길거리나 전화 조사로 대규모 데이터를 확보하는 방법이다. 두 방식을 함께 사용하는 이유는 한 가지 조사만으로는 신뢰할 수 있는 결론을 도출하기 어렵기 때문이다.

그러나 만약 두 조사 모두 잘못된 결과를 제공했을 때 이를 진리처럼 받아들이고 그대로 마케팅에 적용하면 재앙을 초래할 수 있다. 경험이 풍부한 마케터들은 조사 결과를 맹신하지 않고 참고자료로 활용할 뿐이다. 이들은 자신이 보고 싶은 정보를 파악하는 동시에, 소비자가 보지 못하는 부분까지 찾아내는 능력을 갖추고 있다. 그렇다면 소비자 조사는 정말로 불필요한 것일까? 일부 마케터들은 시장조사에 무관심하거나 조사 자체를 회의적인 시각으로 바라본다. 이러한 태도에는 두 가지 이유가 있다.

첫째, 무한 경쟁 때문이다. 하나를 사면 하나를 더 주는 샴푸, 기능과 품질이 거의 동일한 의류와 가전제품, 특정 단어를 특정 브랜드와 연결하기 위해 천문학적인 광고비를 쏟아붓는 브랜드들 속에서 소비자들은 매일 수만 개의 브랜드와 수백 개의 신규 브랜드에 노출된다.

둘째, 소비자의 욕구가 더욱 다양해지면서 제대로 된 브랜드를 만드는 것이 갈수록 어려워지고 있다. 오늘날 소비자들은 이전보다 훨씬 복잡하고 예민하며 까다로운 성향을 보인다. 이러한 변화를 이해하지 못한 채 단답형 조사나 문항 중심의 조사에 의존하는 구태의연한 방식은 오히려 시장조사의 효율성을 떨어뜨린다.

최근에는 빅데이터를 인포그래픽으로 시각화해 분석 결과를 극대화하는 경우가 많다. 그러나 그 안에서도 핵심적인 질문과 답변이 빠진 경우가 적지 않다. 시장조사가 단순히 비행기의 계측기처럼 정량적인 지표만을 측정하는 도구가 되어서는 안 된다. 시장조사는 인간의 내면 깊숙한 욕구와 이치를 발견하는 과정이 되어야 한다. 이를 위해 다음과 같은 질문들이 필요하다.

"당신의 브랜드 가치는 무엇인가요?"
"우리 브랜드를 사랑하게 된 이유는 무엇인가요?"
"우리 브랜드를 싫어하거나 증오하는 이유는 무엇인가요?"

이러한 질문은 소비자의 취향과 심리를 더 명확하게 파악하는 데 도움을 준다. 그렇다면, 이러한 질문에 대한 답은 어떻게 얻을 수 있을까? 만약 독자가 낯선 나라에서 시장조사를 진행한다고 가정해 보자. 자신의 브랜드를 객관적으로 평가하기 위해 무엇부터 시작해야 할까? 다음과 같은 선택지가 있을 수 있다.

1. 거리의 사람들에게 샘플을 보여주고 만족도를 1부터 5까지 평가하게 한다.
2. 도서관에 가서 해당 나라의 문화와 관련된 자료를 조사한다.
3. 대형 유통업체를 방문해 상품 진열과 구매 내역을 분석하고 브랜드 지도를 작성한다.
4. 브랜드를 구매할 가능성이 있는 사람들을 찾아가 직접 조언을 구한다.
5. 외국계 조사 대행사에 의뢰해 조사 결과를 받아본다.

그러나 이 모든 방법을 총동원하더라도 궁극적인 질문에 대한 명확한 답을 얻기란 쉽지 않다. 이는 시장조사가 단순한 절차나 데이터 수집 이상의 작업이기 때문이다. 진정한 해결책은 기존의 시장조사 개념을 완전히 버리는 것에 있다. 정확히 말하자면, '시장조사'라는 전통적 방식의 한계를 초월해야 한다는 의미다.

시장조사라는 커뮤니케이션

젖먹이를 키울 때 가장 힘든 순간은 아이가 왜 우는지 알 수 없을 때다. 열도 없고, 옷이 불편한 것도 아닌데, 방금 자고 일어나 우유까지 다 마셨는데도 울음을 그치지 않는다. 아이가 이유를 말해주기만 한다면 쉽게 해결할 수 있겠지만, 울기만 할 뿐이니 부모로서는 답답할 수밖에 없다.

브랜드도 이와 비슷하다. 런칭을 앞두고 시장조사를 진행하고, 제품을 완성한 후 지인이나 잠재 고객에게 평가를 받아도 예상 밖의 반응이 나올 때가 있다. 이때, 설문 결과를 그대로 믿어야 할지, 조정해야 할지, 아니면 무시해야 할지 혼란에 빠진다. 특히, 런칭 이후의 시장조사는 더욱 까다롭다. 매출이 부진한데도 고객 설문 결과가 긍정적이거나, 반대로 설문 결과는 부정적인데 매출이 오르는 경우 혼란이 극에 달한다. 이런 상황에서는 명확한 정답이 없기에 정신을 바짝 차리고 마치 사냥개처럼 고객의 흔적을 추적해 브랜드의 본질을 파악해야 한다.

스티브 잡스는 "소비자는 자신이 원하는 것이 무엇인지 모른다. 소비자 조사를 통해 원하는 것을 찾을 수 없다"고 말했다. 이 말에는 절반 정도 동의할 수 있다. 실제로 성공한 많은 브랜드들이 소비자 조사보다는 창업자의 통찰력과 직관에 기반해 탄생했다.

초기 단계에서는 스티브 잡스의 말처럼 직관을 신뢰할 수 있지만, 제품과 브랜드가 시장에 출시된 후에는 반드시 시장 조사를 통해 소비자의 반응을 확인해야 한다. 그 이유는 브랜드와 제품이 놓인 환경마다 상황이 다르고, 이에 따라 접근 방식도 달라지기 때문이다.

예를 들어, 페라리 소유자들에게 소비자 불만 조사를 진행한다고 해도 유의미한 결과를 얻기는 쉽지 않다. 페라리 오너에게 연락을 취하는 것 자체가 어렵고, 설문에 응답하는 경우도 드물기 때문이다. 반면, 일상적인 소비재나 가격에 민감한 제품에 대한 조사는 상대적으로 문제를 쉽게 파악할 수 있다.

마치 수능 점수가 학생의 전체 능력을 완벽하게 평가하지 못하듯, 소비자 조사도 브랜드의 무한한 가능성을 하나의 평가 도구로 단순화할 수밖에 없다. 이런 조사 방식만으로는 브랜드가 진정으로 필요한 답을 얻기 어려울 수 있다.

『시장조사의 기술』의 저자 자일스 루리(Giles Lury)는 유니타스브랜드와의 인터뷰에서 이렇게 말했다.

"새로운 브랜드를 런칭할 때 조사를 해야 하는 문제는 여전히 논쟁적입니다. 시장조사를 통해 실패를 예방한 사례도 있는 반면, 조사 없이 성공한 브랜드도 있습니다. 심지어 시장조사 결과가 부정적이었음에도 성공한 브랜드도 있습니다.

예를 들어, 전 세계적으로 유명한 베일리스 아이리시 크림(Baileys Irish Cream)은 여러 조사에서 낮은 평가를 받았지만, 결국 엄청난 성공을 거두었습니다. 하지만 아무런 조사를 하지 않고 브랜드를 런칭하는 것은 용감하거나 어리석은 행위라 할 수 있습니다."

루리는 성공적인 조사 기반 경영의 사례로 P&G를, 실패 사례로는 브리티시 항공(British Airways)을 예로 들었다.

"P&G는 철저한 조사 과정을 통해 고객의 필요를 정확히 파악하고, 이를 바탕으로 강력한 제품과 효과적인 커뮤니케이션을 제시합니다. 물론 P&G도 실패한 사례들이 있지만, 브리티시 항공의 'The Global Tail Fins' CI(Corporate Identity) 변경 사례는 대표적인 실패로 꼽힙니다.

이들은 런칭 전 광범위한 시장조사를 진행했지만, 실제 출시 후 예상과 다른 반응을 얻었습니다. 문제는 조사가 기존 충성 고객이 아닌 비사용자 중심으로 이루어진 것이었습니다. 변화된 CI는 기존 충성 고객들에게 외면당했고, 이는 큰 비용을 들여 발생한 실패로 남았습니다."

브랜드 소통을 위한 시장조사를 단순히 '순위 매기기'나 '숙제 검사'처럼 여기는 것은 큰 오류다. 소비자 조사는 직접적인 답을 얻기 위한 것이 아니라, 소비자들이 무엇을 어떻게 판단하는지 파악하는 틀을 이해하는 과정이다.

자일스 루리는 인터뷰에서 조사 노하우로 추리소설 『셜록 홈즈』를 읽는 것이 도움이 된다고 조언했다. 그는 '문화인류학적 관찰 조사법'을 제안하며, 특정 집단과 함께 생활하면서 그들의 문화적 패턴을 탐구하는 정성적 접근법이 필요하다고 말했다.

소비자 조사는 모르는 것을 알아내기 위한 수단이 아니라, 이미 알고 있는 정보를 재확인하고 전략적으로 수정하기 위한 것이다. 처음 얻은 대답이 자신의 생각과 일치한다고 해서 그것을 진리로 받아들이는 것은 위험하다. 사람은 자신이 믿고 싶은 것만 믿는 경향이 있기 때문에, 빠르게 변하는 트렌드 속에서는 특히 주의가 필요하다.

피터 드러커는 이렇게 경고했다. "극심한 변화 속에서 트렌드를 읽는다고 해서 100% 성공을 보장할 수는 없지만, 트렌드를 읽지 못하면 100% 실패할 것이다." 결론적으로, 브랜드별로 고유한 소비자 조사 방법이 필요하다. 조사 회사가 제공하는 일반적인 체크리스트에 따라 단순히 결과를 체크하는 방식은 효과적이지 않다. 브랜드의 특성에 맞춘 맞춤형 조사가 필요하며,

이를 통해 얻은 인사이트가 성공의 열쇠가 될 수 있다.

『소비자의 반란』을 저술한 마이클 J. 실버스타인은 다음과 같이 말했다.

"최상의 소비자 조사는 브랜드 인지도, 브랜드 고려 대상, 구매 의지에 대해 꾸준히 조사하는 것입니다. 훌륭한 마케팅 회사는 타깃 소비자에 대한 장기적인 조사와 제품에 대한 구체적인 분석을 통해 성공적인 전략을 세웁니다."

소비자들의 행동과 구매 행위를 분석하고 질문을 정리하는 것은 그리 어렵지 않다. 하지만 가장 까다로운 부분은 '누구에게 물어볼 것인가'를 정확히 선택하는 일이다. 타깃을 명확히 분석하고, 그들을 대상으로 조사를 진행하며 지속적으로 발전시켜야 한다. 소비자 조사는 곧 '소통'이다. 즉, 브랜딩에서 핵심을 파악하는 과정이라 해도 과언이 아니다. 중요한 것은 답을 찾는 것이 아니라, 그 답이 도출된 이유를 이해하는 것이다.

과연 시장조사만으로 성공적인 브랜드를 만들고 런칭할 수 있을까? 만약 모든 브랜드가 시장조사로 성공했다면 실패하는 브랜드는 없을 것이다. 그렇다면 시장조사의 한계는 어디까지일까? 중요한 사실은 브랜드 런칭 직전까지 시장조사를 이끄는 '지식과 정보'가 무엇을 근거로 하고 있느냐에 따라 성공과 실패가 갈린다는 점이다. 결국 실패한 런칭은 실패 자체를 준비한 것이나 다름없다. 이는 실패할 수밖에 없는 조사 결과를 바탕으로 의사결정이 이루어졌기 때문이다.

이처럼 중요한 역할에도 불구하고, 시장조사를 가볍게 다루는 프로젝트가 많다. 번거롭다는 이유로 외주 업체에 맡기고, 단순히 발표로 끝내는 경우가 대부분이다. 마케터에게 시장조사는 과거를 통해 미래를 예측하는 '초능력'과 같다. 마치 만화 속 우주 영웅들이 초능력을 잘못 사용해 재앙을 초래하듯, 잘못된 시장조사에 기반한 브랜드 경영자의 의사결정은 그 브랜드의 성공과 실패를 결정짓는다.

런칭 과정에서 실패를 초래할 수 있는 변수들은 여러 가지다.

1. 디지털 속도로 변화하는 소비자
2. 조직 내 의사결정 과정에서 생기는 타협과 문제의 왜곡
3. 경쟁자를 과소평가하는 안일한 생각
4. 성공에 대한 막연한 기대
5. 어쩔 수 없이 프로젝트를 진행해야 하는 조직의 현실

이처럼 다양한 변수가 존재하는 상황에서 마케터들은 제한된 시간 안에 미래 시장을 예측해야 한다. 그러다 보니, 직감, 예감, 예측, 추측과 같은 주관적인 초능력에 의존하는 일이 많아진다. 마케팅 현장에서 흔히 들리는 말이 "그럴 것 같아" 혹은 "아닌 것 같아"처럼 개인적인 주관에 의한 판단이다. 이것이 두 번째 치명적 오류다. 이러한 오류는 조사의 기술을 제대로 이해하지 못한 결과로 빈번하게 발생한다.

현실을 보면, 시장조사의 중요성에도 불구하고 이 주제를 깊이 다룬 단행본은 열 권도 채 되지 않는다. 대부분의 마케팅 책에서도 단 몇 페이지나 한두 단락으로 간단히 언급될 뿐이다. 시장조사 과정이 체험담 수준으로 가볍게 다루어지는 경우도 많다.

왜 이렇게 시장조사에 대한 관심이 부족할까? 그 이유는 바로 무지 때문이다. 실제 조사는 대부분 외주 업체에 맡겨 진행되며, 비용도 만만치 않게 든다. 문제는, 그 지불된 비용이 가시적인 성과로 바로 이어지지 않는다는 점이다. 특히 조사 결과가 기존에 알고 있던 상황과 크게 다르지 않을 경우, 기업은 더 이상 시장조사를 진행하지 않고 직관에 의존하는 경향을 보인다.

시장조사는 런칭 준비 중 평균 6개월에서 1년이 걸리지만, 그 사이에도 수많은 변수들이 발생한다. 일종의 나비효과처럼 작은 변화들이 일어나는데도, 런칭이 두 달밖에 남지 않으면 시장의 변화에도 불구하고 계획을 그대로 밀어붙이는 경우가 많다.

　많은 사람들이 나비효과를 믿지만, 실제로 그 나비를 본 적이 있을까? 조사 과정에서 소수의 의견, 묻지 않았는데 나온 제안, 객관식 질문에 주관적으로 답한 내용들은 종종 무시되고 '기타' 항목으로 처리된다. 이 과정에서 중요한 변수들이 삭제되거나 간과된다. 사실 이러한 의견들은 추가 분석과 가설 설정이 필요하지만, 시간과 비용이 증가하는 것을 막기 위해 묵살되는 경우가 많다. 이처럼 '미래의 변수'에 대한 무지와 '묻지 않은 대답'에 대한 무시는 시장조사를 소통의 장애물로 만들기도 한다.

　브랜드에 따라 시장조사를 핵심 소통 기준으로 삼기도 하고, 단순한 참고 자료로만 활용하는 경우도 있다. 놀랍게도, 애플처럼 시장조사를 아예 하지 않는 브랜드도 있다. 나는 시장조사를 소통의 중요한 기준으로 삼는다. 시장조사에서 가장 많은 시간을 들이는 부분은 분석이 아닌 질문 설계와 설문 대상자의 선정이다. 잘못된 대상자에게서 얻은 엉뚱한 답변은 최악의 경우 브랜드 실패로 이어질 수 있기 때문이다.

시장조사는 영점 조정

　군대에서는 소총을 지급받으면 가장 먼저 '영점 조정'을 해야 한다. 이는 총알이 조준한 방향으로 정확히 날아가도록 하는 과정이다. 세 발의 총알을 발사해 탄착 지점을 확인한 후, 상하를 조정하는 가늠쇠와 좌우를 조정하는 가늠자로 소총의 영점을 맞춘다. 이와 마찬가지로, 시장조사는 브랜드의 영점을 잡는 과정과 유사하다. 비록 세 발로도 영점을 맞출 수 있지만, 일반적으로 아홉 발을 발사하며 세 번의 조정을 거쳐 더욱 정확한 영점을 설정한다.

시장조사도 처음에 결과가 예상과 일치한다면 좋은 시작이다. 그러나 브랜드가 운영되는 과정에서 그 영점은 언제든지 흐트러질 수 있다. 따라서 정기적인 조정과 보완이 필수적이다. 그러나 많은 브랜드는 조사 지식과 기술이 축적되지 않은 채 임시방편으로 시장조사를 진행한다. 조사의 진정한 가치는 과거 조사 결과를 누적해 소비자 패턴을 추적하고, 이를 바탕으로 미래의 구매 동선을 예측하는 데 있다. 그러나 현실에서는 이런 지속적인 조사가 이루어지지 않는 경우가 많다.

또한, 많은 브랜드 경영자들이 조사 결과를 제대로 활용하지 못한다. 아이러니하게도 이들은 소비자보다 경쟁자나 시장의 선도 브랜드에 더 신경을 쓰는 경향이 있다. 물론 이런 방식도 일종의 시장조사지만, 상대적으로 간단하고 비용이 적게 든다는 이유로 선호된다. 그러나 경쟁자의 약점을 바탕으로 새로운 브랜드를 만들려는 시도는 대개 주관적인 평가에 불과하다. 더욱이 그 약점이 소비자에게 실제로 중요한지 확인되지 않은 경우가 많아, 이런 방식으로는 소비자가 진정으로 원하는 브랜드를 만들어내기 어렵다.

브랜드를 런칭할 때 현장 팀원들은 현재 전략에 의미를 부여하고 안도감을 얻기 위해 '경쟁 우위의 강화', '차별화 전략', '소비자 편익 극대화' 같은 전문 용어를 자주 사용한다. 그러나 내용을 자세히 들여다보면 결국 단순한 해결책에 불과한 경우가 많다. 예를 들어, "싸게 팔자!" 혹은 "광고를 늘리자!" 같은 전략으로 귀결되기도 한다.

그렇다면 소비자들은 무엇을 생각하고 있을까? 그리고 그들의 생각을 어떻게 명확한 언어로 표현하게 할 수 있을까? 런칭 과정에서의 시장조사는 런칭 이후에도 지속되어야 한다. 그러나 여기서 말하는 조사는 단순히 외주 업체가 진행하는 순위 조사에 그쳐서는 안 된다. 이는 브랜드의 본질을 탐구하는 '브랜딩' 중심의 조사여야 한다.

조사를 시작하기 전에 반드시 이해하고 동의해야 할 네 가지 원칙이 있다.

첫째, "중요한 것은 보이지 않는다."

둘째, "중요하기 때문에 보이지 않는다."

셋째, "보이지 않는 것은 중요하다."

마지막으로, "보이지 않기에 중요하다."

우리는 보이지 않는 것을 볼 수 있는 통찰력을 가진 사람이 있는가? 우리 제품의 보이지 않는 가치는 무엇으로 이루어지는가? 소비자는 우리가 미처 알지 못하는 제품의 어떤 부분에 가치를 느껴 구매하는가? 어제 매출이 상승한 이유는 무엇일까? 비록 눈에 보이진 않지만, 무엇이 변화를 일으켰을까? 우리가 현재 사용하는 수많은 제품과 서비스들 역시 2~3년 전만 해도 상상 속에만 존재하던 것들이었다.

필립 코틀러는 "모든 비즈니스 전략은 마케팅에서 출발하며, 마케팅은 시장조사에서 시작한다"고 말했다. 그러나 진정 중요한 답은 눈에 보이지 않는다. 소비자가 응답한 대답조차 진짜 답이 아닐 수 있다. 그들은 질문을 받으니 답했을 뿐, 그 대답을 하게 된 과정과 진정한 욕구는 쉽게 파악하기 어렵다. 그러므로 브랜드 경영자는 표면적 답변에 의존하지 말고, 소비자가 말하지 못하지만 가장 중요하게 여기는 근본적인 욕구를 발견해야 한다.

브랜드는 처음부터 브랜드로 존재하지 않는다. 처음에는 단순한 신상품에 불과하다. 굳이 필요하지 않은데도 출시된 제품, 여러 상품 중 하나에 지나지 않는 제품, 기능은 있지만 감동을 주지 못하는 제품이 바로 그것이다.

이러한 신상품이 진정한 브랜드로 성장하려면, 조사와 분석을 통해 성숙의 가이드라인을 마련해야 한다. 소비자가 내놓은 답변을 그대로 따를 필요는 없지만, 그 답변의 배경과 의미를 반드시 이해해야 한다. 그것이 단순한 신상품을 생명력 있는 브랜드로 탈바꿈시키는 핵심이기 때문이다.

런칭에서 중요한 개념은 런칭이 단 한 번으로 끝나는 것이 아니라는 점이다. 마치 결혼식을 끝으로 결혼 생활도 끝났다고 착각하는 신혼부부처럼, 많은 경영자들이 런칭을 일회성 행사로 여기곤 한다. 그러나 브랜드 런칭은 지속적인 과정이다. 런칭과 동시에 또 다른 런칭이 이어져야 하며, 초심을 잃는 순간 브랜드는 서서히 도태되기 시작한다.

이러한 상황에서 브랜드 경영자가 반드시 가져야 할 자세는 초기 전략을 끊임없이 수정하고 보완하려는 태도다. 케스 반 데르 헤이든은 『시나리오 경영』에서 이렇게 강조했다.

"환경 변화에 빠르고 정확하게 대응하려면 조직의 문제 인식과 적응 능력을 강화해야 하며, 이를 위해 시나리오 경영이 필요하다."

필립 코틀러 역시 『미래형 마케팅』에서 다음과 같이 조언한다.

"100% 성공을 보장하는 마케팅 전략은 없다. 기업은 단일 차별화 요소나 하나의 공격 전략에 의존하기보다, 마케팅 품질과 활동을 독창적인 패턴으로 결합해야 한다."

따라서 브랜드 초기 기획서는 상황에 맞게 유연하게 변화해야 한다. 기획서가 바뀌는 것은 불쾌하거나 실망스러운 일이 아니다. 오히려 이는 브랜드가 시장의 주도권을 유지하기 위해 필수적으로 거쳐야 하는 과정이다. 완벽한 시나리오를 가진 존재는 오직 신뿐이다. 브랜드 경영자는 신이 아니며, 그가 할 수 있는 최선은 변화에 민첩하게 대응하며 성장해 나가는 것이다.

무엇을 볼 것인가? 어떻게 볼 것인가?

마케터 임원, 브랜드 매니저, 디자인 실장, 영업 본부장, 상품 개발 실장, 그리고 브랜드 경영자(대표이사)가 150페이지에 달하는 시장조사 자료를 앞에 두고 있다. 대행사의 보고가 끝나자, 각자 밑줄 친 항목을 다시 살펴보며 토론이 시작된다.

"그 수치에 따르면, 우리의 시장 점유율이 경쟁사보다 12% 더 크네요."

"하지만 제가 보기에는 우리 점유율을 20% 올리려면 경쟁사보다 3배의 광고비를 지출해야 할 것 같습니다."

"소비자가 경쟁사의 슬로건을 더 잘 기억하는 것 같아요. 우리도 좀 더 직관적인 카피가 필요할 것 같습니다."

"전체적으로 보니, 우리는 빅5 중 비보조 인지도가 약해요. 스타 마케팅을 고려해야 할 것 같네요."

"스티브 잡스나 소니처럼 시장조사를 하지 않는 기업도 있습니다. 저 지표는 질문 방식에 따라 결과가 달라질 수 있어 신뢰하기 어렵습니다."

"디자인 선호도 질문을 다시 확인하고 싶습니다. 내부적으로 했던 조사와 차이가 있네요."

대화가 이어지자, 소비자 조사 대행사 직원은 딱히 할 말이 없고, 브랜드 경영자는 책임 소재를 물으려는 듯한 분위기를 느끼며 잠자코 상황을 지켜본다. 분위기가 점점 심각해지자, 대표이사가 소비자 조사를 담당했던 대행사 임원에게 질문한다.

"우리 브랜드를 조사하셨는데… 우리 브랜드에 대해 어떻게 생각하시나요?"

이 질문을 받은 대행사 직원의 머릿속에는 여러 가지 생각이 스쳐간다.

- 조사한 내용을 그대로 말할 것인가?
- 개인적인 의견을 말할 것인가?
- 긍정적으로 표현할 것인가? 아니면 부정적으로 표현할 것인가?
- 진심을 말할 것인가, 아니면 영업 차원에서 말할 것인가?
- 대표이사가 듣고 싶어 하는 답을 할 것인가, 아니면 브랜드 본부장의 입맛에 맞는 답을 할 것인가?
- 만약 조사를 다시 해야 한다면, 이후의 회의는 어떻게 진행될 것인가?

이러한 상황은 극화된 것처럼 보이지만, 실제로 소비자 조사 발표 자리에서 흔히 일어나는 일이다. 소비자 조사를 기반으로 브랜드를 런칭하거나 리뉴얼하는 것은 이러한 불확실성 속에서 실패를 기획하는 것과 다름없다.

심한 경우에는 브랜드 경영자가 시장조사 대행사 임원에게 이렇게 묻는 상황도 발생한다.

"어떤 부서의 실수인가요? 이 지표를 보면 디자인에 문제가 있는 것 같군요."

이 순간부터 시장조사 발표는 부서별 성적표를 공개하는 자리로 변하고, 내부의 긴장감이 팽팽해진다. 이 과정에서 숨겨져 있던 사내 정치 라인이 고스란히 드러난다. 시장조사 결과는 숫자로 나타나고, 그 숫자는 부서 간 비교의 기준이 된다. 이로 인해 책임을 피하려는 경향이 생기고, 때로는 시장조사를 아예 하지 않거나 진정한 문제를 비껴가는 조사만 진행하기도 한다.

더 큰 문제는 경영자가 이러한 복선을 심각하게 받아들이지 않거나 무시하는 경우다. 이로 인해 시장조사 보고서는 시쳇말로 '살생부'가 되어버린다.

일반적으로 외부 조사 기관에 약 5천만 원(산업에 따라 다름)을 지불하면 기업이 의사결정을 내릴 수 있을 만큼의 시장조사 보고서를 받아볼 수 있다. 전문가들이 작성한 이 보고서는 정확하고 깔끔해 보이지만, 이를 바탕으로 제대로 된 해석을 할 수 있는 내부 역량은 얼마나 될까?

대부분의 경우, 보고서를 확인하는 것으로 모든 과정이 끝난다.

"거봐, 내 말이 맞지!"

만약 브랜드 경영자나 책임자가 이렇게 말하며 조사 결과를 그대로 받아들인다면, 상황은 더욱 나빠질 수 있다. 자신이 기대하던 결과가 조사로 확인되었다는 이유로, 런칭 팀은 이를 바탕으로 안도하고, 확신에 차서 총력전에 돌입한다.

하지만 수많은 시장조사를 진행하는 대기업들이 정작 성공적인 브랜드를 만들어내지 못하는 이유는 무엇일까? 조사 결과가 사실이라면 왜 신규 브랜드의 성공률은 5%에도 미치지 못하는 것일까? 이는 시장조사 자체가 잘못된 것일까, 아니면 보고서가 왜곡된 것일까? 그 이유는 두 가지 중요한 요소를 놓치기 때문이다.

첫째, 대부분의 시장조사는 과거의 경험에 의존하며, 미래에 일어날 변화를 놓친다. 런칭 직전 시장이 변화해도 계획을 고수하며 밀고 나가는 경향이 강하다. 보통 시장조사는 6개월에서 1년이 걸리지만, 그 사이에도 시장은 수없이 변한다. 시장조사는 미래를 예측하는 도구일 뿐, 실제로 일어날 일을 정확히 보여주지는 못한다.

둘째, 시장조사 과정에서 나온 성공의 단서들을 놓치는 경우가 많다. 소수의 의견이나 묻지 않았는데 제안된 의견, 객관식 질문에 주관적으로 답한 의견 등은 그대로 삭제된다. 소수 소비자들의 불평이나 독특한 의견들은 주로 '기타' 항목으로 처리된다.

사실, 이러한 의견들을 심층 조사하고 가설을 세워야 하지만, 시간과 비용의 문제로 무시되는 경우가 많다. 결국, 이렇게 무시된 소수 의견과 미래의 변수가 시장조사를 무의미하게 만들고, 런칭을 애물단지로 전락시킨다.

공감적 이해(Empathic Understanding)

시장조사를 제대로 수행하려면 우리가 익숙하게 사용하는 '시장조사'의 개념을 넘어설 필요가 있다. 브랜드는 인간 욕구의 상징이며, 시장조사는 그 상징을 해석하는 작업이다. 시장의 모든 제품은 인간의 욕망과 소망이 구체화된 결과물이다. 따라서 시장조사는 단순히 데이터를 수집하는 절차에 그치지 않고, 인간의 마음을 깊이 탐구하고 해석하는 과정이어야 한다. 이것이 바로 '진정한 시장조사'다.

브랜드 경영자는 소비자가 단순히 구매하는 제품 그 이상을 바라봐야 한다. 소비자가 어떤 스타일과 삶의 방식을 추구하는지를 포착해야 한다. 그러나 오늘날의 전통적인 시장조사 개념은 브랜드에 대한 본질적인 접근과 상상력을 제한하는 요소로 작용하고 있다.

소비심리 역시 단순한 경쟁을 넘어, 사람들의 결핍된 마음에 초점을 맞춰 발전해야 한다. 일반적인 소비자 심리학의 목차를 살펴보면, 구매 동기를 간접적으로 측정하고, 오감 활용, 사회적 역할과 라이프스타일 분석 등을 포함한다. 또한, 무의식, 거울 뉴런, 트렌드 선도와 같은 개념들도 다루고 있다.

그렇다면, 마케팅 리서치와 심리학까지 동원된 시장조사에도 불구하고 왜 강력한 브랜드가 탄생하지 않는 것일까? 문제는 단순히 소비자의 심리만 다루고, 사람의 마음을 진정으로 이해하지 못하는 데 있다. 마케터가 심리적 기법을 어설프게 사용해 소비자를 설득하려 할 때, 영리한 소비자는 이를 금세 눈치챈다. 심리 법칙을 제대로 활용하지 못하면 역효과가 발생할 수 있으며, 이는 브랜드가 시장에서 소멸되는 위험으로 이어진다.

시장조사를 통해 깨달은 중요한 사실 중 하나는, 대부분의 성공적인 브랜드가 시장조사 결과로부터 나오지 않았다는 점이다. 그렇다면 시장조사는 무엇을 위한 작업일까? 우리는 종종 '소비자 조사'라는 용어를 시장조사와 동일한 개념으로 사용한다. 만약 이 용어를 다른 말로 바꾼다면, '인간 탐구'라는 표현이 더 적절할까? 시장을 '소비자'나 '고객'이라는 한정된 개념으로 정의하면, 그 단어가 가진 제한된 의미만큼만 이해하게 된다. 시장조사는 사람들의 생각이나 행동 패턴을 안다고 착각하지 않고, 그들이 실제로 어떤 생각과 행동을 하는지 알아내는 과정이라는 것을 명심해야 한다.

시장조사가 어려운 이유 중 하나는 사람들이 자신의 행동을 정확히 설명하지 못할 뿐만 아니라, 각자가 브랜드를 경험하는 방식이 다르기 때문이다. 이에 대해 하버드대학교 심리학과 교수 마자린 바나지(Mahzarin R. Banaji)는 다음과 같이 설명한다.

"우리는 자신이 왜 특정 행동을 하는지 잘 알고 있다고 믿지만, 실제로 우리를 움직이게 만드는 동기를 정확히 이해하지 못합니다."

결국, 시장조사는 단순한 통계나 숫자에만 의존해서는 안 된다. 소비자 행동의 이면에 있는 심리적, 사회적 맥락을 탐구하는 작업이어야 한다.

또한, 사람들이 왜 특정 브랜드를 선택하는지 그 이유가 명확히 드러나지 않는 것이 시장조사에서 가장 어려운 점 중 하나다. 이를 이해하기 위해서는 세 가지 소리에 귀 기울여야 한다.

1. 소비자의 불만
2. 소비자가 말하고 싶지 않은 것
3. 소비자 스스로도 인식하지 못한 내면의 소리

파스칼의 말처럼,
"사람의 마음에는 이성이 알 수 없는 이유가 존재한다."

기업들은 복잡한 소비자 개념을 단순화하기 위해 '타깃(Target: 과녁)'이라는 용어를 자주 사용한다. 손님, 단골, 고객, 회원, 왕, 또는 '호갱님' 같은 다양한 표현이 있지만, 결국 이들은 모두 '소비자'라는 하나의 범주에 묶인다.

'소비자'라는 단어의 기원을 살펴보면, 영어 'Consumer'는 '함께(Con)', '취하다(sum)', 그리고 사람을 뜻하는 'er'로 구성된다. 이 단어는 라틴어에서 유래하며, 사용하다, 먹다, 낭비하다 등의 의미를 내포한다. 1900년대 초반에는 'Consume'이 낭비나 고갈을 의미하기도 했고, 'Consumption'은 폐병을 뜻하는 단어로 사용되기도 했다.

이처럼 '소비자'라는 용어의 기원을 살펴보면, 우리가 사실상 '이웃'이라 불러야 할 사람들을 단순히 '소비자'라는 프레임에 가두는 것이 적절한지 의문이 든다.

결론적으로, '소비자'라는 개념으로 시장조사를 진행하는 것은 문제를 야기할 수 있다. 사람을 단순히 숫자로 이해하려는 접근법에는 한계가 있으며, 진정한 이해는 공감과 교감을 통해 이루어져야 한다.

이러한 공감의 중요성을 보여주는 대표적인 사례가 있다. 주방용품 제조업체 옥소(OXO)의 창업자 샘 파버(Sam Farber)는 주방용품 사업에서 30년간 성공을 거둔 뒤 은퇴한 상태였다. 그의 부인은 요리가 취미였지만 손목 관절염으로 불편을 겪고 있었다. 어느 날, 부인이 그가 판매하던 감자깎이를 사용하다 손을 다치자, 놀란 파버는 인근 대학에 제품 성능 검사를 의뢰했다. 그 결과, 기존 감자깎이가 인체공학적 설계가 부족하다는 문제를 발견하게 된다. 이 경험을 계기로 파버는 '유니버설 디자인'이라는 개념을 도입해 옥소 브랜드를 새롭게 런칭했다.

유니버설 디자인이란 모든 사람이 편리하게 사용할 수 있는 디자인을 의미하며, 특히 신체적 약자에 대한 배려를 중시한다. 이 개념은 1980년대 미국 건축가 론 메이스(Ron Mace)가 제안한 '배리어 프리(barrier-free)' 개념에서 출발했다. 그러나 유니버설 디자인은 단순히 장애인이나 노약자를 위한 것이 아니라, 모든 사람의 삶을 더 편리하고 안전하게, 그리고 풍요롭게 만드는 휴머니즘적 설계를 지향한다.

이 사례는 소비자를 단순한 '타깃'이나 '데이터'로만 보는 시장조사의 한계를 잘 보여준다. 브랜드 경영자는 사람의 이야기에 공감하고 이를 이해할 때 비로소 진정한 가치를 창출할 수 있다.

파버가 집중했던 것은 무엇이었을까? 단순히 관절염을 앓는 노인을 겨냥한 작은 시장을 염두에 둔 것이었을까? 사실, 파버가 가장 주목한 것은 손을 다친 아내를 통해 많은 사람들이 겪는 불편과 고통에 공감하는 일이었다. 그가 가장 마음 아파했던 것은 자신이 판매해온 제품으로 인해 누군가가 다쳤을지도 모른다는 미안함이었다.

옥소(OXO) 브랜드의 웹사이트에는 〈Our Roots(우리의 뿌리)〉라는 제목 아래 이렇게 적혀 있다.

"옥소는 몇 가지 단순한 질문에서 시작되었습니다. 왜 평범한 주방 도구들이 손을 다치게 할까? 왜 사용하기 쉬운, 정말 편리한 도구는 없는 걸까?"

파버가 브랜드를 런칭하며 경험한 것은 바로 공감(Empathy)이다. 이 단어는 1872년 독일 미학자 로베르트 피셔(Robert Vischer)가 예술 작품을 감상하며 '감정이입(Einfuhlung)'을 설명하기 위해 처음 사용한 개념에서 유래했다. 감정이입이란 관찰자가 자신의 감정을 대상에 투사하는 과정을 의미한다. 예술 감상에서 시작된 이 개념은 오늘날 심리학에서 타인의 정신 상태를 이해하는 중요한 개념으로 자리 잡았다.

영어에서 공감을 표현하는 단어로는 Sympathy와 Empathy가 있다. Sympathy는 '공통된 감정을 나눈다'는 의미로, 'Sym(함께)'와 'pathos(느끼다)'가 결합된 단어다. 반면, Empathy는 '타인의 고통 속으로 들어가다'는 의미로, 'Em(안으로)'와 'pathy(고통)'가 결합된 표현이다. 이 개념은 예술 감상뿐만 아니라 브랜드 런칭과 물리학에서도 사용된다.

알베르트 아인슈타인은 상대성 이론을 설명하며 감정이입의 순간을 이렇게 묘사했다.

"스스로 빛의 속도로 움직이는 광자(Photon)가 되어, 그 광자의 입장에서 세상을 바라보고 느끼며, 또 다른 광자를 쫓는 상황을 상상했다."

브랜드는 단순한 상표가 아니다. 브랜드는 통합적인 가치와 경험이다. 공감(Empathy)은 브랜드와 사용자를 깊이 이해하기 위한 가장 중요한 커뮤니케이션 방식이다. 따라서 시장조사는 소비자들의 불편과 고통에 공감하는 것에서 출발해 완성된다. 하지만 이 공감 능력은 아무나 가질 수 있는 것이 아니다. 조사자의 직관과 훈련된 감각이 필요하며, 이를 통해 브랜드의 방향이 결정된다.

시장조사 전문가 자일스 루리(Giles Lury)는 유니타스브랜드 인터뷰에서 이렇게 말했다.

"시장조사의 통찰력은 문화인류학적 관찰조사법(Ethnographic qualitative research)에서 시작됩니다."

이 방법은 특정 집단과 함께 생활하며 그들의 문화적 패턴을 정성적으로 탐구하는 것이다. 조사 장소는 가정, 직장, 술집 등 어느 곳이든 가능하다. 이러한 접근을 통해 진실과 거짓을 구별하고, 숨겨진 진실을 발견할 수 있다. 루리의 접근은 Empathy(감정이입)보다는 Sympathy(공감)에 가깝다. 그는 소비자의 입장에서 함께 느끼는 과정을 중요하게 생각하며, 이를 통해 브랜드와 사용자를 연결할 통찰력을 얻는다.

브랜드는 그 자체로 하나의 문화적 결정체다. 따라서 특정 집단의 문화를 이해하고 공감하며 시장조사를 진행하는 것은 매우 자연스러운 과정이다.

시장조사를 통해 현재 사회에서 어떤 가치가 형성되고 있는지를 파악하고, 그 가치들 사이의 차이를 연구할 수 있다. 그러나 이 과정은 시간과 비용이 많이 소요되기 때문에, 많은 기업이 선뜻 사용하기를 꺼린다.

사람들은 상황에 따라 다르게 행동할 것처럼 보이지만, 실제로는 일정한 패턴을 따르며 규칙적으로 행동하는 경향이 있다. 시장조사는 다양한 욕구와 불규칙성 속에서 브랜드의 규칙을 찾고, 그 규칙 속에서도 새로운 불규칙성을 발견하는 작업이다.

예를 들어, 어떤 사람에게 나이키는 단순한 스포츠 신발에 불과할 수 있지만, 다른 사람에게는 인생의 소장품이 될 수 있다. 그럼에도 불구하고 두 사람 모두 나이키의 만족도를 5점 만점에 5점으로 평가할 수 있다. 그렇다면, 이 조사 결과만으로 나이키 브랜드에 대해 무엇을 얼마나 알 수 있을까?

이처럼 불규칙 속에서 규칙을 찾고, 규칙 속에서 불규칙을 발견하는 능력은 일종의 '학습된 직관력'이다. 설문조사, 표적집단면접법(FGI), 경쟁 분석, 샘플 분석, 일대일 면접 등 다양한 방법을 통해 축적된 경험은 이러한 직관력을 키워준다. 학습된 직관이란 축적된 경험과 지식을 바탕으로 새로운 패턴을 직관적으로 포착하는 능력이다.

독일의 심리학자 게르트 기거렌처(Gerd Gigerenzer)는 직관에 대해 이렇게 설명한다. "직관은 우리가 경험하는 것입니다. 그것은 의식 속에 갑작스럽게 나타나지만, 그 원인은 명확하지 않습니다. 그것은 어림짐작을 구성하는 일종의 틀입니다."

또한, 『스마트 월드』의 저자 리처드 오글(Richard Ogle)은 인터뷰에서 이렇게 말했다. "직관은 경험을 통해 발전합니다. 직관력을 방해하는 가장 큰 장벽은 자기 자신에 대한 불신입니다."

학습된 직관을 발전시키기 위해서는 전통적인 시장조사 경험과 공감적 이해가 어우러져야 한다. 이 직관력의 궁극적인 목표는 단순히 확인하는 것이 아니라, 새롭게 보고 느끼며 더 깊은 통찰을 얻는 것이다. 공감과 학습된 직관은 시장조사에서 가장 중요한 '시력'이라 할 수 있다.

브랜드 런칭 후 시장조사에서 필요한 태도는 다음과 같다.

1. 원하는 답을 찾기보다는 아이디어의 문제점을 발견하는 것이 중요하다. 아이디어의 완성도를 높이기 위해 부족한 부분을 채우는 것도 필요하지만, 그 과정에서 비판적으로 부족한 점을 살펴보는 것이 필수적이다.

2. 아무리 좋은 아이디어라도 폐기할 수 있어야 하며, 처음으로 돌아갈 용기가 필요하다. 이를 통해서만 새로운 통찰을 발견할 수 있다.

3. 항상 긴장감을 유지하며, 일을 미루지 않도록 한다.

4. 완벽한 시장조사는 존재하지 않는다. 설령 확신이 드는 결과를 얻었다 해도 절대 안주해서는 안 된다.

5. 더 이상 조사를 하지 말아야 할 시점을 아는 것도 중요하다. 언제 끝내고 다시 시작할지 결정하는 것은 가장 어려운 부분이지만, 그만큼 중요하다.

아무리 어려운 수학 문제라도 공식을 알고 있으면 쉽게 풀 수 있지만, 시험날 응용문제만 출제되면 당황하기 마련이다. 이처럼 시장조사도 예상치 못한 변수로 가득하다. 철저히 준비했다고 해서 성공을 보장할 수는 없다.

시장조사에서 얻는 통찰은 단순한 우연이나 순간적인 영감의 산물이 아니다. 오히려 축적된 경험과 필연적인 학습에서 비롯된다는 믿음이 중요하다. 이러한 태도를 유지해야만 브랜드가 성장 단계인 '아동기'로 넘어갈 수 있다.

시장조사력과 브랜드 경영

조사의 실패 사례 중 가장 심각한 경우는 두꺼운 조사 보고서에 지나치게 의존하는 것이다. 많은 데이터를 바탕으로 작성된 보고서는 진실에 가까워 보일 수 있지만, 이는 착각일 수 있다. 대량의 소비자에게 질문을 던졌다는 사실만으로 진실을 보증할 수는 없다. 담당자는 많은 시간과 비용을 들여 소비자를 분석했다고 자부하지만, 정작 그 보고서가 전략적 분석 자료가 아닌 면피용으로 활용되는 경우가 많다. 특히 우리나라 대기업에서는 시장조사가 종종 책임 회피의 수단으로 사용된다.

이 과정에서 우리가 던져야 할 핵심 질문은 다음과 같다.

"의사결정을 내리는 임원들이 소비자와 직접 소통하는 시간은 얼마나 될까?"

조사 보고서조차 세심하게 검토되지 않는다면 상황은 더욱 악화된다. 종종 경영자들은 골프장에서 캐디의 조언이나, 경영학과 학생인 자녀와 지인의 의견에 의존하기도 한다. 최악의 경우, 주변 사람들의 칭찬을 곧이곧대로 믿고 중대한 의사결정을 내리는 사례도 있다. 이는 결국, 제대로 된 소비자 조사를 경험해본 적이 없기 때문에 나타나는 현상이다.

언어와 개념에 대한 이해가 필수적이다. 마치 초등학생이 약 5천 개, 성인이 약 3만 개의 단어를 인식하듯, 소비자 조사의 방법과 용어를 풍부하게 익혀야 그 범위와 깊이가 넓어진다. 영어 단어를 5천 개밖에 모른다면 성인의 인식 범위가 제한되듯, 시장조사의 개념과 용어에 대한 이해가 부족하면 조사의 깊이 또한 얕아질 수밖에 없다. 직관과 전략적 용어를 파악하는 것은 시장조사의 기본이다.

하지만 단순히 용어를 외운다고 시장조사를 잘하는 것은 아니다.

수백억 원 규모의 브랜드 런칭이든, 자영업자의 소규모 매장 개업이든, 모든 시장조사의 핵심은 결국 '사람'이다. 시장조사의 시작과 끝은 사람에 대한 이해에서 비롯되며, 진정한 조사 역량은 사람을 깊이 이해하는 지혜에서 나온다.

길거리에서 이루어지는 소비자 조사는 단순히 지나가는 사람에게 질문하는 행위가 아니라, 일종의 순찰이다. 평범한 사람들의 의견이 때로는 중요할 수 있지만, 그 응답이 항상 진실을 말해주는 것은 아니다. "호랑이를 잡으려면 호랑이 굴로 들어가라"는 말처럼, 우리가 겨냥해야 할 핵심 소비자를 찾기 위해서는 그들의 라이프스타일과 행동 패턴을 직접 관찰해야 한다. 이 과정에서 가장 중요한 것은 통계가 아닌 통찰이다. 숫자보다 해석이 더 중요하다. 소비자 조사를 오로지 수치로만 설명하려 한다면, 시장조사의 진정한 핵심을 놓치고 있는 것이다.

야신이라고 불리우는 김성근 감독의 별명 중, 그가 가장 좋아하는 것은 '잠자리 눈'이다. 선수들이 붙여준 이 별명은 마치 뒷통수에도 눈이 달린 것처럼 넓은 시야를 가진 그를 잘 묘사한다. 뒷통수에 눈이 있다면 무엇을 볼 수 있을까? 김성근 감독은 이와 같은 '겹눈'에 대해 이렇게 설명한다.

"세 개의 눈이 있다고 생각합니다. 물체를 보는 눈, 관찰하는 눈, 그리고 속으로 파고드는 눈이 있어야 합니다. 선수가 무슨 생각을 하는지, 어떤 행동을 하는지 모두 볼 수 있을 때 팀을 제대로 이끌 수 있습니다."

관찰하는 눈은 현재를 이해하는 능력을, 마음을 들여다보는 눈은 미래를 예측하는 능력을 상징한다. 김 감독은 단순히 보이는 것만 보지 않는다. 겹눈으로 본다는 것은 단순히 보이는 것을 그대로 받아들이지 않는 것을 의미한다. 자신의 관점과 경험을 바탕으로 하나의 현상을 다양한 시각으로 쪼개어 재해석하는 것이다. 겹눈을 가진 사람들은 마치 모자이크처럼 모든 요소를 통합적으로 보며, 하나를 전체로, 전체를 하나로 이해한다. 미세한 소비자 변화에도 큰 의미를 부여하고, 보이는 것 그 이상을 탐구한다.

결국, 잘 보는 것이 곧 잘 생각하는 것이다.

어리석은 사람은 책 한 권만 읽고 그것이 전부인 양 믿듯이, 소비자 조사 결과가 자신의 생각과 일치할 때 그것만이 진실이라고 여긴다면 이는 매우 무모한 행동이다. 소비자 조사는 여러 겹눈 중 하나일 뿐이다.

브랜드 경영자는 다양한 관점을 가져야 한다. 예를 들어, 고객의 관점, 미래 고객의 관점, 불만 고객의 관점, 경쟁사의 관점, 잠재 경쟁자의 관점 등 여러 시각에서 브랜드를 바라볼 줄 알아야 한다. 특히 고객의 소리를 들을 때는 만족한 부분과 불만 사항뿐만 아니라, 고객이 말하기 꺼리는 부분과 미처 생각하지 못한 부분까지도 귀 기울여야 한다.

브랜드 경영자는 이러한 다양한 정보를 통합해 입체적인 3D 시각으로 브랜드를 바라볼 수 있어야 한다. 그러나 많은 기업은 이를 "고객의 소리를 듣자"라는 한 줄로 단순화해 버리곤 한다.

브랜드가 완전히 구축되지 않은 초기 단계에서는 여러 관점에서 현재와 미래를 통합적으로 바라보는 시각이 필수적이다. 이때 필요한 것은 브랜드를 다양한 각도에서 분석하는 방법이다. 신규 브랜드가 시장에서 절대적 우위를 차지하기는 어려울지라도, 상대적 우위를 통해 주도권을 확보할 수 있다. 브랜드를 어떤 각도로 바라보느냐에 따라 숨겨진 잠재적 우위를 발견할 수 있다.

브랜드를 바라보는 다양한 관점에는 원근법(Perspective)을 활용해 일시적인 매출과 이익보다 장기적인 성장에 중점을 두는 방식이 있다. 미래의 시점에서 현재를 조정하는 Standpoint(보다 구체적인 관점을 의미), 그리고 특정 부분에 집중하는 Viewpoint(방향성을 내포한 관점)도 중요한 시각적 도구다.

이를 쉽게 설명하자면, "각도를 두고 원근법을 활용해 최적의 위치에서 대상을 집중적으로 관찰하는 것"이라고 할 수 있다. 한마디로, 세밀하게 관찰하는 능력이다.

이때 가장 중요한 것은 '통합적 시각'이다. 탁월한 브랜드 경영자는 브랜드를 개별적으로 파편화하지 않고, 모든 관점을 결합해 입체적으로 전체적인 그림을 그린다. 이렇게 다양한 시각으로 브랜드를 조망하는 방식을 우리는 '뷰티풀(Viewtiful)'이라고 부른다. 뷰티풀은 단순히 교정된 시력으로 보는 것을 넘어, 각 관점이 드러내는 '차이'를 통합해 차원이 다른 방식으로 브랜드를 바라보는 능력을 의미한다.

우리는 언제부터 등산할 때 수십만 원에서 수백만 원짜리 옷을 입기 시작했을까? 언제부터 자전거를 탈 때 요란한 복장과 장비를 갖추었으며, 언제부터 커피를 이토록 많이 마시게 되었을까? 언제부터 프랑스 명품 백이 대중의 일상적인 핸드백이 되었으며, 언제부터 스마트폰을 들고 다니며 스마트한 척하게 되었을까? 그리고 언제부터 우니나라 전자상거래의 규모가 230조를 넘는 거대 산업으로 성장했을까? 이 모든 변화를 이해하기 위해서는 탁월한 기억력과 통찰이 필요하다.

브랜드는 낯선 문화와 생활 방식을 순식간에 우리의 일상으로 바꿔놓는다. 그러나 이러한 변화의 징조는 단순한 길거리 조사로 발견되지 않는다. 사람을 깊이 연구해야 한다. 특히 시장조사에서는 사람과의 만남 속에서 고도의 감정이입과 면밀한 관찰이 필요하다. 왜냐하면 사람의 기억은 단순한 기록이 아니라, 그 당시 상황을 자신의 기준으로 해석한 것이며, 사람의 행동 또한 자신만의 언어로 번역된 결과이기 때문이다.

무엇보다 중요한 것은 사람의 '동기'다. 범죄심리학자 조은경 교수(한림대학교 심리학과)는 유니타스 브랜드와 인터뷰에서 이렇게 말했다. "범죄자를 깊이 이해하기 위해 가장 중요하게 살펴봐야 할 것은 동기입니다. 소비자 조사도 마찬가지입니다."

　브랜드 경영자는 시장조사의 중요성을 회의 때마다 강조하지만, 정작 소비자와 직접 만나 심도 있는 대화를 나누는 경우는 드물다. 그 결과, 조사 보고서는 경영자가 불편해하지 않을 정도로 실무자가 편집해 전달한다. 극단적으로 표현하자면, 소비자와 직접 소통하지 않는 경영자와 소비자의 의견을 경영자가 듣고 싶은 대로 편집해 전달하는 실무자는 브랜드를 안락사시키는 공범이다.

　조사 대행사를 한두 곳에서 세 곳으로 늘려 전방위적으로 조사한다고 해서 브랜드 경영의 성공이 보장되는 것은 아니다. 브랜드 경영의 본질은 단순히 소비자를 조사하는 것이 아니라, 사람을 만나 그들과 함께 브랜드를 구축해가는 과정에 있다.

Review

6장에서는 시장조사의 한계와 본질을 파헤친다. 시장조사는 단순한 데이터 수집이 아닌 사람의 동기와 감정을 이해하는 과정이어야 한다고 강조한다. 사람들의 행동과 대답은 그들이 당시 상황을 자신만의 방식으로 해석하고 번역한 결과이기 때문에, 단순히 드러난 응답만으로는 진정한 동기를 파악할 수 없다.

범죄심리학자 조은경 교수의 말처럼, 소비자 조사의 핵심은 사람들의 '동기'를 찾는 것이다. 그러나 현실에서는 경영자들이 소비자와 직접 소통하지 않고, 실무자가 경영자가 듣고 싶어 하는 대로 조사 결과를 편집해 전달하는 일이 빈번하다. 이는 브랜드를 서서히 실패로 이끄는 원인이 될 수 있다.

브랜드 경영은 단순히 소비자 데이터를 수집하는 것이 아니라, 사람들과 만나 그들의 이야기를 듣고 브랜드를 함께 구축하는 작업이다. 조사 대행사를 늘리고 전방위적으로 조사를 진행한다고 해서 브랜드 경영의 성공이 보장되는 것은 아니다. 브랜드는 조사로만 만들어지지 않으며, 사람과의 만남과 공감을 통해 비로소 완성된다.

결국, 시장조사는 통계나 숫자에 얽매이지 않고, 사람들이 말하지 못한 진짜 욕구를 찾아내는 과정이다. 통찰은 단순한 설문조사가 아닌, 사람들과의 깊이 있는 소통과 관찰에서 비롯된다. 브랜드는 낯선 문화와 생활 방식을 우리의 일상으로 바꾸어 놓을 수 있는 힘을 가진다. 그러나 이런 변화의 징조는 단순한 조사만으로는 발견되지 않는다. 브랜드 경영자는 사람의 동기와 욕구에 깊이 공감하고 이해하는 통합적 시각을 가져야 한다.

이 장에서는 다양한 관점의 중요성도 다룬다. 소비자, 미래 고객, 불만 고객, 경쟁사 등 여러 시각에서 브랜드를 바라보는 능력이 필요하며, 각각의 관점에서 드러난 차이들을 통합하는 것이 핵심이다. 이러한 입체적 관점을 통해 숨겨진 잠재적 우위를 발견하고, 브랜드를 상대적 우위의 위치에 올릴 수 있다.

결국, 시장조사는 사람의 기억과 경험이 담긴 복잡한 이야기들을 해석하고 공감하는 데서 시작한다. 브랜드를 파편화하지 않고 통합적 시각으로 조망하는 능력은 브랜드 성공의 필수 요소다.

Workshop 1
 브랜드 유 경험자용

 ## 1. 창업 초기의 브랜드 위험 관리
 - (창업을 한 경험이 있다면)창업 직후 당신이 겪었던 가장 큰 어려움은 무엇인가?
 - 이 문제를 어떻게 해결했나요? 비슷한 상황이 다시 온다면 더 나은 해결 방법은 무엇일까요?
 - 현재 당신의 브랜드의 생존율을 높이기 위해 어떤 전략을 사용하고 있나?
   예) 고객 확보, 충성도 형성, 내부 팀 관리

 ## 2. 상표에서 브랜드로의 전환
 - 상표 등록 후, 브랜드로 발전시키기 위해 어떤 노력을 하고 있는가?
   예) 네이밍, 스토리텔링, 디자인, 고객 소통
 - 당신의 브랜드는 경쟁 브랜드와 어떤 점에서 차별화되고 있는가? 경쟁 브랜드와의 차별화 요소가 명확한가?
 - 차별화가 부족하다면, 어떤 요소에서 개선이 필요한가? 세 가지 개선 아이디어를 제시해보자.

3. 창업 초기 팀 관리와 소통:

- 창업 초기 팀원들 간 의견 충돌이 있었을 때 어떻게 해결했는가?
- 팀 내 소통과 협력을 더 잘 이끌어내기 위해 어떤 방법을 사용할 수 있을까?
- 중요한 결정을 내릴 때, 팀원들과의 의사소통 방식은 어땠나? 더 나은 소통 방식이 필요하다면 어떤 방법을 시도할 수 있을까?

4. 런칭 직후 예상 문제 대응

- 브랜드 런칭 후 예상치 못한 문제가 생겼다면 어떻게 해결할 계획인가?

  예) 경쟁 브랜드 등장, 고객 반응 부진, 내부 문제

- 런칭 후 매출이 저조할 경우, 그 원인을 어떻게 분석하고 해결할 수 있을까? 매출 부진의 세 가지 주요 원인을 예상해보고, 각각에 대한 해결책을 찾아보자.

5. 성공적인 소통과 시장 조사 활용

- 브랜드와 소비자 간의 소통이 제대로 이루어지고 있는가? 초기 소비자 피드백을 어떻게 수용하고 개선하고 있는가?
- 시장 조사 결과가 현재의 브랜드 전략과 일치하고 있는가? 그렇지 않다면, 이를 어떻게 의사결정에 반영할 수 있을까?

Workshop 1
브랜드 경험자 세부 활동

1. 창업 집중 관리 기간: 위험 요인 분석
- **질문** 브랜드 초기 1년 동안 잠재적 위험을 어떻게 예측할 수 있을까?
- **활동** 매출 부진, 충성 고객 부족, 조직 내부 갈등 등 잠재적 위험 요소들을 미리 리스트업해보고, 이에 대비할 방법을 논의해보자.

2. 상표와 브랜드 차이점 분석
- **질문** 현재 당신의 상표는 브랜드로 성장할 준비가 되어 있는가?
- **활동** 상표가 브랜드로 도약하기 위해 필요한 조건은 무엇인가? 이를 실현하기 위한 구체적인 계획을 세워보자.

3. 창업 팀빌딩 및 내부 소통 전략
- **질문** 창업 팀이 함께 성장하기 위해 필요한 요소는 무엇이라고 생각하나?
- **활동** 팀 내에서 상호 신뢰를 쌓고, 창업자의 비전과 팀원들의 의견을 조화롭게 수용할 방법을 제안해보자.

4. 브랜드 런칭 후 매출 부진 대처법
- **질문** 초기 매출 부진의 원인을 어떻게 분석할 수 있을까?
- **활동** 소비자 반응, 경쟁사 대응, 제품 문제를 분석하고 각각에 맞는 구체적인 해결 방안을 제시해보자.

5. 소비자와의 소통 및 피드백 수용
- **질문** 소비자 피드백을 바탕으로 현재 브랜드 소통 방식을 어떻게 개선할 수 있는가?
- **활동** 고객과의 커뮤니케이션 전략을 어떻게 개선할 수 있을까요? 충성도를 높일 방안은 무엇일까?

Workshop 2
브랜드 입문자용

1. 브랜드 초기의 위험 요소 이해하기
- **질문** 브랜드가 초기 단계에서 가장 큰 어려움은 무엇일까? 예상되거나 경험한 문제를 어떻게 해결할 수 있을까?
- **활동** 참가자들은 가상의 브랜드를 설정하고 초기 단계에서 발생할 수 있는 위험 요소를 찾아본다. 매출 부진, 고객 부족, 내부 갈등 등 잠재적 문제를 토론하고, 이를 해결하기 위한 방안을 제안한다.
- **목표** 초기 운영 시 발생할 수 있는 문제를 예측하고 효과적인 해결 방안을 모색하는 능력을 기른다.

2. 상표와 브랜드의 차이점 이해하기

- **질문** 상표와 브랜드의 차이는 무엇일까? 이상적인 브랜드가 갖추어야 할 조건은 무엇일까?
- **활동** 참가자들은 상표와 브랜드의 정의를 비교하고, 상표가 브랜드로 성장하기 위해 필요한 요소를 논의한다. 이를 통해 가상의 브랜드 전략을 계획하고 발표한다.
- **목표** 상표와 브랜드의 차이를 이해하고, 장기적인 브랜드 전략을 구상하는 법을 익힌다.

3. 효과적인 팀 소통과 협업

- **질문** 브랜드 운영 시 팀 내 갈등을 어떻게 효과적으로 해결할 수 있을까? 서로의 의견을 조화롭게 수용하는 방법은 무엇일까?
- **활동** 참가자들은 가상의 팀을 구성해 의사결정 과정에서 발생할 수 있는 갈등을 시뮬레이션한다. 각 팀은 갈등 해결과 협업 강화를 위한 소통 전략을 구상한다.
- **목표** 팀 내 소통을 원활하게 하고, 협업을 촉진할 수 있는 실질적인 전략을 학습한다.

4. 브랜드 런칭 후 예상 문제 대비하기
- **질문** 브랜드 런칭 후 매출 부진이나 예상치 못한 문제가 발생하면 어떻게 대처할까?
- **활동** 참가자들은 다양한 가상 시나리오를 통해 초기 매출 부진과 소비자 반응 저조 상황을 분석한다. 각 팀은 문제의 원인을 찾아내고 구체적인 해결 방안을 제시한다.
- **목표** 런칭 후 발생할 수 있는 문제를 분석하고 효과적으로 해결하는 능력을 기른다.

---

5. 소비자와의 소통과 피드백 활용하기
- **질문** 브랜드는 소비자 피드백을 어떻게 수용하고 개선할 수 있을까? 고객과의 소통을 통해 충성도를 높이는 방법은 무엇일까?
- **활동** 참가자들은 가상의 브랜드에 대한 피드백을 기반으로 커뮤니케이션 전략을 수립한다. 각 팀은 고객과의 소통을 강화하고, 충성도를 높이기 위한 방안을 발표한다.
- **목표** 소비자와의 소통 방법을 개선하고, 고객 충성도를 높이는 전략을 학습한다.

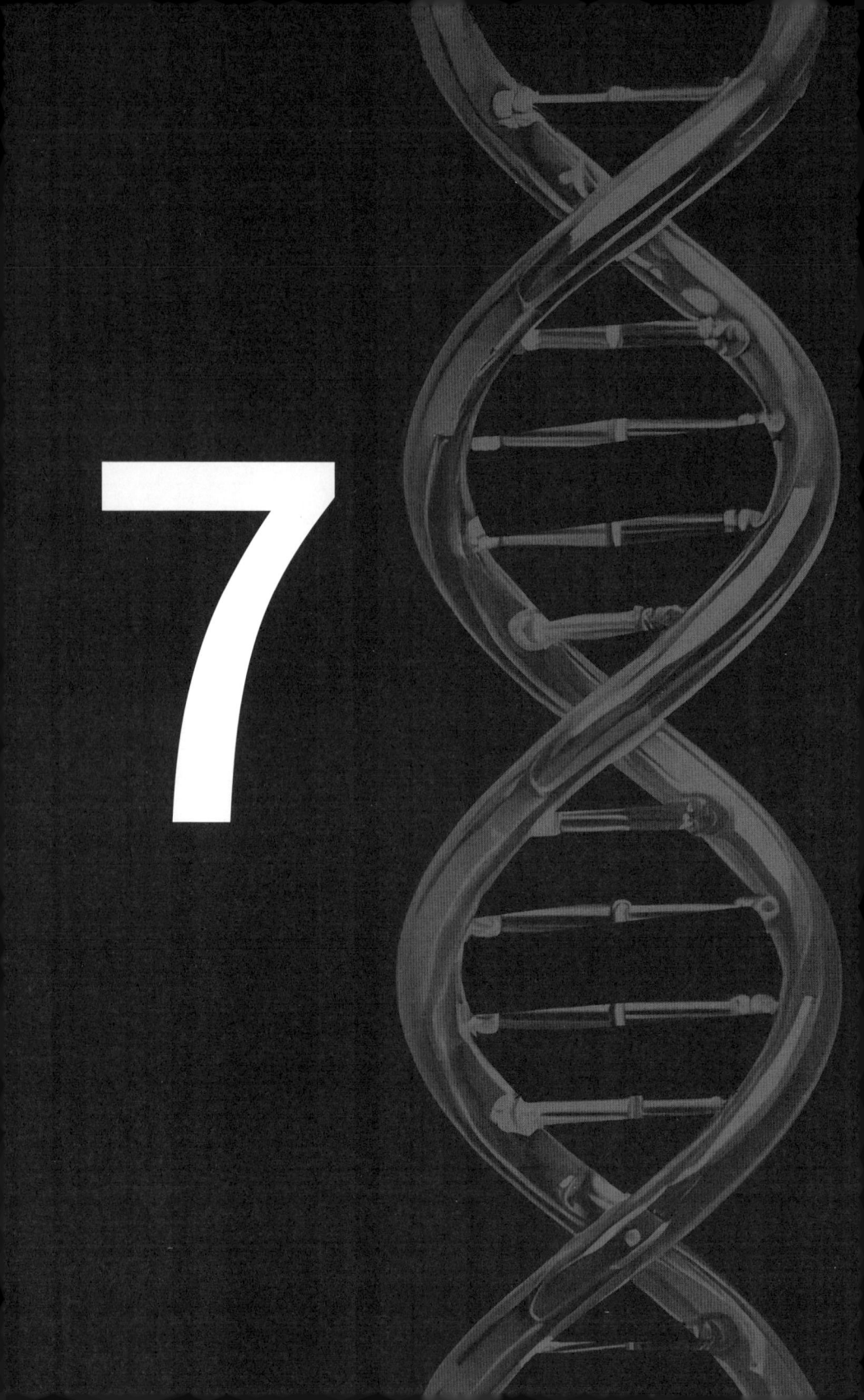

브랜드 아동기

"공감은 다른 사람의 신발을 신고 걸어보는 것이다".
하퍼 리(Harper Lee)

Preview

이 장에서는 브랜드가 단순한 상표를 넘어 성장하고 고유한 정체성을 형성하는 과정을 인간의 발달 과정에 비유해 설명한다. 브랜드는 처음에는 기능적 차원에서 출발하지만, 시간이 지남에 따라 소비자와의 관계를 통해 정체성과 가치를 구축해 나간다.

브랜드의 성장은 단순히 매출 증가만으로 이루어지지 않는다. 소비자와의 공감과 소통을 바탕으로 더 깊은 가치와 관계를 형성해야만 진정한 성공을 거둘 수 있다. 이 장에서는 소통의 중요성에 집중하며, 초기 런칭 단계에서 마주치는 도전과 기회, 그리고 경영자가 외부의 유혹과 협업 제안을 어떻게 현명하게 대응해야 하는지에 대한 지침을 제시한다.

브랜드는 단순히 제품을 판매하는 것이 아니라, 소비자의 욕구와 심리를 이해하고 그들과의 관계를 통해 더 큰 가치를 창출해야 한다. 소비자 데이터 분석만으로는 충분하지 않으며, 소비자의 숨겨진 동기와 심리적 욕구를 알아내야 진정한 소통이 가능하다는 메시지를 전달한다. 고객과의 감정적 연결을 통해 브랜드가 하나의 아이덴티티로 자리 잡는 과정을 구체적으로 다룬다.

특히, 이 시기에는 브랜드가 비언어적인 신호로 소비자의 불만과 기대를 파악하는 능력이 중요하다. 예를 들어, 아이가 울음을 통해 욕구를 표현하듯, 소비자도 비언어적인 방식으로 브랜드에 대한 감정을 드러낸다.

또한, 온브랜딩(ON-Branding) 현상이 두드러지며, 열성 소비자인 Brandon의 역할이 중요해진다. Brandon들은 자발적으로 브랜드의 성장을 돕지만, 때로는 통제하기 어려운 도전으로 작용할 수 있다. 경영자는 이들의 초기 호감을 활용하면서도, 이들이 브랜드 운영에 미치는 영향을 주의 깊게 살펴야 한다.

오늘날 브랜드는 더 이상 단순한 상표가 아니라, 24시간 내내 이어지는 온라인 소통과 상호작용 속에서 의미를 확장한다. 밤사이에 발생하는 리뷰와 피드백이 이튿날 브랜드의 스토리와 이미지로 이어지는 상황에서, 기업은 민첩하게 대응할 필요가 있다.

결국, "상품은 공장에서 만들어지지만, 브랜드는 온라인에서 만들어진다"는 사실을 기업들은 받아들여야 한다. 이 장에서는 소비자와의 지속적인 소통을 통해 브랜드가 정체성을 형성하고 발전하는 과정을 살펴볼 것이다.

Pre-reading Questions
사전 질문

1. 브랜드의 성장은 매출과 인지도 증가만으로 이루어질까?
매출과 인지도 외에 브랜드 성장에 중요한 요소는 무엇일까?

2. 소비자 조사 결과가 항상 브랜드 성공을 보장하지 않는 이유는 무엇일까?
데이터로 파악할 수 없는 소비자의 숨겨진 동기는 무엇일까?

3. 브랜드가 성장하면서 외부 협업 제안을 받을 때 어떤 기준으로 대응해야 할까?
단기적 성과와 장기적 방향성을 어떻게 균형 있게 고려할 수 있을까?

4. 브랜드 커뮤니케이션과 마케팅 커뮤니케이션은 어떻게 다를까?
소통이 브랜드와 소비자의 관계 형성에 어떤 영향을 미칠까?

5. 성공적인 브랜드는 소비자와 어떻게 공감하고, 그 공감이 브랜드 성장에 어떤 영향을 미칠까?
소비자와의 진정한 공감은 브랜드에 어떤 가치를 가져다줄까?

6. 소비자의 자발적 참여와 열정이 브랜드 성장에 어떤 사례로 나타날까?
Brandon과 같은 열성 소비자의 참여가 기회이자 위험이 될 수 있는 이유는 무엇일까?

7. 브랜드 아이덴티티는 기업이 정하는 걸까, 아니면 소비자가 만들어가는 걸까?
소비자와의 소통 과정에서 브랜드 정체성이 어떻게 형성될까?

걷기전에 뛰는 아이들

젖을 뗐지만, 아직 말하지 못하는 아이와의 소통은 어떻게 하면 가능할까?
"안 돼! 하지 마! 더러워!"
부모들이 호기심 많은 아이에게 가장 자주 하는 말들이다.
끔찍한 일이지만, 지인의 아이가 젓가락을 전기 콘센트에 넣다가 화상을 입은 사건이 있었다. 그 일을 계기로 나도 아이를 키우면서 집안의 모든 콘센트와 가구의 모서리에 안전장치를 설치했다. 아이가 자라면서 주의해야 할 일들은 더 복잡해졌다.
"아저씨가 같이 가자고 해도 따라가면 안 돼."
"누군가 네 몸을 만지면 '안 돼요!'라고 단호하게 말해야 해."
"길에서 낯선 개를 만지면 위험해."
아이가 말을 배우기 전부터 이러한 경고를 주었지만, 아직 이성이 충분히 발달하지 않은 아이에게 상황과 조건을 설명하는 일은 쉽지 않다. 그러나 아이들이 말을 배우기 시작하면서 점차 자기 의사를 주장하고, 다양한 측면에서 눈에 띄게 성장한다.

- 신체 발달: 키와 몸무게가 빠르게 늘어나고, 근육과 골격이 성장하며, 운동 능력이 향상된다.
- 인지 발달: 기억력과 사고력이 발달하며, 언어를 습득하고 문제 해결 능력이 강화된다.
- 사회적 발달: 다른 사람들과 상호작용을 하며 사회적 관계를 맺고, 도덕적 가치를 배우기 시작한다.
- 정서 발달: 감정을 표현하고 조절하는 법을 배우며, 자아 정체성을 형성하고 성취감과 행복감을 경험한다.

- 언어 발달: 언어를 통해 의사소통을 배우고, 자기 생각과 감정을 명확하게 표현한다.
- 창의성 발달: 문제 해결 과정에서 새로운 아이디어를 떠올리며 창의성을 발휘한다.

이처럼 아이들은 말을 배우고 자아를 형성해 가는 과정에서 신체적, 인지적, 정서적, 사회적 발달을 함께 이루어 나간다. 각 발달 단계는 아이가 세상과 상호작용을 하는 방식을 확장하며, 점차 부모와의 소통이 더 의미 있고 풍부해진다.

아이의 성장 과정처럼, 브랜드도 런칭 후 의미 있는 변화를 경험하게 된다. 매출이 오르고, 인스타그램과 다양한 SNS에 브랜드 사진이 자주 등장하기 시작한다. 만족한 고객들이 점점 늘어나면서 예상하지 못했던 긍정적인 소식들도 들려온다. 대형 쇼핑 플랫폼이나 유통업체에서 협력 제안이 들어오고, 외부 업체들과의 미팅에서도 브랜드에 대한 좋은 반응이 이어진다.

하지만 바로 이때가 가장 위험한 시기다. 외부에서 들어오는 유혹적인 제안을 신중하게 검토하지 않으면, 성장을 멈추고 길을 잃기 쉽다. 다음과 같은 조언을 반드시 기억해야 한다.

- 유명 판촉업체의 제안을 무작정 따르지 마라.
- 협업 요청이 들어와도 브랜드 원칙에 부합하는지 먼저 따져봐라.
- 대기업과의 협업 제안을 비판 없이 수용하지 마라.
- 유명 연예인의 협찬 요청에 성급히 응하지 마라.
- 영화 협찬 제안도 신중하게 검토해라.
- 쉽게 돈을 벌 수 있다는 투자 제안을 무턱대고 받아들여서는 안 된다.

브랜드가 아동기에 접어들면, 외부에서 들어오는 제안들이 모두 잠재적인 위험 요소가 될 수 있다. 매출 증대라는 명분으로 접근하는 기업들은 이제 막 걸음마를 시작한 브랜드를 단순한 마케팅 도구로만 여길 가능성이 크다. 그들의 눈에는 아동기 브랜드가 그저 귀여운 시장의 장난감처럼 보일 뿐이다.

매출과 소비자가 늘어나는 것이 곧 브랜드의 성숙을 의미하지 않는다. 이는 단지 브랜드가 아동기에 들어섰을 뿐이다. 그렇다면 이제 막 성장하고 있는 브랜드는 어떤 방식으로 소통하고, 어떤 점에 주의해야 할까?

소통이 무엇보다 중요하다. 시장 조사는 숫자로 결과가 명확하게 드러나지만, 소통의 결과는 눈에 보이지 않는다. 경영자와 구성원들이 서로 방향성을 공유하고 있다고 믿더라도, 막상 대화를 나누다 보면 각자 서로 다른 이야기를 하는 경우가 많다.

이 시기에는 내부와 외부의 소통 모두에서 신중함과 명확함이 필요하다. 브랜드는 외부 유혹에 쉽게 휘둘리지 않고, 자신의 원칙과 가치를 지키며 성장해야 한다. 이를 위해서는 정확한 의사소통과 일관된 방향성이 필수적이다.

브랜드가 아동기에 접어들면 예상치 못한 상황들이 끊임없이 발생한다. 초기 단계에서는 시장 조사를 통해 계획과 현실의 차이를 점검하고, 미처 고려하지 못한 요소들을 조율해야 한다. 이 시기의 브랜드는 생존을 위협받기 쉽지만, 지속적인 시장 조사, 고객 피드백 수집, 경쟁사 분석 등을 통해 부족한 부분을 보완할 수 있다.

그러나 조사보다 소통이 더 어려운 이유는 조사란 단순히 데이터를 수집하는 데 그치지만, 소통은 브랜드의 목적과 방향을 직원과 고객 모두가 이해하고 공감하도록 이끌어야 하기 때문이다. 이 과정에서는 각자의 이해관계와 관점이 충돌할 수 있어 더 큰 노력과 인내가 필요하다.

이 힘든 과정을 이겨내고 꾸준히 나아갈 마음가짐이 없다면, 브랜드는 성장에 실패할 위험이 크다. 초기 런칭과 경영 단계에서 중요한 것은 고객의 목소리에 귀 기울이고, 직원들의 의견을 수렴하며, 브랜드를 구상할 때의 초심을 되돌아보는 것이다. 많이 듣고, 적게 말하며, 처음 구상했던 것을 꾸준히 추진하는 동시에 부족한 부분은 끊임없이 수정해 나가는 자세가 필요하다.

결국, 브랜드 성장의 핵심은 소통에 있다. 소통은 단순한 대화나 지시가 아닌, 공감과 신뢰를 바탕으로 한 협력의 과정이다. 브랜드가 지속적으로 성장하려면 내부와 외부의 소통을 유기적으로 연결하고, 이를 통해 브랜드의 정체성을 유지하며 발전시켜야 한다.

브랜드 소통과 관계

마케팅 커뮤니케이션과 브랜드 커뮤니케이션은 무엇이 다를까? 두 개념은 겉보기에는 비슷해 보이지만, 실제 업계 현장에서는 종종 혼용된다. 간단히 구분하자면, 마케팅 커뮤니케이션은 광고, 홍보, 협찬, 전시, 판촉 등 마케팅 활동 전반을 포함하는 포괄적 개념이다. 반면, 브랜드 커뮤니케이션은 이러한 마케팅 활동에 소셜 미디어 마케팅과 스토리텔링 마케팅이 결합된 것보다 확장된 개념이다. 두 개념을 엄격히 구분하지 않는 이유는 커뮤니케이션이라는 단어가 흔히 메시지 도달률에 초점을 맞춘 것으로 인식되기 때문이다.

그러나 커뮤니케이션의 본질은 단순한 메시지 전달에 그치지 않는다. 그 어원을 살펴보면, 더 깊은 의미를 이해할 수 있다. 커뮤니케이션은 라틴어 '코뮤니스(Communis)'에서 유래했으며, 이는 '공유된 것'을 뜻한다. '나눈다.' 혹은 '함께 나눈다'를 의미하는 'Communicare'에서 파생된 이 단어는 이후 '성찬식(Communion)'이나 '공동체(Community)'와 같은 개념으로 확장되었다. 이처럼 커뮤니케이션은 단순히 메시지를 전달하는 것을 넘어 경험을 함께 나누는 것을 의미한다.

커뮤니케이션이 제대로 이루어지기 위해서는 반드시 공동체, 즉 커뮤니티가 필요하다. 커뮤니케이션의 본질은 메시지 전달이 아닌 관계 형성을 위한 나눔이다. 이를 바탕으로 마케팅 커뮤니케이션을 해석하면, 이는 '공유된 마케팅을 나누는 것'으로 해석될 수 있지만, 실제로는 생산자 관점에서 마케팅 활동을 효과적으로 수행하는 방법에 불과하다. 반면 브랜드 커뮤니케이션은 '브랜드를 함께 나누는 것'에 중점을 둔다. 브랜드는 혼자서는 존재할 수 없으며, 그 의미가 더 많은 사람들과 나누어질수록 더 강력해진다.

브랜드 커뮤니케이션의 핵심은 브랜드가 지닌 의미를 경험하고 공유하는 것에 있다. 이는 인간의 자아 형성과 매우 유사하다. 인간의 자아는 '내가 스스로 느끼는 나', '중요한 타인이 판단하는 나', '일반 대중이 생각하는 나'로 구성된다. 이와 마찬가지로 브랜드 역시 소비자와 시장이라는 커뮤니티 속에서 어떻게 보이고 느껴지는지를 바탕으로 정체성을 확립한다.

개인이 자아를 인식하는 과정처럼, 브랜드도 브랜딩을 통해 '자기다움으로 남과 다름'을 형성하고, 마케팅을 통해 '남과 다름으로 자기다움'을 표현하며 고유한 아이덴티티를 구축해 나간다.

브랜드와 자아가 커뮤니티 안에서 커뮤니케이션을 통해 성장하고 완성되는 과정은 놀라울 정도로 유사하다. 따라서 브랜드를 다루는 사람들은 커뮤니케이션을 단순한 비즈니스 관점에서만 이해하는 데 그치지 말고, 사회과학적 접근을 통해 더 깊이 이해할 필요가 있다.

이를 설명하는 데 '조해리의 창(Johari's Window)' 개념이 유용하다. 이 이론은 미국의 심리학자 조셉 루프트(Joseph Luft)와 해리 잉햄(Harry Ingham)이 개발한 것으로, 인간의 네 가지 자아 인식 구역을 설명한다. 이 개념은 브랜드 커뮤

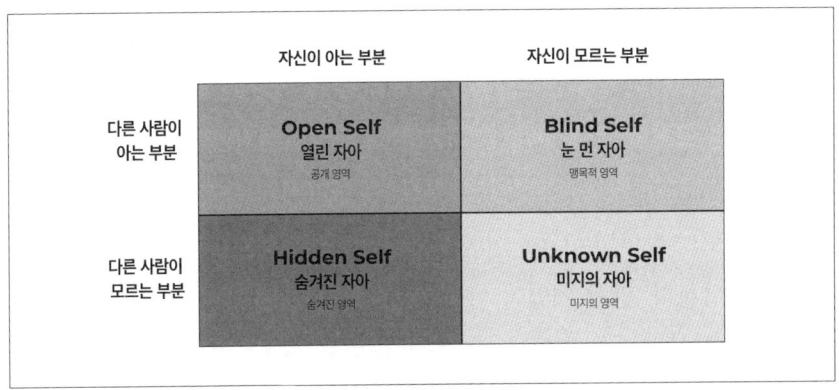

그림 7 조해리의 창

니케이션에도 적용될 수 있다.

1. 열린 자아(Open Self / 공개 영역)

열린 자아는 성별, 외모, 학교, 직업 등 누구나 알 수 있는 공개된 정보로 구성된다. 이를 브랜드에 치환하면 차별점, 용량, 기능, 가격과 같은 외부에 쉽게 드러나는 요소가 여기에 해당한다. 기업은 이러한 요소들을 마케팅과 브랜드 커뮤니케이션을 통해 명확히 전달하며, 이는 고객이 브랜드를 이해하는 중요한 특징으로 작용한다.

2. 숨겨진 자아(Hidden Self / 숨겨진 영역)

숨겨진 자아는 개인이 의도적으로 감추는 부분으로, 브랜드에서는 주로 내부에서만 알고 있는 결함이나 약점이 여기에 속한다. 예를 들어, 경쟁사의 요소를 모방한 부분이나 제품의 결함처럼 공개되지 않은 정보가 해당된다. 만약 이 숨겨진 자아를 과도하게 미화하거나 왜곡해 커뮤니케이션한다면, 소비자에게 불신을 초래할 수 있으며 브랜드가 부정적인 이미지로 인식될 위험이 있다.

3. 눈먼 자아(Blind Self / 맹목적 영역)

눈먼 자아는 자신은 인식하지 못하지만, 타인들이 알고 있는 부분을 의미한다. 브랜드의 경우, 충성 고객들이 알고 있지만 기업 내부에서는 파악하지 못하는 문제점이나 약점이 여기에 포함된다. 예를 들어, 예전에는 브랜드에 대한 충성도가 높았던 고객들이 신뢰를 잃고 떠날 때 지적하는 부분들이 이 영역에 해당한다. 만약 기업이 이러한 피드백을 무시하고 일방적인 소통만을 고집한다면, 불통으로 인해 브랜드가 쇠퇴할 가능성이 커진다.

4. 미지의 자아(Unknown Self / 미지의 영역)

미지의 자아는 브랜드 스스로도, 소비자도 아직 알지 못하는 잠재적인 영역이다. 이 영역은 새로운 가능성과 미래에 대한 잠재력으로 가득 차 있다. 브랜드의 아이덴티티가 시간이 지나면서 자연스럽게 드러날 수도 있고, 미래의 고객과 새로운 상황에서 발견될 수도 있다. 이 미지의 영역을 무시하면 브랜드는 새로운 기회를 놓치거나 성장 잠재력을 잃을 수 있다.

이 네 가지 자아 인식 구역을 브랜드 커뮤니케이션에 접목하면, 기업은 어디에 집중해야 할지, 숨겨진 약점을 어떻게 활용할지, 그리고 놓치고 있는 고객 피드백을 어떻게 수용할지에 대한 명확한 방향을 설정할 수 있다.

브랜드 커뮤니케이션에서 '모르는 자아(Unknown Self)'는 자신도 알지 못하는 무의식적인 영역에 해당한다. 이를 브랜드에 적용하면, 미래의 잠재력과 새로운 사용자가 발견할 가치가 여기에 포함된다. 브랜드가 100년 후에야 알 수 있는 잠재적 가치는 현재로서는 보이지 않지만, 시간이 지남에 따라 자연스럽게 드러난다. 그러나 기업이 이 부분이 당장 매출에 영향을 미치지 않는다고 판단해 간과할 위험이 있다. 미래와 가능성에 대한 커뮤니케이션이 부족하면, 브랜드는 결국 '먹통'이 될 위험에 처할 수 있다.

조해리의 창(Johari's Window)에 따르면, 마케팅 커뮤니케이션은 주로 '열린 브랜드(공개 영역)'에 메시지를 전달하는 데 그친다. 이는 브랜드의 진정한 가치와 의미를 사용자와 나누기보다, 편익을 전달하는 데 집중하는 접근 방식이다.

반면, 브랜드 커뮤니케이션은 사용자와 브랜드가 함께 의미를 나누는 과정을 중시한다. 이는 마케팅 커뮤니케이션이 미처 포괄하지 못하는 숨겨진 영역까지 포함하여, 브랜드 아이덴티티를 지속적으로 확인하고 발전시키는 과정을 의미한다. 브랜드 커뮤니케이션은 단순한 정보 전달을 넘어 사용자와의 상호작용과 공동의 경험을 통해 진정한 가치를 창출한다.

브랜드 커뮤니케이션에서 가장 나쁜 형태는 '깡통 커뮤니케이션'이다. 이는 일방적이고 비효율적인 소통으로, 고객과의 관계를 약화시킬 위험이 크다. 그 주요 특징은 다음과 같다.

1. 경영자의 취향에 따라 커뮤니케이션 방향을 임의로 바꾸는 경우

경영자의 선호를 기준으로 결정된 커뮤니케이션은 고객의 니즈를 반영하지 못하고 일방적인 소통이 된다. 이로 인해 브랜드의 메시지가 소비자에게 공감받지 못하게 된다.

2. 시끄럽고 요란한 메시지 전달

많은 메시지를 퍼뜨리는 것이 곧 소통이라고 착각하는 경우다. 그러나 이러한 방식은 소비자에게 피로감을 주며, 오히려 브랜드의 진정한 가치와 의미를 가리는 결과를 초래한다.

3. 사용자의 피드백 없이 일방적인 소통

경영자의 메시지만 전달되고 사용자의 목소리가 배제되면, 고객과의 관계는 단절된다. 이는 브랜드의 발전 가능성을 제한하며, 사용자와의 신뢰 형성을 방해한다.

4. 유행어를 남용한 메시지 반복

실질적인 내용 없이 트렌디한 용어만을 반복 사용해 주목받으려는 방식이다. 이러한 접근은 일시적인 관심은 끌 수 있지만, 고객에게 지속적인 가치를 전달하지 못한다.

이처럼 깡통 커뮤니케이션은 생산자의 이야기만 일방적으로 전달하려는 방식으로, 브랜드가 지닌 진정한 가치를 훼손할 위험이 크다. 그러나 브랜드는 단순한 상표가 아니라, 사용자가 함께 만들어가는 가치다.

따라서 소통의 핵심은 고객이 브랜드에 참여할 수 있도록 유도하고, 그들의 목소리를 듣고 이해하는 데 있다. 브랜드의 초기 단계에서는 일방적인 마케팅 커뮤니케이션이 주를 이루지만, 시간이 지나면서 고객의 목소리를 반영해 브랜드 가치를 함께 만들어가는 과정이 중요해진다. 진정한 소통은 사용자와의 상호작용 속에서 비로소 시작되며, 이를 통해 브랜드는 더욱 단단하게 성장할 수 있다.

브랜드 경영자는 소통 책임자, 커뮤니케이터이다.

기업 내 '커뮤니케이션' 조직은 그 이름과 달리, 실제로는 마케팅 업무와 큰 차이가 없는 경우가 많다. '소비자 경험'을 개선한다는 명목 아래 새로운 서비스를 제공하는 듯 보이지만, 이는 단순히 다른 부서의 업무를 덧붙인 것에 불과하다.

　이들의 문서를 살펴보면, 실제로 누구와 소통하는지 명확히 드러난다. 대부분의 보고서는 마케팅 용어로 작성된 소비자 관찰 보고서로, 상향식으로 전달되어 의사결정자의 '사인'을 기다리는 제안서일 뿐이다. 만약 브랜드를 사랑하는 소비자가 [마케팅 커뮤니케이션 전략 프로젝트 보고서] 같은 제목의 문서를 본다면, 그 안에서 브랜드에 대한 친밀감을 느낄 수 있을까? 아마 굳이 읽지 않더라도 [통합 마케팅 커뮤니케이션(Integrated Marketing Communication)]이라는 제목만으로도 내용을 쉽게 예측할 수 있을 것이다.

　이 보고서들은 시장을 전쟁터처럼 묘사한다. 우리에게는 단순한 시장과 가게일 뿐이지만, 이 문서들에서는 전쟁 용어와 함께 각종 전투 지역으로 표현된다. 소비자가 알고 있던 브랜드의 강점과 약점은 '설문 분석'이라는 이름으로 세분되어 기술되고, 시장 선점을 위해 소비자를 세뇌할 광고 전략이 포함된다. 이 속에서 소비자는 단순한 매출 수단으로만 다뤄진다.

　실제로 이러한 커뮤니케이션의 대상은 소비자가 아니라 기업의 의사결정 권자들이다. 그래서 보고서의 첫 장에는 '보안' 또는 '대외비'라는 문구가 큼지막하게 적혀 있다. 이들은 이러한 커뮤니케이션을 민형사상 처벌의 위험이 있는 비밀로 간주하며, 소비자와의 소통은 단지 몇 줄의 광고 문구로 축소된다.

　물론 자유경쟁 시장의 현실을 고려할 때, 모든 것에 대해 깊이 있는 커뮤니케이션을 진행하기 어렵다는 점은 이해할 수 있다. 그러나 시장의 언어가 지나치게 단순화된 전쟁 용어로 변질될 때, 진정한 소통을 이뤄낼 수 있을까? 우리는 이러한 상황을 고민해야 한다. 커뮤니케이션이 단순한 전투 전략이 아닌, 진정한 소통과 이해를 위한 도구가 될 수 있도록 변화가 필요하지 않을까?

마케팅 용어란 무엇을 의미할까? 이 질문을 좀 더 확장해 보자. 끊임없이 경쟁 전략을 고민하며 광고와 홍보에 집중하는 마케터에게 커뮤니케이션이란 어떤 의미로 다가올까? 트렌드와 경쟁 상품의 디자인에 몰두하는 디자이너는 커뮤니케이션을 어떻게 이해할까? 또는 자신의 업무 범위를 명확히 파악하지 못하는 브랜드 매니저에게 커뮤니케이션이란 어떤 의미를 지닐까? 만약 그들로부터 '마케터', '디자이너', '브랜드 매니저'라는 직함을 떼어내고 대신 '커뮤니케이터'라는 이름을 부여한다면, 어떤 변화가 일어날까? 오늘날 수많은 매체와 메시지가 넘쳐나는 현실 속에서, 우리에게 진정 필요한 것은 더 많은 전략이 아니라 진정한 소통이다.

이제 '모국어'와 '제2외국어'를 떠올려보자. 만약 마케팅을 이론적으로 배우지 않은 사람이 현장에서 직접 경영하며 마케팅을 정의한다면 어떤 방식일까? 기원전 7세기, 파라오 프삼메티쿠스(Psammetichus I)는 언어의 기원을 궁금해했다. 그는 아이를 완전히 격리해 키운다면, 아이가 처음 발화하는 언어가 신의 언어일 것이라 여겼다. 이후 스코틀랜드의 제임스 4세(James IV)도 같은 방식의 실험을 시도했지만, 그 결과는 기록되지 않았다. 그러나 우리는 그 실험의 결말을 쉽게 짐작할 수 있다.

인간은 생후 36개월까지 언어를 배우지 못하면, 성인이 되어서도 언어를 습득할 수 없고 인지 능력도 멈추게 된다. 일반적으로 아이가 언어를 배울 때, 엄마는 아이에게 "엄마!"라고 부르며 친밀감을 형성한다. 이를 통해 아이는 가족이라는 공동체의 일원이 된다. 그렇다면 브랜드 커뮤니케이터는 누구에게 처음 말을 배워야 할까?

브랜드를 하나의 인격체로 상상해 보자. 브랜드가 사용자를 향해 말을 배우고 소통하려면, 커뮤니케이터는 어떤 언어를 배우고 누구와 대화해야 할까? 브랜드가 배워야 할 언어는 마케팅 용어일까, 아니면 진정한 커뮤니케이션의 언어일까?

브랜드가 사용자를 향해 말을 배운다는 것은, 단순히 메시지를 전달하는 것에 그치지 않고 진정으로 소통하며 관계를 형성하는 것을 의미한다. 마케팅 용어가 전략적 사고와 분석을 강조한다면, 진정한 커뮤니케이션의 언어는 공감과 이해를 바탕으로 상호작용을 추구한다. 결국, 브랜드가 배워야 할 언어는 고객과 함께 의미를 나누고, 진정한 관계를 구축하는 소통의 언어일 것이다.

결론적으로, 우리는 사용자와의 커뮤니케이션 방법을 잃어버렸다. 마케터들은 '소비자 조사 분석' 보고서를 통해 도표와 그래프를 읽을 수는 있지만, 그 속에 담긴 사용자들의 진짜 이야기를 이해하지 못한다. 이 문제는 특히 대기업에서 심각하다. 처음부터 거대 시장과 경쟁자를 공략하기 위해 만들어진 '괴물' 브랜드들은 진정한 소통 없이 단지 크고 거칠게 짖기만 한다.

커뮤니케이션에 대한 여러 정의 중에서, 사회학자 찰스 호튼 쿨리(Charles Horton Cooley, 1864-1929)의 정의는 명확하고 간결하다. 그는 "커뮤니케이션은 우리가 관계를 맺고 있는 사람 혹은 세상을 통해 메시지를 보내고, 받고, 해석하는 과정"이라고 말했다.

이 정의를 바탕으로 '브랜드 커뮤니케이션'을 다음과 같이 새롭게 정의할 수 있다. "[브랜드] 커뮤니케이션은 우리가 관계를 맺고 있는 사람 혹은 세상을 통해 메시지[브랜드]를 보내고, 받고, 해석하는 과정이다."

이 정의는 단순한 메시지 전달이 아니라, 브랜드가 사람들과 연결되고 관계를 해석하는 것을 강조한다. 진정한 브랜드 커뮤니케이션은 사용자와의 상호작용 속에서만 완성될 수 있다. 데이터와 분석에 의존하는 마케팅은 고객의 진짜 목소리를 놓치며, 이는 브랜드와 사용자 간 신뢰와 관계를 손상시킨다.

과거 애플은 지금은 사용하지 않지만 APPLE이라는 이름으로 5행시를 만들어 커뮤니케이션 전략으로 활용한 적이 있었다. 다음이 그 내용이다.

> Approach the customer with a "Warm Welcome"
> 고객에게 "따뜻하게" 다가감.
> Position, Permission, Probe.
> 고객에게 하고자 하는 것을 말해주고, 동의를 구한 뒤 그들이 필요로 하는 것을 결정할 수 있도록 질문함.
> Present the appropriate product solution that fits their needs.
> 고객에게 꼭 필요하고 적절한 제품 솔루션을 제시함.
> Listen to their concerns.
> 고객의 목소리에 귀를 기울임.
> End with a fond farewell and an invitation to return.
> 따뜻한 인사로 고객을 배웅하며, 그들이 다시 방문하고 싶게 만듦.

브랜드 경영자의 정체성은 '브랜드 커뮤니케이터'로 자리 잡아야 한다. 경영자는 직원이 고객에게, 직원이 다른 직원에게, 고객이 직원에게, 그리고 경영자 자신이 고객과 직원에게 어떻게 말하고 듣는지를 철저히 배워야 한다. 또한, 브랜드가 무엇을 말하고자 하는지와 어떤 메시지를 전달할 수 있는지를 조직 내외부에 가르치는 역할을 맡아야 한다.

경영자는 단순히 가르치는 것에 그치지 않고, 스스로도 끊임없이 배우고 성장해야 한다. 모든 소통 과정에서 브랜드의 정체성을 반영하며, 직원과 고객이 진정한 의미에서 브랜드의 가치를 공유하고 이해할 수 있도록 이끄는 것이 경영자의 핵심 역할이다.

헛 울음, 가짜 울음, 징징거림

브랜드는 공장에서 만들어지는 것이 아니라 소비자 간의 상호작용을 통해 구축된다. 우리가 만든 것이 단순한 상품에 붙인 상표라고 주장하더라도, 소비자가 이를 브랜드로 인정하지 않는다면 브랜드로 자리 잡을 수 없다. 반대로, 생산자가 브랜드를 만들 의도가 없더라도 소비자들이 그것을 브랜드라 칭하면, 자연스럽게 브랜드로 성장할 수 있다.

브랜드 커뮤니케이션은 단순히 소비자가 생산자에게 피드백을 전달하는 것을 넘어, 소비자가 다른 비소비자에게 브랜드를 어떻게 이야기하는지를 파악하는 것도 중요하다. 이때, 브랜드를 이야기하는 소비자의 성향을 이해하는 것이 필수적이다. 그들이 단순히 상표를 브랜드로 성장시킬 수 있는 소비자인지, 아니면 자신을 과시하기 위해 브랜드를 활용하는 소비자인지를 구분해야 한다. 소비자가 잘못된 정보를 전달하면 브랜드에 부정적인 영향을 미칠 수 있으므로 주의가 필요하다.

브랜드가 아동기에 있을 때는 생산자와 소비자 모두 아직 성숙하지 않은 상태다. 이 시기에는 브랜드에 대해 명확히 말하지 못하고, 주로 비언어적인 방식으로 의사소통이 이루어진다. 예를 들어, 아이가 울음을 통해 자신의 욕구를 표현하듯, 소비자도 브랜드에 대한 불만이나 기대를 비언어적으로 드러낼 수 있다.

헛울음(Comfort Noise)은 아기가 렘수면에서 비렘수면으로 전환될 때 뒤척이며 내는 울음이다. 브랜드 아동기에서도 소비자의 반응은 이와 유사하게 해석될 수 있다. 가짜 울음은 욕구가 충족되지 않았을 때 나타나는 불만의 표현이며, 징징거림은 의사소통을 시도하기 전 상대의 반응을 살피는 행동이다.

브랜드 아동기에는 이러한 소비자의 헛울음, 가짜 울음, 징징거림을 이해하고 적절히 대처하는 것이 중요하다. 소비자의 비언어적 신호에 담긴 불만과 기대를 파악하고 이에 맞게 대응하는 과정에서 브랜드는 성장할 기반을 마련할 수 있다.

특히 이 단계에서는 온브랜딩(ON-Branding)이라는 독특한 소비자 현상에 주목해야 한다. 온브랜딩은 브랜드가 아동기 단계에 접어들 때 온라인에서 소비자들 간에 자연스럽게 발생하는 현상이다. 이때 온브랜딩을 주도하는 소비자를 브랜든(Brandon)이라고 부른다. 이 용어는 프랑스어 개념에서 유래했지만, 온브랜딩에서는 영어식 발음인 '브랜든'을 사용한다. 'Brandon'의 동의어인 'Firebrand'는 횃불이나 불붙은 관솔을 의미하며, 은유적으로는 파업이나 데모를 주도하는 선동자나 말썽꾼을 뜻하기도 한다.

Brandon은 자신이 선택한 브랜드의 성숙과 완성을 자신의 사명처럼 수행하는 소비자다. 예를 들어, 할리데이비슨의 호그(H.O.G.: Harley Owners Group)가 대표적인 사례다. Brandon과 오타쿠의 차이점은, 오타쿠가 매우 개인적이고 몰입적인 성향을 가지는 반면, Brandon은 공동체를 지향하며 공유된 문화를 즐긴다는 점이다. 또한, Brandon과 얼리어답터, 트렌드 리더의 차이는 Brandon이 브랜드 자체에 초점을 맞춘다는 점이다. 그들은 기술이나 트렌드에도 관심을 가지지만, 그것에 종속되지 않는다.

브랜드 아동기에서 Brandon과 같은 소비자의 참여는 브랜드 성장에 중요한 역할을 한다. 이들은 단순한 소비자가 아니라, 브랜드와 함께 문화를 형성하고 발전시키는 핵심 동력이다.

초기에 Brandon들은 소수의 독특한 취향과 가치관을 가진 사람들로 시작했지만, 인터넷의 발전과 함께 대중 앞에 모습을 드러내기 시작했다. 이로 인해 다수의 충성 고객과 소수 문화가 결합되며, 진보, 진화, 혁신, 변형의 과정을 거쳐 온브랜딩(ON-Branding) 패턴이 형성되었다.

고객이라는 명칭은 단순히 '소비자'에서 출발해, '왕(King)'이라는 표현을 정점으로, 단골, VIP, 브랜드 마니아, 오타쿠, 얼리어답터, 트렌드 세터 등 수십 가지 용어로 세분화되었다. 이러한 소비자 용어의 다양화는 단순한 구매 빈도나 양에 의한 것이 아니라, 브랜드에 대한 태도와 관계의 변화에서 비롯된 것이다.

마케터들이 이렇게 다양한 용어를 사용하는 이유는, Brandon이 브랜드를 브랜드답게 만드는 핵심 소비자이기 때문이다. Brandon은 선동가(agitator), 말썽꾼(troublemaker), 불평가(grumbler)라는 여러 의미를 동시에 지닌다. 과거에는 인터넷이 발달하지 않았던 시절, 이른바 '나대거나 들이대는' 고객들을 사은품과 무료 쿠폰 같은 당근으로 달래거나, 법무팀의 경고로 제어할 수 있었다.

그러나 오늘날의 인터넷 환경에서는 이러한 통제 방식이 더 이상 통하지 않는다. 인터넷은 소비자에게 브랜드에 대한 목소리를 낼 수 있는 무대를 제공하며, 이로 인해 Brandon들은 브랜드를 단순히 소비하는 것을 넘어, 자신의 가치와 신념을 표현하는 도구로 사용한다. 브랜드는 더 이상 소비자를 통제할 수 없으며, 오히려 그들의 참여와 목소리를 브랜드 성장의 자산으로 전환해야 한다.

그렇다면 기업은 Brandon들을 어떻게 관리해야 할까? 불평가형 Brandon과 선동가형 Brandon을 어떻게 구분하고, 진짜 Brandon과 가짜 Brandon은 어떻게 판별할 수 있을까? 또한, 의도적인 Brandon과 순수한 Brandon, 독을 품은 Brandon과 단순히 겁만 주는 Brandon은 어떻게 식별해야 할까? 결론부터 말하자면, 처음부터 이들을 명확히 구분하는 것은 불가능하다. 시간이 흐르고 특정 사건이 발생할 때 그들의 진짜 모습과 본질이 드러나기 마련이다.

Brandon들은 제품이 시장에 출시되자마자, 아니 그 이전부터 인터넷 카페를 개설하거나 자신의 블로그에 브랜드와 관련된 정보와 감정을 정리해 올리기 시작한다. Brander(브랜드 관리자)의 입장에서는 예기치 않은 팬의 등장이 큰 위로와 용기가 될 수 있다. 그러나 아직 수정할 부분이 많은 상품이 출시된 상황에서 Brandon의 과도한 호감은 오히려 부담스러울 수 있다.

'선동자' 유형의 Brandon은 대개 만족한 고객이 되어 입소문의 근원으로 작용하며, 성공적인 런칭을 지원하는 서포터가 된다. 하지만 말썽꾼으로 변해 악의를 품은 복수자가 되기도 한다. 그들과 대화를 나누다 보면, 무언가를 원하는 듯 보이지만 정작 원하는 것이 없다고 말하기도 하고, 진심 어린 조언처럼 들리지만 불편한 말을 골라 하기도 한다.

브랜드 담당자는 초기 Brandon의 호감을 반가워하지만, 시간이 지나면 브랜드 운영의 주도권이 Brandon에게 넘어가게 되었음을 뒤늦게 깨닫는 경우가 많다. 이 사실을 깨달았을 때는 이미 주도권을 되찾기 어려운 상황에 빠져 있을 가능성이 크다.

특정 브랜드의 Brandon들이 모여 있는 커뮤니티에서 자신의 구매 의사를 밝히거나 구매 사실을 언급하면, 그들 사이에 공유되는 감정과 가치를 즉각적으로 느낄 수 있다. 이것이 바로 Brandon들에 의해 형성되는 온브랜딩(ON-Branding)이다. 온브랜딩을 다시 정의하자면, Brandon들에 의해 단순한 '상표'가 '브랜드'로 변하는 과정이라고 할 수 있다.

결국, 기업이 Brandon을 효과적으로 관리하기 위해서는 이들의 초기 호감과 참여를 신중하게 다루고, 브랜드의 주도권을 유지하기 위한 명확한 소통 전략이 필요하다. 온브랜딩의 힘은 Brandon들이 형성하는 공동체의 감정과 문화에 있으며, 이를 통해 브랜드는 단순한 제품을 넘어 사용자들이 함께 만들어가는 경험과 가치로 변모하게 된다.

아직도 많은 브랜드 경영자들은 상품에 상표를 부착하면 그것이 곧 브랜드라고 착각한다. 또한, 대중매체를 통해 인지도를 높이는 것을 브랜딩이라고 오해하기도 한다. 그러나 이러한 단계는 단지 '인지도가 높은 상표'에 불과하다. 브랜드의 최초 형태는 스티커, 자수, 라벨 등 상품에 부착된 상표에 지나지 않는다. 상표가 브랜드로 인정받는 순간은 소비자의 목소리를 통해 브랜드가 '말하기' 시작할 때 비로소 이루어진다. 그리고 브랜드가 하는 말은 광고가 아니라, 소비자의 불만이다.

따라서 브랜드 경영자는 소비자의 특성을 정확히 파악하는 것이 중요하다. 소비자가 단순히 이익을 위해 구매하는 장사꾼인지, 아니면 브랜드의 가치를 중시하는 Brandon인지를 구별할 줄 알아야 한다. 또한, 소비자의 불만이 브랜드에 대한 이해 부족에서 비롯된 것인지, 단순히 관심을 끌기 위한 행동인지, 혹은 자기 표현의 욕구에서 나온 것인지를 명확히 파악해야 한다.

앞서 언급했듯이, Brandon과 동의어인 Firebrand는 '불타는 나뭇조각'을 의미한다. 그렇다면 Brander들은 어떻게 Brandon들과 함께 불타오르며 시장을 자신의 브랜드로 태울 수 있을까? 그 첫걸음은 Brandon의 존재를 인정하는 것이다. Brandon들을 인정하지 않으면 그들의 가치와 영향력을 알아보지 못하게 된다.

결국, 브랜드 경영자는 Brandon들의 목소리를 경청하고 그들과 협력할 준비가 되어 있어야 한다. Brandon의 존재를 인정하는 것은 단순한 인정에 그치는 것이 아니라, 그들과 함께 브랜드의 가치를 키우고 발전시키는 중요한 시작점이다. Brandon들은 브랜드와 시장을 변화시키는 힘을 지니고 있으며, 이를 이해하고 활용하는 경영자만이 브랜드를 진정한 의미에서 성장시킬 수 있다.

ON-Branding과 O.N. Branding

O.N.은 Omni nocte의 약어로, 라틴어로 '매일 밤, 밤마다'를 의미한다. 과거에는 상점에서 상품에 문제가 생기면 다음 날 아침 10시까지 기다려야 했고, 직장인들은 퇴근 후에야 상점을 다시 방문할 수 있었다. 그러나 이제는 상황이 달라졌다. 저녁에 문제가 발생하면, 사람들은 브랜드의 공식 홈페이지보다 SNS, 동호회, 커뮤니티 게시판을 먼저 찾는 것이 일상이 되었다.

예를 들어, 온라인에 불만을 남기면 즉각적인 해결책이나 조언을 얻을 수 있다. ① 과거 유사한 사례, ② 상점 직원에 대한 평가, ③ 고객의 대응 방법, ④ 자신의 실수 여부 점검, ⑤ 다른 소비자들의 문제 해결 경험 등 다양한 정보를 빠르게 찾는다. 특히 글로벌 브랜드의 경우, 국내뿐 아니라 해외 블로그와 사이트에서도 유용한 도움을 얻을 수 있다. 밤사이 활동하는 Brandon들 덕분에 어떤 일이 벌어질지 예측할 수 없다는 것이 바로 ON-Branding, 즉 O.N. Branding의 핵심이다.

기업의 직원들은 업무가 끝나면 퇴근하지만, Brandon들은 사발적으로 이제 막 태어난 상표를 브랜드로 키워가는 역할을 한다. 이는 마치 구둣방 할아버지가 잠들면 요정들이 나와 멋진 구두를 만들어 주던 동화가 인터넷에서 현실로 이루어지는 것과도 같다.

과거의 기업 홍보실은 미디어에 실릴 기사를 사전에 조율하고, 불리한 뉴스가 신문이나 방송에 나오기 전에 통제하는 능력으로 평가되었다. 그러나 오늘날에는 블로그와 포털사이트에서 수많은 사용자가 24시간 활동하며 정보가 급속히 확산되는 상황에서, 통제는 더 이상 불가능해졌다. 특히 밤사이에 제기된 자사 제품에 대한 불만은 다음 날 뉴스로 이어지고, 그 뉴스는 정보와 상상력이 결합된 새로운 스토리로 진화하게 된다.

이제 기업들은 단순히 정보를 통제하려 하기보다, 밤사이 일어나는 대화와 정보 흐름을 이해하고 관리하는 능력을 키워야 한다. ON-Branding의 시대에서는 Brandon들의 목소리를 경청하고, 그들의 활동을 브랜드 성장의 자산으로 활용하는 것이 필수적이다.

아침이 되면 밤사이 형성된 스토리에 수많은 사람들이 참여해 하나의 '소설'을 만들어내기도 한다. '역사는 밤에 이루어진다'는 말은 누가 하느냐에 따라 그 의미가 달라지겠지만, 마케터는 이를 '브랜딩은 밤에 완성된다'고 이해할 줄 알아야 한다. 실제로 블로그나 게시판에 올라오는 많은 글은 주로 밤에 작성된다.

연애를 해본 사람이라면 밤에 쓴 편지가 아침에 얼마나 다른 느낌으로 다가오는지 경험해봤을 것이다. 밤은 감성적이고, 사적인 생각을 표현하기에 적절한 시간이다. 마찬가지로, 자살을 결심한 사람이 밤에 쓴 유서를 아침에 다시 읽는다면, 그때의 감정과 느낌은 완전히 달라질 것이다. 이처럼 브랜딩도 밤에 형성된다. 그리고 그 과정에서 사적인 감정이 중요한 역할을 한다.

결국, '상품은 공장에서 만들어지지만, 브랜드는 온라인에서 만들어진다'는 불편한 진실을 기업들은 이제 받아들여야 한다. 온라인을 통해 탄생하는 이 새로운 시장은 과거와는 차원이 다른 현실이다. 기업들은 이 변화된 환경에서 감성적이고 즉각적인 소통을 이해하고, 밤사이 형성된 감정과 이야기가 브랜드의 본질을 만들어가는 핵심 과정임을 인식해야 한다. 브랜딩은 더 이상 생산자의 의도대로 통제되는 것이 아니라, 소비자 간의 상호작용과 개인적인 감정을 통해 자연스럽게 진화하고 완성된다.

Review

　브랜드 아동기는 브랜드가 상표를 넘어 소비자와의 상호작용을 통해 정체성을 형성하는 초기 단계로, 다양한 외부의 유혹과 협업 제안을 받게 된다. 이때 매출 상승과 인지도의 증가는 성숙을 의미하는 것으로 오해될 수 있지만, 이는 단지 아동기 단계에 불과하다. 경영자는 제안된 콜라보, 협찬, 투자 제안을 브랜드의 원칙과 장기적 방향성에 부합하는지 신중하게 판단해야 한다.

　브랜드 성장의 핵심은 소통에 있다. 소통은 단순한 수치 분석을 넘어, 고객과 직원 모두가 브랜드의 목표와 가치를 이해하고 공감할 수 있도록 유도하는 복잡한 과정이다. 브랜드 아동기에는 소비자 불만이 비언어적 신호로 나타나기도 하며, 이를 정확히 파악하고 대응하는 능력이 필수적이다. 이 과정에서 고객 피드백은 브랜드의 발전과 수정에 중요한 역할을 한다.

　또한, 온브랜딩(ON-Branding) 현상은 이 시기에 두드러지게 나타나며, 열성 소비자인 Brandon의 역할이 중요해진다. Brandon은 자발적으로 브랜드를 성장시키고 온라인 커뮤니티에서 영향력을 발휘하는데, 이들이 주도하는 상호작용이 상표를 브랜드로 변화시키는 핵심 동력이 된다. 그러나 Brandon의 참여는 양면적이기 때문에, 초기 호감이 통제의 어려움으로 이어질 수 있다. 경영자는 Brandon들의 참여를 활용하면서도, 그들이 브랜드 운영에 미치는 영향을 주의 깊게 관리해야 한다.

　오늘날 정보의 확산 속도는 과거와 비교할 수 없을 정도로 빨라졌다. 과거 기업 홍보실은 미디어를 통제하며 불리한 기사를 관리할 수 있었지만, 인터넷과 SNS의 발전으로 정보의 확산을 더 이상 통제할 수 없다. 특히 밤사이에 소비자들이 남긴

리뷰와 피드백이 이튿날 뉴스로 이어지고, 그것이 상상력과 결합해 새로운 스토리로 진화하는 경우도 많다. 이는 브랜딩이 소비자의 감정과 경험에 의해 밤사이 형성되는 현실을 반영한다.

"상품은 공장에서 만들어지지만, 브랜드는 온라인에서 만들어진다"는 것은 이제 피할 수 없는 사실이다. 기업은 Brandon과 같은 소비자들과 협력해 브랜드의 가치를 키워나가야 하며, 밤사이 일어나는 소통과 상호작용을 브랜드 성장의 자산으로 활용해야 한다. 브랜딩의 본질은 단순한 메시지 전달이 아니라, 소비자와의 지속적인 소통과 경험을 통해 브랜드의 정체성을 완성해가는 과정이다.

Workshop 1
브랜드 유경험자용

브랜드가 아동기에 접어들면서 다양한 외부 제안과 소통의 중요성이 커진다. 이번 워크샵에서는 브랜드 아동기 시기의 위험 요소와 소통 방법, 브랜드 아이덴티티 확립 과정에 대해 다루고자 한다.

1. 걷기 전에 뛰는 아이들
- **질문** 브랜드가 이제 막 성장을 시작했을 때, 외부로부터 받은 제안들 중 가장 매력적으로 보였던 것이 무엇인가? 그 제안에 어떻게 대응하였나?
- **활동** 각 참가자들은 자신의 브랜드 성장 초기에 받은 외부 제안에 대해 토론합니다. 특히 그 제안이 브랜드에 도움이 되었는지, 혹은 위험 요소가 되었는지 분석하고, 그때 어떤 결정을 내렸는지 서로 공유합니다.
- **목표** 외부의 제안이 매출 증대의 기회처럼 보이더라도 브랜드 원칙을 따져보고, 장기적으로 브랜드의 방향성에 부합하는지 판단하는 방법을 학습합니다.

2. 브랜드 소통과 관계
- **질문** 마케팅 커뮤니케이션과 브랜드 커뮤니케이션의 차이점은 무엇이라고 생각하는가?
- **활동** 마케팅 커뮤니케이션과 브랜드 커뮤니케이션의 정의를 비교하고, 참가자들이 각자 운영하는 브랜드에서 어떻게 두 가지를 구분하여 활용할 수 있을지 사례를 발표합니다.
- **목표** 브랜드가 단순한 메시지 전달에서 나아가, 사용자의 경험과 나눔을 통해 커뮤니케이션을 이끌어 나가는 방법을 이해합니다.

3. 소통의 중요성: 헛 울음과 징징거림 구분하기
- **질문** 고객이 브랜드에 대해 불만을 제기했을 때, 그것이 진짜 문제인지 헛된 불평인지 어떻게 구분할 수 있나?
- **활동** 참가자들은 고객 불만 사례를 공유하고, 그 불만이 실제로 해결해야 할 문제였는지 아니면 고객의 일시적인 불만이었는지 토론합니다. 자신이 불만 고객이었을때 브랜드의 태도와 처리 방법을 공유합니다.
- **목표** 고객 불만을 분석하고, 불필요한 잡음을 걸러내는 방법을 배웁니다. 진정한 문제와 헛된 불평을 구분하는 능력을 키웁니다.

4. 브랜든(Brandon)과 온브랜딩(ON-Branding)
- **질문** 브랜드를 스스로 홍보하고 지지하는 Brandon들은 여러분의 브랜드에 어떤 영향을 미치고 있는가?
- **활동** Brandon과 같은 브랜드 충성 고객들의 역할을 분석하고, 이들이 브랜드 성장에 미치는 긍정적 또는 부정적 영향을 나눕니다. 어떻게 그들과 협력할 수 있을지 방법을 구상해봅니다.
- **목표** 충성 고객들이 브랜드의 성장에 어떤 영향을 미치는지 이해하고, 그들과의 관계를 관리하는 방법을 학습합니다.

5. ON-Branding의 실천
- **질문** 밤사이에 발생한 온라인 상의 브랜드 평가나 리뷰에 어떻게 대응하는가?
- **활동** 참가자들은 각자 온라인에서 발생한 브랜드 평가에 어떻게 대응했는지, 그리고 그것이 브랜드 이미지에 어떤 영향을 미쳤는지 사례를 나눕니다.
- **목표** ON-Branding을 통해 실시간으로 발생하는 고객 반응에 대응하고, 이를 통해 브랜드를 더욱 성장시키는 방법을 학습합니다.

6. 미래의 브랜드 존재 가치 탐구하기
- **질문** 고객에게 여러분의 브랜드는 무엇을 상징하는가?
- **활동** 각 참가자는 자신의 브랜드가 고객에게 어떤 가치를 전달하는지, 그리고 그 가치를 어떻게 발전시킬 수 있을지 고민하고 발표합니다.
- **목표** 브랜드가 단순한 상품을 넘어 고객에게 어떠한 의미와 가치를 전달하는지 명확히 이해하고, 장기적인 브랜드 전략을 수립합니다.

Workshop 2
브랜드 입문자용

1. 만약 여러분이 브랜드를 운영한다면, 어떤 외부 단체나 협력사로부터 제안을 받고 싶나? 그 제안의 장단점은 무엇일까?

2. 마케팅 커뮤니케이션과 브랜드 커뮤니케이션의 차이를 어떻게 정의할 수 있을까?

3. 여러분이 브랜드를 운영한다고 가정할 때, 고객의 불만이 단순한 불평인지 실제 문제인지 어떻게 구분할 수 있을까?

4. 어떤 브랜드 충성 고객이 여러분의 가상의 브랜드에 긍정적 또는 부정적 영향을 미칠 수 있을까?

5. 여러분이 운영하는 브랜드에 대한 리뷰나 온라인 평가에 어떻게 대응해야 할까?

6. 여러분이 생각하는 이상적인 브랜드는 무엇을 상징해야 할까요? 그 브랜드는 어떤 가치를 전달할 수 있을까?

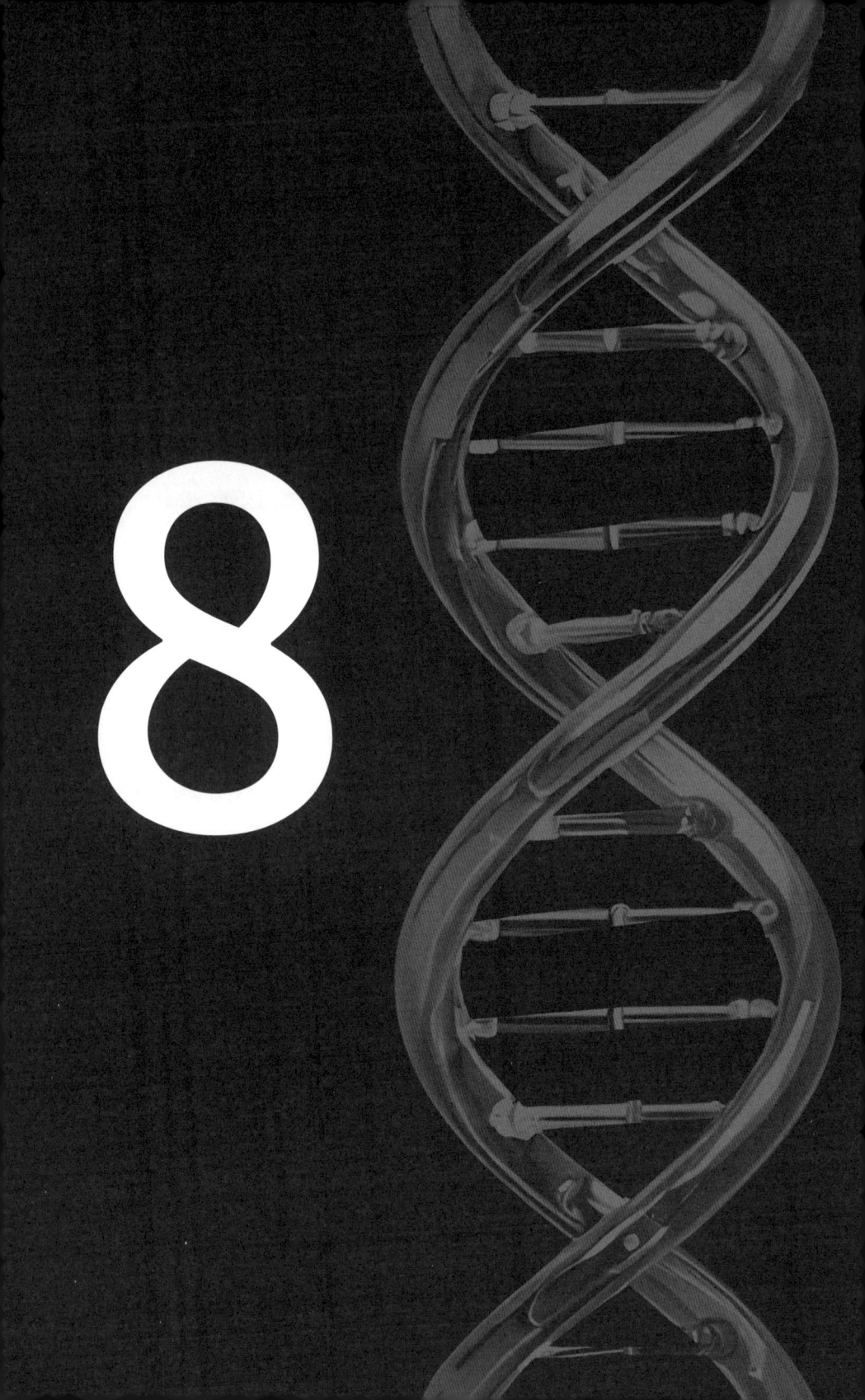

브랜드 사춘기

"우리가 하지 않은 많은 일들에 대해
우리가 한 일만큼이나 자랑스럽다.
혁신은 수천 가지 것들에 대해 '아니오'라고 말하는 것이다."
스티브 잡스 Steve Jobs

Preview

이 장에서는 브랜드가 사춘기에 접어들며 겪는 혼란과 변화를 다룬다. 사춘기에 있는 브랜드는 매출 중심의 의사결정이 주도되기 쉽고, 이에 따라 본래의 가치와 목적에서 멀어질 위험에 직면한다. 마케팅과 브랜딩의 차이를 중심으로 설명하며, 마케팅은 단기적인 매출 증대와 소비자 관심을 끌기 위한 활동에 초점을 맞춘다. 반면, 브랜딩은 장기적인 신뢰 구축과 일관된 브랜드 정체성 형성에 집중한다.

브랜드 사춘기에는 매출이 좋든 나쁘든 '불안'이라는 감정이 경영의 중심을 차지하게 된다. 매출이 저조할 때는 위기감 속에서 기존 가치를 점검해야 하고, 반대로 매출이 상승할 때는 예기치 않은 성공으로 혼란을 겪으며 방향성을 잃기 쉽다. 이 시점에서 중요한 것은 경영자가 업데이트된 Do's & Don'ts 리스트를 통해 브랜드의 원칙과 가치를 명확히 하고, 의사결정을 위한 기준을 세우는 것이다.

브랜드의 사춘기는 단지 경영자만의 문제가 아니다. 직원과 고객 모두가 이 성장 과정에 참여하며, 그 과정에서 브랜드의 목적을 재확인하고 지속 가능한 성장을 위한 방향을 설정하는 것이 필수적이다. 경영자는 이 시기에 단기 성과와 장기적 가치 사이의 균형을 찾아야 하며, 브랜드가 추구하는 궁극적인 비전과 목적을 흔들림 없이 지켜내는 역할을 해야 한다. 이 장은 독자들에게 사춘기 브랜드 경영이란 불안과 혼란 속에서도 원칙을 지키며 나아가는 과정임을 전달하며, 이를 통해 더욱 성숙한 브랜드로 도약할 수 있음을 보여준다.

Pre-reading Questions
사전 질문

1. 브랜드 성장기에 접어들면 매출이 모든 의사결정의 기준이 된다고 생각하는가?
- 그렇다면 그 이유는 무엇이며, 아니라면 왜 그렇게 생각하는가?
- 매출 이외에 의사결정의 기준이 될 수 있는 요소는 무엇이 있는가?

2. 마케팅과 브랜딩의 차이는 무엇이라고 보는가?
- 두 가지가 브랜드 성장에 각각 어떻게 기여할 수 있을까?
- 브랜드가 사춘기(성장기)에 접어들었을 때, 마케팅과 브랜딩 중 어떤 요소가 더 중요한 역할을 할까?

3. 매출이 저조할 때와 기대 이상으로 좋을 때, 경영자의 역할은 어떻게 달라져야 할까?
- 이러한 변화 속에서 경영자는 어떻게 균형을 유지할 수 있을까?

4. 브랜드 성장기에서 Do's & Don'ts 리스트가 중요한 이유는 무엇인가?
- 이 리스트가 브랜드의 정체성과 방향성을 어떻게 유지해 줄 수 있을까?

5. 매출 중심의 의사결정이 브랜드 정체성을 위협할 수 있다고 생각하는가?
- 만약 그렇다면, 경영자는 어떤 방식으로 브랜드 정체성을 보호할 수 있을까?

6. 브랜드 성장기에 겪는 '불안','당황'의 감정은 어떻게 효과적으로 관리할 수 있을까?
- 경영자와 직원, 두 입장에서 각각의 감정을 다루는 방법은 무엇이 있을까?

7. 직원들이 브랜드 성장기에 회사를 떠나는 주된 이유는 무엇일까?
- 이를 방지하기 위해 경영자는 어떤 조치를 취할 수 있을까?
- 직원 이탈을 줄이기 위해 브랜드의 가치를 어떻게 전달해야 할까?

8. 마케팅 중심의 사고방식이 단기적으로는 유리하지만, 장기적으로 어떤 문제를 일으킬 수 있을까?
- 이러한 사고방식이 지속될 경우, 브랜드가 겪을 수 있는 가장 큰 리스크는 무엇일까?

9. 브랜딩은 장기적인 전략이다.
- 그렇다면 브랜드 성장기에서는 장기적인 전략이 왜 더욱 중요해지는가?
- 장기 전략을 고수하는 것이 어려운 이유는 무엇이며, 이를 극복하기 위한 방법은 무엇일까?

사춘기 브랜드

사춘기 아이들이 감정을 조절하지 못하고 집을 뛰쳐나가듯, 브랜드가 사춘기에 접어들면 직원들도 회사를 떠나기 시작한다. 이들은 창업 초기 경영 철학과 가치를 함께 나누었던 사람들이다. 그러나 경영자가 점차 매출을 최우선으로 두고 '돈이 되는가?'라는 기준으로만 의사결정을 내리는 순간, 그들은 회사를 떠난다. 경영자는 이 공백을 메우기 위해 새로운 직원을 고용하지만, 이들은 초기 브랜드의 스토리를 경험하지 못한 사람들이다. 결국, 새로운 직원들은 자신만의 경험과 기준으로 브랜드를 운영하게 되면서 브랜드는 점차 본래의 방향에서 벗어나기 시작한다.

사춘기 동안 인간의 뇌에서는 어떤 변화가 일어날까? 의사결정, 충동 조절, 계획 수립, 추론 등을 담당하는 전두엽은 가장 늦게 발달한다. 반면, 감정 조절, 기억, 보상 처리를 관장하는 변연계는 사춘기 시기에 완성된다. 특히 변연계의 일부인 편도체는 청소년기에 더욱 활성화되어 감정적 자극에 민감해지면서 강렬한 감정 경험과 급격한 기분 변화가 나타난다. 이로 인해 사춘기 뇌는 변연계에 지배되어 감정 조절이 어려워지는 특징을 보인다.

나는 마케팅을 변연계에, 브랜딩을 전두엽에 비유한다. 두 영역은 모두 뇌의 중요한 기능을 담당하지만, 어느 한쪽이 더 우월하다고 말할 수는 없다. 그저 각자 다른 역할을 수행할 뿐이다. 그러나 브랜드 사춘기 동안에는 아직 전두엽에 해당하는 브랜딩이 완성되지 않았다. 즉, 브랜딩을 통해 매출 하락을 극복해 본 경험이 없기 때문에, 즉각적인 결과를 추구하는 마케팅이 변연계처럼 브랜드 경영을 주도하게 된다.

이제, 마케팅과 브랜딩의 차이점을 구체적으로 살펴보자.

마케팅은 제품이나 서비스를 홍보하고 판매하는 과정이다. 광고, 판촉, 시장 조사 같은 전략을 통해 관심을 끌고 판매를 촉진하며, 단기적인 고객 확보와 유지에 초점을 맞춘다. 브랜딩은 회사의 정체성, 명성, 목적을 정의하고 확립하는 일이다. 고객과의 지속적인 신뢰와 정서적 연결을 구축하며, 장기적으로 브랜드 인식을 형성하고 고객 충성도를 쌓는 것이 그 궁극적인 목표다.

전술과 전략의 관점에서 보면, 마케팅은 전술에 해당한다. 구체적인 조치나 캠페인을 통해 고객에게 접근하고 설득하기 위해 설계된 것으로, 소셜 미디어 마케팅, 이메일 캠페인, SEO, 콘텐츠 마케팅 같은 다양한 기법을 포함한다.

반면, 브랜딩은 전략적 개념이다. 회사의 비전과 사명을 아우르며, 브랜드의 가치와 목소리, 시장에서의 포지셔닝을 명확히 정의한다. 또한, 일관된 메시지를 통해 모든 마케팅 활동에 의미를 부여하고, 그 기반을 다지는 역할을 한다.

기간 측면에서 마케팅은 단기적인 결과를 목표로 하며, 보통 6개월에서 1년 동안 특정 목표를 염두에 두고 기획된다. 반면, 브랜딩은 장기적인 약속이다. 강력한 브랜드 아이덴티티를 구축하기 위해서는 꾸준한 시간과 노력이 필요하며, 고객 충성도와 브랜드 자산 같은 성과는 수년, 혹은 수십 년에 걸쳐 완성된다.

활동 범위를 보면, 마케팅은 시장 조사, 광고, 홍보, 판매 전략, 고객 서비스 등 매우 폭넓은 영역을 포함하며, 주로 매출 증대와 시장 점유율 확대에 중점을 둔다. 반대로, 브랜딩은 브랜드 아이덴티티를 창출하고 유지하는 활동에 집중한다. 로고 디자인, 브랜드 메시지, 스토리텔링, 그리고 일관된 커뮤니케이션과 관계 구축이 그 핵심이다.

성과 측정 기준도 다르다. 마케팅은 ROI(투자 수익), 전환율, 클릭률, 매출과 같은 정량적 지표로 성과를 측정할 수 있다. 반면, 브랜딩은 고객의 인식과 감정에 기반하기 때문에 정량화가 어렵다. 브랜드 인지도, 브랜드 자산, 고객 충성도, 전반적인 평판이 브랜딩의 주요 측정 항목이며, 이는 고객 설문조사나 브랜드 인지도 연구 같은 정성적 데이터를 통해 평가된다.

이렇게 마케팅과 브랜딩은 각각 단기적 성과와 장기적 목표를 담당하며, 서로 다른 역할과 방식을 통해 브랜드의 성공을 지원한다. 브랜드 사춘기 동안에는 마케팅이 강하게 주도할 수 있지만, 브랜딩의 완성을 통해 지속 가능한 성장이 가능해진다.

브랜드가 사춘기에 접어들면 매출 중심으로 모든 것이 흔들리기 시작한다. 이때 마케팅과 브랜딩은 매출을 놓고 충돌하게 된다. 매출이 좋을 때는 두 영역이 어느 정도 균형을 유지할 수 있지만, 매출이 나빠지면 변연계 뇌처럼 즉각적인 반응에 집중하게 된다. 이는 장기적 전략보다 단기 성과에 집착하게 되는 현상을 초래하며, 브랜딩보다는 마케팅이 주도권을 잡기 쉬운 상황으로 이어진다.

결국, 브랜드 경영자는 4장 '브랜드와 결혼'에서 작성한 '두스 앤 돈츠(Do's & Don'ts)' 리스트를 업데이트해야 한다. 이 리스트는 브랜드가 처음 시작될 때부터 꾸준히 발전시켜온 것으로, 브랜드가 사춘기에 접어들었을 때 마케팅과 브랜딩 간의 갈등을 최소화하는 역할을 한다

이와 같은 리스트의 업데이트는 마케팅과 브랜딩이 협력하며 지속 가능한 성장을 추구하도록 도와준다. 이는 사춘기 브랜드가 매출 압박과 즉각적인 성과에 흔들리지 않도록 안정적인 방향을 제시하며, 장기적인 브랜드 가치를 유지하는 데 중요한 지침이 된다.

브랜드 위기

사춘기 시절, 나는 아버지와의 갈등으로 집을 나간 적이 있다. 지금 돌이켜 보면 별것 아닌 일이었고, 생각하면 부끄럽기도 하다. 하지만 그때 아버지가 방황하던 나를 조금 더 이해해 주고, 실수를 너그럽게 봐주셨다면 어땠을까 하는 아쉬움이 남는다.

이 경험 덕분에 나는 자녀들의 사춘기를 부모의 시선이 아닌, 위기 청소년 심리학자의 시선으로 바라보게 되었다. 그들의 행동을 분석하고 이해하려 노력했으며, 무조건적인 사랑과 이해를 바탕으로 인내심을 가지고 기다리기로 마음먹었다. 마치 성직자의 마음처럼 말이다.

무엇보다도 자녀들의 사춘기를 비교적 객관적으로 바라볼 수 있었던 것은 다양한 정보와 자료 덕분이었다. 나는 사춘기에 대한 체크리스트를 만들어 아이들의 변화를 미리 대비했다. 거창한 준비를 한 것은 아니었다. 단지 아이들의 변화를 주의 깊게 관찰하며 "이 또한 지나가리라"는 경구를 마음에 새겼다.

사춘기의 신체 변화는 누구나 쉽게 알아차릴 수 있다. 목소리가 굵어지고 수염이 나며, 몸무게와 키가 급격히 자라고, 딸의 경우 월경이 시작된다. 그러나 이러한 생물학적 변화 이전에 나타나는 사춘기의 전조 증상들도 있다. 친구 관계를 더 중시하고, 남녀 관계를 다룬 드라마에 관심을 가지며, 기분 변화가 잦아진다. 부모와의 갈등 역시 빈번해진다.

특히, 아들이 15세가 되자 나보다 훨씬 큰 몸집을 가지게 되었다. 성인의 몸을 가졌지만 마음은 여전히 아이였던 아들은 자신이 다 자랐다고 착각하며, 자신의 결정이 언제나 옳다고 믿었다. 그래서 내가 내리는 결정에 항상 반대했다.

이 시기마다 나는 아들이 공격성, 충동성, 반항심을 유발하는 테스토스테론이 정상적으로 분비된다는 사실에 오히려 안도했다. 도파민이 정상적으로 분비되어 새로운 경험을 추구하는 것도, 반항심이 드는 것 역시 자연스러운 과정이라 여겼다. 세로토닌 분비가 감소하면서 감정 기복이 심해지고 반항적인 마음이 커지는 것도 이해하려 애썼다.

비록 최선을 다하려 했지만, 늦게 얻은 자녀의 사춘기와 나의 갱년기가 겹치면서 그 시기는 정말 끔찍했다. 그때는 제대로 해낸 것이 없다고 느껴질 만큼 힘든 시간이었다. 그러나 사춘기에 대한 사전 지식 덕분에 나와 아들의 갈등이 극단으로 치닫는 것은 피할 수 있었다.

'사춘기(思春期)'라는 한자의 의미는 '봄을 생각하는 시기'다. 그런데 왜 이 시기가 청소년의 반항기와 맞닿아 있을까? 사춘기를 왜 '사춘기'라 부르는 걸까? 단순히 봄날에 들뜬 기분을 의미하는 것일까? 이 질문에 대한 해석의 열쇠는 '춘(春)'이라는 글자에 있다.

우리나라에서는 '춘(春)'이 성적인 의미로도 사용된다. 성적 묘사를 담은 춘화(春畵)나, 성매매를 뜻하는 매춘(賣春)에서도 이 글자가 쓰인다. 사춘기를 '성을 생각하는 시기'로 해석할 수 있으며, 이때 제2차 성징이 본격적으로 시작된다. 수염과 체모가 나고, 가슴이 발달하며, 생식 호르몬이 왕성하게 분비되는 시기다. 우리나라에서는 사춘기를 흔히 '중2병'이라 부르며, 평균적으로 11세에서 13세 사이에 시작된다.

애니메이션 인사이드 아웃은 심리학자들조차 인정한 인간 감정에 대한 깊이 있는 영화다. 2015년에 개봉한 1편에서는 주인공 라일리가 어린아이로 등장했으며, 2024년에 개봉한 2편에서는 라일리가 사춘기를 겪는 모습을 다룬다. 아들이 사춘기를 겪을 때 이 영화를 함께 보았더라면 좋았을 텐데, 그 기회를 놓친 것이 아쉽다.

인사이드 아웃 2는 라일리의 감정본부에 새로운 감정들이 등장하면서 이야기가 시작된다. 어린 시절의 라일리는 기쁨, 슬픔, 분노, 까칠, 소심이 주된 감정이었다. 그러나 사춘기에 접어들자, 불안, 당황, 부럽, 따분 같은 새로운 감정들이 등장한다. 내 딸의 사춘기 시절에는 불안이 주된 감정이었고, 아들은 주로 따분함을 경험했다.

라일리가 어린 시절에는 기쁨이 그녀의 감정 세계를 주도했지만, 사춘기에는 불안이 감정 제어판을 장악한다. 그렇다면, 브랜드에도 사춘기가 있다면 믿을 수 있겠는가?

브랜드의 런칭 초기 1~2년 동안에는 경영자가 브랜드의 제어판을 조정한다. 하지만 사춘기에 접어들면, 브랜드의 제어판은 '매출'이라는 새로운 리더에 의해 장악된다. 만약 조직 내에서 '매출이 인격이다'라는 말이 들린다면, 이는 브랜드가 사춘기에 접어들었다는 신호다.

유아기와 아동기에 있는 브랜드는 매출이 발생하더라도 그 수치에 큰 의미를 두지 않는다. 이 시기에는 고객 연구, 브랜드 차별화, 더 나은 서비스와 제품 개발에 경영자의 초점이 맞춰진다. 그러나 사춘기에 접어들면, 매출이라는 새로운 리더가 브랜드의 중심을 차지하며, 모든 의사결정이 단기적 수치에 의해 좌우될 위험이 커진다.

브랜드가 사춘기에 들어서면 상황은 두 가지 방향으로 전개된다. 첫 번째는 매출이 기대에 못 미치는 경우이며, 두 번째는 매출이 기대 이상으로 좋은 경우다. 두 경우 모두에서 브랜드는 새로운 감정인 '불안'에 휩싸이게 된다. 매출이 저조할 때는 근본적인 질문으로 돌아가야 한다. '고객은 왜 이 제품을 사야 하는가?', '우리는 왜 존재해야 하는가?'와 같은 본질적인 질문을 던지며 브랜드의 모든 프로세스를 재점검해야 한다. 특별한 비법은 없지만, 기본으로 돌아가는 것이 중요하다.

반대로, 매출이 기대 이상으로 좋을 때도 경계를 늦추어선 안 된다. 조직은 성공을 축하하지만, 매출 상승의 정확한 원인을 모를 때 사춘기에 흔히 등장하는 '당황'이라는 감정이 찾아온다. 매출은 그 자체로 명확한 수치이지만, 때로는 브랜드의 목적을 왜곡되게 드러낼 수 있다. 매출이 우리가 의도한 고객의 선택에 따른 것인가? 아니면 단지 유행에 편승한 일시적 성과인가? 매출을 주도하는 것이 셀럽의 영향력이나 방송 PPL은 아닐까?

매출이 브랜드 경영의 제어판을 장악하게 되면, 모든 의사결정의 기준이 돈으로 귀결된다. 매출을 일으키는 부서의 권한이 강화되고, 매출을 창출하는 상품만 제작되며, 매출 실적에 따라 의사결정이 이루어진다. 사람 또한 매출 실적을 기준으로 평가받고, 과거의 매출 기록을 근거로 미래 계획이 수립된다.

이 과정에서 브랜드는 자연스레 경쟁 중심 모드로 전환된다. 매출 지표 중 하나인 시장 점유율에만 초점이 맞춰지면서, 초기의 브랜드 목적, 가치, 철학은 점차 희미해진다. 결국, 가격 경쟁력이 유일한 차별화 요소로 남게 되고, 브랜드는 본래의 의미를 상실한 채 단순한 상표로 전락하게 된다. 이제 우리는 사춘기 브랜드가 매출과 가치를 어떻게 균형 있게 관리할 수 있을지 본격적으로 살펴보자.

사춘기 브랜드 경영

심리학자들은 사춘기에 접어든 자녀를 양육할 때, 부모에게 한결같은 사랑과 기다림이 필요하다고 조언한다. 사춘기는 호르몬 변화로 인해 감정이 크게 요동치는 시기이기 때문이다. 물론 부모마다 사랑을 표현하는 방식과 그 깊이가 다르고, 자녀들이 이를 받아들이는 정도도 서로 다를 수 있다. 그럼에도 나는 심리학자들의 조언을 따르기 위해 노력했다. 스스로는 최선을 다했다고 생각하지만, 아직 자녀들에게서 내 인내심에 대한 피드백을 받지는 못했다. 내가 힘겹게 인내했음에도 자녀들의 눈에는 전혀 노력하지 않은 것처럼 보였을 가능성도 있다.

브랜드의 사춘기에도 이와 비슷한 상황이 펼쳐진다. 경영자, 직원, 그리고 고객 모두가 이 혼란을 겪는다. 브랜드 경영자와 직원들은 처음 세운 계획과 전혀 다른 현실에 직면하게 되며, 소비자들도 새로운 브랜드를 탐색하며 다양한 문제에 부딪힌다. 이 과정에서 불안했던 문제들이 터지고, 예상치 못한 곳에서 소비자들의 항의와 불만이 쏟아진다.

브랜드 사춘기에는 어떤 결정을 내리더라도 생산자와 소비자 모두가 불만족스러워할 가능성이 크다. 처음 맞닥뜨리는 문제들이기에 결정 자체가 쉽지 않으며, 이로 인해 많은 브랜드가 방황하게 된다. 그러나 바로 이때가 브랜드의 목적을 다시 점검해야 할 순간이다. 사춘기의 혼란 속에서도 목적을 재확인하고, Do's & Don'ts 리스트를 업데이트하며 방향을 재정립하는 것이 중요하다.

- 우리는 왜 이 브랜드를 만들었는가?
- 우리의 고객은 누구인가?
- 우리의 존재 이유는 무엇인가?

브랜드 사춘기 시점에는 경쟁자나 시장 상황에 휘둘리지 않고 브랜드의 목적을 다시 찾는 일이 필요하다. 그 방법은 의외로 간단하다. 예를 들어, 안경 브랜드를 런칭했다고 가정하고, 안경을 팔지 않는다고 상상해 보자. 그렇다면 무엇을 팔아야 할까? 바로 그 답이 브랜드의 목적이다.

애플은 휴대폰이 아닌 미래와 혁신을, 나이키는 운동화를 넘어 승리를 판다. 루이뷔통은 단순한 가방이 아니라 파리의 생활 예술을, 할리 데이비드슨은 모터사이클이 아닌 자유를 판매한다. 이처럼 목적이 이끄는 브랜드는 단순한 제품 판매에 그치지 않고, 새로운 관계의 시작을 만들어낸다.

브랜드의 목적을 발견하는 데 유용한 접근법이 바로 '브랜드 안티테제적 접근'이다. '안티테제(Antithese)'는 철학에서 '반정립(反定立)'을 의미하며, 헤겔의 정반합 변증법에서 '반(反)'은 기존 명제를 부정하여 새로운 합을 도출하는 과정이다. 이 논리를 브랜드에 적용하면, '브랜드 안티테제'는 단순히 제품의 특성을 넘어 브랜드의 본질적 존재 이유를 찾는 변증법적 과정이 된다.

이러한 접근법은 브랜드가 단순히 '무엇을 파는가?'가 아닌, '왜 존재하는가?'에 대한 답을 찾는 데 도움을 준다. 이는 사춘기의 혼란 속에서 브랜드가 나아갈 방향과 목적을 재정립하고, 아이덴티티를 확립하는 중요한 도구가 된다.

브랜드 목적 기반의 Do's & Don'ts rewrite(재작성)

브랜드가 목적 중심의 Do's & Don'ts 리스트를 작성하기 위해서는 다음과 같은 질문들이 유용하다.

- 우리 브랜드는 무엇을 대표하는가?
- 우리 브랜드를 대체할 수 있는 것은 무엇인가?
- 우리 브랜드가 특별해진 이유는 무엇인가?

스타벅스 사례로 보는 안티테제적 접근

이제 스타벅스를 예로 들어 브랜드 안티테제적 접근을 통한 Do's & Don'ts 작성 방식을 살펴보자.

- 스타벅스는 무엇을 대표하는가?
- 스타벅스를 대체할 수 있는 것은 무엇인가?
- 스타벅스가 특별해진 이유는 무엇인가?

스타벅스는 단순한 커피 전문점이 아니라 하나의 브랜드 경험이다. 하워드 슐츠 회장이 스타벅스를 '도시의 안식처'라고 정의한 것처럼, 그곳은 단순히 커피를 제공하는 장소가 아니다. 고객들은 커피의 맛이나 시즌 음료 같은 제품의 차이를 경험하지만, 진정한 가치는 차별화된 경험에서 온다. 이름을 불러주며 커피를 건네는 직원의 세심한 배려나 "Just say yes"라는 맞춤형 서비스 철학이 이를 잘 보여준다. 이러한 세심한 배려들이 스타벅스의 정체성을 형성하고, 고객과의 관계를 깊게 만들어 간다.

브랜드가 사춘기에 접어들 때, Do's & Don'ts 리스트를 업데이트하는 일은 브랜드의 혼란을 관리하는 첫걸음이 된다. 이 목록은 브랜드의 핵심 가치를 유지하며 성숙해 가는 데 중요한 기준이 된다. 브랜드가 본질과 정체성을 지키면서도 성장하기 위해서는 다양한 질문들을 던져야 한다. 예를 들어, 가격 할인을 해야 할까? 1+1 프로모션을 진행하는 것이 브랜드에 적절할까? 비용 절감을 위해 고가의 유기농 재료를 포기해도 괜찮을까? 고객이 볼 수 없는 의자 스펀지를 더 좋은 것으로 사용할 필요가 있을까?

이러한 질문들은 브랜드의 가치를 지키며 장기적인 성장을 도모하는 데 중요한 선택을 내리는 기준이 된다. 사춘기 브랜드의 의사결정은 단순히 비용과 효율의 문제가 아니다. 브랜드가 앞으로 어떤 모습으로 발전할지 결정하는 중요한 전환점이 된다. 성과가 뛰어나지만 브랜드 가치와 목적에 반하는 직원과, 성과는 좋지 않지만 브랜드에 충실한 직원을 어떻게 평가할 것인지에 대한 고민도 필요하다. 마찬가지로 매출이 높은 매장이지만 매장주가 브랜드의 목적을 훼손할 경우, 그 매장을 어떻게 처리할 것인지도 신중히 결정해야 한다.

이 모든 질문과 고민들은 브랜드 사춘기를 극복하기 위한 필수적인 과정이다. 매출과 성과의 유혹에 흔들리지 않고 본래의 가치와 목적을 지키는 것이야말로 브랜드가 진정한 정체성을 확립하고 성장할 수 있는 길이 된다.

브랜드의 전두엽(브랜딩)과 변연계(매출)가 충돌하는 상황은 경영에서 흔히 발생한다. 특히 매출과 같은 눈에 보이는 성과가 갈등의 원인이 될 때 혼란은 더욱 가중된다. 이때 경영자는 중요한 결정을 내려야 한다. 브랜드의 목적을 따를 것인가, 매출 목표를 따를 것인가? 성과를 우선할 것인가, 신뢰를 지킬 것인가? 고객의 선택을 존중할 것인가, 아니면 이익을 쫓을 것인가? 이러한 갈등은 피할 수 없는 현실이며, 그 순간의 선택은 브랜드의 문화, 가치, 그리고 진정성을 결정짓는다.

매출은 사업을 지속하는 데 필수적이다. 매출 없이는 직원에게 급여를 지급할 수 없고, 운영을 유지할 수도 없다. 그러나 매출을 위해 브랜드의 초기 철학과 목적을 포기해야 한다면 이는 또 다른 문제를 야기한다. 경영자는 종종 옳고 그른 것 사이가 아닌, 두 가지 옳은 선택 중 하나를 포기해야 하는 어려운 결정을 마주하게 된다. 그리고 설령 그가 브랜드의 목적에 부합하는 결정을 내린다 해도, 모든 구성원이 이를 환영하지는 않을 것이다. 일부는 불이익을 감수해야 할 수도 있고, 이에 따른 비난과 불만도 불가피하다.

이런 상황에서 경영자는 무엇을 선택해야 할까? 이는 언제나 피할 수 없는 현실이며, 위기가 찾아올 때 비상 회의를 소집해도 명확한 해답이 떠오르지 않을 때가 있다. 이러한 순간에 Do's & Don'ts가 중요한 역할을 한다. 이 목록은 브랜드가 사춘기에 들어섰을 때 급하게 작성하는 것이 아니라, 경영 초기부터 지속적으로 구축해온 지침이어야 한다. 초기부터 내려진 중요한 결정들은 Do's & Don'ts에 기반하며, 이는 시간이 지나면서 브랜드의 기업 문화로 자리 잡게 된다.

일상적인 상황에서는 Do's & Don'ts의 필요성을 체감하기 어렵다. 그러나 어느 날 브랜드 구성원이 Do's & Don'ts를 참고하여 경영자에게 기안서를 제출하는 일이 발생했다면, 그것은 브랜드가 위기에 처했다는 신호일 가능성이 높다.

지속가능경영을 위한 Leadership
영속가능경영을 위한 BrandShip

지속가능경영은 매출과 이익을 넘어서 환경 보호와 윤리적 문제 해결 같은 사회적 가치를 추구하며, 이를 통해 기업의 지속적인 성장을 도모하는 전략이다. 이 개념은 기업이 법인으로서 장기 생존을 위한 자구책에서 비롯되었으며, 경영 혁신의 일환으로서 기업 활동을 지속할 수 있는 방법론적 접근으로 자리 잡고 있다.

사람들도 지속 가능한 삶을 꿈꾸며 젊음을 유지하고 생명을 연장하기 위해 약물이나 의학적 도움을 찾는다. 반면, 기업은 인간과 달리 투약과 교체가 아닌 가치 추구를 통해 생명력을 키운다. 이것이 바로 지속가능경영의 본질이다. 기업은 인간보다 먼저 지속 가능성을 추구하는 방법을 찾아낸 셈이다.

노령화 사회로 진입하며 선진국들은 생명과학 분야에 막대한 자본과 관심을 쏟고 있다. 이와 유사하게, 근대화와 함께 등장한 많은 기업들이 수십 년의 역사를 거치며 이제야 지속 가능성의 중요성을 실감하고 있다. 기업은 고용 안정과 경제 유지 같은 사회적 책임을 다하기 위해 반드시 지속 가능해야 한다. 그러나 현실은 여전히 냉혹하다. 우리나라 중소기업의 평균 수명은 10.4년에 불과하며, 미국과 일본의 기업조차 평균 30년을 넘기지 못한다.

이에 기업들은 장수 마을의 노인들이 건강을 위해 섭취하는 식단에서 영감을 얻어, 기업의 장수를 위한 특수한 레시피(리포트)를 연구하고 발표하기 시작했다. 그러나 이는 어디까지나 "이렇게 하면 지속 가능할 수 있다"는 가설에 지나지 않는다. 여전히 어떤 기업도 영구적인 지속 가능성을 완벽하게 달성하는 비결을 발견하지 못했다.

하지만 100년 기업은 드물지만, 100년 브랜드는 많다. 만약 뉴발란스(New Balance)나 컨버스(Converse)를 신고 있다면, 이미 100년의 역사를 자랑하는 브랜드를 몸에 지니고 있는 셈이다. 또, 티파니(Tiffany) 반지를 청혼 선물로 준비하고 있다면, 이는 100년 넘게 사랑의 가치를 지켜온 브랜드를 선택한 것이다.

이처럼 브랜드는 자신의 가치를 통해 영속 가능성을 증명한다. 많은 100년 브랜드들은 주인이 여러 번 바뀌었음에도 불구하고 여전히 존재하고 있다. 이는 브랜드가 불로불사(不老不死)의 시스템이며, 영속 가능함을 증명하는 최고의 사례가 됨을 보여준다.

브랜드를 잘 관리하면 기업의 지속적인 생명력이 된다. 시간이 지남에 따라 고객의 구매 이유가 반영된 브랜드 가치는 역사적 가치로 자리 잡는다. 많은 기업들이 지속가능경영에서 영속 가능 경영으로 발전할 가능성을 지니고 있지만, 여전히 경영자들은 브랜드를 단순한 일회성 대박을 위한 도구나 기업 자산의 일부로만 인식하는 경향이 있다.

이처럼 필요에 따라 브랜드를 쉽게 만들고 폐기할 수 있다는 인식이 강한 탓에, 경영자들은 브랜드가 경영 그 자체와 맞닿아 있다는 사실을 종종 간과한다. 기업이 브랜드를 매각해 일시적으로 경영을 이어가는 경우도 있지만, 체계적인 브랜드 관리가 기업을 영속 가능하게 만든다는 사실을 완전히 이해하지 못하는 경향이 있다.

브랜드는 단순히 지속성과 영속성만을 의미하지 않는다. 미니(MINI)나 아베크롬비앤드피치(Abercrombie & Fitch)처럼 한동안 동면에 들어갔다가 다시 부활해 시장에서 활동하는 브랜드도 있다. 이러한 브랜드들은 언제든지 다시 태어날 수 있는 잠재력을 지닌 불멸의 특성을 가지고 있다. 만약 기업이 유한한 육체라면, 브랜드는 무한한 영혼이라 할 수 있다.

영속 가능한 브랜드를 운영하기 위한 핵심은 사람, 특히 리더의 역할에 있다. 리더의 아이덴티티(Identity)와 브랜드 아이덴티티(Brand Identity)는 긴밀하게 상호작용하며, 브랜드 초기나 경영자가 언론의 주목을 받을 때 리더가 브랜드를 대표하는 경우가 많다. 리더의 결정과 행동은 브랜드와 상호작용해 독특한 경영 방식과 전략을 만들어내며, 따라서 어떤 리더십을 발휘하느냐가 브랜드 경영의 성공을 좌우한다.

이 책의 서두에서 브랜드 경영이란 "브랜드의 핵심 사명을 이루기 위해 조직원들이 자신의 가치관, 비전, 목표, 목적, 그리고 존경을 공유하며 일하는 과정"으로 정의했다. 또한 "이 과정을 고객과 공유하는 것이 브랜딩"이라고 설명했다. 그렇다면 브랜드를 이끄는 리더에게 요구되는 리더십은 어떤 모습일까? 슈퍼맨처럼 모든 것을 해결하는 영웅적 리더십일까?

브랜드 경영에서는 기존의 리더십과 다른 새로운 리더십이 필요하며, 이를 우리는 브랜드십(Brandship)이라고 부른다. 기존 리더십이 리더의 존재로 기업을 지속 가능하게 만드는 역할이라면, 브랜드십은 리더가 없더라도 브랜드가 영속 가능하도록 만드는 개념이다. 이는 브랜드 사춘기에서 의사결정의 기준이 되는 Do's & Don'ts 리스트와도 밀접하게 연결된다. 브랜드십이 리더가 불필요하다는 의미는 아니다. 오히려 리더와 브랜드가 어떻게 결합하고 상호작용하는지를 다루는 리더십 기술에 관한 개념이다.

브랜드의 미래는 리더의 비전, 즉 리더가 어떤 관점으로 브랜드의 미래를 바라보느냐에 달려 있다. 비전은 단순히 거창한 목표가 아니라, 라틴어로 '보다'라는 의미에서 유래된 만큼 '목표'와 '방향'을 의미한다. 이는 브랜드의 영속성을 향해 리더가 어떤 시각과 통찰력을 갖고 있는지를 말해준다.

만약 당신이 브랜드를 위해 과거로 돌아갈 수 있다면, 어떤 결정을 내리겠는가? 예를 들어, 컨버스(Converse)의 창립자가 2010년의 거리를 보고 다시 과거로 돌아간다면, 무엇을 가장 먼저 수정하고 싶어 할까? 이런 질문은 브랜드의 미래를 설정하고, 그에 맞는 경영 방식을 재점검하는 데 중요한 시사점을 준다.

과거로 돌아갈 수 있다면, 컨버스의 창립자로서 100년 후 나이키(Nike)에 인수될 것을 알았을 때 당시의 전략을 어떻게 바꾸었을까? 농구에 집중하던 기존의 방향에서 벗어나 차세대 스포츠 신발과 과학기술을 활용해 스포츠 브랜드로서의 입지를 강화했을 것이다. 이처럼 리더는 미래를 내다보기 위해 과거를 통찰할 줄 알아야 한다.

경영의 지속과 브랜드의 영속을 실현하기 위해서는 리더가 직접 경험하지 못할 100년의 세월까지 이해할 수 있어야 한다. 브랜드의 미래는 리더가 가진 비전, 즉 시간을 읽고 이해하는 능력에 달려 있다. 브랜드는 리더의 비전을 따라가며, 그 비전이 얼마나 깊이 있고 장기적인가에 따라 브랜드의 영속 가능성이 결정된다.

이와 같은 비전은 단순한 예측이나 바람을 넘어서, 과거와 현재를 연결하고 미래를 준비하는 능력이다. 브랜드 경영자는 시간을 통해 배우고 통찰하며, 끊임없이 변화하는 환경 속에서도 본질을 유지하는 방법을 찾아야 한다. 이는 단순히 현재의 성공이 아닌, 앞으로도 브랜드가 지속될 수 있는 기반을 마련하는 중요한 과정이다.

지극히 참을 수 없는 리더들

브랜드 리더는 브랜드에 관한 최종 의사결정권자로서, 권한뿐만 아니라 책임의 무게를 지닌다. 이 책에서의 브랜드 리더는 단순히 브랜드 매니저나 오너에 국한되지 않고, 브랜드의 시작과 진행에 중요한 역할을 수행하는 존재로 정의된다. 그들은 Brand Identity를 형성하는 주체이자, 브랜드의 모든 과정에 깊이 관여한다. 사실상 브랜드 리더 자체가 브랜드의 핵심 정체성을 구성한다고 해도 과언이 아니다.

브랜드의 라이프사이클을 보면, 브랜드의 시작은 리더의 결정에서 비롯되며, 끝도 종종 잘못된 리더십에서 기인한다. 이처럼 리더십은 브랜드의 성공과 실패에 결정적이다. 브랜드가 소비자에게 상품 이상의 가치를 제공하는 것처럼, 리더도 보스와 구별되는 지도력으로 조직을 이끌어야 한다.

"당신의 상사는 리더인가, 아니면 보스인가?"라는 질문에 많은 이들이 직관적으로 대답할 수 있는 이유는, 우리는 이미 수많은 리더십 책을 통해 보스와 리더의 차이를 학습해 왔기 때문이다. 보스는 권위로 명령을 내리지만, 리더는 비전과 소통으로 조직을 이끈다.

그러나 이상적인 리더십은 단순히 신념과 비전만으로 완성되지 않는다. 브랜드 경영이란, 조직원과 소비자와 함께 브랜드의 모든 과정을 공유하며 의미를 형성하는 것이다. 이 과정에서 브랜드의 정체성은 단순한 상징이나 이미지에 머물지 않고, 존재 이유를 분명하게 설명할 수 있어야 한다.

브랜드의 정체성은 조직과 소비자 모두에게 Being Identity, 즉 존재의 주체성을 제공해야 한다. 이는 단순한 슬로건을 넘어서, 브랜드의 '소명'을 드러내고 '공명'을 이끌어내는 핵심 요소로 작용한다. 브랜드의 정체성이 조직 내에서 깊이 뿌리내리면, 이는 브랜드가 단순히 매출을 올리기 위한 도구가 아닌, 존재의 이유와 목적을 실현하는 매개체로 자리 잡는다.

이처럼 브랜드 리더는 단순한 관리자 이상의 역할을 수행해야 한다. 그들은 브랜드의 본질을 유지하고, 변화하는 환경 속에서도 진정성을 지키며, 브랜드의 존재 이유를 지속적으로 구현해 나가야 한다. 이는 브랜드가 영속 가능한 존재로 성장하는 핵심 요소가 된다.

스티브 잡스가 췌장암에 걸렸을 당시, 그의 대체자를 찾는 기준은 단순한 직함이나 소유권이 아니었다. 사람들은 "누가 애플의 혁신을 이끌어 갈 수 있을까?"라는 본질적인 질문을 던졌다. 이는 단순히 경영자가 아닌, 브랜드의 비전을 구현하고 지속 가능한 혁신을 추구할 수 있는 리더를 찾기 위함이었다. 반면, 우리나라 대기업 회장이 같은 상황에 처한다면, 후계자는 아마도 명확히 정해질 것이다. 그러나 우리는 여전히 그 인물이 브랜드의 정체성을 제대로 이해하고 지속시킬 인물이기를 기대하며, 그렇게 믿고자 한다.

만약 리더의 몰락과 함께 브랜드도 무너진다면, 이는 리더가 브랜드를 비극적 결말로 이끌고, 브랜드와 동반 자살한 것이나 다름없다. 그렇다면 어떻게 하면 브랜드가 특정 리더의 존재에 의존하지 않고 영속성을 가질 수 있을까? 답은 리더가 브랜드처럼 행동하는 데 있다. 이는 리더가 브랜드의 상징 자체가 되라는 의미가 아니라, 브랜드가 본연의 원칙과 방식에 따라 운영되도록 리더 역시 그러한 방식을 따르라는 의미다.

상품과 서비스는 물리적으로 존재하지만, 그 자체가 브랜드의 본질을 의미하지 않는다. 마찬가지로, 리더는 최종 의사결정권자로서 책임을 지니지만, 모든 결정을 직접 내릴 필요는 없다. 오히려 진정한 리더십은 리더가 없어도 브랜드가 스스로 의사결정을 내릴 수 있는 시스템을 구축하는 데 있다.

이것이 바로 브랜드십(Brandship)의 핵심이다. 브랜드십은 리더의 유무와 관계없이 브랜드가 자율적으로 운영되고, 변화하는 시장 환경에서도 지속 가능한 성장을 추구할 수 있도록 설계된 시스템적 리더십을 의미한다. 이는 단순히 경영 체제를 넘어 브랜드가 자율성과 책임감을 바탕으로 존재 이유를 지속적으로 구현하도록 돕는 중요한 원칙이 된다.

리더가 모든 결정을 혼자 내릴 수 없는 이유는 그 역시 실수와 오류를 범할 수 있는 인간이기 때문이다. 완벽한 판단은 인간의 본질적 한계를 초월하기 어렵고, 리더 또한 그 한계를 벗어나지 못한다. 그러나 이러한 한계를 인식한 리더는 자신의 한시적 리더십을 브랜드의 본질과 결합시키려는 노력을 기울인다. 이 결합은 리더의 비전과 브랜드의 가치가 상호작용하여 만들어지는 화학적 과정으로, 이를 우리는 브랜드십(Brandship)이라 부른다. 브랜드십을 통해 브랜드는 단순히 리더의 영향에 그치지 않고, 그 비전을 뛰어넘는 영속성을 얻게 된다.

브랜드십의 중요성은 단순히 매출과 성공에 그치지 않는다. 브랜드는 시간이 흘러도 변하지 않는 철학과 가치를 바탕으로 성장해야 하며, 이는 브랜드 경영의 핵심이 된다. 역사적으로 왕위 계승처럼 혈통에 의존한 리더십 전수는 성공을 거두기 어려웠다. 계승자가 전임 리더의 철학을 온전히 이해하지 못하거나, 시대가 변하면서 그 철학이 변질되는 경우가 많기 때문이다.

브랜드십은 이러한 문제를 해결하기 위한 시스템적 대안이다. 이 시스템은 특정 리더의 개인적 판단에 의존하지 않고, 브랜드가 독립적으로 성장하고 지속 가능하도록 돕는다. 브랜드의 목적과 비전은 한 명의 리더가 아닌, 조직 전체가 공유하는 가치로 자리 잡아야 한다. 이를 통해 브랜드는 특정한 인물에 의존하지 않고, 본질적인 철학과 목표를 바탕으로 장기적인 성장을 이어갈 수 있다.

브랜드십은 곧 리더와 구성원 모두가 브랜드의 정체성과 목적을 내재화하는 과정이며, 이를 통해 브랜드는 개인의 한계를 넘어 지속적인 가치를 창출하게 된다.

브랜드십은 단순히 리더십의 확장 개념이 아니라, 브랜드의 본질을 보호하기 위해 리더조차 초월하는 경영 철학이다. 이는 리더의 영향력마저 제한하여 브랜드의 정체성과 가치를 침해하지 않도록 설계된 시스템으로, 전통적인 경영 이론에서 벗어난 진화적 돌연변이라 할 수 있다. 브랜드십을 통해 브랜드는 리더의 교체나 부재와 상관없이 지속 가능한 가치를 유지하며, 독립적으로 발전할 수 있는 힘을 갖게 된다.

리더는 브랜드십을 실천하기 위해 자신의 역할을 재정의해야 한다. 이제 리더십은 더 이상 명령과 통제로 유지되는 지배 구조가 아니다. 대신, 리더는 브랜드의 목적과 가치를 공유하며 팔로워들과 함께 성장하는 과정에 집중해야 한다. 리더의 핵심 역할은 구성원들이 자율적으로 판단하고 행동할 수 있는 환경을 조성하고, 그들을 지원하는 조연의 역할로 전환되는 것이다.

브랜드십을 구사하는 리더는 조직 내 다양한 미니 리더들을 육성하고, 이들이 브랜드 가치를 기반으로 독립적이고 자율적으로 의사결정을 내릴 수 있도록 돕는다. 리더의 주된 책임은 방향을 제시하고, 구성원들이 브랜드의 정체성에 부합하는 결정을 내릴 수 있도록 지원하는 데 있다. 이러한 시스템은 브랜드가 리더의 개인적 판단에 의존하지 않고, 자체적인 문화와 가치에 따라 운영될 수 있도록 하는 안전장치가 된다.

브랜드십은 리더가 부재하거나 변질되더라도 브랜드가 자체적으로 성장할 수 있는 힘을 부여한다. 새로운 리더가 등장하더라도, 조직 내에 뿌리내린 브랜드의 문화와 가치가 유지된다면 큰 혼란 없이 조직은 일관된 방향을 유지할 수 있다. 이는 브랜드가 리더의 지시에 의존하지 않고, 자체적으로 형성된 가치와 문화에 따라 움직이는 구조 덕분이다.

브랜드십의 궁극적인 핵심은 모든 구성원이 스스로 리더의 역할을 수행하는 데 있다. 각 구성원이 브랜드의 가치를 내면화하고, 자율적이며 책임감 있게 행동할 때, 브랜드는 리더십 부재에도 흔들리지 않는다. 이러한 자정작용을 통해 브랜드는 외부 환경의 변화나 위기에도 유연하게 대응할 수 있으며, 지속 가능한 경영을 실현할 수 있다.

결론적으로, 브랜드십은 리더의 리더십이 아니라 브랜드 자체가 중심이 되는 구조를 말한다. 리더는 브랜드가 성장할 수 있는 환경을 만들고, 구성원들이 자율적으로 브랜드 가치를 실현하도록 돕는 조연 역할을 해야 한다. 이 과정에서 리더는 단순히 권위를 행사하는 존재가 아니라, 브랜드와 함께 배우고 성장하는 또 하나의 팔로워가 된다.

리더는 관점과 태도만 바꿔도 즉각적으로 진화할 수 있다. 브랜드의 철학과 비전을 세울 때, 리더는 마치 자신도 브랜드처럼 영원히 존재할 것이라는 믿음으로 장기적인 계획을 세워야 한다. 하지만 동시에 내일이 마지막일 수도 있다는 각오로 브랜드를 관리해야 한다. 브랜드는 영속할 수 있지만, 리더는 유한한 존재임을 인정하는 순간, 리더는 자신이 브랜드를 이끄는 것이 아니라, 오히려 브랜드가 자신을 이끄는 방향을 제시하는 리더임을 깨닫게 된다.

BrandShip과 the Brand Ship의 항해술

수소와 산소가 결합해 물을 만드는 현상은 리더와 브랜드의 관계를 이해하는 좋은 비유다. 수소는 인화성, 산소는 산화성과 폭발성을 지닌 원소로, 각각 '불'을 만드는 물질이다. 그러나 이 두 원소가 결합하면 오히려 '불'을 끄는 물, 즉 H_2O가 된다. 이런 역설적 현상을 모순 지식이라고 부른다. 브랜드와 리더 간의 관계 역시 이와 같은 강력한 모순적 가치를 지니고 있다.

브랜드는 본래 매출과 이익 창출을 목표로 탄생한다. 시장에 진입하는 순간부터 경쟁자를 공격하고 시장 점유를 위해 달려드는 것이 기업의 본능이다. 브랜드도 이 같은 본능을 따르며, 시장에 대한 인화성, 돈에 대한 산화성, 소비자 욕구에 대한 폭발성을 내포하게 된다. 그러나 동시에 브랜드는 소비자를 사랑하고 그들을 섬기는 것을 목표로 한다고 주장한다. 이처럼 브랜드는 매출을 위해 경쟁하면서도, 고객과의 관계에서 사랑을 실천해야 하는 모순에 놓인다.

브랜드가 진정한 가치를 실현하기 위해서는 '가치'와 '비전'이라는 두 폭발적인 요소가 결합해야 한다. 이 화학적 변화가 일어날 때, 브랜드는 단순한 '불'에서 생명의 근원인 '물'로 거듭난다. 이로 인해 브랜드는 기업 구성원들에게 자부심, 신념, 철학, 책임감, 그리고 존재의 이유와 소명이라는 '생명수'가 된다.

리더십도 마찬가지로 인화성(권력), 산화성(무한 책임), 폭발성(야망)을 지닌 강력한 힘을 발휘한다. 리더는 때로는 카리스마 넘치는 독재형, 때로는 '섬기는 리더', 혹은 '내가 곧 브랜드'라고 선언하는 절대형, '우리가 곧 브랜드'라고 강조하는 관계형 리더로 나타난다. 이처럼 강렬한 리더십이 브랜드와 결합할 때, 그 조합은 예측할 수 없는 방향으로 나아간다. 때로는 리더와 브랜드가 지나치게 얽혀, 서로에게 의존하는 부적절한 유기적 관계를 형성하기도 한다.

그 첫 번째 예가 바로 '샴쌍둥이 스타일'이다. 리더와 브랜드가 하나의 신체를 공유하는 샴쌍둥이처럼 긴밀하게 결합된 경우다. 이 경우 두 존재는 동일한 내장 기관을 공유하기 때문에, 한쪽이 무너지면 다른 쪽도 함께 붕괴될 수밖에 없다. 특히 리더가 자신의 이름을 내건 브랜드를 운영하는 경우, 리더와 브랜드의 경계가 불명확해지며 위기를 맞는 상황이 빈번하다.

리더와 브랜드 간의 관계를 설명하는 또 다른 유형은 '자웅동체 스타일'이다. 이는 다금바리 같은 어류가 환경에 따라 성별을 바꾸듯, 리더와 브랜드가 상황에 맞춰 역할을 조정하며 성장하는 유형을 말한다. 빌 게이츠와 마이크로소프트가 그 대표적인 예다. 이 경우, 혁신적인 리더십이 브랜드의 차별화로 이어지고, 그 차별화된 브랜드 이미지가 다시 리더의 명성을 강화한다. 애플과 스티브 잡스, 버진과 리처드 브랜슨도 이러한 유형에 해당한다. 그들은 환경 변화에 맞춰 자신과 브랜드의 정체성을 유연하게 조율하며 운영한 사례로 꼽힌다.

세 번째 유형은 '동전의 앞뒷면 스타일'이다. 이 경우 리더와 브랜드의 이름은 다르지만, 리더가 브랜드를 자신의 분신처럼 여긴다. 리더의 감정과 이성이 브랜드의 의사결정에 큰 영향을 미치며, 리더는 자신의 운명을 브랜드의 운명과 동일시한다. 이로 인해 브랜드는 리더의 판단에 종속되며, 리더의 결정이 브랜드의 생존을 좌우할 수 있는 위험한 상황에 처하게 된다. 특히 '보스 아이덴티티(Boss Identity)'가 '브랜드 아이덴티티(Brand Identity)'를 대체하는 순간, 브랜드는 리더의 변덕에 휘둘리며 지속 가능성을 잃을 수 있다.

리더십의 어원에서 보듯, '-ship'은 원래 함선(ship)을 의미한다. 이 맥락에서 리더십은 '리더가 조종하는 배'라고 해석할 수 있다. 하지만 리더가 모든 것을 통제하려 한다면, 그 배는 안전하게 항해할 수 없다. 100년 브랜드들의 역사를 살펴보면, 브랜드의 가장 큰 위협은 외부의 경쟁자가 아니라, 브랜드와 자신을 동일시하는 리더임을 알 수 있다.

브랜드는 리더가 마음대로 조종할 프로펠러가 아니라, 리더가 타고 항해해야 할 배(the Brand Ship)다. 리더는 이 배의 일부일 수는 있지만, 전체가 될 수는 없다. 자신이 브랜드의 전부가 아니라는 사실을 인정하는 것이 중요하다. 더 나아가, 언제든지 함장에서 물러나야 할 수도 있다는 가능성을 염두에 두는 것도 필요하다.

브랜드십을 실현한 조직에서는 모든 구성원이 리더로 성장하며, 브랜드 내에 보이지 않는 고유한 문화가 형성된다. 이 문화는 의사결정의 기준이 되며, 브랜드는 특정 리더 한 명에게 의존하지 않고 자율적으로 운영된다. 리더의 역할은 주연이 아닌 조연으로 변화하며, 팔로워와 소비자가 브랜드의 중심에 설 수 있도록 지원하는 것이 리더의 임무가 된다.

브랜드십은 브랜드가 명확한 아이덴티티와 철학을 바탕으로 구성원들이 자율적으로 의사결정을 내릴 수 있는 상태를 의미한다. 이 과정은 리더의 리더십에서 시작된다. 리더가 권한과 결정을 나누고, 구성원들이 브랜드 가치를 바탕으로 자율적으로 기능하도록 돕는 구조가 마련될 때 비로소 브랜드십이 실현된다. 이는 단순히 매뉴얼을 따르는 방식으로 이루어지지 않으며, 마치 신화가 창조되는 것처럼 그 과정 자체가 브랜드십을 완성해간다.

브랜드십이 확립된 브랜드에서는 리더십이 팔로워들과 공유되며, 구성원 모두가 브랜드의 가치를 내면화하고 의사결정을 주도적으로 내릴 수 있다. 이러한 과정 속에서 브랜드 문화는 자연스럽게 자리 잡으며, 운영의 기준이 되는 불문율처럼 작용한다. 이 시점에서 브랜드는 리더의 지시에 의존하지 않고, 브랜드 철학과 가치를 바탕으로 영속 가능한 경영을 이어갈 수 있게 된다.

브랜드십은 단순한 조직 운영 방식을 넘어, 브랜드 본연의 가치를 실현하는 과정이다. 아직 이론적으로 완벽하게 정립된 개념은 아니지만, 실제로 브랜드십을 실천하는 사례들은 단순한 전략적 접근이 아닌 문화적 변혁을 의미함을 보여준다. 브랜드십의 완전한 구현은 드물지만, 이를 통해 우리는 브랜드 경영의 미래와 방향성을 엿볼 수 있다.

리더가 없는 리더십, 브랜드십

강력한 카리스마를 가진 리더가 사라질 때 기업도 함께 몰락하는 경우가 많다. 이는 리더가 기업의 "머리" 역할을 맡아 모든 의사결정과 방향을 좌우했기 때문이다. 그렇다면 만약 리더가 머리가 아닌 꼬리 역할을 한다면 어떻게 될까? 도마뱀의 꼬리처럼, 리더가 사라져도 기업이 계속 살아갈 수 있다면, 그 기업은 진정한 지속 가능성을 확보한 것이라고 볼 수 있다.

생명체마다 꼬리의 기능은 다르지만, 속도와 방향을 조절해야 하는 동물들에게 꼬리는 균형을 잡고 길을 제시하는 중요한 역할을 한다. 기업에서 리더가 이런 '꼬리' 역할을 한다면, 그렇다면 기업의 "머리"는 누구여야 할까? 직원일까? 고객일까? 결론적으로, 기업의 머리는 브랜드여야 한다. 유한한 생명을 가진 리더가 기업이라는 무한한 생명체의 머리가 되는 것은 위험하기 때문이다. 브랜드가 머리가 될 때 비로소 기업은 리더의 유한성을 넘어서는 영속적인 시스템을 갖출 수 있다.

리더십 서적들은 종종 리더에게 권한을 팔로워들에게 위임하라고 조언한다. 그러나 권한 위임은 때로 리더를 무력하게 만들고 공허한 상태에 빠지게 한다. 실제로 수많은 "초우량 기업"들이 권한을 위임했음에도 불구하고 역사 속에서 사라져 간 사례가 적지 않다. 만약 권한 위임이 정말로 직원들에게 더 큰 책임감과 동기를 부여하며 주인의식을 심어주는 효과가 있었다면, 왜 여전히 많은 기업들이 이 방법을 주저할까?

리더십 서적에서는 이렇게 말하곤 한다. "직원들을 통제하지 말고 정보를 공유하라. 현장에서 직접 결정하게 하라. 성과 중심으로 이끌어라." 그러나 이런 방식이 기대만큼 성공하지 않는 이유는 무엇일까?

그 이유는 명확하다. 권한 위임만으로는 브랜드의 본질적 가치를 유지할 수 없기 때문이다. 단순히 권한을 나누는 것은 표면적인 접근에 불과하다. 권한이 브랜드의 철학과 목적, 그리고 아이덴티티와 결합하지 않으면 직원들은 단지 책임만 떠안게 되고, 방향성을 잃게 된다. 브랜드가 명확한 기준과 문화적 지향점을 제공하지 않는다면, 권한을 위임받은 직원들은 각자의 방식으로 목표를 해석하게 되어 일관성을 잃고, 결국 혼란을 초래할 수 있다.

그렇다면, 권한을 위임받은 직원들은 어디까지 책임을 져야 할까? 권한이 위임된 이후 발생한 손실을 직원들이 모두 감당할 수 있을까? 리더가 져야 할 책임까지 직원이 떠안아야 할까? 만약 직원에게 완전한 권한이 주어진다면, 그에 따른 책임도 당연히 그 직원에게 돌아가야 한다. 그러나 계약직 노동자에게 무한 책임을 요구하는 것은 한때 유행했던 '주인 정신' 리더십과 다를 바 없다.

이는 고용주가 직원들에게 주인처럼 일하라고 요구하는 것과, 반대로 직원들이 리더에게 권한을 달라고 요구하는 것이 본질적으로 다르지 않다는 문제를 드러낸다. 주인 정신을 진정으로 요구하려면 직원들에게 회사 주식을 나누어 주면 될 일이고, 직원들이 권한을 갖고자 한다면 무한 책임에 대한 서약을 받아야 한다. 하지만 이는 인간의 본능과 상식에 어긋나는 주장이다.

브랜드십(BrandShip)은 단순한 권한 위임과는 본질적으로 다르다. 오히려 그 반대다. 브랜드십은 리더에게 더욱 강력하고 일관된 리더십을 요구한다. 리더가 브랜드의 가치를 철저히 지킬 때, 브랜드는 리더를 넘어서는 힘을 갖게 된다. 브랜드가 브랜드십을 완성하면, 모든 직원이 브랜드의 가치를 바탕으로 성장하며 스스로 리더로 발전한다. 이때 직원들은 리더의 카리스마에 의존하지 않고, 브랜드의 가치를 기준으로 스스로를 조율하며 성과를 내기 시작한다. 이 과정은 리더의 감시가 아닌, 동료들 간의 생산적 긴장 속에서 이루어지며, 그 순간 브랜드는 유기체처럼 자율적으로 움직이는 생명력을 지닌 존재가 된다.

그럼에도 불구하고 많은 리더들이 브랜드십을 꺼리는 이유는 무엇일까? 그 이유는 간단하다. 리더가 자신의 비전, 전략, 혹은 재능이 아닌 브랜드의 가치에 따라 리더십을 행사해야 할 때, 그 리더 역시 브랜드의 가치에 의해 평가받게 된다. 가치는 타협하지 않으며, 언제나 명확한 우선순위를 제시한다. 브랜드십은 리더가 브랜드의 가치에 헌신하고, 필요하다면 희생할 때 시작된다. 그러나 리더가 가치를 지키지 않는 순간, 조직 내에 공유되던 견고한 세계관은 단숨에 무너질 위험에 처한다. 이 때문에 많은 리더들은 장기적인 성장을 위한 가치보다는, 단기 성과를 통해 자신의 리더십을 증명하고자 하는 유혹에 빠지곤 한다.

TED.com에 게시된 '위대한 지휘자들처럼 지휘하기(Lead like the great conductors)'는 경영자들에게 깊은 고민을 던진 강연이다. 이 강연의 주인공인 이스라엘 출신의 오케스트라 지휘자 이타이 탈감(Itay Talgam)은 경영학 박사도, 기업인도 아니다. 그럼에도 불구하고, 그는 어떻게 경영자들에게 이토록 큰 울림을 줄 수 있었을까?

탈감이 소개한 훌륭한 지휘법은 단순히 오케스트라 지휘에 국한되지 않는다. 다양한 분야에서 사람을 이끄는 리더들에게도 필수적인 통찰을 제공하기 때문이다. 그는 다섯 명의 세계적인 지휘자를 예로 들며 진정한 리더란 'doing without doing,' 즉 아무것도 하지 않으면서도 지휘하는 사람이라고 강조한다. 이 철학은 바로 브랜드십(BrandShip)의 본질과 맞닿아 있다.

탈감은 다섯 명의 지휘자—카를로스 클라이버, 헤르베르트 폰 카라얀, 리하르트 슈트라우스, 레너드 번스타인, 리카르도 무티—의 리더십을 통해, 리더십이 특정한 방식에 고정되는 것이 아니라 상황과 구성원에 맞게 조율되어야 함을 보여준다.

리카르도 무티는 음악에 대한 깊은 책임감으로 지나치게 명확하고 엄격한 지휘를 선보였고, 이로 인해 단원들은 큰 압박을 느꼈다. 결국, 그는 19년 동안 몸담았던 라 스칼라 필하모니에서 단원들의 만장일치로 사임하게 된다. 단원들은 무티에게 다음과 같은 메시지를 남겼다.

"당신은 위대한 지휘자입니다. 그러나 이제 우리는 당신과 함께할 수 없습니다. 당신은 오직 당신 머릿속의 음악만을 연주하기 때문입니다."

반면, 레너드 번스타인은 때로는 지휘봉을 내려놓은 채, 단원들이 스스로 하모니를 이루도록 이끌었다. 그는 해석과 표현의 자유를 허락하며, 단원들과 함께 음악을 즐기는 동반자로서 소통했다. 이타이 탈감은 이러한 번스타인의 리더십이 브랜드십의 본질을 잘 보여준다고 강조한다. 'doing without doing,' 즉 아무것도 하지 않으면서도 모든 것을 지휘하는 방식이야말로 브랜드십에 부합하는 리더의 역할이라는 것이다.

번스타인의 리더십은 단순한 권한 위임이 아니었다. 그는 구성원들이 자율성과 책임감을 바탕으로 주도적으로 움직일 수 있는 환경을 조성했다. 브랜드 경영에서도 이러한 접근은 리더의 지시 없이도 조직이 스스로 운영될 수 있는 문화를 만드는 데 필수적이다.

Interview

리더가 없는 리더십

The interview with 이타이탈감(Itay Talgam)
유니타스 브랜드 볼륨 16 / 인터뷰 발췌

1987년 국제무대에 데뷔한 이스라엘 오케스트라 지휘자다. 세계적인 지휘자 레너드 번스타인의 제자로 예루살렘 루빈 아카데미에서 최고연주자 과정을 거쳤다. 텔아비브(Tel-Aviv) 심포니 오케스트라의 지휘자로서 이스라엘에서 'Best perfor-mance of the year' 상을 수상한 바 있다. 현재는 리더십 강연과 일반 기업을 위한 리더십 프로그램인 Maestro Program을 운영하고 있다.

TED를 통해 보게 된 당신의 연설은 매우 흥미로웠다. 특히 세계적인 지휘자 5명의 리더십 스타일을 통해 훌륭한 리더들의 조직 지휘법에 대해 말한 것은 새로운 관점을 제공했다. 당신은 오케스트라 지휘자인데 이렇게 비즈니스에서의 리더십에 관심을 갖는 이유가 있는가?

Itay Talgam 우선 내 연설에 관심을 가져 줘서 고맙다. 내가 리더십에 관심을 갖는 것은 달리 이유가 있어서가 아니라 내가 지휘자로서 리더십이 간절히 필요한 사람이었기 때문이다. 정치, 교육, 비즈니스를 막론하고, 특히 위기 상황에서 리더십은 누구에게나 꼭 필요한 것이다. 최근 화산 폭발로 인한 유럽 곳곳의 혼란을 생각해 보라. 이런 혼란이 있을 때를 비롯해 리더십은 모든 분야에서, 어떤 직급의 일을 하는지에 상관없이 누구에게나 필요한 것이다. 그래서 나는 오케스트라를 넘어서 더 넓은 범위의 리더십에도 관심이 많다. 그럼에도 불구하고 오케스트라 지휘자들의 리더십을 비즈니스에 적용해 말한 것은 '비유를 통한 학습의 힘'을 믿기 때문이다. 우리는 특정 분야의 예시에서도 언제나 다른 분야에 적용할 만한 것을 배울 수 있다.

당신이 연설에서 "훌륭한 사람이지만 조직을 이끄는 방법에서 그렇지 못했다"고 평가한 리카르도 무티의 리더십은 어떤 면에서 보완할 점이 있는가?
Itay Talgam 무티는 탁월한 음악가일 뿐만 아니라 생각이 많은 사람이다. 그의 지휘를 자세히 살펴보면 그가 단원들에게 "자유롭게 연주하라"고 말하지만 쉽사리 여유를 주지 못하고 자신의 권한을 놓지 못하는 것을 느낄 수 있을 것이다. 사실 그것이 내가 개인적으로 그에게 깊은 공감하는 부분이다. 이 세상에는 인간이 하나의 인격체로 완전하며, 우리가 협력했을 때 파트너로서 더 나은, 훌륭한 결과를 만들 수 있다는 사실을 알지만 자신의 독재성을 버리지 못해 갈등을 겪는 수많은 '무티'들이 있다. 다시 한 번 강조하지만, 무티는 훌륭한 점이 많은 리더다. 그의 책임감과 헌신, 완전함을 추구하는 열정은 본받을 만한 것이고 사라지면 안 되는 가치다. 다만, 그는 다른 시각이 필요했다. 이 시대의 리더들은 전통적인 조직에서 필요했던 리더십의 가치와 장점들을 어떻게 새 시대에 필요한 것들과 융합할 것인지 알아야만 한다. 리더의 역할은 조직의 과거와 미래를 보는 것, 그리고 개인과 조직을 보는 것을 '동시에' 하는 것이다.

리더의 역할에 대해서 말했는데, 그렇다면 '리더십'에 대한 당신의 정의는 무엇인가?
Itay Talgam 나는 리더십은 '무엇'이 일어나게 하는 능력이라고 생각한다. 그 '무엇'

은 세대에 따라, 그리고 분야에 따라 항상 재정의되지만 말이다. 어떤 인간관계 속에 있느냐, 어떤 비즈니스 프로세스를 따르느냐, 그리고 무엇을 생산하느냐 등에 따라 리더십은 다르게 정의될 수 있다. 그러나 모든 리더십은 영원히 중요한 것으로 여겨지는 가치를 따르되, 항상 새로운 방식으로 생각하려고 노력하는 리더를 통해 빛이 난다. 당신이 추구하는 궁극의 리더십, 즉 레너드 번스타인이 지휘를 통해 보여 준 'doing without doing 리더십'은 우리가 브랜드십을 조직에 심기 위해 필요로 하는 리더십 형태와 비슷하다.

우리는 조직이 리더 한 사람에게만 기대지 않고, 브랜드의 존재 목적과 가치에 따라 모두가 리더가 되어 리더가 없을 때도 항상 같은 하모니를 낼 때 브랜드십을 가졌다고 본다. 이에 대해 어떻게 생각하는가?

_{Itay Talgam} 나는 브랜드십이라는 개념에 전적으로 동의한다. 역사는 카리스마 있는 힘과 이를 따르는 사람들을 통해 성공을 이룬 리더로 가득 차 있다. 물론 이런 형태의 리더는 여러 분야에서 훌륭한 브랜드를 만들었다. 그리고 이런 리더들은 아직도 어떤 부분에서는 여전히 필요한 사람들이다. 그러나 오늘날 절실히 필요한 리더십은 우리가 일반적으로 생각하는 리더십의 영역을 뛰어넘는 리더십이다. 비즈니스 관점에서는 직원을 비롯한 _(심지어는 고객까지) 모든 사람들의 잠재력을 가두지 않고, 모두가 자유롭게 참여하여 성과를 낼 수 있도록 리더는 스스로 부각되기보다 한 걸음 물러나 있어야 한다. 그렇게 되면 당연히 리더가 없이도 하모니는 계속 만들어진다.

사실 좋은 이야기이긴 하지만 리더들에게는 어려운 일일 것 같다. 당신도 그래서 무티에게 깊은 공감하지 않았나. 리더가 권한을 내려놓고 앞으로 나서지 않는다는 것이 혹, 리더는 아무것도 하지 말아야 한다는 의미인가?

Itay Talgam 많은 리더가 그런 걱정을 하리라 생각한다. 리더 없이도 조직의 하모니는 만들어져야 하고, 성과를 내야 하는데 이것은 달리 말하면 그런 일이 가능하도록 시스템을 구성해야 한다는 것이다. 그리고 리더는 이 일을 도와야 한다. 훌륭한 지휘자들은 연습과 리허설 동안 오케스트라 단원들 간에 이런 시스템이 생기도록 유도한다.

그런데 역설적이긴 하지만 훌륭한 지휘자는 이때 동시에 이 시스템에 맞서, 연주자들이 편안함만 느끼지 않는 분위기를 만들어야 한다. 그들이 편안해진 나머지 안일한 생각으로 연주하여 혹시 생길지 모르는 실수와 위험에 대비하지 못할 수 있기 때문이다. 리더는 항상 기존 시스템을 돕되, 그것과 다른 시각을 동시에 가져야 한다. 그래서 훌륭한 지휘자들의 역할은 절대 없어지지 않는다. 리더는 항상 정착된 시스템과 그것과 반대되지만, 장차 필요할지 모르는 시스템 anti-system 간의 밸런스를 유지해야 한다.

당신은 지휘자이긴 하지만 이처럼 새롭게 요구되는 리더십과 기업의 조직 문화를 위한 '마에스트로 프로그램'을 운영하고 있다고 들었다.

Itay Talgam 그렇다. 내가 하고 있는 마에스트로 프로그램은 기업을 위한 프로그램으로 음악을 작곡하고, 오케스트라를 조직하고, 음악을 연주하고, 공연 리허설을 하는 음악 연주 단계에 따라 교육이 이루어진다. 조직에 이런 단계를 접목하여 조직 내 업무 과정에서 발생하는 실패와 성공 사례를 분석해 그들 스스로 진단하고, 서로를 알아 가게 하는 교육 방법이다. 이것의 목적은 리더뿐만 아니라 중간관리자, 직원 등 여러 직급의 사람들이 참여하여 자신의 조직을 새로운 관점으로 돌아보게 하는 데 있다. 음악이라는 신선한 시각을 가짐으로써 더 좋은 성과를 내고, 더 나은 조직 환경을 만드는 것이다.

교육을 하면서 조직이 변화하는 과정을 보면 감회가 남다를 텐데, 어떤가?

Itay Talgam 도움을 준다는 것은 항상 즐거운 일이다. 교육을 받은 많은 사람들의 속내를 들어 본 것은 아니지만 어떤 사람들은 나에게 교육받은 이후 새로운 차원의 간극(gap)을 느낀다고 말하기도 했다. 교육을 받으면서 조직이 변화해 자신의 세계는 넓어졌지만, 반대로 권한 위임이나 조직의 변화로 인해 선택의 여지가 많아졌기 때문에 어려움도 느끼는 것이다. 조직 차원에서 변화는 특히 관리자들을 통해서 많이 생긴다. 그들은 트레이닝 과정에서 많은 매니지먼트 스타일을 경험하기 때문이다. 그래서 많은 부분에서 직원들에게 권한을 위임하고 자유로운 조직 분위기를 만들 수 있게 된다. 그리고 특히 직원들과 대화할 때 음악 언어(language of music)를 사용해 커뮤니케이션이 훨씬 편안해졌다고 말하기도 한다. 딱딱한 비즈니스 언어가 아니라 음악이 주는 유연함을 언어에서도 느낄 수 있는 것이다. 나로서는 교육 후에 모든 사람의 행동이 변화하고 하는 일이 즐거워졌는지는 알 수 없지만 이 프로그램이 의미 있는 첫 단계가 되었을 것으로 생각한다.

오케스트라나 음악적인 부분에서 브랜드십을 위해 차용해 올 수 있는 장점들이 많은 것 같다.

Itay Talgam 물론이다. 비즈니스만큼 다른 분야에서 배워올 것이 많은 분야도 없다. 브랜드십에 대한 유니타스브랜드의 이야기를 들어보니 뉴욕의 오르페우스 체임버 오케스트라(Orpheus Chamber Orchestra, 아래 편집자 주 참고)가 떠올랐다. 이들은 모든 공연과 연주에 관해 오케스트라 단원들끼리 논의하고 합의하는 것을 기초로 하는 조직이다. 이 오케스트라를 자세히 살펴보면 이들의 브랜드십을 발견할 수 있을 것이다. 이들은 조직 문화에 매우 높은 만족감을 느끼고 있다. 물론 리더가 없이 이런 과정을 갖는 것은 직원 모두에게 많은 인내가 요구된다. 그러나 적어도 일반적인 오케스트라 단원들이 겪는 감정적인 어려움과 자신이 부품처럼 느껴지는 고통은 덜할 것이다. 그리고 그들은 브랜드라 불릴 만한 확실한 색깔을 유지하고 있다.

마지막으로 브랜드십을 가지기를 원하는 조직에 해주고 싶은 말이 있다면 무엇인가?

Itay Talgam 당신이 브랜드를 위해 일하면서 모두가 공유하는 명확하고 특별한 명제를 지키고 있다면 당신은 이미 훌륭한 브랜드의 핵심을 소유하고 있는 것이다. 오랜 시간이 지나도 현재까지 브랜드로 기억되고 있는 모차르트나 베토벤과 같은 훌륭한 음악가들처럼 당신도 브랜드로서 지켜야 할 핵심을 끝까지 놓지 않기를 바란다. 리더뿐만 아니라 직원 모두가 그럴 수만 있다면 브랜드십은 그 결과로써 자연스럽게 당신의 브랜드에 뒤따를 것이다.

Review

　브랜드 사춘기에서는 매출과 브랜드 정체성 사이의 갈등이 본격화되며, 경영자는 단기 성과와 장기 가치를 조율해야 하는 어려움에 직면한다. 이 시기에는 매출이 의사결정의 중심이 되어 브랜드의 본래 가치와 목적에서 벗어날 위험이 커진다. 경영자는 단기 성과에만 집착하지 않고, 브랜드의 본질을 되돌아보며 균형을 잡는 것이 주요 과제가 된다.

　마케팅과 브랜딩의 차이도 이 시점에서 두드러진다. 마케팅은 즉각적인 매출 증대를 목표로 캠페인과 판촉 활동을 통해 소비자 반응을 유도하는 데 반해, 브랜딩은 신뢰를 쌓아 장기적으로 정체성을 확립하는 데 초점을 맞춘다. 브랜드가 마케팅에 지나치게 의존하면 정체성이 훼손될 수 있으며, 이로 인해 브랜드는 방향을 잃고 혼란에 빠질 수 있다.

　사춘기 브랜드는 매출의 성패에 따라 '불안'과 '당황'이라는 감정을 경험한다. 매출이 저조하면 경영자는 고객과 브랜드의 본질을 의심하며 원점에서 다시 시작해야 하고, 매출이 기대 이상으로 좋을 때는 그 성공의 원인을 명확히 파악하지 못해 혼란에 빠질 수 있다. 이런 상황에서 Do's & Don'ts 리스트는 브랜드가 일관된 의사결정을 내리고 방향을 유지하도록 돕는 중요한 도구가 된다.

　브랜드 경영자는 직원들과 브랜드의 가치를 공유하며 이들이 혼란 속에서도 유대감을 형성하도록 해야 한다. 매출 상황에 따라 경영자의 역할도 달라지며, 매출 하락기에는 브랜드의 본질을 되돌아보며 장기적인 전략을 재정립해야 하고, 매출 상승기에는 성공 요인을 분석해 전략에 반영해야 한다. 그러나 단기 성과에만 의존할 경우 브랜드 정체성에 손상이 갈 위험이 커지므로 주의가 필요하다.

브랜드십(BrandShip)의 개념도 이 장에서 중요한 역할을 한다. 브랜드십은 리더십의 전환을 의미하며, 리더가 더 이상 모든 결정을 내리는 주체가 아니라 팔로워들과 함께 브랜드의 가치를 실현하는 조연의 역할을 맡는 것을 말한다. 이는 레너드 번스타인의 지휘 철학과 유사하다. 번스타인은 단원들에게 해석과 표현의 자유를 허락하며, 그들 스스로 하모니를 이루도록 이끌었다. 이러한 방식은 조직이 리더의 지시 없이도 자율적으로 운영될 수 있는 문화를 만드는 데 필수적이다.

브랜드십은 단순한 권한 위임이 아니라 브랜드의 가치와 철학이 구성원들에게 내면화되는 상태를 의미한다. 이 과정에서 리더는 브랜드의 가치를 지키는 일에 헌신하며, 브랜드는 리더의 존재 유무와 관계없이 자율적으로 운영된다. 브랜드십이 실현된 브랜드에서는 리더십이 팔로워들과 공유되며, 구성원들은 동료들과의 생산적 긴장 속에서 성과를 창출한다.

결국, 브랜드 사춘기는 매출과 정체성 사이의 갈등을 경영자가 어떻게 조율하는지에 따라 브랜드의 성패가 결정되는 시기다. 경영자는 가치와 원칙을 고수하며 혼란 속에서도 브랜드의 방향을 제시해야 하며, 이를 위해 브랜드십을 통해 지속 가능한 경영 문화를 구축해야 한다. 이렇게 매출과 가치를 균형 있게 관리하는 과정은 브랜드의 성숙과 장기적인 성공을 보장하는 열쇠가 된다.

Workshop 1
브랜드 유경험자용

1. 매출 중심의 의사결정
- **질문** 브랜드가 사춘기 시점에 접어들면서, 매출 중심의 의사결정을 하게 된 적이 있는가? 그 결정이 브랜드에 어떤 영향을 미쳤는가?
- **활동** 각 참가자는 브랜드 성장 과정에서 매출이 의사결정의 기준이 되었던 경험을 나누고, 그 결과가 브랜드의 가치를 어떻게 변화시켰는지 토론합니다. 매출과 브랜드 목적 간의 갈등을 해결하기 위한 방법을 모색합니다.
- **목표** 매출 증대의 유혹을 이겨내고 브랜드 본래의 가치를 유지하는 방법을 학습합니다.

2. 마케팅과 브랜딩의 균형 잡기
- **질문** 마케팅과 브랜딩이 충돌했던 경험이 있는가? 그 갈등을 해결하기 위해 어떤 선택을 했는가?
- **활동** 마케팅(단기적 매출)과 브랜딩(장기적 신뢰)의 충돌 사례를 공유하고, 두 영역의 균형을 맞추는 전략을 모색합니다.
- **목표** 브랜드의 장기적 성장을 위해 마케팅과 브랜딩을 조화롭게 운영하는 방법을 학습합니다.

3. Do's & Don'ts 리스트 작성하기
- **질문** 브랜드 사춘기 시점에서, 경영자가 반드시 지켜야 할 원칙은 무엇이라고 생각하는가?
- **활동** 각 팀은 자신의 브랜드 상황에 맞는 Do's & Don'ts 리스트를 작성하고, 그 리스트가 브랜드의 정체성과 목적을 어떻게 지킬 수 있는지 토론합니다.
- **목표** 브랜드 사춘기에 흔들리지 않고 일관된 경영 방침을 유지할 수 있도록 Do's & Don'ts 리스트를 작성하는 방법을 익힙니다.

4. 직원과의 소통 강화하기

- **질문** 브랜드 사춘기 동안, 직원들이 회사를 떠나는 이유는 무엇이 있는가? 이를 방지하기 위해 어떤 노력을 할 수 있을까?
- **활동** 팀별로 직원들이 사춘기 브랜드에서 느끼는 불만 사항을 분석하고, 이를 해결하기 위한 소통 전략을 공유합니다.
- **목표** 직원들의 불만을 사전에 파악하고, 이들이 브랜드의 가치를 공유하도록 돕는 소통 전략을 학습합니다.

5. 브랜드 안티테제적 접근

- **질문** 브랜드의 목적을 재확립하기 위해 안티테제적 접근을 시도한 적이 있는가? 그 결과는 어땠는가?
- **활동** 각 팀은 자신이 운영하는 브랜드에서 무엇을 '판매하지 않을지'를 고민하고, 그로 인해 발견한 브랜드의 핵심 목적을 토론합니다.
- **목표** 브랜드 목적을 명확히 하고, 브랜드 경영의 방향성을 설정하는 안티테제적 접근 방법을 학습합니다.

6. 사춘기 브랜드의 불안과 당황 관리

- **질문** 브랜드 사춘기 시점에서 매출 저하 또는 급격한 성장으로 인해 발생하는 불안과 당황을 어떻게 관리할 수 있을까?
- **활동** 각 팀은 불안과 당황을 겪었던 브랜드 사례를 분석하고, 이를 극복하기 위한 리더십 및 경영 전략을 공유합니다.
- **목표** 브랜드 사춘기 시점에서 발생하는 감정적 혼란을 관리하는 방법을 학습합니다.

7. 장기적 브랜드 전략 수립
- **질문** 장기적인 브랜딩 전략을 세우기 위해 가장 중요하게 고려해야 할 요소는 무엇일까?
- **활동** 참가자들은 각자 자신의 브랜드를 장기적으로 성장시키기 위한 전략을 구상하고, 그 전략을 통해 브랜드 정체성을 어떻게 강화할 수 있을지 발표합니다.
- **목표** 브랜드가 사춘기를 넘어 장기적으로 성장할 수 있는 전략 수립 방법을 학습합니다.

8. 브랜드십을 위한 리더십 역할
- **질문** 브랜드십을 가진 조직에서 리더는 어떤 역할을 해야 한다고 생각하는가?
- **활동** 각 팀은 브랜드십을 실현하기 위해 리더가 해야 할 역할과 리더십 방식을 구상하고, 이를 브랜드 내에서 어떻게 실천할 수 있을지 토론합니다.
- **목표** 리더십의 개념을 넘어서 브랜드십을 구축하는 리더의 역할을 학습합니다.

Workshop 2
브랜드 입문자용

1. 매출 중심의 의사결정 이해하기
- **질문** 매출이 브랜드 성장의 기준이 된다면 어떤 장단점이 있을까?
- **활동** 참가자들은 매출 중심의 사고가 브랜드의 가치와 목표에 어떤 영향을 미칠 수 있는지 토론합니다. 매출과 브랜드 목적 간의 갈등을 해결할 수 있는 방법을 모색합니다.
- **목표** 매출과 가치를 조화롭게 유지하는 방법을 이해하고 탐색합니다.

2. 마케팅과 브랜딩의 차이점 탐구
- **질문** 마케팅과 브랜딩의 차이를 어떻게 정의할 수 있을까? 두 영역이 서로 상충할 때 어떤 선택을 해야 할까?
- **활동** 참가자들은 각자 경험이나 배운 지식을 바탕으로 마케팅과 브랜딩의 역할을 구분하고, 두 영역을 균형 있게 활용하는 방법을 찾아봅니다.
- **목표** 마케팅과 브랜딩을 조화롭게 이해하고 브랜드 성장에 활용하는 방법을 학습합니다.

3. Do's & Don'ts 리스트 업데이트 작성 연습
- **질문** 브랜드가 혼란에 빠졌을 때, 어떤 원칙을 지켜야 할까?
- **활동** 참가자들은 각자 또는 팀으로 Do's & Don'ts 리스트를 다시 작성하고, 해당 리스트가 브랜드의 가치를 어떻게 지킬 수 있을지 토론합니다.
- **목표** 일관된 원칙을 세우고 이를 브랜드 정체성에 맞게 적용하는 방법을 익힙니다.

4. 브랜드의 가치 공유와 소통 연습
- **질문** 브랜드가 성장하는 과정에서 소통이 중요한 이유는 무엇일까?
- **활동** 참가자들은 브랜드 내에서 직원, 고객과의 소통을 강화하는 전략을 구상하고 발표합니다.
- **목표** 브랜드 내, 외부의 소통이 브랜드 정체성에 미치는 영향을 이해하고 소통 전략을 설계합니다.

5. 브랜드의 목적 재정립하기

- **질문** 브랜드의 본질적 목적을 찾기 위해 무엇을 판매하지 않을지 생각해본 적이 있는가?
- **활동** 각 팀은 브랜드가 추구하지 않는 가치를 정의하고, 이를 통해 발견한 브랜드의 목적을 공유합니다.
- **목표** 브랜드 목적을 명확히 하고, 이를 바탕으로 일관된 경영 방침을 설정하는 방법을 학습합니다.

6. 감정적 혼란 관리법 탐색

- **질문** 브랜드가 어려운 시기를 겪을 때 불안과 당황을 어떻게 관리할 수 있을까?
- **활동** 참가자들은 실제 사례를 바탕으로 브랜드가 위기 상황에서 불안과 당황을 극복할 수 있는 전략을 찾아 발표합니다.
- **목표** 브랜드가 감정적 혼란을 극복하며 지속 성장할 수 있는 방법을 모색합니다.

7. 장기적 브랜드 전략 수립하기
- **질문** 장기적인 브랜딩 전략을 세우는 데 가장 중요한 요소는 무엇일까?
- **활동** 참가자들은 브랜드 성장에 필요한 장기적인 전략을 구상하고, 이를 브랜드 정체성에 맞춰 발표합니다.
- **목표** 브랜드가 일관된 정체성을 유지하며 장기적으로 성장할 수 있는 전략 수립 방법을 학습합니다.

8. 브랜드십을 위한 리더십 탐구
- **질문** 브랜드십을 구축하는 데 필요한 리더십의 핵심은 무엇일까?
- **활동** 참가자들은 브랜드십을 구축하는 데 필요한 리더십 역할을 정의하고, 이를 실현할 수 있는 방안을 토론합니다.
- **목표** 리더십을 브랜드십으로 발전시키는 방법을 이해하고 실행 가능한 방안을 찾습니다.

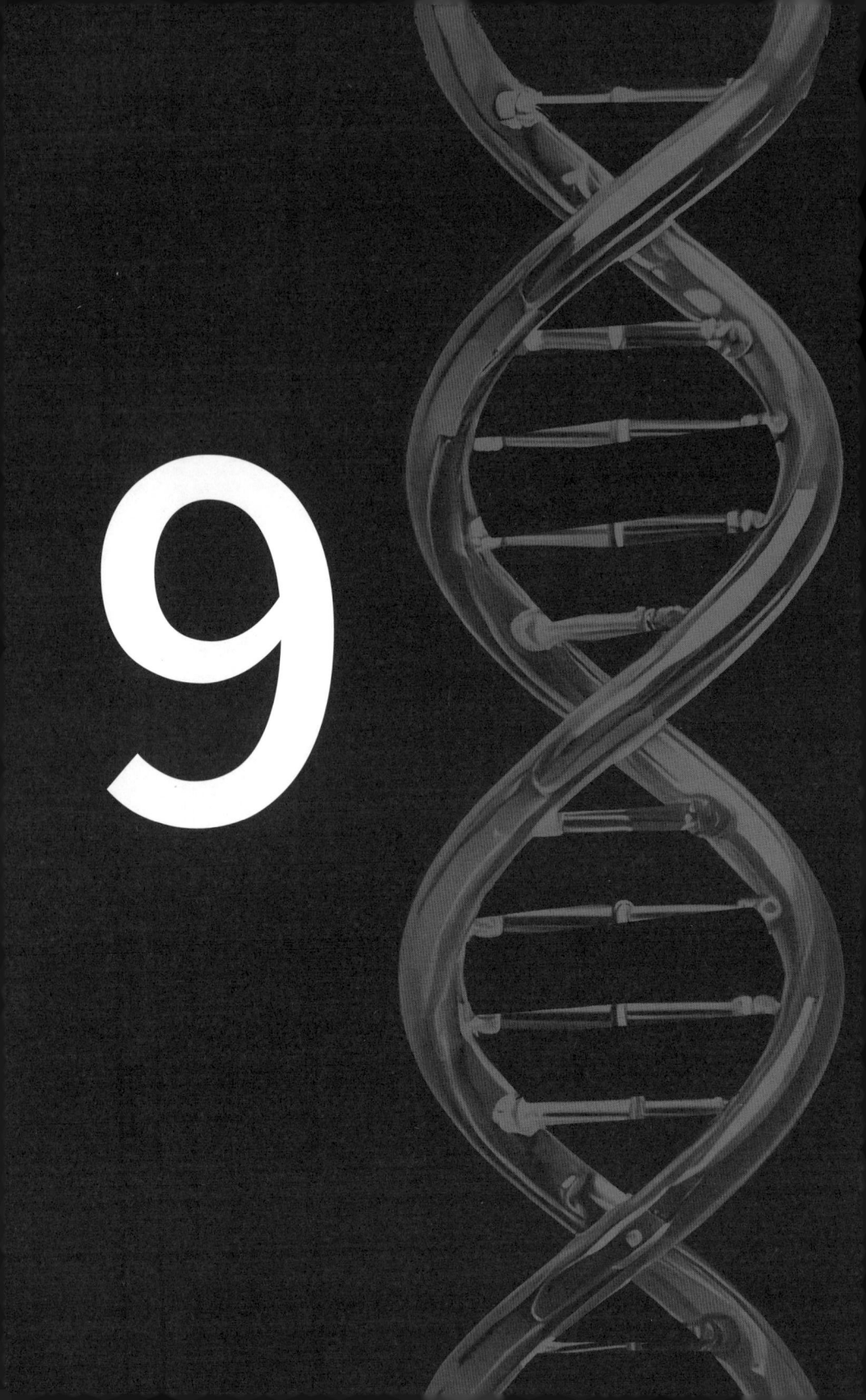

브랜드 성년기

"모든 사람은 세상을 변화시키려 생각하지만, 아무도 자신을 변화시키려 생각하지 않는다."
레오 톨스토이(Leo Tolstoy)

Preview

　브랜드 성년기에 대한 이해는 브랜드 관리와 전략 수립에 있어 중요한 요소로 작용한다. 브랜드가 성년기에 접어들었다는 것은 단순한 나이의 개념이 아니라, 시장에서의 위치와 정체성을 확립했음을 의미한다. 이 시기에는 더 이상 급격한 성장이나 변화보다는 안정적이고 지속적인 운영이 이루어지며, 브랜드는 자신이 구축한 시장 내에서의 위치를 유지하고 강화하는 데 집중하게 된다.

　성년기의 가장 두드러진 특징은 바로 "자기 결정권"이다. 이는 브랜드가 외부 요인에 의존하기보다는 스스로의 선택과 전략에 따라 운영된다는 것을 의미한다. 브랜드의 가치는 이 시기에 점차 매출과 시장 점유율 중심으로 이동하는 경향이 있으며, 초기 단계에서 강조했던 고객 창조나 브랜드 가치가 희미해질 수 있다. 따라서 브랜드는 매출 자체보다 "누가, 왜 이 매출을 만들어내고 있는가"를 깊이 이해해야 하며, 소비자와의 관계를 소홀히 하지 않아야 한다.

　리뉴얼은 브랜드의 새로운 방향성을 설정하고, 활력을 불어넣는 과정이다. 이를 통해 브랜드는 성년기에도 지속적인 발전을 도모하고 소비자와의 관계를 강화할 수 있다. 브랜드 성년기는 변화와 혁신의 기회를 놓치지 않고, 브랜드의 정체성을 지키며 시장 내에서의 경쟁력을 지속적으로 유지하는 것이 필수적이다.

Pre-reading Questions
사전 질문

1. 브랜드가 성년기에 접어들었을 때 어떤 변화가 가장 먼저 나타날까?

2. 성년기 브랜드가 유지해야 할 핵심 가치는 무엇이라고 생각하는가?

3. 매출 중심의 경영이 브랜드에 미치는 긍정적인 효과와 부정적인 효과는 무엇일까?

4. 브랜드가 소비자와의 관계를 유지하기 위해 어떤 전략을 사용해야 하는가?

5. 당신이 아는 브랜드 중 성년기를 지나면서 성공적으로 리뉴얼한 사례는 무엇인가?

6. 브랜드가 리뉴얼을 결정할 때 가장 중요한 기준은 무엇이라고 생각하는가?

7. 브랜드의 성년기를 지나며 겪는 도전 과제는 어떤 것들이 있는가?
이를 어떻게 극복할 수 있는가?

성년이 된 브랜드

성년이 된다는 것은 사람마다 그 의미가 다를 수 있다. 내가 생각하는 성년의 가장 큰 특징은 부모로부터의 독립이다. 이는 자신의 결정에 책임을 지는 나이로, 신체적 성장은 멈추지만 재산을 축적하고 사회적 지위를 얻으며 삶의 중심이 육체에서 사회적 역할로 이동하는 시기다. 일반적으로 성년기는 20대 초반에 시작해 중장년기를 거쳐 50대 후반까지 이어지며, 노년기가 언제 시작되는지에 따라 그 범위는 달라질 수 있다.

브랜드의 성년기는 언제 시작되는가? 산업군, 제품, 시장 점유율, 경쟁사 수와 같은 여러 요소가 그 시기를 결정하므로 일률적으로 정의하기는 어렵다. 그러나 BCG 매트릭스에서 '스타(Star)'와 '캐시카우(Cash Cow)' 단계에 해당하는 브랜드들은 성년기에 접어든 것으로 볼 수 있다.

브랜드 경영에는 안정기라는 개념이 없다. 위기와 기회가 반복되기 때문이다. 하지만 브랜드가 성년기에 접어들면 몇 가지 뚜렷한 특징이 나타난다.

첫째, 브랜드는 기존 성공 방식을 고수하는 경향이 있다. 전년도에 성과가 좋았던 방식을 반복하거나, 이미 성공한 제품과 익숙한 스타일을 유지하려 한다. 새로운 시도로 리스크를 감수하기보다는 안정감을 택하는 것이다.

둘째, 매출과 시장 점유율 같은 정량적 지표가 브랜드 전략의 핵심이 된다. 마케팅, 디자인, 브랜딩 회의에서 더 이상 '브랜드 가치'나 '고객 창출' 같은 단어는 중심이 되지 않는다. 대신 '매출 달성'과 '시장 점유율'이 주요 화두가 된다.

이러한 매출 중심의 운영 방식은 단기적인 성과를 가져올 수 있지만, 브랜드 본래의 목적과 가치를 희미하게 만든다. 성년기에 접어든 브랜드가 빠지기 쉬운 함정은 바로 이 지점이다.

물론 매출과 시장 점유율은 중요한 지표다. 그러나 브랜드를 초창기부터 이끌어온 핵심이었던 목적과 가치를 잃는 것은 위험하다. 브랜드 경영자는 매출이 상승하고 있다는 착각에 빠질 수 있지만, 그 매출을 만들어낸 고객이 누구인지에 대한 깊이 있는 조사가 필수적이다.

그러나 브랜드는 생산자가 만드는 것이 아니라 소비자와 소비자 사이에서 형성된다. 소비자들이 브랜드를 수용하고 확산시키는 과정에서 기업은 자신들이 브랜드를 성장시킨다고 오판할 수 있다. 하지만 마케팅과 전략이 단기적으로 성과를 내더라도, 매출 중심으로 경영이 변질되면 본래의 가치를 잃게 된다. 업계에서 자주 언급되는 '스타(Star)'와 '캐시카우(Cash Cow)' 같은 개념도 이러한 '돈 되는 브랜드'라는 사고방식에서 비롯된 것이다.

5년 전에 출간된 마케팅이나 브랜딩 책에 소개된 브랜드들을 다시 찾아보자. 그 브랜드들이 지금도 시장에서 강력한 위치를 유지하고 있는지 의문이다. 당시 광고와 마케팅을 주도했던 브랜드들이 오늘날에도 주목받고 있는지 검증하는 것은 유용한 방법이 된다.

과거 유니타스브랜드 편집장으로 일할 때, 데이비드 아커 교수와 관련 인터뷰를 진행한 적이 있다. 아커 교수는 브랜드의 지속 가능성을 위해 '에너지 요소'를 강조하며 이렇게 말했다.

"강력한 브랜드는 모두 독특한 에너지 요소를 가지고 있습니다. 대부분의 브랜드 자산은 시간이 지나면서 감소하는 경향이 있습니다. 보통 7~8년 사이에 신뢰도는 약 40% 하락하고, 차별화된 강점과 인지도도 약해집니다. 그 결과 매출도 줄어들죠. 하지만 구글과 애플 같은 브랜드는 이런 경향을 뛰어넘습니다. 이들의 비결은 소비자 참여를 유도하는 흥미롭고 역동적인 에너지 요소에 있습니다."

여기서 말하는 에너지 요소란 소비자들이 자연스럽게 참여하게 만드는 매력적인 속성을 의미한다. 이러한 요소는 소비자들 사이에서 끊임없이 회자되며 브랜드의 활력을 유지하는 원동력이 된다.

나 역시 데이비드 아커 교수의 말에 공감한다. 브랜드가 성년기에 접어들면 매출은 성장하지만, 그 매출을 이끄는 고객층은 초기 브랜드를 지지해준 핵심 고객이 아니라 후기 다수자에 해당하는 모방 고객들이다. 이들은 단순히 남들이 사기 때문에 따라 구매할 뿐이며, 브랜드 고유의 에너지를 공유하지 않는다. 중요한 것은 단순한 매출 수치가 아니라 '누가 왜 그 브랜드를 선택했는가' 하는 것이다.

브랜드 성년기에는 매출 성장과 함께 본래의 목적과 가치를 유지하는 것이 필수적이다. 그렇지 않으면 브랜드는 단기 성과에 매몰되어 정체성을 잃고 만다.

성년기에 반드시 알아야 할 핵심 지식은 '브랜드 리뉴얼'이다. 그러나 대부분의 경우, 리뉴얼은 브랜드의 노년기에 마지막 카드로 사용된다. 심볼, 로고, 컬러, 심지어 이름까지 바꾸는 방식은 일종의 '심폐소생술'에 불과하다. 이러한 응급처치는 전략과 목적이 명확하지 않은 채 브랜드를 젊어 보이게 하려는 임시방편일 뿐이다.

리뉴얼은 최후의 수단이 아니라, 성장하는 브랜드가 주도적으로 취할 수 있는 공격적이고 전략적인 선택이어야 한다. 리뉴얼의 본질은 이노베이터와 얼리어답터 소비자들이 브랜드를 주도하도록 만드는 데 있다. 물론 리뉴얼에 극단적인 태도를 취하는 브랜드들도 있다. 리뉴얼을 전혀 하지 않는 브랜드가 있는가 하면, 성형 중독처럼 반복하는 브랜드도 있다. 이러한 극단적인 접근은 대개 내부 정치적 요인에서 비롯된다.

브랜드 리뉴얼의 타이밍과 방법은 경영자가 중요하게 보는 지표에 따라 달라진다. 나의 기준은 '누가 브랜드를 구매하고 있는가'에 있다. 경쟁사 수, 매출 성장률, 고객 이탈률 등은 업계마다 다르기 때문에, 경영자는 리뉴얼의 필요성을 미리 학습하고 준비해야 한다. 리뉴얼을 어쩔 수 없이 진행해야 하는 상황에서는 대혼란이 발생할 수 있다.

리뉴얼을 둘러싸고 흔히 발생하는 문제를 '리뉴얼 굿판'이라 부를 수 있다. 어떤 부서가 리뉴얼을 주도할지, 매출이 하락할 경우 누가 책임질지, 최종 결정 권한은 어디까지 미치는지 등 최소한 50가지 이상의 체크리스트가 필요하다. 이러한 혼란은 리뉴얼이 실패하거나 제대로 관리되지 않을 경우 수많은 불만과 책임 문제를 야기한다.

리뉴얼은 단순한 외형 변경이 아니라, 브랜드의 목적과 방향을 재정립하는 과정이다. 이를 통해 내부 조직과 외부 시장 모두에서 일관된 전략을 실행해야 한다. 브랜드 성년기에는 리뉴얼을 주도적인 성장 전략으로 활용하여, 본래의 목적과 가치를 유지하면서 지속 가능한 성장을 이루어야 한다.

문제는 타이밍이야, 바보야.

언제 리뉴얼을 해야 할까?
리뉴얼에서 가장 중요한 요소는 무엇일까?
왜 리뉴얼의 성공이 그렇게 어려울까?

의외로 리뉴얼에 대한 질문은 경영자보다 직원들 사이에서 더 자주 제기된다. 이는 다소 놀라운 현상이다. 리뉴얼의 최종 책임은 경영자에게 있지만, 많은 기업에서는 리뉴얼을 특정 부서의 단기 프로젝트로 여기는 경향이 있다. 경영자가 리뉴얼의 성패가 자신의 책임임을 명확히 인식하지 못한 채 지시할 경우, 프로젝트는 초기부터 혼란에 빠질 위험이 크다. 무엇을 어디서 시작해야 할지 명확하지 않은 상태에서 몇 차례의 실패가 반복되면 실무자가 교체되고, 결국 브랜드도 서서히 사라지기 시작한다. 이는 실제 리뉴얼 현장에서 자주 목격되는 현상이다.

리뉴얼의 적절한 타이밍을 판단하는 것은 쉽지 않다. 그 이유는 리뉴얼의 필요성을 깨닫는 순간이 종종 모호하게 다가오기 때문이다. 2022년 2월 20일 베이징 동계올림픽이 끝난 직후 러시아가 우크라이나를 침공할 가능성에 대한 예측은 올림픽 이전부터 제기되었지만, 미국을 제외한 대부분의 유럽 국가들은 이를 신뢰하지 않았다. 푸틴이 침공 의도가 없다고 발표했음에도 불구하고, 바이든 대통령은 침공이 임박했다고 경고했다. 이는 미국이 첩보망을 통해 푸틴의 계획을 사전에 파악한 결과였다.

그렇다면 침공의 가장 명확한 신호는 무엇이었을까? 푸틴은 군사 훈련을 명목으로 대규모 군대를 이동시켰다. 하지만 단순한 군대 이동만으로는 전쟁의 발발을 확신하기 어려웠다. 군대 이동은 전쟁 준비 외에도 외교적 압박이나 협상 전략으로 자주 활용되기 때문이다. 따라서 이러한 움직임만으로 전쟁이 일어날 것을 단정하는 것은 무리였다.

배가 침몰하기 전, 기울기 시작하면 쥐들이 가장 먼저 도망친다고 한다. 그래서 탄광에서는 쥐를 잡지 않는다. 쥐들이 사라지면 갱도가 무너질 조짐이라는 신호이기 때문이다. 과거 광부들은 쥐들이 무리를 지어 움직이기 시작하면 즉시 작업을 중단하고 쥐를 따라 갱도를 빠져나가 목숨을 구하곤 했다.

러시아가 우크라이나를 침공하기 직전에도 돈바스 지역의 친러 주민들이 러시아로 대피한 사례가 비슷한 맥락이다. 그보다 먼저 친러 정치인과 사업가들은 비행기를 타고 우크라이나를 떠나기 시작했다.

리뉴얼에 대한 이야기를 이렇게 시작한 이유는 리뉴얼의 본질이 전쟁과 유사하기 때문이다. 그렇다고 해서 리뉴얼의 적절한 시점이 직원들이 퇴사하는 순간이라는 뜻은 아니다. 직원들이 떠나기 시작한 시점은 이미 늦은 때를 의미한다. 이때는 이미 배(브랜드)가 침몰하고 비즈니스 모델(갱도)이 무너진 상태다. 문제는, 경영자만 그 사실을 모르고 있다는 것이다.

가끔 대표이사가 "우리 브랜드는 언제 리뉴얼을 해야 하나요?"라고 묻기도 한다. 그런 질문을 들을 때마다 나도 되묻고 싶은 생각이 든다. 그러나 경영자와 충분한 신뢰 관계가 형성되지 않은 상태에서 이런 질문은 불편하게 받아들여질 수 있어 조심스럽다.

반면, 리뉴얼에 대해 진지하게 고민하는 실무자에게는 질문을 던지며 리뉴얼에 대한 이해를 확인하곤 한다. 내가 자주 묻는 질문은 다음과 같다.

1. "리뉴얼을 하실 건가요, 아니면 리포지셔닝을 하실 건가요?"
2. "리뉴얼을 어떻게 진행하실 건가요?"
3. "무엇을 리뉴얼해야 할까요?"
4. "바꿀 수 있는 것과 바꿀 수 없는 것에 대한 매뉴얼이 있나요?"

이 질문들은 상대방을 곤란하게 만들려는 의도가 없다. 이는 마치 의사가 환자에게 증상을 묻는 진료의 기본 절차와 같다. 하지만 많은 사람들은 이런 질문을 받으면 당황하기 마련이다. 답을 찾지 못해 머쓱해지거나, 짜증 섞인 표정으로 "그걸 내가 알았으면 널 왜 불렀겠어?"라는 눈빛을 보내곤 한다.

만약 이 글을 읽고 있는 경영자나 브랜드 책임자가 있다면, 지금 잠시 시간을 내어 노트에 자신의 답을 적어보길 권한다. 이 과정을 통해 앞으로 진행될 리뉴얼의 결과를 어느 정도 예측할 수 있을 것이다. 실무자들 역시 답을 적어보면 자신이 무엇을 해야 하는지 더욱 명확히 알게 된다.

마케팅 팀은 어떤 답을 내놓을까? 디자인 팀과 영업 팀은 어떻게 생각할까? 여기서 끝이 아니다. 현장에서 고객을 직접 상대하는 직원들은 어떤 답을 할까? 또한 우리의 고객들은 무엇을 생각할까? 한때는 충성 고객이었지만 이제는 더 이상 우리 브랜드를 찾지 않는 사람들은 어떤 평가를 내릴까?

마지막으로 고려해야 할 사람들은 누구일까? 최근 회사를 떠나 경쟁사로 이직했거나 새로운 브랜드를 론칭하기 위해 퇴사한 동료들의 의견도 중요하다. 이들과의 대화를 통해 리뉴얼의 정확한 시점을 포착할 수 있다.

아래 그림 1은 우리가 말하는 리뉴얼의 개념이 서로 얼마나 다른지를 확인할 수 있게 해준다.

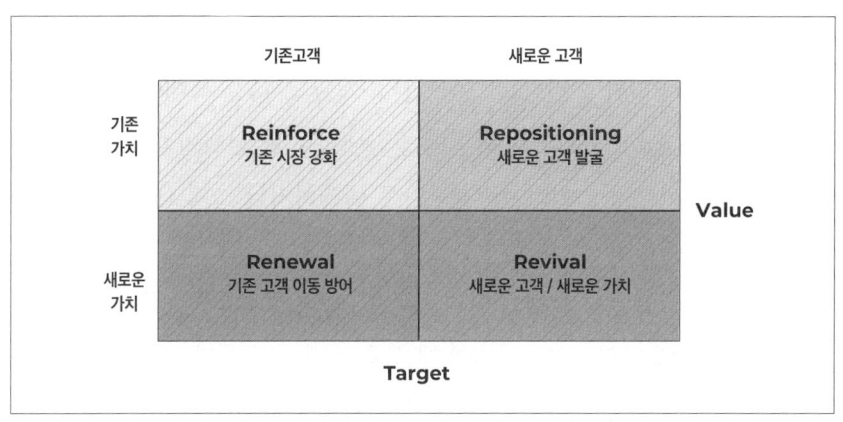

그림 1 브랜드 리뉴얼 매트릭스

리뉴얼은 단순히 서로의 이해에 따라 대충 정리할 수 없는 복잡한 과정이다. 공략하려는 시장에 따라 완전히 다른 전략과 접근법이 필요하기 때문이다.

나는 참숯에 구운 소고기를 좋아하지만, 가장 어려웠던 것은 스테이크를 완벽하게 굽는 일이었다. 시카고 출장을 갔을 때, 현지에서 가장 맛있는 스테이크를 한다는 레스토랑에 들른 적이 있다. 당시 나는 스테이크의 굽기를 레어(rare), 미디엄(medium), 웰던(well-done) 정도로만 알고 있었다. 웨이터가 굽기 방식을 묻자, 친구들이 "시카고에서는 미디엄 레어로 먹어야 한다"고 조언했던 것이 떠올라 그대로 주문하려 했다.

그런데 웨이터가 동석한 미국 직원들에게 굽기를 묻자, 대부분 미디엄 웰던을 선택했다. 그중 한 에이전트 본부장은 블루 레어(blue rare)를 시켰다. '블루 레어'라는 단어를 들으니 호기심이 발동했다. 마치 현지인들이 먹는 진짜 음식 같았기 때문이다. 그래서 나도 블루 레어를 따라 주문했다. 본부장은 엄지손가락을 치켜세우며 웃었고, 옆자리에 있던 사람도 "한국에서도 블루 레어를 먹어봤다"고 말했다. 하지만 나중에 들은 바로는 그가 먹은 것은 블루 레어가 아니라 한국식 육회였다.

결국 웨이터가 피가 흥건한 스테이크를 가져왔고, 나는 늑대인간처럼 피를 묻히며 소스에 찍어 먹었다. 비릿한 맛을 감내하며 내 선택의 대가를 치렀다.

리뉴얼도 이와 마찬가지다. 용어를 잘못 이해하거나 조직 내에서 서로 다르게 받아들이면 시간과 비용이 낭비될 뿐만 아니라 조직의 내부 균열로 이어질 수 있다. 리뉴얼은 상황에 따라 조직의 역량, 비용, 시간, 환경적 제약이 모두 다르게 작용한다. "리뉴얼해서 매출 좀 올려주세요"라는 말은 마치 "화장 좀 잘 먹게 해주세요"라고 하는 막연한 주문과 다름없다.

특히 리뉴얼이 기업 내 정치적 도구로 활용되면 문제가 더욱 복잡해진다. 특정 부서나 인물의 실수로 몰아가는 '마녀사냥'으로 리뉴얼을 악용하는 사례도 종종 발생한다. 또한 2세 경영자의 승계 퍼포먼스나, 경영진의 실수를 덮기 위한 수단으로 사용되기도 하며, 특정 부서나 인물을 정리하기 위해 리뉴얼이 이용되기도 한다.

리뉴얼은 자체로도 피로감을 주기 쉽다. 현 매출을 유지하면서 동시에 리뉴얼까지 성공시키라는 요구를 받는 부서들은 점점 리뉴얼에 대한 반감을 가지게 된다. 특히, 리뉴얼을 주도하는 팀이나 팀장이 조직 내에서 충분한 영향력을 갖고 있지 않다면, 그들은 결국 희생양이 될 뿐이다. 리뉴얼과 관련된 글을 쓰는 것만으로도 나는 과거의 수많은 기억들과 앞으로 닥칠 일들이 떠오르며 머리가 지끈거린다.

이런 이유로, 나는 리뉴얼을 의뢰하는 사람에게 항상 묻는다. "리뉴얼이 무엇이라고 생각하십니까?" 이 질문을 통해 그들의 진짜 의도를 파악하려는 것이다. 리뉴얼은 그림 1에서 보여주는 네 가지 측면(4/4분면) 중 하나만 선택하면 되는 간단한 문제가 아니다. 그렇게 쉬운 문제였다면 누구나 리뉴얼을 성공시킬 수 있었을 것이다.

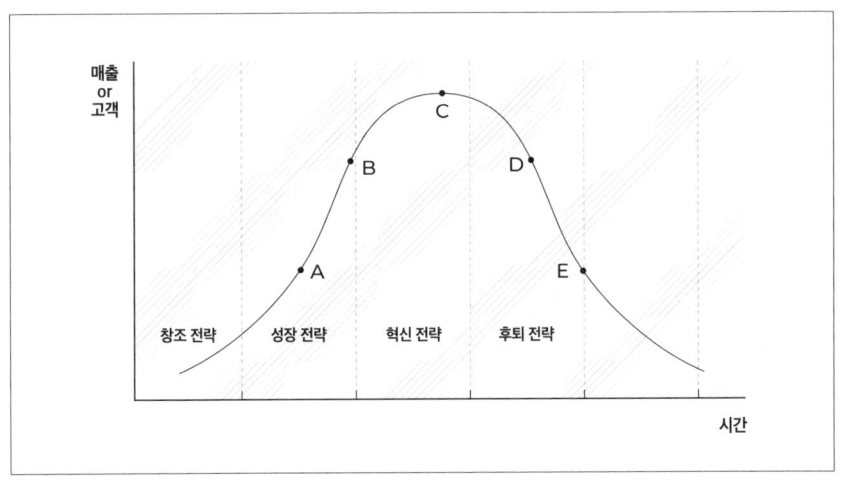

그림 2 브랜드 라이프 사이클

리뉴얼에서 가장 어려운 것은 바로 언제 리뉴얼을 실행할 것인가를 결정하는 일이다.

새로운 가치를 기존 고객에게 제공해 구매를 확대하는 리뉴얼은 실행 시점에 따라 완전히 다른 전략이 된다. 예를 들어, B시점에 리뉴얼을 진행하면 이는 공격적인 마케팅 전략으로 볼 수 있다. 하지만 대부분의 사람들은 리뉴얼을 D나 E 시점에서 실행하는 것이 일반적이라고 생각한다.

리뉴얼 프로젝트가 어려운 이유는 네 가지 서로 다른 리뉴얼의 개념과 다섯 가지 상이한 리뉴얼 시점이 존재하기 때문이다.

'갱생(更生)'과 '갱년기(更年期)'의 '갱'은 같은 한자인 '更'(고칠 경, 다시 갱)을 사용한다. 국립국어원에 따르면, 갱년기의 '갱'은 단순히 '다시'의 의미를 넘어서 신체의 흐름이 근본적으로 바뀌는 것을 뜻한다. 브랜드 역시 사람과 마찬가지로 갱년기를 겪는다는 사실을 인식해야 한다. 이 시기를 인정하고 리뉴얼(갱생)의 적절한 시점을 결정하는 것은 결국 경영자의 몫이다. 그러나 브랜드는 인간의 갱년기와 달리 종착지가 없다.

예를 들어, 1908년에 시작된 컨버스는 수많은 리뉴얼을 거치며 지금까지도 끊임없이 변화하고 있다. 반면, 어떤 브랜드는 갱년기를 맞이하고도 그 사실조차 인식하지 못한다. 만약 브랜드가 갱년기에 접어들었을 때 그림 2의 D나 E 시점에서 리뉴얼을 시도한다면, 이는 마치 존엄사나 연명 치료를 선택하는 순간과 유사할 수 있다. 이 시기의 리뉴얼은 심폐소생술과 같은 응급조치에 불과하다. 그저 컨설팅 쇼나 프로젝트 쇼로 비칠 뿐이다.

리뉴얼 외에도 Reinforce(강화), Revival(부활), Repositioning(재포지셔닝) 같은 개념이 있다. 이들은 각각 리뉴얼과는 다른 접근 방식을 요구한다(그림 1 참조).

한때 쿼티(Qwerty) 키보드로 휴대전화 시장을 지배했던 블랙베리를 떠올려 보자. 2022년 2월 4일, 블랙베리는 마지막 심폐소생술로 약 3만 5천 건의 스마트폰 관련 특허를 매각하며 역사의 뒤안길로 사라졌다. 한때 미국 시장 점유율이 50%에 달했던 블랙베리는 아이폰의 등장과 함께 몰락의 길을 걸었다. 실패의 이유는 단순하다. 구글에서 블랙베리 이미지를 검색해 보면 그 이유가 바로 드러난다. 블랙베리는 쿼티 자판이라는 정체성을 끝까지 고수했었다.

2007년 애플이 아이폰을 출시했을 때, 블랙베리는 어떤 리뉴얼을 선택했어야 했을까? 당시 삼성이 과감하게 애니콜을 버리고 갤럭시로 리포지셔닝과 리바이벌 전략을 선택한 것은 매우 탁월한 결정이었다. 이처럼 리뉴얼의 성공 여부는 시대와 환경에 맞는 과감한 변화를 얼마나 적절한 시점에 실행하느냐에 따라 결정된다.

리뉴얼 실패 사례를 보면, 종종 브랜드의 강점이 오히려 약점으로 작용한다. 조직 전체가 그 강점을 맹신할 때, 리뉴얼은 불가능해지고 브랜드는 자신이 설정한 한계에 갇히며 갱생(再生)의 기회를 놓치게 된다.

그렇다면 리뉴얼의 적절한 시점은 언제일까? 리뉴얼, 리포지셔닝, 레인포스, 리바이벌(그림 1)의 개념과 다섯 가지 리뉴얼 타이밍(그림 2)에 따라 시점은 달라진다. 또한, 공격적 전략과 방어적 전략을 선택하는지에 따라서도 결과는 크게 달라질 수 있다.

한 가지 분명한 사실은 리뉴얼 시점을 결정하는 최종 책임이 경영자, 즉 브랜드 의사결정자에게 있다는 점이다. 만약 경영자가 주도적으로 리뉴얼을 선택하지 못하고 경쟁자나 시장 변화에 떠밀려 갱생을 시도한다면, 그 시점은 이미 브랜드가 갱년기에 접어든 상태일 가능성이 크다.

갱년기에 접어든 브랜드라고 해서 반드시 갱생이 불가능한 것은 아니다. 그러나 이 과정에는 막대한 비용과 시간, 많은 자원의 투입이 필요하다. 모든 자원을 쏟아부어도 성공을 장담할 수 없는 위험이 존재한다.

"리뉴얼을 배우고 싶습니다. 추천할 만한 책이 있을까요?"

안타깝게도 리뉴얼을 다룬 전문 서적은 거의 없다. 내가 이렇게 확신하는 이유는 2005년에 출간한 나의 저서 『네버랜드 브랜딩 전략』 외에는 리뉴얼을 중심 주제로 탐구한 책을 찾기 어렵기 때문이다. 물론 이 책이 특별히 뛰어난 저서라는 의미는 아니다. 그만큼 이 주제를 심도 있게 다룬 자료가 드물다는 현실을 보여줄 뿐이다.

일부 브랜드 관련 서적에서 리뉴얼을 단일 챕터로 다루긴 하지만, 이를 깊이 있게 탐구한 책은 드물다. 리뉴얼에 관한 책이 부족한 이유는 이 주제의 범위가 지나치게 넓고 모호하기 때문이다. 어디서부터 어디까지 다뤄야 할지 불명확할 뿐 아니라, 성공 사례 자체도 많지 않다.

더 큰 문제는, 리뉴얼 성공 사례를 모아 책으로 출간할 즈음이면 그 브랜드가 이미 또 한 번 리뉴얼을 시도하거나 시장에서 사라졌을 가능성이 높다는 점이다.

나는 리뉴얼 감각과 긴장점을 유지하기 위해 애플 웹사이트를 연구한다. 나는 애플 사이트에서 물건을 구매하지 않는다. 대신, 공부를 위해 주기적으로 방문한다. 신제품이 출시될 때마다 한국 애플 사이트와 미국 애플 사이트를 동시에 띄워 비교해 본다.

- 무엇이 바뀌었고, 무엇이 그대로 유지되었는가?
- 어떤 메시지가 반복되었고, 어떤 단어들이 새롭게 등장했는가?
- 라임과 리듬은 어떻게 맞추었는가?
- 한국어 번역에서는 어떤 식으로 표현되었는가?

예를 들어, 2015년 애플은 '애플 톺아보기'라는 표현을 사용했다. 이 신선한 표현은 대중 매체에서도 크게 화제가 되었다. 애플은 단순한 언어 선택에도 큰 신경을 쓰며, 매번 새로운 방식으로 브랜드 메시지를 전달했다.

이제 각 애플 아이폰 제품의 슬로건을 하나씩 살펴보자. 아래는 내가 개인적으로 선정한 인상 깊은 슬로건들이다.

- iPhone 4: This changes everything. Again
  모든 것이 변하기 시작했다. 다시 한번.
- iPhone 6s: The only thing that's changed is everything
  달라진 것은 단 하나, 전부입니다
- iPhone X: Say hello to the future
  미래와의 조우

애플의 슬로건 중에서도 가장 뛰어나다고 생각하는 것은 "iPad Pro: 당신의 다음 컴퓨터는 컴퓨터가 아니다"다. 이 문구는 브랜딩에서 절정으로 평가받는 Not A But B 기법의 대표적인 예다. "자동차가 아닙니다. 꿈입니다.", "우리는 다이아몬드를 팔지 않습니다. 영원한 약속을 팝니다."와 같은 방식이 그 예다.

애플의 리뉴얼 능력은 단순히 새로운 제품을 내놓는 것에 그치지 않는다. 그들은 언제나 새로운 관점을 제시하는 데 초점을 맞춘다. 이는 애플만의 독창적인 리뉴얼 방식이다. 애플이 "모든 것을 바꿨다"고 말하더라도, 실제로 애플의 디자인이 확연히 달라졌다고 느끼는 사람은 많지 않다. 그러나 애플은 제품을 바꾸기 전에 먼저 소비자의 마음을 바꾸는 것에 성공한다. 이것이 애플식 리뉴얼이다.

대부분의 브랜드는 애플과 달리 리뉴얼을 시작할 때 상당히 시끄럽다. 대형 컨설팅 회사에 비싼 용역을 맡기고, 다양한 리서치와 프레젠테이션을 통해 경영자의 마음을 사로잡으려 한다. 하지만 경영자가 모든 것을 바꾸라고 지시한 순간부터 "어디까지 바꿀 것인가?"를 두고 회의가 끝없이 이어진다. 결국 수많은 논의 끝에 남는 결론은 "실패하면 누가 책임질 것인가?"로 귀결되며, 어설프게 시작된 리뉴얼은 브랜드 부서들 간의 갈등을 초래하고, 서로를 희생시키는 '브랜드 잔혹사'로 끝나기 일쑤다.

미디어에 소개되는 대부분의 리뉴얼 성공 사례는 보도자료에 의존하는 경우가 많다. 기업들은 성과를 부각하기 위해 보도자료를 배포하고, 미디어는 이를 기사로 옮긴다. 하지만 매출 상승이나 고객 만족도 같은 지표로 평가된 성과는 대부분 기업 내부 평가에 불과하다. 따라서 보도자료에 담긴 정보가 실제 성과를 정확히 반영한다고 보기는 어렵다.

리뉴얼의 성패를 정확히 판단하기 위해서는 리뉴얼 전후의 성과를 직접 비교하고, 소비자의 반응을 면밀히 살펴봐야 한다. 리뉴얼 과정에서 목적과 방향, 실행 단계를 명확히 이해하고 학습하는 자세가 필요하다. 누군가 제공한 정보에 의존하는 대신, 스스로 검증하고 판단하는 능력을 기르는 것이 리뉴얼 성공의 핵심이다.

누가 고양이 목에 방울을 달 것인가?

리뉴얼을 결정했다면, 그다음으로 중요한 것은 누가 그 과정을 이끌어갈지를 명확히 정하는 일이다. 리뉴얼 과정에서 자주 받는 질문 중 하나는 "리뉴얼은 어느 부서가 주도해야 하나요?"이다. 디자인 부서, 마케팅 부서, 경영기획실, 혹은 별도의 TFT(Task Force Team)를 구성할지에 대한 고민이 많다.

리뉴얼의 최종 책임은 브랜드 경영자, 즉 의사결정권자에게 있다. 만약 리뉴얼 작업을 특정 부서장에게 맡긴다면, 인사권까지 함께 위임해야 한다. 리뉴얼은 단순한 프로젝트가 아니라 조직 전반에 걸쳐 영향을 미치는 변화이기 때문이다.

실제로 컨설팅을 진행하며 인사권을 요구한 경험이 있다. 한 골프 브랜드와의 프로젝트에서, 나는 브랜드 책임자인 B 상무에게 인사권을 요청했다. 처음부터 과감히 요구한 것은 아니었다. 그러나 리뉴얼 과정에서 가장 큰 적은 외부의 경쟁사가 아니라 내부의 저항이라는 사실을 깨닫게 되면서, 이를 해결하기 위해 인사권이 필수적이라는 결론에 이르렀다.

리뉴얼이 시작되면 내부에서는 "누가 우리 브랜드를 망쳤는가?", "리뉴얼의 숨은 의도가 있는 것 아니냐?"와 같은 소문이 돌기 시작한다. 심지어 자신의 지위 보호나 실수 은폐를 위해 리뉴얼을 의도적으로 방해하는 세력도 등장한다. 이 때문에 나는 B 상무와 함께 최종 의사결정권자를 직접 만나 인사권을 부여받았고, 이를 통해 리뉴얼을 본격적으로 진행할 수 있었다. 현재도 인사권이 보장되지 않는 리뉴얼 프로젝트는 시작조차 하지 않거나 아예 맡지 않는다. 내부 갈등이 불가피한 상황에서 최고 결정권자의 명확한 권한 없이는 프로젝트가 무산될 위험이 크기 때문이다.

리뉴얼의 가장 큰 내부 적은 열정만 가득하고 지식이 부족한 리뉴얼 책임자다. 이와 관련해 자주 언급되는 것이 더닝-크루거 효과(Dunning-Kruger Effect)다. 이는 무능한 사람이 자신의 한계를 인식하지 못한 채 과도한 자신감으로 일을 그르칠 수 있음을 경고한다. "빈 수레가 요란하다"는 속담처럼, 능력이 부족한 사람일수록 실수를 깨닫지 못하고 오히려 잘못된 결론을 내릴 위험이 크다.

만약 충분한 지식 없이 열정만 앞선 인물이 리뉴얼을 주도하게 된다면 그 결과는 뻔하다. 이는 단순히 브랜드의 미래에 그치는 것이 아니라 회사의 운명까지 위협할 수 있는 중대한 문제로 이어질 수 있다.

리뉴얼에 대한 가장 단순한 답변은 이렇다. "실력과 경험이 있는 사람에게 브랜드 전권을 주고 맡겨라." 그러나 이 조언을 들은 많은 사람들은 다시 질문한다. "그 실력과 경험을 어떻게 검증할 수 있을까?" 과거에 성공적인 브랜드 리뉴얼을 이끈 사람이 또다시 성공할 것이라고 단언할 수 있을까? 또는 리뉴얼에 대해 어느 정도 공부해야 실력과 경험이 있다고 할 수 있을까? 이 질문에 대한 명확한 답을 찾지 못한다면, 리뉴얼은 실패할 가능성이 높아진다.

아이에게 망치를 쥐여주면 세상의 모든 것이 못처럼 보이듯, 리뉴얼 경험이 있는 사람은 자신의 기존 경험과 지식에 의존해 리뉴얼을 추진하려는 경향이 있다. 그러나 이로 인해 브랜드가 더닝-크루거 효과(Dunning-Kruger Effect)에 빠질 위험이 있다. 근거 없는 자신감을 가진 사람이 그럴듯한 비전과 전략을 제시하며 오히려 브랜드에 해를 끼치는 경우가 생길 수 있다.

"실력 있는 사람에게 브랜드 전권을 맡겨라"는 조언은 분명 타당하다. 그러나 리뉴얼의 성공 여부는 한 사람의 능력에만 달려 있지 않다. 중요한 것은 다양한 전문가들의 협업과 통찰이다. 브랜드 리뉴얼은 한 개인의 경험과 지식만으로 이루어질 수 없다. 현재의 리뉴얼 환경은 과거와는 전혀 다른 조건과 맥락에서 진행되며, 고객의 기대와 경쟁 구도 또한 변했다. 따라서 과거의 리뉴얼 경험은 참고 자료로 활용될 수는 있어도, 그것이 현재의 상황에 그대로 적용될 수는 없다. 성공적인 리뉴얼을 위해서는 변화된 환경에 맞는 새로운 전략과 협업이 필요하다.

리뉴얼의 초기 단계에서는 신속한 결단보다는 원활한 소통이 더욱 중요하다. 리뉴얼 과정에서 기업은 학습 조직으로 변화해야 하며, 이를 통해 모든 부서가 변화에 적응하고 성장할 수 있다. 예를 들어, 패션 브랜드를 리뉴얼할 때 어느 정도까지 변화를 줄 것인가에 대한 결정은 단순하지 않다. 브랜드 리뉴얼은 DNA 개념 지도와 같은 복잡한 구조를 지니며, 약 300여 가지 항목에 대해 의사결정을 내려야 한다. 이러한 과정은 과거 경험에만 의존해서는 해결할 수 없다.

각 부서는 리뉴얼 과정에서 학습을 강화하고, 워크숍을 통해 의견을 교환하며, 시뮬레이션과 샘플링을 통해 변화를 부분적으로 적용해야 한다. 또한, 상황과 예산에 맞춘 지속적인 테스트와 검증이 필수적이다. 리뉴얼이 성공하려면 모든 부서가 같은 목표와 방향을 공유해야 한다. 부서 간의 협업과 공감대 형성이 리뉴얼의 성패를 좌우하기 때문이다.

그렇다면 리뉴얼의 진정한 실력이란 무엇일까? 그것은 단순한 경험이나 지식의 축적이 아니다. 진정한 실력은 브랜드의 DNA 지도를 명확하게 이해하고, 전체적인 구조와 흐름을 파악하며, 각 요소를 적절히 조정하는 능력에 있다. 리뉴얼은 브랜드의 본질을 깊이 이해하고, 그 본질에 부합하는 방향으로 변화의 여정을 설계하는 데서 출발한다. 브랜드의 핵심 가치를 유지하면서도 변화에 유연하게 대응하는 능력이야말로 성공적인 리뉴얼의 핵심이다.

애플의 광고가 외부 광고 대행사에 의해 제작된다는 사실은, 애플의 리뉴얼 페이지를 분석할 때 다양한 관점이 필요함을 시사한다. 광고 대행사는 어떤 메시지를 강조하려 했는가? 애플 내부에서는 어떤 요소에 집중했는가? 협업 과정에서 양측은 리뉴얼의 적정선을 어떻게 조율했을까? 스티브 잡스가 생존해 있었다면 이러한 과정이 덜 복잡했을지도 모르지만, 현재의 애플에서는 다양한 의견 조율이 필수적이다.

리뉴얼의 진정한 실력은 무엇을 바꾸고 무엇을 유지해야 할지를 정확히 구분하는 능력에 있다. 아이폰의 성능과 기능이 지속적으로 개선되어 왔지만, 이는 리뉴얼이라기보다는 기본적인 제품 개선에 불과하다. 진정한 리뉴얼은 단순한 개선을 넘어, 브랜드의 방향성과 핵심을 재정비하는 작업이다. 이 과정에서 리뉴얼의 게놈 지도(genome map)를 활용해 무엇을 유지하고 무엇을 변경할지 결정하며, 이를 바탕으로 전체적인 리뉴얼 맵을 설계하는 것이 중요하다.

다음 단계는 고객의 마음을 리뉴얼하는 것이다. 이것이 리뉴얼의 궁극적인 목표다. 단순히 "우리가 이렇게 바뀌었으니 열광하라"거나 "새로워진 우리를 보라, 멋지지 않냐?"와 같은 접근은 실패한 리뉴얼의 전형적인 예다. 성공적인 리뉴얼을 위해서는 무엇을 바꾸고 무엇을 유지할지를 명확히 구분해야 하며, 이것이 브랜딩의 핵심이기도 하다. 리뉴얼을 제대로 배우기 위해서는 브랜드에 대한 깊이 있는 이해가 반드시 선행되어야 한다.

스티븐 호킹 박사는 우주의 질서와 변화에 대해 이렇게 말했다.

"나는 변화를 원하는가? 이 질문은 무의미하다. 진정한 질문은 '무엇이 되고 싶은가?' 그리고 '어떻게 그렇게 될 수 있는가?'이다."

물리학과 브랜딩 사이의 연관성이 명확하지 않을 수 있지만, 리뉴얼을 주도하는 사람이라면 이 질문을 프로젝트에 적용해볼 필요가 있다.

"우리 브랜드는 무엇이 되고 싶은가? 그리고 우리 브랜드는 어떻게 그렇게 될 수 있는가?"

이 질문에 대한 답을 명확히 할 수 있을 때, 리뉴얼은 단순한 변화가 아니라 진정한 도약으로 이어질 것이다.

브랜드 에너지

브랜드가 론칭된 이후에는 소비자, 경쟁사, 유통사, 광고 대행사 등 다양한 이해관계자들이 각자의 취향과 방향성을 제시하며 점차 혼란이 가중된다.

브랜드가 성장하면서 경영에 관여하는 이들이 늘어나고, 그로 인해 무질서도 함께 증가한다.

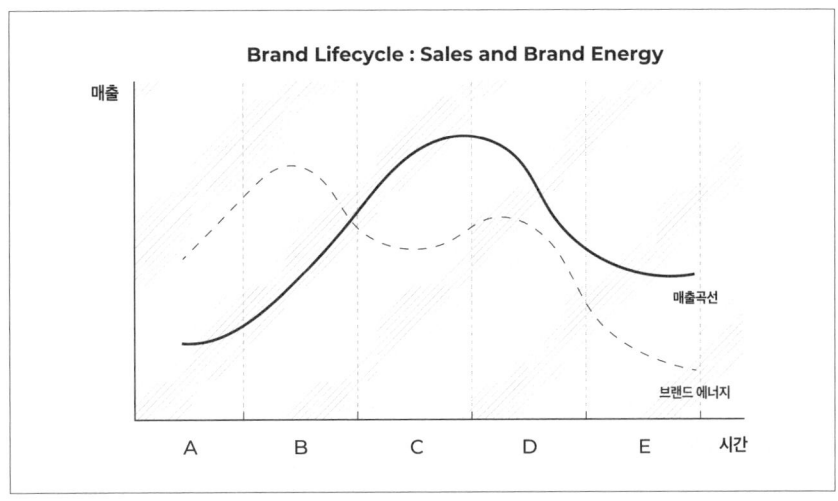

그림 3 브랜드 에너지 사이클

그림 3은 브랜드 라이프사이클의 전형적인 유형을 보여준다. 점선은 브랜드 조직의 에너지를, 실선은 브랜드 매출 지표를 나타낸다. 브랜드 라이프사이클을 점선, 즉 조직 에너지를 중심으로 볼지, 아니면 실선인 매출 지표를 중심으로 볼지에 따라 브랜드의 미래는 크게 달라진다. 어떤 선에 주목하고 어떤 선을 인정하며 우선순위에 둘 것인가에 따라 리뉴얼 시점을 B에서 할지, D에서 할지가 결정되고, 이는 곧 브랜드의 운명을 좌우하게 된다.

이제부터는 브랜드 내부의 보이지 않는 에너지와 그 법칙을 살펴보자. 나는 이 점선 에너지를 COEL 에너지라고 부른다.

COEL의 네 가지 구성 요소는 다음과 같다.

COEL energy

 |  |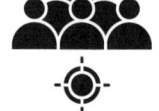

Commitment
약속, 전념, 헌신, 책무

Organization
조직

Leadership
리더십

Employee
직원, 동료

- C (Commitment): 약속, 전념, 헌신, 책무를 의미하며, 브랜드 론칭 팀은 아직 매출은 없지만 열정으로 가득 차 있다.
- O (Organization): 조직을 의미하며, 여기서 시너지 에너지가 형성되어 브랜드가 론칭된다. 조직력도 중요하지만, 조직이 무엇을 목표로 삼느냐에 따라 의미가 달라진다. 이는 고객을 향할지, 아니면 목적과 가치를 지향할지에 따라 달라진다.
- L (Leadership): 리더십은 브랜드 론칭의 핵심 에너지원으로, 비전과 방향성을 제시하고 위기 상황에서 결단력을 발휘한다. 이는 마치 우주선이 지구의 중력을 벗어나기 위해 사용하는 1단 로켓의 연료와 같은 역할을 한다.
- E (Employee): 직원들을 의미하며, 조직 내의 실제 업무는 리더 혼자가 아니라 전체 조직에 의해 수행된다. 직원들의 지식, 역량, 숙련도에 따라 COEL 에너지의 강약이 결정된다.

보이는 것과 보이지 않는 COEL의 제1 법칙은 조직 에너지를 방치할 경우 매출과 반비례한다는 점이다. 이는 시간이 흐르며 엔트로피가 증가하기 때문이다. A 단계에서는 리더와 팔로워들이 모든 자원을 쏟아부어 브랜드를 론칭하며, 이때 매출과 조직 에너지, 즉 COEL 에너지가 함께 상승하는 것처럼 보인다. 그러나 B 단계에 도달하면 조직원들이 최대한의 에너지를 쏟아내며 COEL 에너지가 극점에 이르게 된다. 이 극점을 얼마나 높이 끌어올리고, 또 얼마나 오래 유지하느냐가 브랜드 성공의 핵심 요인이다.

A와 B 단계에서 COEL 에너지가 유출되는 이유는 여러 가지다. 리더십의 교체나 부재, 조직원 교체, 경쟁 브랜드의 증가, 초기 타깃 고객과의 불일치, 거시적 경제 악화, 성과급 분배 문제, 공정한 평가와 보상 등이 COEL 에너지를 서서히 소진시킨다.

그러나 이러한 문제들이 발생하지 않고 전략적으로 잘 관리된다면 보이지 않는 COEL 에너지는 꾸준히 증가하며, 브랜드 매출 역시 상승한다. B 단계는 성장 단계로 볼 수 있지만, COEL 에너지는 이 단계에서 기하급수적으로 감소하기 시작한다.

브랜드가 타깃 시장에 안착하면, 이제 조직원 대신 소비자들이 브랜드를 지지하며 성장을 이어간다. 하지만 여기서 자주 범하는 실수가 있다. 경영자들이 '황금알을 낳는 오리'를 활용해 유사한 성공을 재현하려는 유혹에 빠지는 것이다. 이로 인해 창조적 성공을 이끈 핵심 인력들이 다른 프로젝트에 투입되고, 기존 팀의 에너지는 소멸된다.

또한 성장과 함께 조직 내에서는 매너리즘에 빠지는 사람들, 성과의 기쁨을 누리려는 서브 리더들, 그리고 쉬려는 이들이 생겨나기 시작한다. COEL 에너지는 어느새 빠져나가지만, 브랜드는 이미 자생력을 갖추어 성장한다. 이 상황은 마치 1, 2단 로켓 엔진이 분리되었지만, 대기권을 벗어나 중력의 저항을 받지 않는 상태와 같다.

C 단계에 이르면, 고성장은 점차 완만한 성장으로 전환되거나 역신장이 시작되는 시점에 도달한다.

전체적인 성장은 지속되지만, 일부 매장에서는 심각한 역신장이 시작된다. 소비자 관점에서 보면, 후기 다수층이 브랜드를 구매하기 시작하는 시점에서 이미 신선도는 급격히 저하된 상태다. 그러나 외형적으로는 여전히 완만한 성장세를 유지하고 있어 누구도 이를 심각하게 받아들이지 않는다.

매출이 하락하기 시작하는 D 단계에 접어들면, 조직 내 긴장감이 고조되며 '긴급 조치'라는 명목으로 빈번한 회의가 열린다. 삼엄한 마케팅 전략회의도 본격화되지만, 이러한 소모적인 회의와 성토대회 같은 분위기 속에서 COEL 에너지는 더 빠르게 유출된다.

최악의 경우 리더가 교체되고, 새로운 리더가 사태를 파악하며 기존 인력도 대거 재편된다. 시장조사와 내부 조사가 이루어지지만, 각 부서의 책임 공방과 다양한 가설들이 경영자의 귀에 들어간다. 경영자는 매출 하락에 대한 불안감에 즉흥적인 지시를 내리고, 직원들은 방향 없이 분주하게 움직인다.

긴급 조치로 인해 COEL 에너지가 일시적으로 상승하기도 하지만, 막대한 광고비와 판촉 비용을 투입하고도 성과가 나오지 않으면 에너지는 금세 소진된다. E 단계에서는 조직이 생존 모드에 돌입해 최소한의 자원으로 최대 효과를 내기 위해 비용 절감에 집중한다. 그러나 결국 브랜드는 힘겹게 유지되다가 경쟁 브랜드에 밀려나게 된다.

용광로의 불이 꺼지면 다시 최고의 온도로 올리기 위해 막대한 에너지가 필요하다. 용광로를 계속 사용하려면 최고 온도를 유지해야 하듯, 브랜드 역시 지속적인 에너지 유지가 필수적이다.

브랜드에게 매출은 인격이 아니라 단지 그림자에 불과하다. 매출만을 기준으로 평가되는 브랜드는 순식간에 몰락할 위험에 처한다. 보이지 않는 것이 보이는 것보다 더 중요하고 심각하다는 사실을 잊어서는 안 된다.

리뉴얼 에너지

에너지(Energy)의 어원은 그리스어 에네르곤(Energon)에서 유래했다. 에네르곤은 en(~안, ~에)과 ergon(일)이라는 단어로 이루어져, 직역하면 '일을 하게 만드는 그 안에 있는 무엇'을 의미한다. 이 모호한 단어가 오늘날 '일을 할 수 있는 능력'으로 쓰이게 된 것은 빛의 파동 이론을 정립한 영국 물리학자 토머스 영(Thomas Young)의 공로 덕분이다. 이후 에너지가 운동 에너지, 위치 에너지, 열에너지, 소리 에너지, 빛 에너지 등 다양한 형태로 존재한다는 것이 밝혀졌다.

사람이 운동할 때 어떤 에너지를 사용하는지에 대한 이해는 불과 100여 년 전부터 이루어지기 시작했다. 예전에는 음식이 몸 안에서 어떻게 분해되어 에너지가 되는지도 알지 못했다. 인간의 몸은 운동 강도에 따라 에너지원이 달라진다. 낮은 강도의 운동에서는 주로 지방이 에너지원으로 사용되고, 높은 강도의 운동에서는 탄수화물이 주된 에너지원이 된다.

즉, 어떤 운동을 선택하느냐에 따라 에너지원이 달라지며, 이를 통해 목표를 효과적으로 달성할 수 있다.움직이는 모든 것에는 에너지가 필요하다. 기업 경영도 예외가 아니며, 그 에너지는 사람이다. 사람들이 모여 조직을 이루는 기업은 유기적인 존재다. 기업이 사람들로 구성된 조직이라는 점에서 '유기적'이라는 표현은 자연스럽게 들리지만, 실제 현장에서는 반드시 그렇지 않다. 기업은 브랜드를 통해 고객과 유기적인 관계를 유지해야 하지만, 이 또한 현실에서는 제대로 작동하지 않는 경우가 많다.

경영자들은 흔히 '사람이 전부다'라고 말하지만, 그 말의 진정한 의미나 그것을 어떻게 실현해야 하는지에 대해서는 명확히 알지 못한다. 더 큰 문제는 브랜드가 어떤 에너지로 성장하는지조차 모르는 경우가 많다는 점이다. 결론적으로, 브랜드의 성장은 사람이라는 에너지에 의존한다.

조금 억지스러운 비유일 수도 있지만, 사람의 에너지원이 지방과 탄수화물로 나뉘듯이, 브랜드의 성장 에너지도 직원과 고객으로 나눌 수 있다. 이 두 집단은 서로 협력하며 브랜드 에너지를 생성하고 작동시킨다. 마치 사람의 에너지원 중에 몸에 유익한 복합당질과 해로운 단순당질이 있듯이, 기업의 에너지도 좋은 에너지와 나쁜 에너지로 나뉜다.

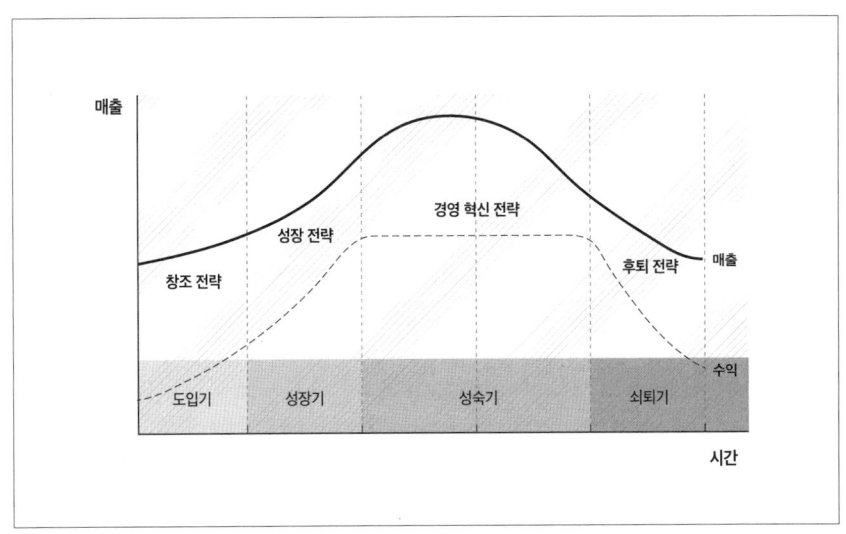

그림 4 브랜드의 에너지 변화

브랜드를 성장시키는 에너지는 창조, 성장, 그리고 혁신이라는 세 가지로 구분할 수 있다. 이러한 에너지는 단순히 개별 프로젝트나 전략에서 나오는 것이 아니라, 사람과 기업 문화에서 비롯된다.

- 창조 에너지는 브랜드의 차별성과 가치를 창출하며, 주로 초기 단계에서 발휘된다.
- 성장 에너지는 입증된 고객 가치를 확장하고 유통망을 넓혀 브랜드의 양적 성장을 견인한다.
- 혁신 에너지는 내부 경영 혁신을 촉진하는 동력으로, 특히 리뉴얼 과정에서 중요한 역할을 한다.

브랜드가 서서히 쇠퇴하고 있음에도 이를 인식하지 못하는 이유는 매출 중독과 브랜드 에너지에 대한 이해 부족에 있다. 기업은 매출과 성장을 단기

		창조 전략 단계	성장 전략 단계	혁신 전략 단계	후퇴 전략 단계
라이프사이클		도입기	성장기	성숙기	쇠퇴기
정의		브랜드 런칭 준비 및 런칭 단계. 브랜드를 창조하기 위한 새로운 차별화된 전략 추구	브랜드 런칭 후 성장을 추구하는 단계. 양적 성장을 향한 강한 드라이브 전략 추구	브랜드가 성장을 지나 내부 혁신 및 전략 개선을 통한 수익 확보 전략 추구	브랜드가 이미 돌이킬 수 없는 기로 진입. 수익보전과 브랜드의 명예로운 퇴진 전략 추구
주력에너지		창조 에너지	성장 에너지	혁신 에너지	후퇴 에너지
특징	고객	· Early Adopter를 중심으로 충성도가 높아짐 · 트렌드 및 컨셉 상품 중심 구매	· Early Majority 중심으로 충성도와 이용도가 높아짐 · 트렌드 상품과 기본 상품 균형	· Early Adopter들이 이탈하기 시작하며 Late Majority 중심으로 이용도가 높아지며 충성도가 낮아짐 · 기본 중심의 상품이 주를 이루고 트렌드 상품의 구매 비중 한계의 감소	· Laggards를 중심으로 이용도가 높아지나 브랜드의 만족, 충성도가 바닥 · 가치추구형 고객보다는 가격 소구형 고객이 주를 이룸
	재무	· 매출이 점진적 증대 · 수익은 여전히 마이너스이지만 급격하게 개선	· 매출이 급격한 증대 · 수익이 흑자로 전환되며 캐시플로 상승	· 매출 증가율의 정체 · 수익의 정체	· 매출 감소 · 수익의 급격한 하락
	조직프로세스	· 조직의 단합도가 높으며 비전을 향한 열정이 충만한 상태 · 조직 및 프로세스의 스피드가 매우 높은 상태 · 업무가 명확하게 세분화되지 않고 인원은 소수 정예로 화로 진행	· 양적 성장으로 인한 조직의 분위기 고양. 하지만 성과에 대한 보상 문제로 내부 갈등, 현재 중심적 사고 · 성장을 주도하고 뒷받침하기 위한 조직의 급격한 확장과 프로세스의 복잡성이 높아짐	· 기득권 계층 중심으로 안정된 조직. · 안정 지향형 및 기존 사업 방식에 집착 · 성과를 통해 나타난 상품들과 조직 확장 위한 내부분쟁 심화 · 조직 및 프로세스의 혁신적 설계 및 효율성 재고를 위한 경영 혁신 작업 진행	· 안정 지향을 넘어 보전 주도의 상태, 미래에 대한 두려움과 현실의 급박함에 매몰되어 더 향후의 시각을 갖지 못함. 과거 데이터에 근거한 의사결정 시기 저하 · 현금 및 수익성 확보를 위하여 조직 및 프로세스의 최소화를 추구

그림 5 브랜드 라이프 사이클 별 전략 단계

적인 성공으로 착각하고, 이로 인해 리뉴얼의 필요성을 종종 간과한다. 리뉴얼을 검토할 때 경영진은 흔히 "굳이 손댈 필요가 있는가?"라는 질문을 던진다. 그러나 경쟁자들은 언제나 더 나은 것을 준비하고 있으며, 고객들도 새로운 선택을 할 준비가 되어 있다.

기업 문화는 직원들이 예측할 수 있는 의사결정 시스템으로 정의된다. 이는 단순히 사무실 인테리어나 복지 혜택과 같은 표면적인 요소를 의미하지 않는다. 예측 가능한 의사결정은 조직 내 신뢰와 에너지 흐름을 결정하며, 리뉴얼과 경영 혁신의 성공 여부를 좌우한다. 조직은 창조 에너지에서 성장 에너지, 혁신 에너지를 거쳐 후퇴 에너지로 이어지는 사이클을 겪을 수 있다. 이 중 후퇴 에너지는 사기 저하와 내부 불신을 초래할 수 있으므로, 이를 경계하고 지속적인 긴장감을 유지하는 것이 필수적이다.

브랜드의 지속적인 성장을 위해서는 안정에 안주하지 않고 변화와 리뉴얼에 대비하는 자세가 필요하다. 경쟁의 속도가 빠른 시장에서는 언제나 새로운 선택지와 고객 기대에 부응할 준비를 갖추는 것이 성공의 열쇠다.

브랜드가 성공적으로 런칭된 이후 리뉴얼을 추진하려 할 때 가장 먼저 반대하는 사람은 경영자다. 경영자들은 흔히 "잘되고 있는데 굳이 문제를 일으킬 필요가 있을까?" 혹은 "변경한다고 해서 더 나아진다는 보장이 있는가?"와 같은 의문을 제기한다. 이러한 질문에 조직원 누구도 명확한 답을 내리기 어려운 경우가 많다. 그러나 확실한 것은 경쟁자들은 항상 더 나은 것을 준비하고 있고, 소비자들은 언제든 더 나은 대안으로 갈아탈 준비를 하고 있다는 점이다. 마케터들은 '안정을 택할 것인가, 아니면 긴장 속에서 계속 성장할 것인가'라는 딜레마에 직면하게 된다.

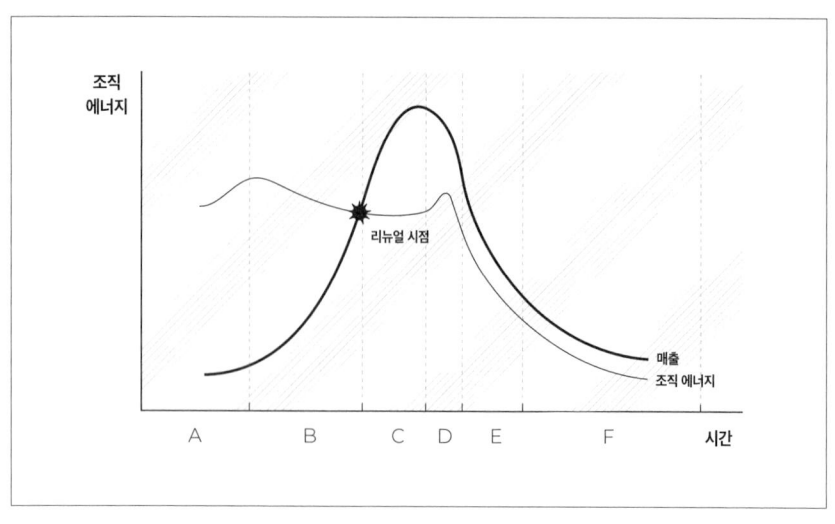

그림 6 브랜드 에너지 사이클

COEL의 제1 법칙:
조직 에너지를 그대로 방치하면 매출과 반비례한다.

사람이 죽었다고 판단하는 기준은 심장이 멈췄을 때다. 대부분의 사망 원인은 심장이 피를 제대로 뿜어내지 못하기 때문이다. 일부 과학자들은 인공 심장이 개발되면 사람이 반영구적으로 생존할 수 있다고 주장하기도 했다.

그렇다면 25세의 건장한 청년은 여전히 성장하고 있는가? 대부분의 사람은 20대 초반에 성장이 멈추고 노화가 시작된다. 심지어 피 끓는 30대조차 이미 노화가 가속화되는 단계에 접어든다. 성장하는 브랜드도 이와 유사하다. 겉으로는 청년처럼 보이지만, 실제로는 내부에서 퇴화하고 있을 가능성이 크다. 매출이 성장한다고 해서 COEL 에너지가 증가하는 것은 아니다. 사실, 매출과 창조 에너지(브랜드의 생명력)는 반비례 관계에 있다.

갑작스러운 매출 급성장은 위기를 감지하는 감각을 마비시킨다. 내부 구성원들은 매출 증가에 도취되어 자신들의 감각이 무뎌졌다는 사실조차 인식하지 못한다. 마치 사람이 술을 마시다가 나중에는 술이 사람을 지배하듯, 모두가 취해 판단력을 잃는다.

그림 6의 A 단계에서는 리더와 팔로워들이 강렬한 의지로 모든 자원을 쏟아부어 브랜드를 런칭한다. 이때 매출과 함께 조직 에너지(COEL 에너지)도 증가하는 것처럼 보인다. 그러나 B 단계에 이르면, 조직원들이 모든 에너지를 소진하며 COEL 에너지가 극점에 도달한다. 이 극점을 얼마나 높이고, 또 얼마나 오랫동안 유지할 수 있느냐가 브랜드 성공의 핵심 요인이 된다.

A와 B 단계에서 리더십 교체, 조직원 이탈, 경쟁 브랜드 증가, 초기 타깃 고객과의 불일치, 경기 악화 등 다양한 요인으로 COEL 에너지는 우리도 모르는 사이에 서서히 빠져나간다.

그러나 이러한 어려움 없이 전략적으로 계획이 순조롭게 진행되며 COEL 에너지가 증가한다면, 브랜드 매출도 상승하게 된다. B 단계는 말 그대로 성장 단계지만, 이 단계에서는 COEL 에너지가 기하급수적으로 감소하기 시작한다.

브랜드가 타깃 시장에 안착하면, 이제는 조직원이 아닌 소비자들이 브랜드를 지지하며 성장을 이끌어간다. 그러나 이 시점에서 자주 발생하는 실수는 경영자들이 '황금알을 낳는 오리'를 다른 곳에 활용해 유사한 성공을 재현하려는 유혹에 빠지는 것이다. 그 결과, 창조적 성공을 이끈 핵심 인력들이 다른 프로젝트로 옮겨지고, 성공을 만들어온 팀은 '향상성과 시너지'라는 명목 아래 재구성되며, 동시에 팀의 에너지가 소멸된다.

성장과 함께 이제는 쉬어야 한다고 믿는 사람들, 매너리즘에 빠진 구성원들, 그리고 성과의 기쁨을 누리려는 리더들이 생겨나기 시작한다. 아무도 눈치채지 못하는 사이, COEL 에너지는 서서히 빠져나가지만 브랜드는 이미 탄력을 받았기에 자력으로 성장을 이어간다. 이는 마치 1단과 2단 로켓 엔진이 분리되었으나 대기권을 벗어나 중력 저항이 약해진 상태와 유사하다.

C 단계에 접어들면, 고성장이 점차 완만한 성장으로 전환되거나 역신장이 시작된다. 전반적인 성장은 유지되기 때문에 역신장하는 매장들이 잘 보이지 않지만, 부분적으로는 심각한 누수가 발생한다. 소비자 관점에서 보면, 후기 다수층이 구매를 시작하면서 브랜드의 신선도는 이미 떨어진 상태다. 그러나 겉으로는 여전히 완만한 성장세를 보이기 때문에 누구도 이를 심각하게 받아들이지 않는다.

매출이 하락하기 시작하는 D 단계가 도래하면 조직은 긴장 상태에 돌입한다. '긴급 조치'라는 이름 아래 빈번한 회의가 열리고, 삼엄한 마케팅 전략회의가 시작된다. 그러나 이러한 소모적인 회의와 성토대회 같은 분위기 속에서 COEL 에너지는 더 빠르게 소진된다.

최악의 경우, 리더가 교체되고 새로운 리더가 사태를 파악하며 기존 인력들이 대거 교체된다. 시장조사와 내부 조사가 진행되지만, 각 부서의 책임론과 다양한 가설들이 경영자의 귀에 들어간다. 경영자는 매출 하락에 대한 불안감에 즉흥적인 지시를 내리고, 조직원들은 방향 없이 분주하게 움직인다. 긴급 조치로 인해 COEL 에너지가 일시적으로 상승할 수 있지만, 막대한 광고비와 판촉 비용을 투입하고도 성과가 나오지 않으면 에너지는 빠르게 소진된다.

E 단계에서는 조직이 생존 모드로 전환된다. 최소한의 자원으로 최대의 효과를 내기 위해 비용 절감이 강행되며, 브랜드는 가까스로 유지되다가 결국 더 강력한 경쟁 브랜드에 밀려나게 된다.

COEL의 제2 법칙:
COEL 에너지는 단계별로 변화한다.

COEL 에너지를 극점에서 유지하려면, 스스로 긴장감을 유지하고 위기감을 자극하는 것이 필요하다. 1단계 변화는 조직 에너지의 가장 기본적인 변화를 의미하며, 이는 COEL 에너지가 창조 에너지에서 성장 에너지로, 다시 경영 혁신 에너지나 새로운 창조 에너지로 변화하는 과정을 거친다.

대부분의 브랜드는 소비자의 니즈, 기술 혁신, 욕망의 표현을 통해 창조된다. 세상에 갑자기 나타난 브랜드와 상품은 없으며, 모든 브랜드는 의도적으로 창조된 것이다. 이후 브랜드는 혁신적 창조와 혁신적 성장을 통해 지속적으로 진보한다. 예를 들어, 핸드폰은 카메라폰으로, 카메라폰은 MP3폰으로 발전했고, 이제는 스마트폰으로 진화해 우리가 상상할 수 있는 모든 기능을 담고 있다.

하지만 초기 창조 에너지를 단순히 경영 혁신 에너지로 전환하려 한다면, 이론적으로는 성장이 계속될 것 같지만 실제로는 둔화하고 소멸할 위험이 있다. 이는 소비자와 경쟁 환경이 끊임없이 변화하기 때문이다. 경영자는 혁신 에너지를 다시 창조 에너지로 전환하여 더 높은 기준과 강력한 에너지를 창출해야 한다.

COEL 에너지의 극점은 그 누구도 정확히 예측할 수 없다. 그 에너지를 경험하는 사람들조차 평생 한 번 느낄 수 있을 만큼의 강력한 힘이기 때문에, 이를 사전에 측정하기는 불가능하다. 그 에너지를 온전히 깨닫게 되는 순간은 또 다른 창조적 사업이 런칭되기 전까지는 오지 않는다. 이때는 단지 '무엇이든 할 수 있을 것 같은' 기분으로만 그 에너지를 추측할 수 있다.

대부분의 조직 에너지는 창조 에너지 → 성장 에너지 → 경영 혁신 에너지 → 후퇴 에너지라는 사이클을 따른다. 브랜드 성공을 통해 사람들은 무엇이든 할 수 있다는 자신감을 얻게 된다. 초기에는 경험과 지식을 통해 문제를 해결하고 기회를 잡았다면, 이제는 창의적 상상력으로 미래를 파악하려 한다.

성장 에너지는 기업이 더 나은 성과를 이루도록 집중하는 에너지다. 반면, 경영 혁신 에너지는 성숙기에 나타나며, 조직과 프로세스의 복잡성을 제거하고 비즈니스를 효율적으로 운영해 매출 증대와 수익성 개선을 도모한다.

COEL 에너지를 지속적으로 발전시켜야 하는 이유는 시장 자체가 끊임없이 삶과 죽음의 전쟁터이기 때문이다. 이는 언제든지 경쟁자가 등장해 우리의 시장을 빼앗을 수 있는 제로섬(Zero-sum) 게임이라는 뜻이다. 물에 빠지지 않으려면 계속 손과 발을 움직여야 한다.

"훈련의 땀 한 방울이 전쟁에서 피 한 방울을 대신한다."는 말이 있듯, 마케팅에서도 전쟁 용어가 자주 사용된다. 이는 비즈니스가 전쟁과 비슷한 속성을 지니고 있기 때문이다. 브랜드의 성장은 시장 통일이나 경쟁 브랜드와의 평화를 의미하지 않는다. 그것은 단지 치열한 전투 속에서 잠시 적들이 참호에 숨은 상태에 불과하다.

클라우제비츠(Karl von Clausewitz)는 "전쟁에서 승리하려면 결정적인 순간에 최대한의 병력을 투입할 수 있어야 한다."고 말했다. 그는 또 "전쟁은 사업 경쟁의 영역이며, 사업 경쟁은 인간의 이해관계와 활동의 갈등"이라고도 했다. 이는 결국 전쟁이 인간 삶의 본질이라는 의미로 해석할 수 있다.

COEL의 제3 법칙:
브랜드의 지속적 성장을 위해
COEL 에너지는 브랜딩 에너지로 변해야 한다.

세상은 크게 보이지 않는 것과 보이는 것으로 나뉜다. 사랑은 보이지 않지만 결혼은 눈에 보인다. 우리가 알다시피, 사랑해서 결혼이라는 형태가 나타나지, 결혼해서 사랑하는 것은 아니다. 이처럼 사랑은 중요하지만, 결혼식처럼 눈에 보이는 것에 비해 사랑하는 방법에는 큰 관심을 두지 않는 경우가 많다.

브랜드도 이와 비슷하다. 브랜드는 눈에 보이는 외형적인 요소로 이루어져 있지만, 그 브랜드를 만드는 회사 속 사람들과 그들의 열정과 창의성, 때로는 부패와 나태함 같은 보이지 않는 요소들이 브랜드의 본질을 형성한다.

COEL 에너지는 상황에 따라 창조, 성장, 혁신 에너지로 변화하며, 그 안에 브랜드의 생명 연장 에너지가 담겨 있다. 창조와 성장의 반복을 통해 브랜드는 젊고 신선하며 창의적인 에너지를 유지하게 되며, 이를 우리는 브랜딩 에너지라 부른다.

어떤 사람들은 이를 '초심'이라고도 한다. 그러나 초심은 단순히 처음 가졌던 열정만을 의미하지 않는다. COEL 에너지는 변화를 주도하고, 시장을 선도하며, 남들과 다르게 행동하고 미래를 창조하려는 조직 전체의 생명력을 뜻한다. 이러한 에너지가 지속적으로 브랜딩 에너지로 전환될 때, 브랜드는 성장을 이어갈 수 있다.

런칭에 성공한 브랜드는 곧바로 경쟁사의 표적이 된다. 미투(Me-too) 전략으로 무임승차를 노리는 브랜드, 우리의 강점을 모방하려는 브랜드, 약점을 파고드는 경쟁사 그리고 시장 전체를 와해시키려는 브랜드들이 시장에 나타난다. 성공을 자축하려던 시장 파티는 원치 않는 경쟁자들로 가득 차게 된다.

성공한 브랜드가 시장을 장악하고 자신만의 시장 규칙을 만들기 위해서는, 리뉴얼(자기부정)을 통해 시장에 공격을 가하면서 동시에 방어해야 한다. 이는 창조적 모방을 막기 위한 창조적 파괴 전략이다.

리뉴얼의 타이밍은 주로 B와 C 단계에서 찾아온다. 매출 곡선이 급격히 상승하다가 기울기가 완만해질 때, 초기 구매자들이 브랜드를 이탈하기 시작할 때, 브랜드가 너무 많이 알려졌을 때, 경쟁자가 3개 이상 등장했을 때, 혹은 미투 브랜드가 생겨날 때 등 리뉴얼의 시점은 업계와 아이템에 따라 다를 수 있다.

그러나 공통된 원칙이 하나 있다. 리뉴얼은 방어 전략이 아니라 미리 계획된 공격 전략이라는 점이다. 브랜드가 성장하고 있을 때 리뉴얼을 실행해야만 경쟁자를 선제적으로 제압할 수 있다.

Review

　브랜드 성년기는 브랜드가 성공적으로 런칭한 후, 외부 환경과 내부 역량의 변화 속에서 지속 가능성을 추구하는 중요한 단계이다. 이 시기에 브랜드는 성숙한 시장에서의 위치를 확립해야 하며, 고객의 기대에 부응하고 경쟁력을 유지하는 데 집중해야 한다.

　브랜드가 성년기에 접어들면, 표면적으로는 안정적인 성장을 보이지만 내부적으로는 퇴화의 징후가 드러날 수 있다. 이 시기의 브랜드가 직면하는 주요 도전으로 COEL 에너지의 감소다. COEL은 리더십(Leadership), 직원(Employee), 자본(Capital), 조직(Organization)의 네 가지 요소로 구성되어 있다.

　성년기 브랜드의 특징 중 하나는 초기 성공에 따른 자만이다. 소비자들이 브랜드를 지지하기 시작하면서, 내부 구성원들은 브랜드 성장을 소비자에게 의존하게 된다. 이로 인해 경영자들은 '황금알을 낳는 오리'를 잘 활용하려는 유혹에 빠질 수 있으며, 이는 결국 창조적 에너지를 소진하는 결과를 초래할 수 있다.

　리뉴얼의 중요성도 강조된다. 브랜드는 미투 전략이나 경쟁 브랜드의 출현에 대응하기 위해 성년기 중에 적절한 리뉴얼을 통해 시장에서의 입지를 강화해야 한다. 리뉴얼은 위기에 대응하기 위한 임시방편이 아니라, 미리 계획된 전략으로 진행되어야 하며, 주로 B와 C 단계에서 실행되는 것이 이상적이다.

　마지막으로, 브랜드의 지속 가능한 성장을 위해서는 COEL 에너지를 항상 재충전하고, 변화하는 소비자 니즈와 시장 환경에 적응해야 한다. 성년기는 단순한 안정기가 아니라 지속적인 혁신과 변화가 요구되는 시점으로, 브랜드의 생명력을 유지하기 위한 전략적 접근이 필요하다.

Workshop 1
브랜드 유경험자용

1. 성년기의 매출 중심 경영
- **질문** 브랜드가 성년기에 접어들면서 매출 중심의 경영을 하게 된 적이 있는가? 그 결과 브랜드의 정체성에 어떤 영향을 미쳤는가?
- **활동** 참가자들은 성년기에 매출 중심 경영으로 인해 발생한 문제점을 분석하고, 브랜드의 본래 목적을 회복하는 방안을 모색하자.
- **목표** 매출과 시장 점유율의 유혹을 넘어서 브랜드 가치를 유지하는 전략을 학습한다.

2. 리뉴얼의 필요성 인식하기
- **질문** 브랜드 성년기에 접어들었을 때, 리뉴얼의 필요성을 느낀 적이 있는가? 리뉴얼을 결정한 이유는 무엇이었는가?
- **활동** 팀별로 브랜드가 리뉴얼을 통해 새롭게 도약한 사례를 분석하고, 자신의 브랜드에 적용할 수 있는 리뉴얼 전략을 토론해 보자.
- **목표** 브랜드 리뉴얼의 적절한 시점과 효과적인 실행 방법을 학습한다.

3. 브랜드 에너지 요소 재정립

- **질문** 브랜드 성년기 동안 브랜드의 에너지를 유지하기 위해 어떤 노력을 했는가?
- **활동** 참가자들은 데이비드 아커 교수의 '에너지 요소' 개념을 토대로, 자신이 운영하는 브랜드의 에너지 요소를 재정립하고, 이를 유지 및 강화하는 방안을 모색해 보자.
- **목표** 브랜드가 고객의 참여를 지속적으로 이끌어낼 수 있는 에너지를 유지하는 방법을 학습하자.

4. 매출과 고객의 균형 맞추기

- **질문** 성년기 브랜드 경영에서 매출과 고객 가치를 어떻게 균형 있게 유지할 수 있는가?
- **활동** 참가자들은 매출 중심의 경영에서 벗어나, 고객 가치를 반영한 경영 전략을 설계하는 시뮬레이션을 진행해 보자.
- **목표** 매출과 고객 가치를 조화롭게 유지하는 경영 방안을 학습하기.

5. 리뉴얼 시점 결정하기

- **질문** 언제 리뉴얼을 해야 할지 결정하는 것이 왜 어려운가요? 리뉴얼 시점을 놓친 적이 있는가?
- **활동** 참가자들은 리뉴얼이 성공적으로 진행된 사례와 실패한 사례를 비교하며, 리뉴얼 타이밍을 결정하는 중요한 요소들을 분석하자.
- **목표** 리뉴얼의 최적 시점을 결정하는 방법을 학습한다.

6. 브랜드의 본질과 변화의 경계

- **질문** 브랜드를 리뉴얼할 때, 무엇을 유지하고 무엇을 바꿔야 한다고 생각하는가?
- **활동** 팀별로 브랜드의 핵심 가치를 유지하면서도 변화할 수 있는 요소들을 구체화하는 연습한다.
- **목표** 브랜드의 본질을 지키면서도 성공적인 변화를 이끌어내는 리뉴얼 전략을 학습한다.

Workshop 2
브랜드 입문자용

1. 최근에 성년기에 접어든 브랜드가 있다면 무엇인가?
- 이 브랜드가 성년기에 접어들면서 어떤 변화를 겪었나?
- 성년기에 접어든 이 브랜드가 직면한 도전과 기회는 무엇이었나?

2. 브랜드 성년기에 가장 인상 깊었던 리뉴얼 사례는 무엇인가?
- 이 사례에서 어떤 전략이 효과적이었나?
- 성공적인 리뉴얼이 브랜드에 어떤 긍정적인 영향을 미쳤나?

3. 아직 리뉴얼을 하지 않은 브랜드는 무엇이 있나?
- 이러한 브랜드가 리뉴얼을 하지 않는 이유는 무엇인가?
- 리뉴얼을 통해 어떤 기회를 놓치고 있는지 논의해보자.

4. 계속해서 리뉴얼을 진행하는 브랜드는 어떤 브랜드인가?
- 이 브랜드는 리뉴얼을 통해 어떤 방향으로 나아가고 있나?
- 지속적인 리뉴얼이 브랜드에 미치는 영향은 무엇인가?

5. 당신이 나이키의 리뉴얼 담당자라면, 어떤 리뉴얼 전략을 제안하고 싶나?
- 어떤 요소를 바꾸고, 어떤 요소를 유지할 것인가?
- 나이키의 브랜드 가치를 강화하기 위한 구체적인 방안은 무엇인가?

---

6. 당신이 애플의 리뉴얼 담당자라면, 어떻게 리뉴얼을 진행하고 싶나?
- 애플의 브랜드 본질을 지키면서도 변화를 주기 위한 전략은 무엇인가?
- 소비자 경험을 향상시키기 위한 구체적인 아이디어는 무엇인가?

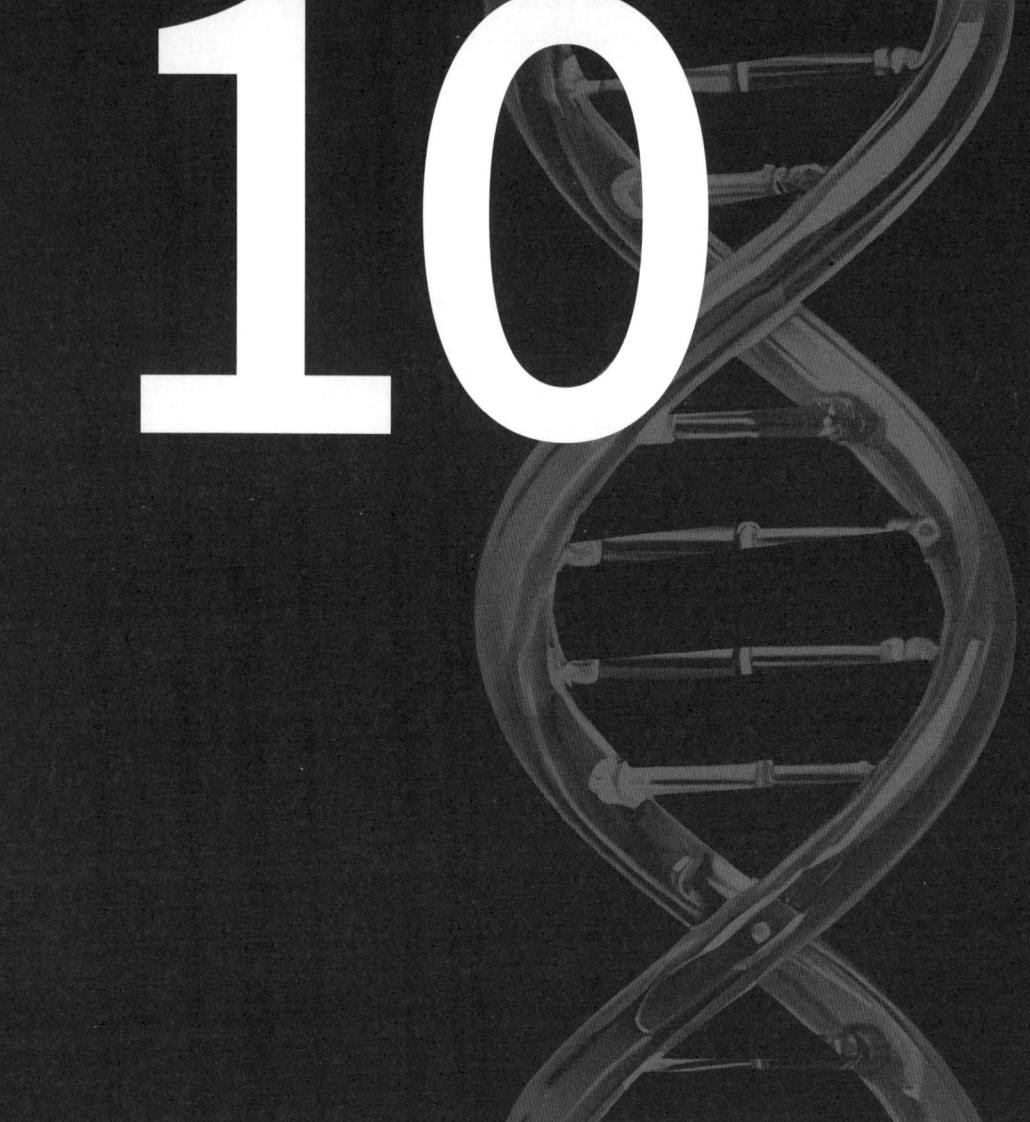

창업이 아니라 브랜드 창업

"우리가 과정이라 생각했던 것이 목표가 되기도 하고,
반대로 목표라고 여겼던 것이 결국 과정에
불과했음을 깨닫게 될 때가 있다."
유니타스라이프

Preview

창업은 그냥 가게를 여는 게 아니다. 자신의 철학과 가치를 담아 브랜드를 세우는 일이다. 이 장에서는 아디다스, 나이키, 스타벅스, KFC 같은 세계적인 브랜드들이 어떻게 작게 시작해 큰 성공을 거둘 수 있었는지 보여주면서, 성공의 본질은 단순한 아이디어나 자본이 아닌 지속 가능한 경영과 창업자의 정신에 있다는 걸 설명한다.

작게 시작해서 작게 실패하는 건 큰 성공을 위한 필수 과정이다. 실패는 좌절이 아니라 교정의 기회다. 첫 매장은 창업자의 아이디어와 경영 능력을 실험해 보는 자리다. 여기서 배운 교훈을 바탕으로 2호, 3호 매장을 오픈하며 경험을 쌓고, 본격적인 브랜드로 도약할 준비를 한다. 중요한 건 단기적인 매출이 아니라 브랜드의 철학과 비전을 세우는 것이다.

이 장은 창업에 대한 막연한 환상에서 벗어나 현실을 직시하고, 철저하게 준비해야 하는 것을 설명한다. 성공과 실패를 반복하며 쌓인 경험이 결국 브랜드의 탄생과 성장으로 이어진다.

Pre-reading Questions
사전 질문

1. 왜 창업을 하려는가?
단순히 돈을 벌기 위해서인가, 아니면 더 큰 가치를 실현하고 싶은가?

2. 내가 시작하려는 창업은 나만의 철학과 비전을 담고 있는가?
현재 구상 중인 아이템과 사업이 단순한 유행을 쫓는 것이 아닌지 점검해보자.

3. 작게 시작해보면서 얻을 수 있는 교훈은 무엇일까?
한 번의 큰 성공을 목표로 하는 대신 작은 실패를 반복하며 성장할 자신이 있는가?

4. 첫 매장을 운영하며 예상치 못한 어려움이 닥친다면 어떻게 대처할 것인가?
직원의 퇴사, 매출 부진, 악성 댓글 등 예상 밖의 상황에 대응할 준비가 되어 있는가?

5. 창업을 10년 이상 유지할 계획을 세운 적이 있는가?
단순히 개업이 목표가 아니라 장기적인 운영 전략이 필요한 이유는 무엇일까?

6. 브랜드 운영 중 나의 가치관과 고객 기대가 충돌할 때, 어떻게 해결할 것인가?
고객의 요구와 창업자의 철학 사이에서 균형을 맞추는 방법을 고민해 보자.

7. 창업이 성공할 경우, 그 성공이 빠르게 모방될 가능성에 대비하고 있는가?
단순한 매출 증가가 아닌, 차별화된 브랜드 가치를 어떻게 유지할 수 있을까?

8. 만약 내일 죽는다면, 지금 하려는 창업을 여전히 시작할 것인가?
내 인생에서 이 사업이 갖는 의미와 가치는 무엇인가?

브랜드의 시작 점

신발장을 열면 아디다스나 나이키 운동화 한 켤레쯤은 누구나 가지고 있을 것이다. 아디다스는 1918년, 18세의 제빵사 아돌프 다슬러가 어머니의 세탁실에서 운동화를 만들며 시작되었다. 축구를 좋아했던 아돌프와 육상을 즐기던 형 루돌프는 해진 신발을 직접 고쳐 신으며 가난한 형편 속에서 스포츠 용품 사업에 도전하기로 결심했다. 이들은 20대에 '다슬러 형제'라는 스포츠 숍을 열고 신발 수선 작업을 시작했다. 이 작은 가게에서 이후 세계적인 브랜드인 아디다스와 푸마가 탄생할 줄은 아무도 예상하지 못했다.

반면, 나이키의 출발은 더욱 소박했다. 나이키 창립자 필 나이트는 1962년, 대학 졸업 후 24세의 나이에 일본 아식스 사장을 만나 타이거 신발의 미국 수입을 추진했다. 회사 이름을 묻는 질문에 그는 즉석에서 '블루 리본 스포츠'라는 이름을 지어냈고, 이를 통해 수입 계약을 따냈다. 그렇게 설립된 블루 리본 스포츠는 첫 주문으로 200켤레의 신발을 들여와 사업을 시작했다.

그러나 창업 10년 후 아식스와의 관계가 틀어지자 필 나이트는 제2의 창업을 결심했다. 그는 35달러를 들여 나이키 로고를 디자인하며 새로운 브랜드를 런칭했다. 이후 2003년, 농구화로 유명한 100년 전통의 컨버스를 인수하며 나이키는 더욱 성장했다. 최근 나이키가 위기설에 휩싸였지만, 이를 극복하기 위해 어떤 전략을 펼칠지에 이목이 집중되고 있다.

아디다스와 나이키 운동화를 보관할 때 자주 사용되는 이케아(IKEA)의 시작도 흥미롭다. 이케아는 1943년, 스웨덴 출신 목수 잉바르 캄프라드가 설립했다. 당시 17세였던 캄프라드는 지갑, 액자, 스타킹 같은 일상용품을 통신 판매로 시작했다. 이후 1958년, 스웨덴에 첫 오프라인 매장을 열며 본격적으로 매장 사업을 확장했다. 초기에는 소박한 출발이었으나, 오늘날 이케아는 연 매출 40조 원을 기록하는 글로벌 브랜드로 자리 잡았다.

또 다른 목수 출신 경영자로는 레고(Lego)를 창립한 올레 키르크 크리스티안센이 있다. 1916년 덴마크 빌룬트에서 작은 목공소를 운영하던 그는 나무 조각으로 장난감을 만들어 직접 자동차에 싣고 상점들을 돌며 판매했다. 이후 43세에 '레고'라는 이름을 붙여 본격적으로 장난감 생산을 시작하면서 덴마크 전역에서 명성을 쌓았다. 오늘날 레고는 전 세계 아이들이 사랑하는 대표적인 장난감 브랜드로 자리 잡았다.

요식업 분야에서는 맥도날드를 창업한 모리스와 리처드 맥도날드 형제가 있다. 이들은 1937년 로스앤젤레스 교외에서 자동차 운전자들을 위한 레스토랑을 열었고, 1940년 샌버너디노로 사업을 확장했다. 프랜차이즈 사업도 시도했지만 성과는 기대에 못 미쳤다. 이후 1955년, 레이먼드 크룩의 제안으로 첫 번째 맥도날드 매장을 열면서 오늘날과 같은 맥도날드 프랜차이즈의 시작을 알렸다.

1950년대 초반, 피트 하먼은 솔트레이크시티에서 패밀리 레스토랑을 운영하던 중, 1952년 시카고에서 62세의 커넬 샌더스를 만나게 된다. 뛰어난 요리 실력을 지닌 샌더스는 솔트레이크시티를 직접 찾아와 비법 레시피로 닭요리를 선보였고, 이 요리를 도입한 하먼의 레스토랑은 매출이 급상승했다. 이에 하먼은 레스토랑 이름을 '켄터키프라이드치킨(KFC)'으로 변경하며 사업을 확대했다. 샌더스는 라이선스 사업을 시작할 것을 제안받아 첫 번째 라이선스 인수를 하먼에게 허락했다. 1964년, 74세의 샌더스는 KFC 프랜차이즈 시스템을 투자회사에 매각하며 글로벌 확장의 발판을 마련했다.

1971년, 시애틀의 제리 볼드윈과 제브 시겔은 제대로 된 커피 전문점을 만들고자 파이크스 플레이스 마켓에 작은 커피숍, 스타벅스를 열었다. 당시 이들은 중고 커피 로스터 기계를 구입해 매장에서 직접 원두를 볶아 제공하며 사업을 시작했다. 이 작은 커피숍은 10년 만에 시애틀 근교에 세 개의 매장을 추가로 열며 빠르게 확장되었다.

1983년, 스타벅스의 직원 하워드 슐츠는 밀라노를 방문해 에스프레소 바의 매력에 매료되어 이를 스타벅스에 도입하자고 제안했다. 그의 아이디어는 큰 성공을 거두며 하루 700명 이상의 고객을 끌어들였지만, 당시 창업자들은 프랜차이즈 사업에 관심이 없었다. 이에 슐츠는 1985년 독립해 자신의 커피숍, '일 지오르날레 커피 컴퍼니'를 설립했다. 이 회사는 단기간에 매장을 늘려 빠르게 성장했고, 1987년에는 슐츠가 스타벅스를 인수했다. 그 후 1999년, 한국 시장에 첫발을 내디디며 이화여대에 스타벅스 1호점을 열었다.

또 다른 청년 창업 사례로는 1984년, 19세의 마이크 델이 단돈 1,000달러로 창립한 컴퓨터 회사 '델(Dell)'이 있다. 그는 고객 맞춤형 컴퓨터 제공 방식을 도입해 큰 성공을 거뒀다. 비슷한 조립식 컴퓨터 매장이 한국 용산전자상가에도 있었지만, 이들은 브랜드화하지 못하고 결국 사라졌다.

일본에서는 야나이 다다시가 1972년, 아버지의 양복점을 이어받아 '좋은 옷이란 무엇인가?'라는 질문을 던지며 유니클로를 창립했다. 그의 지속적인 노력 끝에 유니클로는 대성공을 거뒀고, 야나이는 일본 최고의 갑부가 되었다.

이 모든 브랜드들의 공통점은 소규모 가게에서 시작했다는 점이다. 오늘날 수조 원에 달하는 매출을 올리는 이 기업들 역시 거대한 자본이 아닌 열정과 필요에서 시작된 사업이었다. 많은 창업가들은 좋아하거나 잘하는 일에서 출발했지만, 때로는 생존의 필요에 의해 창업을 결심했다. 창업 이후에야 자신들의 강점을 발견하거나 운명으로 받아들이기도 했다. 이들은 초기에는 비즈니스 전문가가 아니었으며, 브랜드 교육을 받지 않았음에도 성공적인 브랜드를 만들어냈다.

브랜드 창업은 단순히 상표를 등록하거나 SNS에서 인지도를 높이는 것이 아니다. 유명 인사의 사용만으로 브랜드가 자리 잡는 것도 아니다. 이는 SNS의 휘발성에서 비롯된 착각일 뿐이다. 진정한 브랜드는 지속적인 성장을 통해 완성된다. 단기적인 성공을 넘어 최소 10년 이상의 성장과 꾸준함이 필요하다. 창업가는 상표가 아닌 브랜드 탄생을 위한 지식과 과정을 이해하고 준비해야 한다.

마이크 타이슨의 말처럼 "누구나 한 대 맞기 전까지는 그럴듯한 전략이 있다." 창업도 마찬가지다. 어려움에 부딪히기 전까지 모든 전략은 완벽해 보일 수 있지만, 지속적인 성장이 진정한 브랜드의 탄생을 만든다.

브랜드 탄생을 위한 비전

목표는 선으로 그어 한계를 정한 비전이고, 목적은 그 한계를 지운 비전이다. 창업은 단순히 목표에 불과할 수 있지만, 브랜드는 창업이 지향하는 궁극적인 목적이자 방향성을 제공한다.

목적지가 없는 여행은 길을 잃기 쉽다. 창업도 마찬가지로 명확한 목적 없이 시작하면, 초기 자금이 어떻게 사용될지, 그리고 어떤 결과를 초래할지 예측하기 어렵다. 창업 후 2년이 지나면 건물주와의 협상에 직면하거나, 혹은 브랜드 라이선스와 프랜차이즈 제안을 받게 될 수도 있다. 이런 상황들에 대비하기 위해 창업가는 반드시 명확한 목적지를 설정해야 한다. 그 목적지는 바로 창업가의 비전이 깃든 브랜드다.

성공적인 창업 아이템은 기존과 차별화된 새로움과 특별함을 제공하는 데서 시작한다. 비슷한 상품이라도 소비자에게 제공되는 방식이 새롭고 독창적이면 차별화가 가능하다. 초반에는 주목받지 못하더라도, 특정 소비자층에게 사랑을 받으면 점차 대중 시장으로 확장될 수 있다. 창업가는 지속적으로 소비자의 반응을 분석하며 새로운 욕구와 필요를 발굴해나가야 한다. 이 과정이 성공적인 브랜드로 성장하는 핵심 경로다.

하지만 창업 후에야 브랜드 지식을 습득하는 것은 큰 문제다. 브랜드 지식은 시간이 쌓이는 다른 과목과 달리 휘발성이 강하다. 한때 성공적이던 노키아, 모토로라, 블랙베리와 같은 브랜드들도 아이폰의 등장과 함께 빠르게 사라졌다. 마찬가지로 경영학 교재에 실린 내용도 금세 시대에 뒤처지며, 5년 전의 브랜드 사례 중 30% 이상이 이미 시장에서 자취를 감춘 상태다. 이는 경영 지식과 브랜드 성공의 무상함을 상기시키는 경고이기도 하다.

이러한 현실에서 살아남기 위해 창업가는 단순한 지식 이상의 것을 준비해야 한다. 브랜드는 목표를 넘어 꾸준한 탐색과 성장을 통해 진화해야 하며, 이는 명확한 비전과 그 비전이 이끄는 목적의식으로 가능하다.

그럼에도 불구하고, 브랜드 지식을 배우는 것은 충분히 가능하다. 오히려 성공적인 브랜드를 구축하기 위해서는 기초부터 본질적인 부분을 학습하는 것이 중요하다. 이러한 기본에 충실한 학습은 브랜드를 지속적으로 성장시키는 탄탄한 토대가 되며, 변화하는 시장 상황에서도 흔들리지 않는 핵심 역량을 제공한다.

소규모 가게를 운영할 때는 브랜드 런칭 전략이나 핵심 역량, 비즈니스 모델, 경쟁 우위, 리더십과 조직 같은 경영 용어를 몰라도 큰 문제가 되지 않을 수 있다. 하지만 브랜드가 성장하면서 수십 명에서 수만 명에 이르는 직원들이 창업주의 비전을 공유하며 일하려면, 이러한 경영 개념을 이해하는 것이 필수다.

만약 창업을 단순히 가게를 여는 것으로만 본다면, 복잡한 경영 용어들은 불필요하게 느껴질 수 있다. 그러나 창업을 브랜드 런칭이라는 차원에서 바라볼 때, 이러한 용어들은 다양한 경영 상황을 깊이 이해하고 해석하는 데 필수적인 도구가 된다. 이는 군사 용어가 명확한 소통을 위해 존재하는 것과 유사하다. 마찬가지로, 경영 용어는 학력이나 배경을 자랑하려는 것이 아니라, 브랜드 운영 과정에서 벌어질 다양한 상황을 명확히 인식하고 적절한 대안을 마련하기 위해 필요한 것이다.

장사와 경영은 겉으로 보기엔 비슷하지만 본질적으로 다르다. 어떤 이는 기업을 장사하듯 운영하고, 또 다른 이는 장사를 기업처럼 한다. 이런 상황에서 대표이사가 대리처럼 일하거나 대리가 대표처럼 행동하는 경우도 발생한다. 이러한 혼선은 조직의 성과와 분위기에 큰 영향을 미친다. 대표이사가 대리처럼 일하면, 다른 직원들도 자신의 직책과 역할에 맞지 않는 방식으로 일하게 되어 조직의 효율성을 저하시킬 수 있다.

따라서 경영 용어와 전략을 이해하는 것은 단순한 이론이 아니다. 이는 실무에서의 원활한 의사소통과 경영 성과를 높이는 중요한 과정이다. 조직이 성장함에 따라 내부 역량을 정비하고, 시장의 변화에 유연하게 대응하기 위해서는 경영 지식과 전략의 이해가 필수적이다. 이 과정을 통해 조직은 단순히 유지되는 것을 넘어 지속 가능한 성장을 이룰 수 있다.

다시 생각해보자. 만약 당신의 작은 가게가 매출 100억 원 혹은 1000억 원을 올리는 브랜드로 성장한다면, 그 순간 당신은 무엇을 할 것인가? 여기서 우리는 중요한 교훈을 얻을 수 있는 한 가지 사례를 이야기해보자. 어느 군인이 군견을 훈련하면서 집에서는 푸들과 치와와 같은 애완견을 키우고 있었다. 어느 날 친구가 그의 집을 방문했을 때, 그 애완견들이 셰퍼드처럼 행동하는 모습을 보고 깜짝 놀랐다. 원래 애완견은 낯선 사람을 보면 애교를 부리는 것이 보통이다. 그러나 이 군인의 애완견들은 앉아서 긴장한 눈빛으로 사방을 주시하고 있었고, 작은 외부 자극에도 즉각 반응하며 주인의 명령을 절도 있게 따랐다. 이에 친구가 놀라 묻자 군인은 이렇게 답했다. "주인이 어떻게 명령하느냐에 따라 개도 고양이가 될 수 있고, 쥐가 될 수도 있어!" 이는 결국, 운영하는 사람에 따라 가게의 성격과 운명이 결정된다는 것을 의미한다.

만약 예비 창업자가 자신의 작은 가게를 장기적으로 수천억 원 규모의 프랜차이즈 브랜드나 수조 원 규모의 글로벌 라이선스 브랜드로 성장시키고자 한다면, 첫 매장을 프랜차이즈 100호점처럼 설계하는 마음가짐이 필요하다. 매장 1호점과 100호점은 결코 같은 모습을 지닐 수 없다. 100호점은 그동안의 수많은 시행착오, 시간과 비용의 투자, 그리고 부도 위기를 견디며 쌓인 경험으로 완성된 결과물이다.

따라서 창업을 준비할 때는 마음속에서 1호점부터 99호점까지 세워보고, 철거하고, 다시 리뉴얼하는 과정을 상상하며 그려나가야 한다. 그래야만 첫 매장을 단순한 시도로 끝내지 않고, 완벽에 가까운 100호점의 모습으로 시작할 수 있다. 만약 서둘러 시작한 1호점이 전략과 계획 없이 열리게 된다면, 이는 주인의 취향과 애정만을 반영한 '애완 가게'가 될 확률이 높다.

시장 조사와 핵심 역량, 컨셉과 브랜드 플랫폼 등 필수적인 전략적 개념이 없이 단순히 유행과 개인의 스타일에 의존해 매장을 꾸미는 경우, 이러한 '애완점'은 쉽게 방향성을 잃기 마련이다. 물론, 운이 좋다면 자기만의 스타일로 차별화된 컨셉을 만들어내 성공할 수도 있다. 그러나 대부분의 경우, 1호점은 다양한 조언과 피상적인 지식들이 뒤섞여 정체성이 모호한 매장으로 남을 가능성이 크다.

이처럼 성공적인 창업을 위해서는 단순히 첫 매장을 열기 전에 여러 번 상상과 시뮬레이션을 거쳐야 한다. 이러한 과정은 브랜드의 핵심 가치를 발견하고, 장기적으로 지속 가능한 비즈니스 모델을 확립하는 데 중요한 역할을 한다.

100개의 프랜차이즈 매장을 운영하는 대표의 마음가짐으로 창업을 준비한다면, 창업의 과정과 태도는 자연히 달라진다. 매출 상승 비법보다 경영과 전략에 대한 깊이 있는 학습에 몰두하게 되며, 단순히 100호점 오픈의 성과보다는 그 과정에서 닥칠 역경과 고난을 어떻게 극복할지 고민하게 된다.

장사와 경영, 꿈과 비전이 사용하는 용어는 다르지만 본질은 변하지 않는다. 단순히 가게를 여는 것과 브랜드를 런칭하는 것은 근본적으로 다른 이야기다. 앞서 언급한 성공적인 브랜드들 또한 작은 가게에서 출발했다. 그 작은 가게들이 30년에서 100년에 이르는 세월 동안 성장하며 거대한 나무가 되었다. 이러한 성장 과정과 패턴은 경영학에 의해 연구되고 지식으로 체계화되었다.

희망적인 점은 검증된 사례들이 축적되면서 '작은 가게에서 브랜드로 성장하는 지식'이 완성되고 있다는 것이다. 하지만 이미 많은 예비 창업자들이 이러한 지식을 열심히 공부하고 준비하고 있다는 현실은 치열한 경쟁을 예고한다.

브랜드는 창업자의 비전만큼 성장한다. 그러나 이 비전은 단순한 꿈을 넘어서야 한다. 소명, 철학, 가치, 전략, 차별화, 조직, 혁신 등 다양한 요소들이 비전 속에 포함되어야 한다. 창업과 동시에 브랜드로 전환되는 생존의 시간 동안, 이러한 요소들은 경쟁 전략과 핵심 역량으로 작용한다. 창업은 개인의 꿈에서 시작될 수 있지만, 그 꿈을 실현하기 위해서는 동료들과 '비전'을 공유해야 한다. 비전이 명확한 목적이 되어야만 함께하는 사람들이 단순한 직원이 아닌 창업의 동반자가 될 수 있다.

창업자는 자신이 무엇을 하려는지 분명히 알아야 한다. 이는 마치 아는 만큼 세상이 보이는 것과 같다. 예를 들어, 헬렌 켈러를 만난다면 어떤 질문을 하고 싶겠는가? 그녀는 이런 말을 남겼다. "사람들은 종종 맹인으로 태어난 것보다 더 불행한 것이 무엇이냐고 묻습니다. 그때마다 나는 '시력이 있으나 비전이 없는 것'이라고 답합니다."

이처럼 비전이 우리를 세워나간다. 비전은 단지 미래의 꿈이 아니라 현재를 이끌고 성장을 견인하는 원동력이다. 창업은 그 비전 위에 기반을 두고 발전하며, 함께 나아가는 이들의 마음속에도 같은 비전을 심어야 진정한 성과를 낼 수 있다.

첫 끗발이 개 끗발이다

'첫 끗발이 개 끗발이다'라는 말은 도박판에서 전해 내려오는 진리 같은 속담이다. 이는 처음에 돈을 따면 자신이 이길 것이라는 착각에 빠져 과감한 배팅을 이어가게 되지만, 결국 모든 것을 잃고 만다는 의미를 담고 있다. 창업의 세계에서도 이 원리는 그대로 적용된다. '초심을 잃지 말라'는 교훈은 바로 이런 맥락에서 비롯된다.

대기업들은 브랜드를 런칭할 때 초기의 주목을 끌기 위해 화려한 첫 인상을 남기는 데 집중한다. 수많은 경쟁 브랜드 사이에서 돋보이기 위해, 대규모 마케팅과 강렬한 캠페인으로 소비자와 미디어의 관심을 사로잡으려 한다. 이는 담당자와 대행사의 성과를 입증하기 위해서라도 불가피한 전략으로 여겨진다. 그러나 이러한 첫 끗발 마케팅에는 분명한 한계가 있다.

세상의 진리는 언제나 성공이 자만을 부를 때 실패가 찾아온다는 것이다. 첫 끗발이 강한 브랜드를 추적해 보면, 그중 상당수가 2년을 넘기지 못하고 사라지는 경우가 많다. 반대로, 꾸준히 성공한 브랜드들의 초기 이야기를 들어보면 그 시작은 오히려 소박하다. 그들은 일부러 첫 걸음을 작고 조심스럽게 내딛었고, 그런 태도가 오히려 장기적인 성공의 밑바탕이 되었다.

사람들은 흔히 부자가 되기 위해 부자를 흉내 내다가 오히려 더 가난해진다. 부자가 되기까지 겪은 고난과 배움에는 관심을 두지 않고, 그저 겉모습만을 모방하기 때문이다. 마찬가지로 창업자들도 100호점의 성공 신화에 매료되어 화려하게 시작하려는 유혹에 빠진다. 그러나 이렇게 시작하는 것은 도박판에서 처음에 큰 돈을 따고 무리한 배팅을 이어가는 것과 다를 바 없다. 시간이 지날수록 상황은 더 어려워지고, 실망과 후회가 쌓여 결국 돌이킬 수 없는 결과에 이르게 된다.

따라서 화려함에 집착하기보다는, 창업의 첫 발을 소박하게 내딛고 작은 성공을 차곡차곡 쌓아가는 것이 중요하다. 이는 마치 석공이 한 번의 타격으로 조각을 완성하는 대신, 수십 번의 세밀한 작업을 거쳐 아름다운 작품을 완성해 가는 것과 같다. 작은 성공의 반복은 곧 큰 성공을 위한 견고한 기반이 된다.

창업에서 첫 끗발이 중요한 것은 부정할 수 없지만, 여기서 '첫 끗발'이란 단순히 멋진 시작을 뜻하지 않는다. 고객이 사랑하는 브랜드가 되기 위해서는 창업의 본질적인 이유가 명확해야 한다. 누가, 왜, 언제, 어디서, 무엇 때문에 시작했는지를 분명히 정의해야 비로소 의미 있는 첫 걸음을 내디딜 수 있다.

예를 들어, 빵집을 오픈하는 순간 그 창업자는 이미 1,000개의 매장을 운영하는 거대 기업과 경쟁하는 상황에 놓인다. 통닭집이라면 수백 개의 프랜차이즈와, 보세옷 가게라면 수천 개의 패션 브랜드와 맞서야 한다. 이러한 경쟁이 두렵다고 해서 시작조차 포기할 필요는 없다. 하지만 단순히 "내 빵을 나누고 싶다"는 낭만적인 신데렐라 같은 창업 스토리를 기대하지 않는 것이 현명하다.

첫 매장을 열 때부터 100호점 매장처럼 생각해야 한다. 오늘은 마음속에 1호점을 구상하고, 내일은 2호점을 상상하며 그 매장을 개선할 방법을 찾아야 한다. 이 과정을 반복하며 99호점까지 구상하는 동안 수많은 시장 조사를 하게 될 것이다. 또한 부족한 부분을 발견하고 이를 메우기 위해 자연스럽게 공부하게 된다.

이 과정에서 단순히 매장의 인테리어를 바꾸는 것만으로는 부족하다. 초기에는 아르바이트생 한 명과 시작할 수 있지만, 100호점이 되면 100명 이상의 정규직 직원이 필요해진다. 이때 리더십과 조직 관리의 중요성을 깨닫고 보완하기 위한 학습이 필수적이다.

창업 초기에 획기적인 아이템이 있다면 5호점까지는 순조롭게 확장할 수 있다. 이때까지는 친척과 지인의 도움을 받으며 성장하는 것도 가능하다. 하지만 진짜 어려움은 6호점부터 시작된다. 낯선 사람에게 매장을 맡기기 시작하면 예상치 못한 문제가 발생할 수 있다. 더구나 부정적인 리뷰나 비난이 인터넷에 퍼지면 이는 실패의 신호로 작용할 수 있다.

이와 같은 과정을 미리 대비하고, 1호점부터 100호점까지를 염두에 두고 준비하는 자세가 필요하다. 창업의 본질은 단순한 시작이 아니라, 리더십과 조직 관리 능력을 키우며 장기적인 성장을 도모하는 데 있다.

많은 창업자들이 가장 친한 사람들에게 맡긴 2호점과 3호점에서도 입금 문제나 운영 관리의 어려움을 겪는다. 흔히 이런 문제는 신뢰의 균열을 초래하며, 배신과 질투가 얽혀 가게 간 분쟁으로 이어지다 결국 폐업으로 이어지곤 한다. 이러한 상황은 창업 실패의 전형적인 패턴으로 반복되며, 많은 창업자들은 빠른 성공과 더불어 예상치 못한 실패를 동시에 경험했다고 말한다.

의학의 발전으로 인간 수명이 늘어난 것처럼, 경영학과 브랜드 구축 이론의 발달은 창업 실패를 사전에 예측하고 조정하는 것을 가능하게 했다. 그럼에도 불구하고, 많은 예비 창업자들은 이미 검증된 성공과 실패 사례를 깊이 연구하지 않는다. 그들은 관련 서적을 읽거나 시장 조사를 철저히 하기보다는, 단순히 '감으로 알 수 있다'는 자신감에 의존하며 무모하게 개업을 서두른다. 로또에 당첨되는 것과 같은 막연한 기대감 속에서 창업에 뛰어드는 것이다.

　현실은 냉혹하다. 매년 50만 명의 자영업자가 문을 닫고, 창업한 10개 중 8개가 실패한다. 이런 상황에서도 예비 창업자들이 왜 무리해서라도 창업을 시도할까? 그 이유는 각 창업자가 제각기 다른 설명을 내놓겠지만, 본질은 하나의 근본적인 문제로 귀결된다.

　문제의 핵심은 창업이라는 개념에 대한 오해와 왜곡에서 비롯된다. 많은 사람들은 창업을 일종의 도전이나 모험으로 생각하며 실패를 성공의 일부로 여긴다. 하지만 이러한 접근은 오히려 실패를 필연적인 결과로 만드는 위험한 착각을 불러일으킨다. 창업을 단순히 시도해보는 일로 정의하는 순간, 실패를 미리 허용하는 태도가 형성되고 만다.

　창업은 단순히 문을 여는 것이 아니라, 지속 가능성과 장기적 성장을 염두에 둔 전략적 준비가 필수적이다. 이런 인식의 전환 없이 시작되는 창업은 결국 실패를 내재한 채 출발하는 것이나 다름없다. 이는 창업자들이 실패를 전혀 고려하지 않거나, 반대로 실패를 당연시하며 충분한 대비 없이 도전하는 상황으로 이어진다.

　결국 성공적인 창업이란 명확한 목표와 전략적 계획을 바탕으로 하는 것이다. 단순한 기대감이 아니라, 구체적인 비전과 끊임없는 연구를 통해 불확실성을 줄여야 한다. 그렇게 하지 않는 한, 매년 반복되는 폐업과 창업의 악순환은 지속될 수밖에 없다.

비트겐슈타인은 "자신의 언어의 한계가 자신의 세계다"라고 말하며, 창업에 대한 인식이 그 내용과 방향을 결정한다고 강조했다. 더 큰 문제는 사람들 대부분이 자신의 한계를 세상의 한계로 오인하고, 그로 인해 모든 이가 자신과 같은 방식으로 창업할 것이라고 착각하는 것이다. 이러한 착각은 창업 초기의 성공이 결국 실패로 이어지는 원인이 되곤 한다.

공자는 약 2500년 전 "가닥을 잘못 잡고 시작하면 전체를 망친다"고 경고했고, 노자는 "거의 다 이루어진 일도 시작할 때처럼 끝까지 조심하지 않으면 실패한다"고 말했다. 아리스토텔레스는 "시작은 전체의 절반이다"라고 시작의 중요성을 강조했으며, 한비자는 "시작을 보면 끝을 알 수 있다"고 단언했다. 이들 고대 사상가들은 모두 시작의 중요성을 강조하며, 좋은 시작이란 단순한 실행의 문제가 아니라 내면적 동기에 의해 좌우된다고 말했다.

'좋은 시작'은 '어떻게 시작했는가'보다 '왜 시작했는가'에 의해 구분된다. 이는 창업의 이유와 본질을 명확히 이해해야 함을 의미한다. 창업자가 처음으로 돌아가 자신의 창업 동기를 깊이 탐구하지 않는다면, 표면적인 성과에만 집중하는 일이 되기 쉽다. 창업의 본질을 이해하지 못한 상태에서는 성장 과정에서 맞닥뜨리는 어려움과 도전이 필연적으로 혼란을 초래한다.

따라서 진정한 창업의 출발점은 단순한 실행이나 계획 수립이 아닌, 창업의 근본적 의미를 탐구하는 데 있다. 창업이란 무엇인가를 스스로 묻고, 자신이 왜 창업을 하고자 하는지에 대한 명확한 답을 찾는 것이 가장 중요하다. 이는 단순한 경제적 동기에서 벗어나, 창업자의 가치관과 비전을 반영한 이유를 발견하는 과정이다.

창업의 본질적 의미를 탐구하는 것은 단지 철학적인 질문이 아니다. 이는 실질적인 방향성과 결단력을 제공하며, 창업의 긴 여정을 견딜 수 있는 내적

동력을 키워준다. 결국 성공적인 창업이란 단순한 시작이 아니라, 지속적으로 왜 이 길을 선택했는지를 되새기며 나아가는 과정이다. 이처럼 명확한 목적과 철학을 바탕으로 출발한 창업은 쉽게 흔들리지 않으며, 예상치 못한 위기 속에서도 방향을 잃지 않는다.

창업의 재정의

취업 포털 사이트의 설문 조사에 따르면, 직장인들의 97%가 창업을 꿈꾸고 있으며, 이들 중 27%는 실제로 창업을 준비 중이다. 이들이 창업을 원하는 주요 이유는 '좋아하는 일을 할 수 있어서(25.4%)', '월급보다 높은 수익을 기대해서(22.7%)', '적성에 맞는 일을 하고 싶어서(19.6%)', '회사보다 편하게 일할 수 있을 것 같아서(15.1%)', '내 시간을 많이 가질 수 있을 것 같아서(12.5%)' 등이다. 그 외에도 '고용 불안 해소와 노후 대책(4.7%)' 등의 이유도 제시되었다.

그러나 이미 창업 2년 차에 접어든 사장의 눈에는 이와 같은 이유들이 현실과 괴리된 환상으로 보일 수 있다. 현실에서 생계(Living)를 유지하기 위한 일과 삶(Life)을 영위하기 위한 일은 전혀 다른 문제다. 많은 직장인들은 자신이 좋아하는 일이 생계의 수단으로 전락했을 때의 비참함을 체감하지 못하고 있다. 직장에서는 월급을 받지만 자영업자는 오히려 직원들에게 월급을 지급해야 한다. 실제로 매달 두세 명의 직원에게 200만 원씩 급여를 지급하는 부담을 경험해본 사람은 많지 않다.

더욱이 창업자들이 '회사보다 편하게 일하며, 내 시간을 확보할 수 있을 것'이라는 기대는 경영의 현실을 모르는 순진한 착각에 불과하다. 이런 생각을 가진 창업자는 사업을 성공적으로 이끌기 어렵다. 실제로 경영의 기본 원칙을 이해하는 사장들은 자기 편의를 추구하는 것을 단순한 사치가 아닌 죄악으로 간주한다. 회사가 운영되는 동안 사장이 자기 시간을 확보하며 편하게 지내려 한다면, 그 회사는 망할 수밖에 없다.

성공적인 창업은 단순한 자유나 편의를 제공하지 않는다. 오히려 더 많은 책임과 노력, 지속적인 헌신을 요구한다. 사업 초기에 작은 실수조차 치명적인 결과를 초래할 수 있으며, 창업자는 매 순간 직원과 고객을 위해 고민해야 한다. 단순한 꿈으로 시작한 창업이 지속 가능하려면 현실적인 경영 감각과 끊임없는 자기 성찰이 필수적이다.

직장인들이 창업을 꿈꾸는 이유는 표면적으로 그럴듯하게 들린다. 설문에 따르면 응답자의 45.8%는 상사나 동료와의 갈등으로 인한 스트레스를 받을 때 창업을 생각하며, 20.5%는 업무 압박을 견디기 어려울 때 창업의 필요성을 느낀다고 답했다. 여유 시간이 부족하다고 느낄 때(11.0%), 출근하기 싫을 때(5.1%), 여행을 가고 싶을 때(3.9%), 야근할 때(3.1%)도 창업을 결심하는 계기가 된다. 특히 "내가 이렇게 열심히 일하면 나도 부자가 될 수 있지 않을까?"라는 생각이 직장인의 창업 열망에 불을 지핀다.

그러나 창업의 현실은 이러한 기대와는 크게 다르다. 예를 들어, 하루에 수십 명의 고객이 매번 물을 달라고 할 때마다 응대해야 하는 경험을 식당 운영자로서 매일 겪게 된다. 만약 옷가게를 운영할 경우, 누군가가 1시간 넘게 옷을 고르고 시착한 뒤 아무것도 구매하지 않고 떠난다면 그때 느끼는 허탈함은 어떨까? 하루 종일 고객을 응대했음에도 수익이 없다면 자신의 행동에 대한 의미를 찾지 못하고 쉽게 지칠 수밖에 없다.

단순히 상사와의 갈등이나 과중한 업무에서 벗어나고자 창업을 결심하는 것은 결국 실패로 귀결될 가능성이 높다. 소규모 사업체를 운영하다 보면 일의 강도가 단순한 직장 생활과 비교할 수 없을 정도로 높다는 사실을 깨닫게 된다. 특히 10명 이하의 직원들과 함께 기업을 경영하는 과정에서는 '과로사'가 왜 현실적인 위협인지 자연스럽게 체감하게 된다.

최근에 나온 통계를 기준으로 창업의 주요 분야를 살펴보면 외식업이 39.9%로 가장 인기 있다. 그다음으로는 현 직무와 관련된 프리랜서(13.3%), 서비스업(10.8%), 인터넷 쇼핑몰 창업(10.6%), 유통업(8.6%), 제조업(5.5%), 소호 비즈니스(4.7%), 출판·교육·강연(3.9%) 등이 뒤를 잇는다. 특히 요식업 창업자는 우리나라 인구 100명 중 한 명꼴로 그 수가 지속적으로 증가하는 추세다. 하지만 사람들의 식사 패턴이 정해져 있다는 점을 고려하면, 외식업 창업의 미래는 그리 밝지 않다. 이는 시장 포화와 경쟁 심화로 인해 신규 창업자가 지속 가능한 성공을 이루기 어려움을 시사한다.

창업의 성공 여부는 단순한 열망이나 이상적인 기대감만으로 결정되지 않는다. 실질적인 시장 조사와 계획, 그리고 끊임없는 자기 발전과 학습이 필수적이다. 창업이 단순히 탈출구나 일시적인 해방감으로 선택된다면, 이는 곧 치명적인 함정으로 돌아올 수 있다.

음식점 창업자의 상당수는 맛집을 탐방하며 외식 경험을 쌓은 이들이다. 이들은 인기 있는 음식점을 찾아다니며 30분 정도 식사를 하며 문제점들을 눈여겨본다. 그들은 그 결점들을 고치기만 하면 더 큰 성공을 거둘 수 있다는 착각에 빠진다. 그러나 그 문제점들은 단순히 고치지 못한 것이 아니라 고칠 수 없는 것임을 뒤늦게 깨닫는다. 이때는 이미 실패가 눈앞에 다가온 뒤다. 작은 결점만 보완하면 성공할 것 같아 시작한 음식점 창업은 결국 대부분 실패로 돌아간다.

패션업에 종사하던 이들이 음식점을 창업하는 사례도 흔하다. 해외 출장이나 시장조사를 위해 외국을 다니면서 추천받은 맛집을 방문하며, 이를 그대로 한국에 도입하면 성공할 것이라는 확신에 차서 창업을 감행한다. 하지만 이러한 시도는 대부분 실패로 끝난다. 이는 외식업을 단순히 손님 입장에서 경험하고 판단했기 때문이다. 결국 외식업에 대한 무지와 준비 부족이 실패의 주요 원인이다.

우리나라 창업 준비 기간은 대부분 6개월 또는 3개월로 나타난다. 이는 창업이 아니라 사실상 취업의 연장선으로 해석될 수 있다.

물론 창업 준비에 필요한 시간은 업종과 상황에 따라 다르기 때문에 일반화하기 어렵다. 직장에서 10년을 일한 뒤 비슷한 업종으로 창업한다면 그 10년은 창업 준비 기간으로 볼 수 있다. 반면 완전히 새로운 분야에 도전한다면 2년이 아니라 10년 이상이 필요할 수도 있다. 이처럼 준비 없이 창업에 뛰어드는 것이 실패의 지름길이 될 수 있음을 인지해야 한다.

성공적인 창업은 단순한 열정과 아이디어로 이루어지지 않는다. 철저한 조사와 깊이 있는 이해가 필요하며, 손님으로서 경험한 것을 경영 전략으로 착각해서는 안 된다. 창업은 감정적인 결정이 아닌 치밀한 계획과 오랜 준비를 요하는 과정임을 잊지 말아야 한다.

'창업(創業)'이라는 단어는 단순히 사업을 시작하는 것을 의미하지 않는다. 창업은 지속 가능한 가치를 창출하고, 사회와 고객에게 기여하며, 스스로 성장해 나가는 과정을 포괄한다.

창업을 더 나은 직장으로의 이직이나 생계의 대안으로 여기는 것은 본질을 벗어난다. 명예퇴직 후 창업을 고민하거나 불가피한 사임으로 새롭게 시작하는 것도 단순히 전업의 연장선일 뿐이다. 이와 같은 접근은 창업을 '일자리 이동'에 그치게 만든다. 진정한 창업이 되려면 장기적인 비전과 철학이 필요하다.

창업의 준비 기간에 대한 설문에서는 최소 2년 동안 분야를 연구하고, 2년간 시범 운영을 통해 경험을 쌓아야 한다는 응답이 많았다. 그러나 현실에서는 대부분의 창업이 6개월 내외로 급하게 이루어진다. 이는 창업이 아닌 '취업'에 가깝다. 직장에서 쌓은 10년의 경험을 활용한 창업은 충분한 준비로 볼 수 있지만, 전혀 다른 업종에 도전한다면 훨씬 더 긴 준비가 필요하다.

우리나라 자영업자 552만 8000명 중 다수는 동네 가게를 운영하는 소상공인이다. 이들의 평균 사업 수명은 10년으로, 이는 한국 기업의 평균 수명과 동일하다. 반면 미국과 일본의 기업들은 각각 13년, 17년을 유지한다. 이는 기업이 처한 환경과 전략에 따라 수명이 크게 달라질 수 있음을 보여준다.

창업이란 단순한 사업 시작이 아니라, 변화하는 환경 속에서도 버틸 수 있는 비전과 전략을 세우는 과정이다. 성공적인 창업은 단기간의 매출 상승이 아니라 장기적인 성장과 가치 창출에 초점을 맞춰야 한다. 이는 하루아침에 이루어지지 않는다. 창업은 시작 후 실패와 도전의 반복을 통해 성숙에 이르는 긴 여정이다.

창업의 기원

사전에서 찾은 창업[創業]의 의미는 우리가 흔히 생각하는 것과는 다르다.

창업[創業]
1. 나라나 왕조를 처음으로 세움.
2. 사업 따위를 처음으로 시작함.

창업의 사전적 의미는 '무엇인가의 기원(起源, Origin)이 된다'는 것이다. 백화점에서 50% 이상 할인된 명품백을 보며 사람들은 본능적으로 "이거 오리지널이에요?"라고 묻고 싶어진다. 이는 단순히 진품 여부를 넘어서, 그 물건의 출생과 진정성을 확인하는 행위다. '프랑스 직수입인가, 아니면 중국산인가?'라는 물음은 명품에 내재된 정체성과 정통성을 가늠하는 것이다.

명품이 명품이 되기 위해 필요한 세 가지 요소는 전통성, 정통성, 그리고 트렌드다. 이 세 가지가 조화를 이룰 때 사람들은 이를 '럭셔리'라 부른다. 그중 '전통과 정통'을 포괄하는 개념이 바로 오리지널리티(Originality)다. 이는 브랜드 차별화의 원천이자, 경쟁력을 결정짓는 요소가 된다.

창업자가 세운 1호점이 100호점으로 확장되고, 매출 1,000억 원을 돌파하며, 해외로 라이선스를 수출하거나 유사 브랜드와의 경쟁에서 승리할 수 있는 근본적인 힘도 바로 이 오리지널리티에 있다. 시장에서는 이를 '원조'라 부르고, 마케팅에서는 아이덴티티(Identity), 브랜드에서는 영혼이라 표현한다. 이처럼 중요한 오리지널리티는 창업과 동시에 생성된다.

우리나라 사람들은 김치와 일본식 기무치의 차이를 명확히 구분한다. 비슷하게, 베트남인이 만든 한국식 김치를 한국인들이 얼마나 선택할지는 미지수다. 마찬가지로, 브라질인이 만든 스파게티 브랜드를 한국인이 신뢰하기는 쉽지 않을 것이다.

경쟁이 치열하고 유사한 상품이 넘쳐나는 시장에서 최후의 승부수는 오리지널리티에 달려 있다. 창업을 통해 브랜드를 세우려면, 누가, 언제, 어디서, 왜, 어떻게 시작했는지가 브랜드의 핵심 스토리가 되고 오리지널리티의 근원이 된다. 이것이 브랜드 정체성 구축의 첫걸음이자 필수 조건이다.

하지만 우리나라에서는 청년 창업, 소자본 창업, 창업 대출, 실버 창업 등이 일자리 창출의 방편으로 사용되면서, 진정한 창업의 의미가 퇴색되고 말았다. 창업은 단순히 구멍가게를 운영하거나 골목 가게를 개업하는 것을 의미하지 않는다. 전업이나 부업을 위해 가게를 여는 것과도 다르다. 창업의 본질은 새로운 비즈니스를 열고, 글로벌 브랜드를 통해 시장을 선도할 기업을 구축하는 것이다. 이는 단순한 개업이 아닌, 새로운 가치를 창출하며 미래를 개척하는 과정이다.

이 장에서 언급했던 이케아, 아디다스, 나이키, 그리고 스타벅스 같은 브랜드들도 모두 작은 가게에서 출발해 이제는 여러 나라의 시장을 장악하고 있다. 이로써 창업을 이렇게 정의할 수 있다. 창업이란 브랜드를 구축하고, 새로운 탄생의 해를 만드는 것이다. 창업은 단순한 개업이 아닌, 하나의 새로운 나라를 세우는 일이며, 그 나라의 왕(경영자)이 되는 건국 시조의 이야기다. 너무 과장되게 들리는가? 그러나 사실이다. 우리나라 대부분의 재벌 기업들도 작은 가게에서 출발했다. 애플 같은 글로벌 IT 기업 또한 차고나 창고에서 시작된 것이 그 증거다.

여기서 한 가지 흥미로운 점이 있다. 자원이 풍부한 대기업들이 브랜드 창업(브랜드 런칭)에 나섰을 때, 오히려 실패하는 경우가 많다는 것이다. 대기업들은 프랜차이즈 모델과 전략적 마케팅 능력을 갖추고 있지만, 진정한 브랜드다움을 구축하는 일은 쉽지 않다. 이유는 간단하다. 대기업이 만든 브랜드에는 창업자의 영혼, 즉 오리지널리티가 결여되어 있기 때문이다.

작은 가게들은 창업자의 애정과 헌신 속에서 성장한다. 그 과정에서 고난과 어려움을 겪으며, 창업자는 깨달음과 반성을 통해 성장하고 성숙해진다. 이런 과정은 제품과 서비스 품질에 고스란히 반영되며, 소비자에 대한 감사의 마음으로 드러난다. 결국 이처럼 철학이 완성되고, 가치가 실현되는 과정에서 브랜드가 브랜드로 자리 잡는다. 이것이 바로 브랜딩의 본질이다.

우리가 알고 있는 명품 브랜드들은 짧게는 수십 년, 길게는 수백 년 동안 창업자의 철학과 가치를 일관되게 유지하며 성장해 왔다. 이들은 처음부터 놀라운 매출을 올린 것이 아니라, 자신들의 이념을 인내심으로 증명해 온 결과로 명성을 얻었다. 그 이념은 소비자들에게 단순한 제품 이상의 구매 이유가 된다.

　반면, 대기업들이 자원과 강력한 조직을 가지고도 성공적인 브랜드를 만들지 못하는 이유는 인내심 부족 때문만은 아니다. 대기업의 본질은 매출과 수익성에 있으며, 성과가 저조할 경우 빠르게 철수하는 것이 전략적 선택이 된다. 이처럼 브랜드가 자리 잡는 데 필요한 시간을 기다릴 수 없는 구조가 대기업의 한계다.

　대부분의 대기업은 브랜드를 자신의 분신 혹은 자식처럼 키워야 하는 과정을 이해하지 못한다. 이들은 브랜드를 인지도와 충성도가 높은 황금거위 정도로만 여긴다. 생존형 브랜드를 지향하는 대기업에게 브랜드란 단지 마켓셰어를 확보하기 위한 목표에 불과하며, 철학과 가치를 추구하거나 목적을 완성하는 개념과는 거리가 멀다.

　창업은 누구나 할 수 있지만, 브랜드로 성공하는 것은 아무나 할 수 없는 일이다. 아무리 뛰어난 아이디어와 자본을 갖추더라도, 상황과 트렌드에 따라 그 모든 것이 무용지물이 될 수 있기 때문이다.

　이 책의 서두에서 다룬 세계적 창업자들의 이야기를 다시 떠올려보자. 그들은 정규 교육이나 자본 없이, 때로는 10대의 나이에, 또는 60대에 처음 창업을 시작했다. 그들의 시작은 미약했으나, 그들에게는 한 가지 공통점이 있었다. 자신이 곧 브랜드가 되어 일관된 창업 정신을 유지하며 성장했다는 것이다.

　나는 『유니타스브랜드』 편집장으로 일하면서 수백 명의 창업자를 만났다. 놀라운 공통점은 그들이 단순히 돈을 벌기 위해 창업한 것이 아니라는 점이었다. 그들은 자신의 철학을 바탕으로 창업의 이유를 설명하기 위해 매장을 열고 브랜드를 만들었으며, 이를 확장해 나갔다. 그들이 만든 상품은 자신의 신념을 증명하는 도구였고, 사람들은 이를 단순한 제품이 아닌 가치로 승화된 작품으로 받아들였다. 이 과정에서 창업자들은 자신의 강점뿐만 아니라 약점까지 활용하여 브랜드의 차별화를 구축했다.

물론, 처음부터 확고한 창업 정신을 가지고 시작하는 사람은 드물다. 그러나 그 부족함을 나중에 채우겠다는 마음으로 창업에 뛰어드는 것은 위험하다. 성공한 창업자들조차 초기에 철학과 가치가 뚜렷하지 않았을 수 있지만, 그들에게는 분명히 돈 이상의 이유가 있었다.

창업을 준비하는 이들에게 묻고 싶다.

- "왜 창업을 하려는가?"
- "내가 창업한다면, 소비자(이웃)들이 왜 기뻐해야 하는가?"
- "나의 브랜드는 사람들에게 왜 사랑받아야 하는가?"
- "나의 브랜드는 왜 100년 동안 이어져야 하는가?"

이 질문에 대한 답을 찾는 것이야말로 창업의 본질이다. 진정한 창업은 돈 이상의 철학과 가치를 바탕으로 이루어져야만 지속 가능하다.

이 질문들은 창업을 통해 만들어질 브랜드의 오리지널리티와 직결된다. 진정한 창업은 바로 이 질문들에 대한 명확한 답변에서 출발한다.

또 한 가지 중요한 질문이 있다. "만약 내일 죽는다고 해도, 지금 하고 있는 일을 계속할 것인가?" 다소 도발적으로 들릴 수 있는 이 질문에 답하려면, 먼저 자신이 누구인지, 그리고 무엇을 위해 존재하는지를 분명히 정의해야 한다.

예를 들어, 한 사람이 콩나물국밥집을 창업해 큰 성공을 거두었고, 시한부 선고를 받았다고 가정해 보자. 그가 죽기 직전까지도 콩나물국밥을 정성껏 끓이고 있었다면, 우리는 그 모습을 어떻게 해석해야 할까? 그런데 병이기적처럼 완쾌되고, 100억 원의 예금을 가진 상황에서도 그는 여전히 콩나물국밥을 팔고 있다면, 그 이유는 무엇일까? 그는 단순히 생계를 유지하기 위해 이 일을 한 것일까, 아니면 그 일이 그에게 더 깊은 의미를 지니고 있었던 걸까?

세상에는 다양한 가치 있는 일들이 존재한다. 휴대폰을 만드는 일에서부터 아이들 팬티를 만드는 일까지, 각자 나름의 의미를 지닌다. 하지만 그 일에 자신의 '목숨'을 걸 만한 의미를 부여한 사람은 얼마나 될까?

창업자의 가치는 결국 브랜드의 궁극적인 형태로 실현된다. 우리에게 익숙한 성공적인 브랜드들은 창업자가 자신의 인생을 걸고 만들어낸 산물이다. 이러한 브랜드들은 창업자가 세상을 떠난 후에도 그의 의미와 가치를 이해하는 사람들에 의해 계승되고 발전한다.

이제 창업을 계획하는 사람들은 무엇을 의미화할 것인지, 어떤 가치를 투자할 것인지를 진지하게 고민해야 한다. 창업이란 단순히 가게 문을 여는 일이 아니다. 인생의 의미와 가치를 구체적으로 실현하는 과정이다.

영혼이 있는 브랜드

서점의 경영 코너에서 흔히 보게 되는 단어 중 하나가 '비전'이다. 창업, 리더십, 경영, 자기계발 관련 책에서 빠지지 않는 주제이지만, 비전의 정의는 책마다 다르고, 개념은 명확하지 않다. 왜 이렇게 많은 비전 관련 책이 있음에도 불구하고 우리는 여전히 명확한 비전을 그리지 못하는 걸까? 그 이유는 비전이 야망, 욕망, 꿈, 소망, 계획, 목표와 미묘하게 얽혀 있기 때문이다.

안과에서 시력이 침침해지면 의사는 멀리 있는 사물을 보라고 조언한다.

멀리 봐야 가까운 것도 잘 볼 수 있기 때문이다. 비전도 이와 마찬가지다. 멀리 내다봐야 내일 열 매장의 모습을 제대로 그릴 수 있다.

리더에게는 멀리 보이는 목표가 항상 흥분되는 일처럼 보일 수 있다. 그러나 그 목표가 따르는 사람들에게는 종종 허황된 언변으로만 들릴 때도 있다. 반짝이는 모든 것이 다이아몬드가 아니듯이, 화려하게 보이는 미래의 그림이 곧 비전은 아니다. 진정한 비전을 정의하려면 다음 네 가지 질문에 명확한 답을 할 수 있어야 한다.

1. 우리 매장(브랜드)은 왜 존재해야 하는가?

이 질문은 브랜드의 궁극적인 존재 이유를 묻는다. 단순한 매출을 넘어서 어떤 가치를 창출하고, 소비자와 세상에 어떤 의미를 전할지를 분명히 해야 한다.

2. 우리는 무엇을 원하는가?

구체적인 목표를 설정하고, 달성 시기를 명확히 정해야 한다. 목표 없는 비전은 그저 막연한 꿈에 불과하다.

3. 목적과 목표를 달성하기 위해 우리는 어떤 사람이 되어야 하는가?

목표를 이루기 위해 창업자와 구성원이 어떤 원칙과 가치를 지킬 것인지를 정의해야 한다. 비전은 단순한 계획이 아니라, 사람의 변화와 성숙을 요구한다.

4. 어떻게 달성할 것인가?

비전을 현실로 만들기 위해서는 구체적인 실행 계획이 필요하다. 실행 계획 없는 비전은 환상에 지나지 않는다.

이 네 가지 질문에 대한 답이 모여 하나의 큰 그림을 완성하는 것이 비전이다. 비전은 단순한 꿈이 아니라, 실행 가능한 미래를 구체적으로 제시하는 설계도. 비전이 명확할수록 목표를 이루기 위한 길도 선명해진다.

작은 가게일지라도 비전이 중요한 이유는 대기업들도 철저히 준비된 비전을 바탕으로 브랜드를 개발하기 때문이다. 대기업들은 단순히 제품을 판매하는 데 그치지 않고, 브랜드 철학과 비전을 중심으로 조직을 설계하고 운영한다. 그들은 사명 선언서(Do's & Don'ts)를 통해 내부 구성원들에게 브랜드의 일원으로서의 정체성을 부여하고, 기업 철학을 일관되게 반영하며 브랜드를 강화한다.

결국, 비전은 단순한 구호가 아니라 브랜드의 지속적인 성장과 경쟁 우위 확보를 위한 근본적인 지침이다. 이는 매장을 운영하는 모든 구성원이 공유해야 할 공통의 방향성이며, 진정한 창업의 출발점이 된다.

비전의 중요성은 누구나 인식하지만, 이를 실질적으로 실행해 성과를 내는 사례는 드물다. 그 이유는 비전의 상위 개념인 소명(Calling)과 사명(Mission)을 제대로 이해하지 못하기 때문이다.

"내가 왜 이 매장을 열어야 하는가?"라는 질문에 명확히 답하지 못한다면, 진정한 비전을 그릴 수 없다. 이 질문에 대한 답은 곧 창업 철학과 창업 정신으로 이어진다.

비전을 이해하는 과정을 퍼즐 맞추기에 비유해 보자. 눈앞에 1만 개의 퍼즐 조각이 쌓여 있다고 상상해 보자. 퍼즐 조각만 봐서는 어디서부터 시작해야 할지 막막할 것이다. 그러나 퍼즐이 완성되기 전의 전체 그림을 본다면 이야기가 달라진다. 만약 그 그림이 농장의 풍경이라면, 먼저 하늘, 땅, 나무, 황소 등 비슷한 색깔의 조각들을 분류할 것이다. 퍼즐 조각의 모양에만 의존하지 않고 컬러와 테마를 중심으로 맞춰 나간다면, 복잡해 보였던 퍼즐도 점차 완성될 수 있다.

이처럼 창업 비전도 전체적인 그림을 미리 그려 두는 것이 중요하다. 매장의 첫날부터 마지막 날까지의 모습과 과정이 머릿속에 그려져 있어야, 비전이 단순한 꿈이 아닌 실현 가능한 목표로 자리 잡는다. 비전은 창업자와 구성원이 방향을 잃지 않도록 돕는 나침반이며, 브랜드의 영혼을 담는 그릇이 된다.

'당신의 컬러는 무엇인가?'라는 질문은 창업의 철학을 묻는다. 우리의 생각과 이념은 색깔처럼 다양한 형태로 드러나며, 창업 철학은 단순한 비전의 장식이 아닌 창업 정신의 본질이다. 수많은 비전 관련 서적들이 결국 "우리가 비전을 세우면, 비전이 우리를 세운다"는 결론에 이르는 이유도 비전이 지닌 역할과 기능을 설명하기 위함이다. 이와 마찬가지로, 브랜드 경영에 관한 책들은 "브랜드는 리더의 비전만큼 성장한다"는 결론에 도달한다. 비전의 원천은 창업 정신, 즉 철학에서 비롯되는 것이다.

철학이 없는 야망이나 소망은 사람을 갈증 나게 하지만, 철학이 담긴 비전은 사람을 타오르게 만든다. 비록 철학의 중요성이 강조되지만, 대부분의 예비 창업자들은 '철학'이라는 단어에 부담감을 느낀다. 그러나 철학이란 복잡하거나 어려운 것이 아니다. 철학은 단순하고 명료한 진리이다. 예를 들어, "항상 고객이 옳다"라는 문구는 노드스트롬 백화점의 철학이자 사명이며, 그들의 신조다. 이 한 문장에 그들의 소명, 사명, 가치, 기준, 전략, 비전이 모두 응축되어 있다.

명확한 생각이 명확한 글을 만들어내듯, 명확한 철학이 명확한 브랜드를 만든다. 브랜드의 비전이 단순한 목표를 넘어 강력한 사명과 철학을 담게 될 때, 그 브랜드는 지속적으로 성장할 수 있는 힘을 갖게 된다. 철학이 담긴 비전은 단순한 꿈을 뛰어넘어 창업자의 헌신과 사명으로 이어지고, 이는 브랜드를 단순한 제품 그 이상으로 만들어 사람들의 삶에 가치 있는 의미를 부여한다.

창업 전에 창업 정신(철학)을 세워야 하는 이유는 단순히 거대한 비전을 설계하기 위해서만이 아니다. 진짜 이유는 창업주 자신을 보호하기 위해서다. 창업을 하면, 개업 다음 날부터 예상치 못한 문제들이 쏟아진다. 개업 전날까지는 행복한 가게의 꿈을 꿀 수 있지만, 막상 문을 여는 순간부터 현실은 전혀 다르게 전개된다. 매장에는 매일 새로운 문제들이 끊임없이 발생하고, 이는 창업주의 정신적 부담과 고통으로 이어진다.

이처럼 철학이 담긴 창업 정신은 문제와 혼란 속에서도 창업주가 방향을 잃지 않게 해준다. 아무리 예상치 못한 위기가 찾아와도, 창업 철학은 고난을 극복할 수 있는 기준과 명확한 방향성을 제공한다. 이는 창업주가 처음의 열정과 의지를 잃지 않고 일관된 브랜드 가치를 유지하도록 돕는 핵심이 된다.

만약 창업의 목적이 돈이라면, 모든 의사결정은 자연스럽게 돈을 벌기 위한 방향으로 흐른다. 그러나 문제는 돈이 고갈되는 순간 열정과 의지 또한 함께 사라진다는 점이다. 이때 창업주는 "매출이 곧 인격"이라는 냉혹한 현실을 체감하게 되고, 이는 점차 그의 삶 전체를 잠식한다.

창업 정신을 세우는 것은 위기 상황에서 매장을 지켜줄 내부적 힘을 마련하는 일이다. 프랑스 시인 폴 발레리는 "생각하는 대로 살지 않으면 사는 대로 생각하게 된다"고 말했다. 창업의 목적이 돈이 되면 결국 돈이 경영의 주체가 되고, 창업자는 자신이 원하던 방향성을 잃게 된다.

창업 정신을 바탕으로 경영 위기를 극복해나가는 과정에서, 창업주는 점차 철학을 완성하게 된다. 시간이 지날수록 이 철학은 브랜드로 자리 잡으며,

창업의 본질을 드러낸다. 아리스토텔레스는 이렇게 말했다. "당신의 진정한 모습은 반복적으로 행하는 행위의 축적물이다. 탁월함은 단 한 번의 사건이 아니라 습관이다."

창업 전에 최소한의 철학과 기준을 세우는 것은, 하루 매출에 영혼을 팔지 않기 위한 방어선이다. 확고한 창업 정신이 있으면, 잘못된 습관을 개선할 수 있는 기틀이 마련되고, 점차 더 큰 비전을 구상할 수 있게 된다. 또한, 창업 초기에는 예상하지 못했던 새로운 가능성들도 열리게 된다. 우리는 이 가능성의 집합체를 '비전'이라고 부른다.

결국 창업 정신이란 단순히 돈을 버는 도구를 넘어, 자신을 지키고 브랜드의 정체성을 유지하며, 지속 가능한 성장을 이루는 본질적인 기반이다. 이 정신이 확립된 창업자만이 위기 속에서도 방향을 잃지 않고, 자신의 브랜드를 굳건히 지켜낼 수 있다.

창업은 큰 꿈으로 작게 시작하자

창업은 단순히 일시적인 흥행이 아니라, 꾸준히 지속 가능한 운영을 뒷받침하는 준비된 시스템과 지식이 필수다. 아무리 뛰어난 아이디어와 충분한 자본이 있어도, 운영 경험과 경영 지식이 부족하다면 창업은 실패로 이어질 가능성이 높다.

처음 매장을 열 때 전단지, 이벤트, 할인 쿠폰 등으로 고객을 유치할 수 있다. 그러나 만약 초기 고객들에게 실망감을 준다면, 매장은 곧 부정적인 소문의 중심에 서게 된다. 나쁜 소문이 퍼진 이후에는 신뢰를 회복하기 위해 긴 시간과 노력이 필요하다. 만족한 고객의 칭찬을 되찾는 데 최소 6개월이 걸린다는 점을 고려할 때, 어설프게 시작한 창업은 첫 1년을 실수를 만회하는 데 허비하게 될 수 있다.

예비 창업자들이 반드시 지워야 할 두 가지 단어가 있다. 그것은 바로 '대박'과 '뜬다'이다. 이 두 단어는 도박과 사행성에서 유래된 만큼, 창업주에게 조급함을 심어 주고 무리한 결정을 유도한다. 창업 후 빠르게 성과를 내지 못하면 실패했다고 느끼게 만들고, 섣부른 결정을 불러오는 위험한 기대를 불러일으킨다.

특히 생계형 창업의 경우 전략 없이 긍정적인 기대만으로 시작되는 경우가 많다. 퇴직 후나 취업 실패로 인해 창업을 결심한 사람들은 주변 사람들에게 성과를 보여 주고자 하는 압박감 때문에 서두르게 된다. 이러한 조급한 창업은 철학과 가치를 세우기 전에 브랜드를 조산의 위기로 몰아넣는 셈이다.

출산이 자연스럽게 이루어지려면, 태아가 알맞은 시기에 적절한 크기로 자라야 하듯이 창업도 마찬가지다. 너무 작은 아이디어는 시장에서 외면받기 쉽고, 너무 큰 아이디어는 비현실적이라는 비판에 부딪히게 된다. 중요한 것은 적절한 시기에 실행하는 것이다.

그러나 계획과 시장 조사에 지나치게 몰두하다 보면, 실행의 시기를 놓치는 경우가 많다. 완벽한 타이밍을 기다리는 동안 창업자는 두려움에 사로잡히고, 아직 준비가 덜 됐다고 느끼며 실행을 미루다가 기회를 잃게 된다.

결국 창업은 시기와 실행의 균형이 중요하다. 철저한 준비와 동시에 과감한 실행이 필요하다. 지나친 조급함은 위험하지만, 과도한 준비도 창업의 기회를 잃는 함정이 될 수 있다.

완벽한 준비와 실행의 균형이 창업 성공의 핵심이다. 아이디어를 오래 품고 고민만 하면, 두려움과 불안이 실행력을 약화시키고, 반대로 조급하게 시작하면 문제를 해결하느라 초기의 중요한 기회를 잃게 된다. 창업자는 필요한 만큼 준비하고, 적절한 시기에 실행하며, 과정 속에서 철학과 가치를 확립해야 한다.

창업은 단순히 가게를 여는 일이 아니라 지속 가능한 비즈니스와 철학을 세우고, 시장의 법칙에 따라 성장하는 과정이다. 여기서 중요한 개념은 임계질량(critical mass)이다. 물리학에서 핵분열을 일으키기 위해 필요한 최소한의 핵분열성 물질의 양을 의미하는 이 개념을 창업에 빗대면, 창업자의 첫 아이디어는 임계지식으로 비유할 수 있다. 그러나 임계질량이 충분하다 해도 즉각적으로 강력한 폭발력을 가지는 것은 아니다. 이는 단지 폭발할 가능성만을 의미하며, 가공할 파괴력을 가지기 위해서는 추가적인 조건이 필요하다.

마찬가지로 창업자도 시장조사 과정에서 스스로가 이미 임계점에 도달했다고 착각할 수 있다. 매일 창업을 고민하고, 주변의 모든 정보를 창업과 연결하며 구상하다 보면, 자신이 충분한 준비를 마쳤다고 믿기 쉽다. 그러나 임계점에 도달했는지는 반드시 냉정하게 검증해야 한다.

작게 창업을 시작하는 이유는 단지 작은 성공을 발판 삼아 단계를 밟아가는 것만이 아니다. 더 큰 이유는, 시장조사를 거치며 쌓인 선입견과 허황된 믿음을 내려놓기 위해서다. 컵 속의 흙탕물도 시간이 지나면 흙이 가라앉아 맑은 물과 분리되듯, 창업 과정에서 형성된 복잡한 아이디어들을 멈춰 서서 정리하는 시간이 필요하다. 무엇이 진짜 아이디어인지, 무엇이 전략인지, 무엇이 단순한 감정에서 비롯된 것인지를 명확히 구분해야 한다.

따라서 시장조사가 끝난 후 창업을 결심하기 직전에는 최소 한 달 정도 휴식을 가지며 자신을 돌아보는 것이 중요하다. 이 냉정한 반성의 시간이야말로 성공적인 창업을 위한 중요한 준비 과정이 된다. 하지만 창업 초반에는 누구나 기대감에 부풀어 창업이 곧 성공으로 이어질 것이라는 확신에 쉽게 사로잡히기 쉽다. 지금 시작하지 않으면 누군가가 먼저 할 것 같은 불안감에 휩

싸여 충동적으로 창업에 뛰어드는 경우도 흔하다.

대부분의 창업 실패는 이렇게 첫 번째 아이디어에 무턱대고 매달릴 때 발생한다.

물론 첫 번째 아이디어가 항상 잘못된 것은 아니다. 전문가의 첫 번째 아이디어는 오랜 경험과 깊은 고민의 산물이지만, 초보자의 첫 아이디어는 종종 개인의 취향에 불과할 수 있다. 이 차이를 분간하는 것이 중요하다. 충동에 휩쓸려 준비 없이 시작한 창업은 실패로 이어지기 쉽기 때문이다.

작가 헤밍웨이는 "첫 번째 원고는 쓰레기다"라고 말했으며, 또 다른 작가는 초고를 완성한 후 가장 좋아하는 문장부터 버리라고 조언한다. 부모가 자식을 객관적으로 보기 어려운 것처럼, 창업자도 자신이 찾아낸 아이디어를 과대평가하는 경향이 있다. 이런 아이디어는 매력적이고 그럴듯하게 느껴져, 개업만 하면 사람들이 몰려올 것이라는 착각에 빠지기 쉽다. 여기에 성공 창업을 다루는 책들은 기대감을 더욱 부추긴다. 마치 그 아이디어를 실행하기만 하면 성공이 보장될 것처럼 이야기한다. 왜냐하면 창업의 어려움을 강조하는 책은 잘 팔리지 않기 때문이다.

이런 책에 영향을 받은 예비 창업자들은 성공이 눈앞에 있는 것처럼 착각하고 창업에 뛰어들지만, 바로 그 순간이 가장 위험하다. 그렇다면, 지금이 정말 창업할 때인지 어떻게 점검할 수 있을까? 아이디어가 실행될 준비가 되었는지 평가하기 위해 다음 네 가지 질문이 필요하다.

1. "창업한 매장을 10년 동안 유지할 전략은 무엇인가?"
2. "망했을 때 다시 일어설 수 있는 전략은 무엇인가?"
3. "성공했을 때 확장할 수 있는 전략은 무엇인가?"
4. "계획과 다르게 흘러갈 때 이를 수정할 전략은 무엇인가?"

이 네 가지 질문은 복잡하고 막연하게 느껴질 수 있지만, 창업 과정에서 어느 순간 반드시 직면하게 된다. 그러므로 이 모든 질문에 대한 준비가 필수적이다. 그렇지 않으면 성공 후 자만으로 실패하거나, 예상치 못한 상황에서 무너질 수 있으며, 실패 가능성을 고려하지 않았다면 더욱 갑작스럽게 좌절하게 된다.

성공의 기준을 어떻게 설정하느냐에 따라 초조함과 두려움을 극복하는 방식도 달라진다. 만약 단기적인 대박을 목표로 삼는다면 성과 압박에 시달리게 될 것이다. 반면, 멀리 보고 큰 그림을 그리며 창업을 준비한다면 조급함에서 자유로워질 수 있다.

큰 그림을 그리기 위해서는 두 가지 계획이 필요하다. 첫째, 영속 가능한 경영을 위해 브랜드를 준비하는 것이다. 단순한 매출을 목표로 하는 것이 아니라, 고객에게 지속적인 가치를 제공할 수 있는 브랜드를 구축해야 한다. 둘째, 구축된 브랜드를 지속 가능 경영으로 유지할 전략을 마련하는 것이다. 브랜드를 단발적인 흥행이 아닌 장기적 성장의 기반으로 삼기 위해서는 체계적인 경영 전략이 필요하다.

창업은 단순히 매장을 여는 것이 아니라, 경영을 위해 창업을 준비하는 것이다. 따라서 예비 창업자는 영속 가능한 브랜드를 운영하기 위해 경영 원칙과 방법을 체계적으로 학습해야 한다. 이는 예상치 못한 위기에도 흔들리지 않고 성장을 지속할 수 있는 힘이 된다.

결론적으로, 창업의 목표는 단기적 성과에 집착하는 것이 아니라, 장기적이고 안정적인 경영을 이루는 것이다. 이를 위해 초기부터 영속 가능한 경영 전략을 세우고, 예상치 못한 상황에서도 지속 가능한 성장을 위한 준비가 필요하다. 이러한 준비는 창업자가 꿈꾼 비전이 현실에서 오랫동안 빛을 발할 수 있도록 돕는 가장 중요한 과정이다.

지속경영을 위한 제1호 매장

　창업 1호 매장은 창업주 자신을 훈련하고 검증하는 실험장이자 배움의 터전이다. 이곳에서 창업주는 자신의 근성과 능력, 그리고 부족한 점들을 발견하게 된다. 또한 무엇을 간과했는지, 무지하거나 고집스럽게 놓친 부분이 무엇인지를 되짚어보며, 창업이 자신에게 맞는 선택인지 고민해볼 수 있다. 시장조사로 얻은 정보와 실제 현장이 어떻게 다른지를 체감하고, 고된 상황 속에서도 진정한 행복을 찾을 수 있는지를 묻는 공간이다. 만약 매일같이 이런 질문들에 시달린다면, 이는 폐업의 징조가 될 수 있다. 이 때문에 1호 매장은 창업주가 어려움을 견디며 성장을 준비할 수 있는 '백신 매장'과 같다.

　1호 매장을 제대로 된 상권에 오픈하면, 주변 매장들과의 경쟁과 경계에 직면하게 된다. 기존 매장들이 신생 매장을 견제하고, 심지어 협력하여 당신의 매장을 압박할 수도 있다. 이는 단순한 가혹함이 아니라, 경쟁의 정글에서 살아남기 위해 누구나 겪어야 하는 과정이다. 나아가 언젠가는 당신 또한 신생 매장을 비슷하게 대응해야 할 순간이 온다. 이와 같은 성장통을 겪으며 창업과 브랜드의 개념이 명확해지고, 이를 바탕으로 처음부터 단단한 기반을 설계해야 쉽게 무너지지 않을 수 있다.

　1호 매장은 단지 시작에 불과하며, 최소 3호 매장 혹은 3단계의 예비 창업 과정을 거친 뒤 본격적인 전략을 마련하는 것이 바람직하다. 이러한 과정에서 시행착오를 통해 현실적인 시장 이해도를 높이고, 창업 역량을 강화할 수 있다.

　매장을 오픈하는 방식에는 두 가지가 있다.
　1. 순차 오픈 방식: 1호 매장을 연 뒤, 성공에 따라 2호, 3호 매장을 차례로

확장하는 방식이다.

2. 업그레이드 방식: 같은 장소에서 1호 매장을 수정하고 개선하여 2단계의 2호 매장, 3단계의 3호 매장으로 발전시키는 방식이다.

두 방식 모두 장단점이 있지만, 중요한 것은 단순히 새로운 매장을 여는 것이 아니라, 매장마다 새로운 전략과 아이디어를 도입하며 성장해 나가는 것이다. 초기의 실패를 단순히 반복하지 않고, 매장을 개선하며 점진적으로 성장하는 경험이야말로 탄탄한 브랜드를 구축하는 핵심이다.

첫 번째 매장은 창업자가 자신의 거대한 비전과 아이디어를 축소해 실행하는 실험의 장이다. 이곳에서 가장 중요한 목표는 단순한 성공이 아닌, 창업 성장의 DNA를 발견하는 데 있다. 창업자는 1호 매장을 통해 자신이 가진 환상과 오해를 검토하며, 시장의 현실과 자신의 전략을 냉정하게 점검해야 한다.

1호 매장 운영 과정에서는 멘토나 지인을 초대해 의견을 구하고, 모르는 사람들로부터도 피드백을 받는 것이 필수적이다. 예상과 실제 결과 사이의 차이를 분석하며 창업자는 다음 단계를 고민해야 한다. 여기서 선택지는 두 가지다. 2호 매장을 오픈할지, 아니면 1호 매장을 업그레이드할지를 결정하는 것이다.

2호 매장을 오픈하는 것은 1호 매장에서 함께한 직원이나 파트너가 있을 때 가능하다. 이 경우 창업자는 1호 매장을 이들에게 맡기고, 기존의 경험과 교훈을 바탕으로 2호 매장을 준비한다. 이는 단순한 확장이 아니라, 초기 경험을 반영한 개선된 전략으로 다시 도전하는 과정이다.

2호 매장의 가장 큰 특징은 초기 목표를 더 정교하게 다듬어 런칭하는 데 있다. 2호 매장을 계획한다는 것은 1호 매장이 어느 정도 성과를 거두었음을 의미하며, 이때 1호 매장은 자금과 인력을 지원하는 베이스캠프 역할을 하게 된다. 이렇게 되면 창업자는 초조함에 쫓기지 않고 여유 있게 2호 매장을 준비할 수 있다.

결국, 1호 매장은 단순한 시작점이 아니라, 창업자가 자신의 한계를 발견하고 성장할 수 있는 장이다. 성공 여부와 관계없이, 이 첫 매장에서 쌓은 경험과 교훈이 2호 매장을 더 견고하고 성공적으로 만드는 원동력이 된다.

하지만 2호 매장은 단순히 1호 매장을 개선한 버전이 아니다. 1호 매장이 A안을 기반으로 한 선택이었다면, 2호 매장은 고민하던 B안을 실현하는 도전의 장이 될 수 있다. 그렇기에 2호 매장은 큰 성공을 가져올 수 있는 기회이지만, 동시에 큰 실패를 초래할 위험도 존재하는 양날의 검이 된다.

2호 매장이 성공적으로 운영된다면 이제 본격적으로 3호 매장을 준비할 차례다. 3호 매장은 1호와 2호 매장을 통해 다져진 창업 정신을 매뉴얼화하고, 이 가치를 직원들과 파트너들이 공유하며 동일한 성공을 복제할 수 있는지 검증하는 중요한 매장이다. 3호 매장은 단순히 창업주 혼자 운영하기보다는, 1호와 2호 매장에서 함께했던 파트너들에게 기회를 주는 방식으로 설계되는 것이 이상적이다. 이를 통해 브랜드 운영의 구조가 확립되고, 본격적인 비즈니스 모델을 구축해 4호 매장을 준비할 기반이 마련된다.

자영업 매장도 하나의 브랜드이기 때문에, 매장 확장은 곧 브랜드 구축의 필수 과정이다. 이 확장 과정을 거치면서 브랜드의 스토리, 매뉴얼, 핵심 가치가 점차 완성된다. 창업 정신이 단순한 아이디어와 열정을 넘어 체계적인 시스템과 철학으로 자리 잡을 때, 비로소 진정한 의미의 브랜드로 성장할 수 있다.

물론, 1호 매장에서 모든 단계를 혼자 실험하고 완성하는 방식도 선택할 수 있다. 이는 겉보기에는 안전하고 단순해 보이지만, 사실상 리스크가 크고 시간이 오래 소요된다. 하나의 매장이 브랜드 전체를 대변하기 때문에 변화는 점진적으로 진행되어야 하며, 매장 운영 중 끊임없는 검증이 필요하다. 특히 갑작스러운 변화는 기존 단골 고객을 잃을 위험이 크기 때문에, 변화는 신중해야 한다. 상품부터 단계적으로 변화를 시도하는 것이 가장 바람직하다.

예를 들어, 냉면 전문점에서 만두국을 추가하는 것이 자연스러운 선택일까, 아니면 비빔밥을 판매하는 것이 더 적합할까? 또는 아동 의류점에서 임신복을 추가하는 것이 타당한 전략일까? 이처럼 하나의 매장에서 새로운 시도를 할 때는 충분한 자료와 근거를 바탕으로 신중한 결정이 필요하다.

브랜드 창업의 성공은 단기적으로 터지는 불꽃놀이 같은 대박이 아니다. 성공은 가치와 지식의 누적이 자연스럽게 쌓이며 이루어진다. 이 축적된 가치를 바탕으로 2호, 3호 매장으로 확장하고, 본격적인 창업 모델로 발전시켜야 한다. 이렇게 성장한 브랜드는 시간이 지날수록 더욱 단단해지고, 시장에서 지속 가능한 경쟁력을 확보하게 된다.

영점 조정

크게 되기 위해 작게 시작하는 이유는 작은 실패를 통해 더 큰 성공을 이루기 위해서다. 큰 규모로 시작해 실패할 경우, 재기하기 어려워질 수 있기 때문이다. 성공을 위해서는 성공의 방정식을 이해해야 하는데, 이것을 성공을 통해 배울 것인지, 실패를 통해 배울 것인지 선택해야 한다. 대부분은 성공을 통해 배우고 싶어 하지만, 역설적으로 성공에서 배울 수 있는 것은 많지 않다. 성공을 경험하면, 그 성공의 원인을 정확히 알지 못한 채 기쁨에만 몰두하게 되어 배움의 기회를 놓치기 쉽기 때문이다.

성공의 기쁨에 빠져들면 진정한 지식과 통찰을 얻지 못한다. 반면, 실패는 고통스럽지만 많은 것을 가르쳐 준다. 불에 한 번 데어 본 사람은 단순히 불을 피하는 데 그치지 않고 불의 속성을 이해하게 된다. 창업에서도 마찬가지다. 실패를 경험하면, 같은 실수를 반복하지 않기 위해 미래를 예측하고 대비하는 지혜를 얻게 된다. 결국 작게 시작하는 이유는 작은 실패를 통해 큰 교훈을 얻고, 이를 발판으로 더 큰 성공으로 나아가기 위함이다.

작은 실패는 창업자에게 중요한 실험장이 된다. 실패하더라도 다시 일어설 수 있는 범위 안에서 모든 아이디어를 시도해보는 것이 핵심이다. 실패했다면 성공의 단서를 발견한 것이고, 성공했다면 앞으로의 실패를 피할 방법을 찾아야 한다.

이 과정은 군대에서 신병에게 소총을 지급하고 탄알 9발로 영점조준 사격을 시키는 방식과 유사하다. 신병은 표적을 향해 세 발씩 세 번에 걸쳐 총을 쏜다. 이후, 표적지에 난 탄착군(彈着群)을 분석해 소총의 가늠쇠와 가늠자를 조정하며 탄착점을 정확히 맞추도록 한다. 이처럼 창업도 처음에는 작은 목표를 향해 여러 번의 시도를 통해 조정과 수정을 반복하며 완성해 나가는 것이다.

작은 실패를 반복하면서 얻은 교훈은 창업자가 장기적인 성공으로 나아가는 방향을 설정하는 데 중요한 역할을 한다. 이를 통해 성장에 필요한 능력과 지혜를 쌓고, 성공의 방정식을 자신의 것으로 만들 수 있다.

작은 실패를 겪으며 조정하는 과정에서 얻은 지혜가 나중에 더 큰 성공을 이루는 원동력이 된다. 실패는 단지 실수로 끝나는 것이 아니라, 앞으로의 성공을 정교하게 조율하는 기회다.

1, 2, 3호 매장은 진정한 창업 매장을 위한 '영점 매장'과 같은 역할을 한다. 첫 번째 매장은 구상한 모든 컨셉과 스토리를 작게 시험해 보는 장이다. 이

후 확보된 자금으로 절제하고 단순화한 두 번째 매장을 오픈한다. 이 두 매장을 비교하며 최적의 매장을 찾아가는 것이 목표다. 이 과정에서 실패의 원인도 명확하게 드러난다. 첫 매장이 실패했다면, 과도한 시도가 원인일 수 있고, 두 번째 매장이 실패했다면 부족한 시도가 문제일 가능성이 크다. 이렇게 창업자는 실패의 원인과 성공의 가능성을 정밀하게 파악할 수 있게 된다.

총을 쏠 때 한쪽 눈을 감아야 정확히 표적을 맞출 수 있는 것처럼, 브랜드를 설계할 때도 당장의 수익에서 잠시 눈을 떼야 한다. 자신의 철학과 기준을 드러내며, 가치 지향적으로 접근하는 것이 중요하다. 하지만 처음부터 가치를 알아보고 열광하는 고객을 만나는 것은 쉽지 않다. 특히 신규 브랜드는 '같은 품질, 낮은 가격'과 같은 가격 민감형 전략을 사용하지 않으면 초기부터 어려움에 직면할 수 있다.

그렇다고 해서 수익을 완전히 외면하라는 뜻은 아니다. 첫 매장을 오픈했다면, 철저히 브랜드를 의식하며 운영해야 한다. 한 번의 발사에도 명확한 목표가 있어야 한다.

때로는 수익을 우선으로 두고 한쪽 눈을 감고 시도한 매장이 의외의 성공을 거두기도 한다. 만약 목표가 단순히 생계형 창업이라면, 그 성공은 축하받을 일이다. 그러나 브랜드 런칭이 목표였다면, 그 성공은 단지 출발점에 불과하다.

실패 또한 낙심할 이유가 아니다. 그것은 새로운 가능성을 발견할 근거를 얻는 과정이다. 실패 속에서 배울 수 있는 기회가 열리며, 성공을 향한 더 나은 방향을 설정할 수 있다. 브랜드 창업의 본질은 수익과 실패를 넘어서, 자신의 철학과 가치를 지속적으로 구현해 나가는 과정에 있다.

매출이 오르지 않을 것이라 예상했던 매장이 성공했다면 그 이유는 무엇일까? 이는 브랜드 지향 창업이라 여겼던 자신이 기존의 창업과 다르지 않았던 것은 아닌지, 혹은 자신이 중시했던 요소가 소비자에게는 전혀 중요하지 않았던 것은 아닌지 성찰할 필요가 있다. 의외로 시장에서 소비자들이 이런 매장을 기다려왔던 것일 수도 있다.

예상치 못한 성공은 빠르게 모방될 위험이 크다. 계획보다 더 큰 성과를 거두었다면, 오히려 그것이 제대로 된 브랜드 런칭이 아니었을 가능성도 있다. 이때 잠시 기쁨을 멈추고, 열광하는 고객들의 구매 이유와 자신의 창업 이유가 일치하는지 점검해야 한다. 브랜드 런칭에서의 실패와 성공은 고정된 결과가 아닌, 조율하고 다루어 나가야 할 과정일 뿐이다.

창업자가 경영자의 길을 걸을 때는, 상실과 좌절을 자양분 삼아 스스로를 지속적으로 발전시키는 '자가 발전소'를 마음속에 구축해야 한다. 창업 후 계획한 100가지 중 성공적으로 실행되는 것은 단 한 가지에 불과할 가능성이 높기 때문이다. 경영자는 실패한 99가지 계획에 집착하지 않고, 그 속에서 새로운 99개의 기회를 찾아 성과로 전환할 줄 알아야 한다.

경영자의 현실은 슬픔과 좌절에 빠질 시간조차 사치가 된다. 성공한 창업자들은 불행을 행운으로 바꾸는 능력을 지니고 있다. 이 능력은 경험과 반복된 시행착오 속에서 단련된다.

창업 전에 겪는 가혹한 훈련과 고난은 미래의 역경을 견디는 예방 접종과도 같다. 실제로 대기업에 근무하던 지인들이 창업을 체험하기 위해 무보수로 실습에 참여하는 경우가 종종 있다. 그러나 몇 개월을 채 버티지 못하고 계획을 수정하는 일이 다반사다.

실습을 통해 겸손을 배우고, 창업 대신 몸값을 낮춰 재취업을 선택하는 경우도 적지 않다. 작은 조직에서 직접 체감한 업무 압박과 시스템의 불안정함이 그들의 창업 결심을 꺾기 때문이다. 이는 창업이 단순한 열정만으로 이뤄지지 않는다는 현실을 깨닫게 해준다. 창업은 이상과 현실 사이의 치열한 조율 과정이며, 반복된 실패와 수정 속에서 성장할 수 있는 능력이야말로 진정한 경영자의 자질이다.

준비되지 않은 창업은 시작과 동시에 생존 모드에 돌입한다. 이때 '브랜드'라는 개념은 사치스러운 이상처럼 느껴지며, 멀게만 느껴진다. 철저한 시장 조사 끝에 시작했음에도 성과가 저조할 때, 폐업의 징조가 하나둘씩 나타나기 시작한다. 갑작스러운 직원의 퇴사 통보, 예상치 못한 세금 항목, 매달 빠져나가는 고정 지출은 창업자의 마음을 무겁게 짓누른다.

까다로운 고객과 씨름하며 지쳐가고, 매장에 달린 악성 댓글 하나가 창업자의 멘탈을 무너뜨리기도 한다. 이 모든 어려움은 창업자가 피할 수 없는 현실의 일부다. 중요한 것은 이 어려움을 얼마나 빠르게 극복하고 새로운 기회를 찾아낼 수 있는가에 달려 있다. 창업은 끝없는 문제 해결의 연속이며, 이를 이겨낼 수 있는 정신적 자가 발전소가 없는 창업자는 쉽게 지쳐 무너지기 쉽다.

창업자는 자신의 선택을 진지하게 검토하고 철저히 준비해야 한다. 단순한 아이디어와 열정만으로는 부족하다. 창업 후 맞닥뜨릴 현실과 고난을 미리 경험하고 이해해야만, 예상치 못한 충격을 줄일 수 있다. 추천하는 방식은 창업하려는 아이템과 유사한 분야에서 아르바이트나 인턴십을 경험하는 것이다. 이는 단순히 돈을 벌기 위한 수단이 아니라, 창업의 '영점 조정'을 위한 중요한 학습 경험이다.

아르바이트나 인턴십에서 적절한 보수를 받지 못하더라도, 배움의 수업료를 지불한다는 마음으로 임해야 한다. 최소한 6개월 동안 현장에서 직접 일하며 해당 아이템이 어떻게 운영되는지를 체험하는 것이 중요하다. 이 기간 동안 매장의 흐름, 운영 방식, 고객의 요구와 문제를 직접 경험하면, 자신의 창업에 대한 환상과 현실을 명확히 구분할 수 있게 된다.

만약 해당 업종에서 일할 기회를 찾기 어렵다면, 친구나 친인척의 가게에서라도 운영을 경험해보는 것이 좋다. 실제 매장의 현실을 이해하고 자신이 처할 상황을 예측하는 과정이야말로, 창업 전 필수적인 준비 단계다. 이는 창업 후 맞닥뜨리게 될 다양한 난관들을 효과적으로 대비하고 극복하는 토대가 된다.

창업 현장에서의 황량함과 막막함을 미리 경험하는 것은 필수다. 만약 이러한 경험 속에서 불안과 두려움이 지속된다면, 이는 아직 창업을 시작할 준비가 부족하다는 신호일 수 있다. 창업은 복잡하고 예측 불가능한 현실 속에서도 포기하지 않고 나아갈 수 있는 힘이 필요하다. 이 힘을 바탕으로 최선이 아닌 최고의 선택과 집중을 통해 전략적인 방향으로 전진해야 한다.

사람은 건강할 때 췌장이나 간, 십이지장 같은 장기의 존재를 잊고 살아간다. 그러나 병에 걸리면 몸속의 장기 하나하나를 의식하게 되는 것처럼, 창업과 브랜드 런칭을 시작하면 추상적이던 경영 개념들이 현실 경험 속에서 생생히 체득된다.

물론, 성실함과 정직함만으로도 어느 정도 성공할 수는 있다. 동네에서 좋은 소문이 나고 단골 손님이 생기기만 해도 창업의 목적을 달성할 수 있다면, 브랜드를 깊이 공부할 필요는 없다. 하지만 수천억 원의 매출을 올리고, 수백 개의 매장을 운영하는 브랜드를 꿈꾼다면, 전문적인 브랜드 지식은 필수다.

브랜드 경영 지식은 수학처럼 명확한 정답이 없으며, 자격증처럼 객관적인 평가를 받을 수 있는 것도 아니다. 처음에는 낯설고 어렵게 느껴질 수 있지만, 이는 마치 건강한 사람이 500페이지가 넘는 그림 없는 의학 서적을 읽는 것과 같다.

그러나 그 책이 자신의 생명을 구할 수 있는 정보로 가득 차 있다면, 읽는 태도는 전혀 달라질 것이다. 창업과 브랜드 경영도 마찬가지다. 단순히 지식을 쌓기 위한 학습이 아니라, 생존을 위한 필수적인 지식인 것이다. 창업자는 이 지식을 바탕으로 자신을 보호하고, 시장 속에서 지속 가능한 성장을 이루어 나가야 한다.

Review

    이 장에서는 아디다스, 나이키, 이케아, 레고, 스타벅스 등 유명 브랜드들이 어떻게 소규모의 시작에서 출발해 세계적인 브랜드로 성장했는지를 설명했다. 이들의 공통점은 창업 초기부터 거대한 자본이나 전문 지식에 의존하지 않고, 창업자의 열정과 끈기가 기반이 되었다는 것이다. 창업자들은 자신이 좋아하거나 잘하는 것을 바탕으로 사업을 시작했으며, 실패를 경험하며 배워나가는 과정에서 진정한 브랜드로 발전했다.

    브랜드의 본질은 단순한 상표나 인지도에 그치지 않는다. 성공적인 브랜드는 창업자의 철학과 가치를 담아야 한다. 대기업이 브랜드를 쉽게 만들지 못하는 이유는 오리지널리티 부족 때문이다. 진정한 브랜드는 창업자의 영혼과 철학이 담긴 일관된 비전을 통해 탄생하며, 단순히 매출을 위한 수단이 아니라 삶의 가치를 담아야 한다. 또한, 창업은 단기적 성공보다 장기적이고 지속 가능한 성장을 목표로 삼아야 한다. 첫 매장은 단순한 개업이 아니라 미래의 100호점처럼 준비되어야 한다. 초기 실패를 두려워하지 않고 이를 교훈 삼아 성장하는 자세가 필수적이다.

    창업자는 지속적으로 시장의 피드백을 반영하고, 자신의 비전을 조율하며 브랜드를 발전시켜야 한다. 성공적인 창업을 위해서는 준비가 중요하다. 시장 조사와 현장 경험을 통해 현실을 체득하며, 창업을 서두르지 않고 철저히 준비해야 한다. 창업자의 철학과 가치는 브랜드 정체성을 이루며, 브랜드가 사람들에게 사랑받는 이유가 된다. 궁극적으로 창업은 단순한 생계 수단이 아니라, 창업자가 자신의 철학과 가치를 실현하고 세상에 가치를 제공하는 과정이다. 성공은 돈 버는 데 그치지 않고, 창업자가 비전을 일관되게 유지하며 성장할 때 진정한 브랜드가 탄생한다.

Workshop 1
브랜드 유경험자용

1. 성공과 실패를 통한 교훈 탐구
- **질문** 창업 과정에서 예상하지 못한 실패가 발생했을 때 무엇을 배웠는가?
- **활동** 각 참가자가 경험했던 실패와 성공 사례를 공유하고, 이를 통해 배운 교훈을 토론한다.
- **목표** 실패 속에서 새로운 기회를 발견하고 성장을 위한 자가 발전소 역할을 구축하는 법을 익힌다.

2. 브랜드 운영 철학 재정립
- **질문** 매출과 브랜드 철학이 충돌했을 때 어떤 선택을 했는가?
- **활동** 매출 중심의 운영이 가져온 변화와 브랜드 철학의 균형을 어떻게 찾았는지 사례를 나누고 해결책을 모색한다.
- **목표** 브랜드 가치를 유지하면서 매출과 경영을 조화롭게 이끌어가는 법을 학습한다.

3. 브랜드 핵심 가치 재발견
- **질문** 브랜드에서 의도적으로 하지 않기로 한 것은 무엇인가?
- **활동** 팀별로 브랜드가 포기한 요소와 그로 인해 강화된 핵심 가치를 분석한다.
- **목표** 브랜드의 정체성을 명확히 하고 불필요한 요소를 제거하는 안티테제적 접근을 학습한다.

4. 리더십과 조직 운영 전략 수립
- **질문** 브랜드 성장과 조직 내 리더십 간의 갈등을 어떻게 해결했는가?
- **활동** 팀별로 리더십을 강화하고 조직 내 갈등을 해결하기 위한 전략을 도출한다.
- **목표** 리더십을 조직의 강점으로 활용하고 브랜드의 장기적 성공을 위한 조직 전략을 마련한다.

Workshop 2
브랜드 입문자용

창업에 필요한 기본 역량을 체득하고 현실적인 전략을 탐색

1. 창업 현실 탐색
- **질문** 창업을 준비할 때 가장 두려운 부분은 무엇인가?
- **활동** 참가자들이 자신의 두려움을 공유하고, 이를 극복하기 위한 준비 방법을 모색한다.
- **목표** 창업 전의 불안과 두려움을 명확히 파악하고 실전 대비책을 마련한다.

2. 매출과 가치를 조화롭게 운영하기
- **질문** 매출과 브랜드 가치를 동시에 추구할 수 있는 방법은 무엇일까?
- **활동** 팀별로 매출 중심과 가치 중심의 사고를 비교하고 균형을 맞추는 방안을 도출한다.
- **목표** 매출과 브랜드 가치를 균형 있게 운영하는 실전 전략을 학습한다.

3. 경영과 브랜딩의 차이점 이해하기
- **질문** 경영과 브랜딩의 차이는 무엇인가? 두 영역이 충돌할 때 어떻게 해결할 수 있을까?
- **활동** 참가자들이 경영과 브랜딩의 본질을 탐구하고, 두 영역을 효과적으로 조율하는 방법을 모색한다.
- **목표** 경영과 브랜딩을 조화롭게 활용하여 브랜드 정체성을 유지하는 법을 학습한다.

4. 브랜드 정체성과 소통 전략 설계
- **질문** 브랜드가 외부와 소통할 때 가장 중요한 점은 무엇일까?
- **활동** 참가자들이 브랜드 소통 전략을 설계하고, 내부와 외부 소통의 일관성을 유지하는 방법을 탐구한다.
- **목표** 브랜드 정체성을 유지하며 고객과 효과적으로 소통하는 전략을 마련한다.

Epilogue

브랜드 창업 워크숍에서는 참가자들에게 '창업을 해야 하는 이유 100가지'와 '소비자가 내가 만든 브랜드를 사야 하는 이유 100가지'를 작성하게 한다. 이 작업은 단순히 이유를 나열하는 것을 넘어, 창업의 동기와 브랜드의 본질적 가치를 탐구하고 구체화하는 과정이다.

처음 10개를 작성하는 것조차 쉽지 않지만, 이 과정을 통해 자신의 아이디어와 전략을 면밀히 검토하고, 막연한 낙관 속에 숨어 있는 실패 요인들을 미리 발견할 수 있다. 이 작업은 창업의 타당성을 점검하고, 소비자가 왜 그 브랜드를 선택해야 하는지를 깊이 고민하도록 유도한다.

나 역시 이 책을 집필하며 '출판해야 하는 이유 100가지'와 '창업 전에 이 책을 읽어야 하는 이유 100가지'를 작성했다. 비록 100개 항목을 완성하지는 못했지만, 이 과정은 목표와 의도를 명확히 정리하는 데 큰 도움이 되었다. 중요한 것은 숫자가 아니라, 아이디어를 깊이 숙고하고 실행 가능성을 점검하는 과정이다.

이러한 100가지 이유를 작성하는 작업은 창업뿐만 아니라 모든 중요한 프로젝트의 출발점에서 유용한 도구가 된다. 단순한 나열이 아니라 목표를 구체화하고 전략을 정교하게 다듬는 과정이기 때문이다.

이 책을 출판한 첫 번째 이유는 무모한 창업을 막기 위해서다. 창업 이후 예상치 못한 상황을 미리 파악하고, 사전 훈련과 연습을 통해 준비하는 것이 목표다. 막상 창업을 시작하면 시간이 부족해지기 마련이며, 첫 창업자들은 예상 시간을 정확히 가늠하기 어렵다. 화려한 런칭 보고서를 작성했다 하더라도 현실에서는 예기치 못한 문제들이 매일 발생한다. 두 번째 시도라고 해서 결과를 장담할 수 없는 이유는 경쟁 상황, 아이템, 트렌드 등 끊임없이 변화하는 변수들 때문이다.

이 책을 출판한 두 번째 이유는 브랜드 창업자의 위치를 인식시키기 위해서다. 브랜드 실패의 근본 원인은 의사 결정권자의 한계에 있다. 브랜드는 결국 의사결정의 총합이며, 실패 또한 그 결과물이다. 몇 권의 책을 읽고 몇 번의 세미나를 들은 뒤 모든 것을 안다고 착각하기 쉽다. 책과 세미나는 이해하기 쉬운 부분과 가능성만을 강조하기 때문에, 많은 이들이 성공에 필요한 지식이 자신에게 있다고 오판하게 만든다.

이 책은 독자가 무엇을 알고 있으며 그 수준이 어느 정도인지 확인할 수 있는 도구로 사용되길 의도했다. 장마다 배치된 질문과 워크숍을 통해, 독자와 그들의 브랜드 런칭 팀이 스스로의 수준을 점검할 수 있도록 설계했다. 어떤 수강생은 인공지능 검색을 활용해 워크숍 질문에 답을 작성할 수도 있다. 이는 문제될 것이 없다. 경험하지 못한 부분에 대해 인공지능의 도움을 받는 것은 자연스러운 일이다. 그러나 해당 분야의 전문가에게 조언을 구하는 것도 반드시 필요하다.

이 과정을 통해 독자와 참가자들은 각자의 위치에서 브랜드 창업과 성장의 본질을 더 깊이 이해하게 될 것이다.

브랜드의 탄생

2024년 12월 20일 초판 발행
지은이 권민

펴낸이 안은주
펴낸곳 아키타이포스
김포시 유현로 215 · 전화 0502-1922-3450
등록번호 제409-2024-000085호(2024.11.20)

우리는 모두 세상에 단 하나의 원형으로 태어나듯, 브랜드 역시 고유한 원형(Archetypos)을 지닙니다. 아키타이포스는 비교우위가 아닌 유일무이한 가치를 가진 브랜드를 만듭니다. 브랜드의 본질과 고유한 의미를 발견하고, 이를 브랜딩, 디자인, 지식을 통해 전달하며, 탄생에서 지속 가능한 성장까지 그 여정을 함께합니다.

웹사이트 www.archetypos.co.kr
이메일 branding@archetypos.co.kr
블로그 blog.naver.com/archetypos
인스타그램 www.instagram.com/archetypos_

ISBN 979-11-990477-1-6

잘못된 책은 구입하신 곳에서 교환해 드립니다.